For University

生涯体验
—— 生涯发展与规划
第3版

Career Experiential Learning
—— Career Development and Planning
3rd Edition

■ 黄天中 著
Michael T.C. Hwang

高等教育出版社·北京

内容简介

本书是一本积极的人生规划指南,它既包含职业生涯本身,也包含职业生涯前和职业生涯后的一生一世。内容涵盖:4生,即生命、生存、生活和生涯;5业,即就业生涯、职业生涯、创业生涯、事业生涯和志业生涯,以及6体,即亲情与感恩体验、团队合作体验、非营利组织体验、营利组织体验、国际事务体验和创新与创业体验。旨在引导人的人文关怀情怀,实现自己迈向终身积极生涯的愿景。本书内容具有跨学科性,包含了道德教育、心理健康教育、素质教育等方面的综合,而且通过体验式学习把这些教育理念落到实处。同时就生涯发展与规划中的体验式学习与传统式学习的不同进行了比较;提出了教师的角色是"授人以筌",而不仅是"授人以鱼"和"授人以渔",使学生得到实质性的引导。本书的每一章后面均有体验式学习活动设计案例和相应的评估,通过"我听,我会忘记;我看,我会记得;我做,我会明白"这样的体验式学习,真正理解和掌握相关知识、信息和能力、技巧,帮助学生认识自己、他人和周围环境,从而适应社会,规划个人生涯,提升自身价值。

本书可作为各类高等院校的广大学生了解自我并进行自我设计的通识读本,也可供关注自我发展和自我实现的普通读者参考。

图书在版编目(CIP)数据

生涯体验:生涯发展与规划 / 黄天中著. —3版. —北京:高等教育出版社,2015.8(2023.8重印)
 ISBN 978-7-04-043566-5

Ⅰ.①生… Ⅱ.①黄… Ⅲ.①大学生-职业选择 Ⅳ.① G647.38

中国版本图书馆CIP数据核字(2015)第179606号

| 策划编辑 | 刘紫凤 | 责任编辑 | 王丽萍 | 封面设计 | 王琰 | 责任印制 | 耿轩 |

出版发行	高等教育出版社	网　址	http://www.hep.edu.cn
社　址	北京市西城区德外大街4号		http://www.hep.com.cn
邮政编码	100120	网上订购	http://www.landraco.com
印　刷	山东临沂新华印刷物流集团有限责任公司		http://www.landraco.com.cn
开　本	787mm×1092mm 1/16		
印　张	26.75	版　次	2007年3月第1版
字　数	530千字		2015年8月第3版
购书热线	010-58581118	印　次	2023年8月第21次印刷
咨询电话	400-810-0598	定　价	59.00元

本书如有缺页、倒页、脱页等质量问题,请到所购图书销售部门联系调换
版权所有　侵权必究
物　料　号　43566-A0

謹以此書獻給：
先父黃履先先生、先母黃王惠琴女士

他們無私的大愛精神
溶入在這本書每一頁的字裡行間。

黃天中　敬獻
2019.03.05

―――――・―――――

This Book
Is Dedicated To

My Late Father Mr. Hwang Luxian
My Late Mother Mrs. Hwang Wang Huiqin
Whose Loving Spirit
Lives On In These Pages

Michael T. C. Hwang

作 者 简 介

黄天中博士 Dr. Michael T. C. Hwang
Email：hwang@keuka.edu

● 学历
- 美国爱荷华州德瑞克大学教育心理学博士
- 美国佐治亚州摩赛尔大学教育心理学硕士
- 中国台湾地区淡江大学外文系文学学士

● 现任
- 中国华侨大学校董、教授、博士生导师、生涯规划研究所所长
- 美国佐治亚州托马斯大学教授、中国总校区校长
- 美国纽约州库克大学教授、中国总校区名誉终身校长

● 主要著作（中文部分）

序号	书名	出版社	出版年份	ISBN
中国台湾地区出版部分				
1	《幼儿心理学（3—6岁）》	台北：东华书局	1973	957-636-440-X
2	《人事心理学》	台北：三民书局	1976	9571403741
3	《死亡教育概论 I——死亡态度及临终关怀研究》	台北：业强出版社	1988	957-683-029-X
4	《生涯规划概论——生涯与生活篇》	台北：桂冠图书公司	1991	957-551-912-4
5	《心理学》	台北：桂冠图书公司	1992	957-551-563-3
6	《孙子兵法与生涯规划》	台北：业强出版社	1992	957-683-078-8
7	《自由学习》	台北：五南图书公司	1992	957-11—0576-7
8	《死亡教育概论 II——死亡教育课程设计之研究》	台北：业强出版社	1992	957-683-030-3
9	《心理学概论》	台北：正光书局	1993	9579024014
10	《中国大陆研究 I、II》	台北：五南图书公司	1993	9571106186

续表

序号	书名	出版社	出版年份	ISBN
中国大陆地区出版部分				
11	《临终关怀学——理论与实践》	北京：中国医药科技出版公司	1992	7-5067-0398-X/R·0339
12	《生涯规划——理论与实践》（大学版）	北京：高等教育出版社	2007	978-7-04-020018-8
13	《体验生涯》（中职版）	北京：高等教育出版社	2008	978-7-04-023528-9
	获列新闻出版总署2009年（第六次）"向全国青少年推荐百种优秀图书"			
14	《生涯规划——体验式学习》（大学中文版）	北京：高等教育出版社	2009	978-7-04-020019-5
	获列"十一五"国家重点图书			
15	《生涯规划——体验式学习》（大学英文版）	北京：高等教育出版社	2009	978-7-04-027592-6
	获得2009年"中国图书对外推广计划"资助，代表中国参加德国法兰克福书展			
16	《生涯规划——体验式学习》（中学版）	北京：北京师范大学出版社	2010	978-7-303-10859-6
17	《生涯规划——体验式学习》（高职版）	北京：高等教育出版社	2010	978-7-04-029853-6
18	《生涯规划——体验式学习》（小学版）	北京：北京师范大学出版社	2011	978-7-303-11977-6
19	《生涯规划——体验式学习》（幼儿版）	北京：北京师范大学出版社	2011	978-7-303-11973-8
20	《别看我一时》	北京：北京大学出版社	2011	978-7-301-16453-2
21	《生涯体验》（大学版，第3版）	北京：高等教育出版社	2015	978-7-04-043566-5
	本书之课程荣获中华人民共和国教育部首批"国家精品在线开放课程"			

第三版增印序

从 2007 年《生涯规划——理论与实践》到 2009 年《生涯规划——体验式学习》再到 2015 年《生涯体验——生涯发展与规划》，本书一直践行根据时代发展纳入新元素。本书于 2019 年增印，亟盼读者通过阅读此书更能了解顺应新时代发展大趋势以及从了解自己、成为自己、成就自己的个人生涯发展到肩负家国情怀、全球视野、时代担当的生涯使命。同时也希望能将源于美国的生涯规划、体验式学习的理念，进行中国本土化的实践。

2019 年是一个"五代同堂的新时代"，包括了改革开放时代、中华文化复兴时代、中国重新崛起时代、数字化时代和全球化时代。

这是一个改革开放时代，中国改革开放已经走过四十年的春秋。四十年多来，从个人到国家、从经济到文化、从饮食到穿着、从住房到出行等多重维度的变化，从引进来到走出去。生涯也从单一到多元，更加个性化，个人生涯获得更全面的发展，为社会和国家发展提供了更持续的动力。

这是一个中华文化复兴时代，从历史到现实，从当前到未来，经济发展了，生活改善了。回首中华五千年来的文化，"孝亲至上、情义为重，开放包容、互学互鉴"的文化内涵正在复兴，生涯也需要在借鉴国际社会的创新经验与成果的基础上，建立真正的文化自信、民族自信和个人自信。

这是一个中国重新崛起时代，中国在世界中的影响力与日俱增："中国已经成为世界第二大经济体、第一大工业国、第一大货物贸易国、第一大外汇储备国"[①]，这是经济影响力；在 193 个联合国会员国和 2 个观察员国中，截至 2018 年 8 月已经有 178 个国家与中国建交[②]，这是外交影响力；从"一带一路"到"金砖银行"、"亚投行"，中国正在深刻地影响着世界，生涯需要站在世界中的中国去思考，具有"修身齐家治国平天下"和"共商共建共享的全球治理观"的情怀。

这是一个数字化时代，知识爆炸、信息聚变、事物瞬息迭代变换，每个人的学习、生活、工作，以及人与人、人与组织、人与环境、人与社会、组织与组织、国家与国家之间的关系都受到互联网+、物联网+、云计算、大数据、人工智能等的深刻影响；从无所不在的移动网络，体积更小、价格更低、功能更强大的感测器，到人工智能和机器学习，各种

[①] 习近平. 开放共创繁荣，创新引领未来——在博鳌亚洲论坛 2018 年年会开幕式上的主旨演讲 [EB/OL]. 海南博鳌，2018-4-10.

[②] 根据中国外交部官网：http://www.fmprc.gov.cn/web/ziliao_674904/2193_674977/.

第三版增印序

科技不断演进,像海啸般扑面而来。新科技翻天覆地改变着经济、政治、社会、工作和生活,当许多工作都将被人工智能取代,我们该如何面对?需要兼具科技与人文并重的素质能力。在这个时代,需要兼具新行业新职业的敏锐与研判分析的智慧。

这是一个全球化时代,经济全球化、文化全球化、科技全球化,这个时代使世界变得微小和扁平。人们的学习、生活、工作不再局限在一国、一省、一市,人们的文化、生活方式、价值观念、意识形态等受到跨国交流、碰撞、冲突与融合,因此需要具有全球化的视野和格局,既要有放大镜的眼光去仔细观察,更要有望远镜的态度具备更高更远的视角。在这个时代,面对本土与全球的机遇与挑战,生涯需要站在全局、全方位的角度去思考,去行动。中国传统文化走向世界,世界因中国传统文化而永续和平繁荣。

时代一直在变迁,面对这样的新时代,作者结合数十年教学实务忝为提出了【体验式全程生涯教育】体系,此体系的提出除了依据上诉"五代同堂新时代"之外,还依据了2001年迄今从国务院、教育部到各地市等的各种政策法规,同时也依据了中西方思想理论及相关名词的定义,终而建构出【体验式全程生涯教育】及体系内容。

【体验式全程生涯教育】具有新格局,即不仅要有个人价值观,还要有家庭观、学校/职场观、社会观、国家观和全球观;【体验式全程生涯教育】是一种新生涯,具有多学科特性,包括心理学、教育学、社会学等多种学科性,同时新生涯还意味着学科生涯化和生涯学科化,学科生涯化指的是其实每个学科都具有生涯属性,生涯学科化指的是生涯需要理论和研究从而具有学术学科性。

【体验式全程生涯教育】体系是基于"生涯自力论"而衍生,生涯自力论是根据精神分析心理学、行为主义心理学、人本主义心理学、杜威、福禄贝尔、蒙特梭利、皮亚杰教育学等理论为基础提出,是通过发现生涯潜能、唤醒生涯意识、激活生涯能力、活出生涯尊严来把存在于每个人的内在力量发挥出来,同时又把外在力量优化为己用,所以称之为生涯自力论,是自己一生成长的生涯力量。

【体验式全程生涯教育】有3个核心:核心理念,指的是体验生涯、以行生慧,全程生涯、以终为始,志业生涯、授人以筌;核心价值,指的是尊重个别差异、尊重人格平等、以家为起点、以家为重点,以中华优秀文化为基石、借鉴西方优秀文化;核心目标,从了解自己、成为自己、成就自己的个人生涯发展到肩负家国情怀、全球视野、时代担当的生涯使命。

【体验式全程生涯教育】的重要原则是:自主性原则、个别性原则、终身性原则、整体性原则、全面性原则、连续性原则、实际性原则、导向性原则、发展性原则。重要领域包括:德育、智育、体育、美育、劳育、心理健康教育、家庭教育、学校教育、社会教育、职业教育、创新创业教育。

【体验式全程生涯教育】包括体验式生涯教育与全程生涯教育。体验式生涯教育包括体验式生涯理论模型、体验式生涯活动设计、体验式生涯特点与种类，全程生涯教育包括生涯发展、生涯规划、生涯管理。

体验式生涯教育的体验式生涯理论模型包括体验模型和体验流程。体验模型主要阐述的是认知方法模型、自我效能模型、舒适区域模型、刺激模型、赫伦模型、灾变理论模型、流畅模型、科尔布模型，体验流程主要是6个步骤：前期准备、初期体验、观察反思、概念总结、整合评估和持续应用。体验是没有巅峰，只有攀登。

体验式生涯教育的活动设计包括活动方式和活动主题。活动方式主要有看电影体验生涯、讲故事体验生涯、户外拓展、实地体验、角色扮演、情景模拟、情境游戏等，活动主题主要包括亲情与感恩体验、团队合作与社团活动体验、非营利组织体验、营利组织体验、创意创新创业体验、全球事务与未来趋势体验、专业体验、科技体验、自然美育体验、区域文化经济体验等。讲求的是做中学、玩中学、错中学。

体验式生涯教育的特点与种类总结提出了体验特点和体验种类。体验特点主要包括教育者与学习者是双主体且以学习者为主，教育者是引导者、学习者是践行者，投入、参与、互动、注重态度与能力，关注体验过程与结果，我听我会忘记、我看我会记得、我做我明白了；体验种类主要有探索体验、服务体验、文化体验、多样性体验、发展体验等。重视的是成绩值+个性值。

全程生涯教育的生涯发展主要指的是9个发展阶段与9个发展任务，9个发展阶段包括幼儿阶段、小学阶段、初中阶段、高中/中职阶段、大学/高职阶段、职业阶段、事业阶段、志业阶段、老年阶段，9个发展任务包括生涯启蒙、生涯认知、生涯探索、生涯准备、生涯抉择、生涯适应、生涯自立、生涯服务和生涯尊严。这里强调的是每个阶段都有侧重的任务，但9个发展阶段与9个发展任务不是固化的一一对应的关系，而是一个交叉微循环的状态，例如老年阶段对新文化的学习，其实是经由体验式生涯教育+生涯规划+生涯管理，又回到了新的一个生涯认知的目标；又例如在职业阶段的生涯适应，如果一直适应不了，需要重新找工作，也是经由3456生涯模式又回到了生涯准备和生涯抉择。所以其间关系是彼此交叉、重叠、贯穿与微循环，以期循环发展，达到全人全程全方位。

全程生涯教育的生涯规划指的是学业规划（3学）+人生规划（4生）+职业规划（5业），学业规划是指学历学习、非学历学习和终身学习的三学，是要学习如何学习；人生规划是指生命、生存、生活和生涯的四生，是要学习如何做人；职业规划是指就业、职业、创业、事业和志业的五业，是要学习如何做事；以期胜任愉快，利人利己利家国。

全程生涯教育的生涯管理指的是个人生涯管理与组织生涯管理的有效结合，包括个人生涯管理目标的学习自由自在、生活自立立人、工作自达达人与组织生涯管理目标的创造

第三版增印序

个人与组织的更高价值相结合,个人自我评估与自我定位、未来职位设计与职场适应、职业发展规划、自我启发自我实现的不断成长与组织把握人才需求动向、设计职业发展通道、提供职业生涯咨询、实施教育培训计划不断发展相结合,以期相互依存,共生共长共发展。

【体验式全程生涯教育】的测评与记录以期达到善用工具、资源、机会的效果,分为生涯素质能力12力、生涯体验能力12力和生涯电子档案。生涯素质能力12力是采用量化、定量研究,由作者和俞国良教授共同研制、开发之"华人生涯素质能力12力自测与评价系统",包括生涯身体素质之生涯健康力、生涯运动力,生涯心理素质之生涯自知力、生涯悦纳力、生涯自信力,生涯社会素质之生涯适应力、生涯承受力、生涯竞争力,生涯职业素质之生涯学习力、生涯沟通力、生涯调适力、生涯创意力。生涯体验能力12力是采用质化、定性研究,由作者研制、开发之"华人生涯体验能力12力自测问卷与雷达图",包括德育之生涯感恩力、生涯格局力,智育之生涯人文力、生涯科技力,体育之生涯协作力、生涯意志力,美育之生涯审美力、生涯情感力,劳育之生涯志业力、生涯创造力、生涯行动力、生涯解决力。由个人为单位的自评和学校为单位的校评组成。生涯电子档案是为了充分展示自我生涯潜能,是生涯经验的拓展与延伸,是生涯发展过程的重要记录,是生涯发展过程的反思总结,是生涯发展个性化、写实性的动态化展现,是兼具生涯自我对比评价与外部评价的,可以形成生涯电子简历、具体系统展示求职准备。

【体验式全程生涯教育】是以体验式生涯教育落实全程生涯教育的任务。

【体验式全程生涯教育】的应用主要从顶层设计和课程设计两方面提出,只是所提出的应用需由各个学校和单位结合区域化、校本化等情况参考,然后自行拟定适合各自阶段之应用。

【体验式全程生涯教育】应用的顶层设计,是运用系统论的方法,从全局的角度,对某项任务或者某个项目的各方面、各层次、各要素统筹规划,以集中有效资源,高效快捷地实现目标。主要包括:

1. 体验式全程生涯教育新时代背景梳理:改革开放时代、中华文化复兴时代、中国重新崛起时代、数字化时代、全球化时代、省市时代背景、区域时代背景(区域化)、本校时代背景(校本化)、新格局背景、新生涯背景等。

2. 体验式全程生涯教育政策法规分析:国家相关政策法规、省市相关政策法规、区域相关政策法规等。

3. 体验式全程生涯教育思想理论依据:中方思想理论依据、西方思想理论依据。

4. 体验式全程生涯教育相关名词依据:生涯教育、生涯发展、生涯规划、生涯管理、生涯导师、体验式教育、体验式学习、体验式生涯教育、全程生涯教育、体验式全程生涯教育等。

5. 体验式全程生涯教育之生涯自力论：生涯自力论理论依据、发现生涯潜能、唤醒生涯意识、激活生涯能力、活出生涯尊严。

6. 体验式全程生涯教育之核心：核心理念、核心价值、核心目标。

7. 体验式全程生涯教育任务确认：重要原则确认、重要领域确认、指导思想确认、工作环境的确认、工作步骤的确认、工作内容与方法的确认、工作质量的检验与评估的确认、预期效果确认等。

8. 体验式全程生涯教育实施保障：决策支持系统、管控服务系统、人力资源系统、财务管理系统、知识管理系统等。

9. 体验式全程生涯教育方法支撑：学历课程体系、非学历培训课程体系、人力资源下的生涯管理课程体系、教育模式的设计等。

10. 体验式全程生涯教育实施步骤：调查研究、规划制定（确定目标、任务、流程等）、过程监测、及时反馈、定期总结、适时调整等。

11. 体验式全程生涯教育教学/培训/研究/出版：生涯学科化、学科生涯化、体验式全程生涯教育课程（含学历、非学历、终身学习的课程顶层设计）、协同教学、师资培训、理论研究、实证研究、平面出版（含著作/教材出版以及电子书）、视频出版、音频出版等。

12. 体验式全程生涯教育咨询/辅导/管理：团体咨询/辅导/管理、个体咨询/辅导/管理、生涯导师（学习、生活、工作导师，引导开展社会服务，关注并收集生涯问题，专业问题转介专业人员处理等）。

【体验式全程生涯教育】应用的课程设计，是一个有目的、有计划、有结构地产生课程计划（教学计划）、课程标准（教学大纲）以及教材等的系统化活动，也称作"课程开发"。课程设计包括分析确定课程目标，再根据这一目标选择某一个学科或多个学科的教学内容和相关教学活动进行计划、组织、实施、评价、修订，以最终达到课程目标的整个工作过程。主要包括：

1. 体验式生涯教育：体验式生涯理论模型（体验式生涯体验模型和体验流程）、体验式生涯活动设计（体验式生涯活动方式和活动主题）、体验式生涯特点与种类（体验式生涯体验特点和体验种类）。

2. 全程生涯教育：生涯发展（9个发展阶段与9个发展任务）、生涯规划（学业规划、人生规划、职业规划）、生涯管理（个人生涯管理与组织生涯管理）。

3. 体验式全程生涯教育测评与记录：生涯素质能力12力——量化（定量）研究方法、建立具有华人常模的测评工具，持续关注的自我测评与评价；生涯体验能力12

力——质化（定性）研究方法、建立具有华人常模的测评工具，持续关注的自我检核，助力自我成长；生涯电子档案——对个人成长过程进行全方位记录，建立资源、数据库，个性化、动态发展的数字化作品库等；国内外具有适合华人信度、效度及常模等的心理测评工具、生涯测评工具；工具、资源、机会选择。

4. 体验式全程生涯教育课程背景：课程内容的功能和地位、学习课程的学生情况分析、教学资源分析等。

5. 体验式全程生涯教育课程目标：知识与技能目标、过程与方法目标、情感态度价值观目标、知识框架等。

6. 体验式全程生涯教育课程教学过程：课程教材及阅读材料，课程教学环节——导入、课程展开、课程总结，课程教师行为计划，课程学生行为计划，课程教学方法和设计意图，课程时间安排，课程板书设计，课程活动设计，课程教学流程示意图等。

7. 体验式全程生涯教育课程教学策略：体验式全程生涯教育课程（含学历、非学历、终身学习的课程设计）、课程教法选择、课程学法选择、课程媒介选择、课程阅读作业、课程书面作业、课程体验、活动之作业/报告、课程项目作业/报告等。

8. 体验式全程生涯教育信息服务：学业信息服务、就业信息服务、国家实时资讯、全球实时资讯等。

9. 体验式全程生涯教育资源服务：校友、家长、学校（德育、体育、心理健康教育的资源辅助）、社区、社会、政府、其他国内外组织资源等。

10. 体验式全程生涯教育体验活动/基地：体验式学习基地建立、体验活动的设计与组织、生涯大讲堂、生涯实验室、生涯路演、生涯活动比赛等。

11. 体验式全程生涯教育课程评价/反思：课程纸笔评价、课程活动表现评价（自我评价、小组评价、教师评价）、课程教学反思、课程教学展望等。

12. 拥抱国家政策，洞察市场需求：国家政策、区域政策及人才需求，全球事务与未来趋势研讨或交流活动，一带一路、大健康、自贸区等。

【体验式全程生涯教育】体验与应用图请见二维码。

本书的研究和落实，其实源自于1987年。那是我离开整整40年后、第一次回到自己祖国的第二年。基于自己的研究和专长，我将影响人一生至关重要的"死亡教育"和"临终关怀"最早带到国内，"由死而生"从生命成长最后阶段回望生命历程，从而由对生命热爱、对生命从容的角度来探讨人一生的规划。所以当时与天津医学院（现天津医科大学）合作创建第一个临终关怀研究中心，并设立第一个临终关怀基金，先后举办临终关怀学术研讨会来推动。值得一提的是，当时由中国医药科技出版社出版了中国第一本"临终关怀"的书，并承蒙时任天津市副市长钱其璈先生亲自写序支持鼓励。可能由于当时国内传统对"死亡、临终"的忌讳，开展起来并不容易，但获得了时任卫生部部长的陈敏章先生赞誉"是一件有百利而无一害的善举"。进而陈敏章部长夫人李家熙女士于2006年成立"中国生命关怀协会"，全国临终关怀、死亡教育的研究逐步被学术、学校和医院、社会公益所接受。这也给了我一些启发：随着社会发展，一些原本不能完全接受的事物也逐渐慢慢地被接受；同时在做开创性、前瞻性事务的时候要有未来化的观念，为将来的发展提供坚实的基础和引导。

而我本人在这期间也将临终关怀、死亡教育纳入到我的另一个领域——生涯体验。临终和死亡都是生涯的一个阶段。而体验式学习源自于我所服务的美国纽约州库克大学，学生在大学四年中必须进入社会不同领域进行生涯探索体验式学习。当库克大学与中国合作伙伴大学进行合作办学时，这门课作为必修课也带入了中国。作为这门课的直接负责老师，我将所研究之"生涯规划"与库克大学的"体验式学习"相结合，从2003年起开始在库克中国学生中实施这门课。因为中国与美国有着不同的国情和文化传统、风俗习惯等，这门课并不是一成不变的，在具体开展中逐渐本土化。而且由于库克中国合作办学分布在不同省市，所以"生涯体验"课程在本土化的过程中也融入了不同地域特色，比如云南财经大学国际工商学院启动东盟国家的体验、集美大学的学生更多的是创业体验、天津科技大学国际学院的学生主要是非营利组织体验、温州大学国际合作学院的学生偏向于进入父辈打拼的家族企业。

本版已是这本书的第三版，相较于之前的两版，本版更明晰的特点是：

其一，生涯规划不等于职业生涯规划，生涯规划既包含了职业生涯本身，也包含职业生涯前和职业生涯后的一生一世，是人一生的规划。所以职业生涯是生涯规划的一部分，生涯规划还包括职业生涯前的所有准备、职业生涯中的技能和应对、职业生涯后的延伸。

其二，生涯规划——体验式学习（简称生涯体验）具有跨学科性，兼具哲学、社会学、教育学、心理学、体育学、传播学、管理学、艺术学（含影视剧）、经济学、生死学等多门学科的内容和性质，同时生涯规划教育包括感恩教育、健康教育（含性教育）、心理健康教育、道德教育、创新教育、体验教育、职业生涯教育、全人教育、终身教育、死亡教育等。所以生涯体验是道德教育、心理健康教育、素质教育等的综合，是把这些课程落到实处的教育。

其三，生涯体验课程中老师的角色是"授人以筌"，指的是不仅要教给学生知识即"授人以鱼"，还要教给学生获得知识的方法即"授人以渔"，更重要的是提供给学生学习工具、学习资源、学习手段等。这源自我在美国的博士指导教授乔治·莱尔（Dr. George Lair）博士的老师美国人本主义心理学家卡尔·罗杰斯（Dr. Carl Rogers）的"当事人中

第三版增印序

心论"。

其四，生涯体验课程的评估，源自于大卫·科尔布（David Kolb）的体验式学习循环模型。在具体体验阶段，要回答清楚"我做了什么"并明白是如何发生；在观察与思考阶段，要回答"发生了什么"，特别是对个人具有启发的某个细节，并说明这个细节为何值得反思；在抽象概念形成与总结阶段，回答"为什么这样"，思考该体验与先前了解的关联，并讨论是如何改变你的；在实验阶段，回答"现在怎样"，如何将你所获取的知识应用于未来新体验或场景。

其五，本书主要是依据我近年来研究总结的"生涯体验456模式"来展开。4指的是4生，包括生命、生存、生活和生涯；5指的是5业，包括就业、职业、创业、事业、志业；6指的是6体，包括亲情与感恩体验、团队合作体验、非营利组织体验、营利组织体验、国际事务体验、创新与创业体验。

其六，本书在"456模式"内容中每一章后面均有体验式学习活动设计案例，因为"我听，我会忘记；我看，我会记得；我做，我会明白"，期望用体验式学习从而真正明白和掌握相关知识、信息和能力、技巧。但这些活动设计案例仅为各位读者提供一个参考，更重要的是每个人自己的活动设计和实际体验。

生涯可以规划吗？其实，生涯不是规划的问题，而是做好生涯规划的准备。预防重于治疗！在人生路上，需要知道一些发展规律，平常就要注意。生涯规划在每个人的一生中是重要且不可或缺的，每个人的生涯都是经由体验式学习来了解自己、成为自己、成就自己的过程，每个人都需要亲手亲身绘出属于自己的人生蓝图，朝向幸福人生、快乐生涯的抉择迈进，因为我的人生，我来规划；我的生涯，我来决定！

借这本书的出版，献给我的父母双亲，以报答他们的养育之恩、告慰他们在天之灵，他们不仅给了我生命，而且在当时经济生活不很富裕的境况下，全心支持我到大学毕业。他们更时时以"生气不如争气"鼓励我，慰勉我，让我不敢一日懈怠。我发愿传递父母亲所期望的"人人有书读，处处是教室"的训示，期盼有一天，不论有没有读过大学的人都有机会进入一所"没有围墙的大学"，终身学习生涯规划。更希望通过这本书能为更多父老兄弟姐妹分享感恩和惜福的领悟走向属于自己的快乐人生。

此书在中国是继2007年3月首次以中文呈现给读者、2009年3月以彩色多内容第二版后的第三版。在这本书首次付梓时，承蒙太多人的指导与鼓励，特别感谢北京师范大学心理学院侯志瑾教授、北京师范大学教育学院郑新蓉教授、北京师范大学教育学院刘红云副教授于百忙中审阅书稿并提出中肯意见，以及高婷策划编辑的指导。第二版时，中文版获列"中国国家新闻出版总署'十一五'图书出版规划"，英文版获得新闻出版总署奖励代表中国参加德国法兰克福国际书展，感谢戎榕编辑指导。从2007年至今，为使生涯规划和体验式学习更广更深地进入中文读者的视野，我们先后在温州、重庆、北京、厦门、昆明、福州、南昌、上海、潍坊、广州、抚州、漳州、西安、安徽宏村等地多次举办会议，邀请国内外专家、各个学校分管领导、老师们互相切磋，多方与中国的现实情况相结合……感谢参与、莅临生涯体验会议的所有人！特别是2008年的春节正月初六就邀请国内外专家、各个学校分管领导、老师们互相切磋，他们是《人民日报》教科文部记者王淑军博士、北京师范大学心理学院副院长乔志宏博士、西北大学佛教研究所所长李利安博士、清华大学教育研究所心理学教授李虹博士、《光明日报》书评周刊主编邢宇皓博士、北京大学体验教研部张锐教授、中国科学院心理研究所副所长张建新博士、北京大学新闻传播学院肖东发教授、北京大学蔡元培学院副院长苏彦捷博士、北京师范大学心理咨询中心副教授罗晓路博士、中国人民大学心理研究所所长俞国良博士、中国人民大学心理研究所教授雷雳博士、清华大学教育研究所心理学系主任樊富珉教授……当《中国教育报》上刊载文化新闻中心主任兼《读书周刊》主编张圣华先生的文章《这门课程该来得再早点》，当本书获列"中国国家新闻出版总署'十一五'图书出版规划"，当出版前夕得知本书英文版获得新闻出版总署奖励代表中国参加德国法兰克福国际书展，当本书之课程获列中华人民共和国教育部首批"国家精品在线开放课程"，当2018年在北京大学教育学院成功举办"生涯教育论坛"，作为作者，感到高兴欣慰之余也深觉忐忑不安，这是份荣誉更是份责任，所以希望各位读者朋友多多赐教，使之更适合国情，对我们的教育和学生发展有更具体和针对性的启发。

从2007年第一版到2009年第二版再到如今的第三版，都要特别感谢我的"忘年交"朋友林梅女士，从20世纪80年代与林女士相识，整整30年，虽然相隔那么久，虽然由于两人工作家庭经常相隔那么远，但是这本书的缘分，让我们持续相连！感谢林梅女士这么多年来的信任，感谢她为本书第三版逐字逐句审稿、校稿！

在十多年来的本土化实践过程中，特别感谢库克大学合作伙伴大学云南财经大学、天津科技大学、温州大学、集美大学诚毅学院、集美大学海外教育学院，感谢托马斯大学合作伙伴大学温州医科大学、江西中医药大学、内蒙古民族大学、华南理工大学广州学院，是这些合作院校提供了支持与帮助，让生涯体验具有本土化实践的土壤和阳光。本书获得高等教育出版社戎榕编辑、岳永华编辑指导，此次第三版增印，感谢刘紫凤编辑忙前忙后的联络确认；感谢高等教育出版社中等职业教育出版中心综合分社禹天安分社长和高婷责任编辑为中职版和高职版生涯体验图书出版的指导和帮助；在生涯体验逐步开展中，我也将其带入到中学、小学和幼儿园中，感谢北京师范大学出版社叶子分社长和周雪梅责任编辑为中学、小学和幼儿园版生涯体验图书出版的指导和帮助，特别感谢中国人民大学心理学研究所所长俞国良博士，是他给了我将生涯体验延伸到中小学和幼儿园领域的指导。感

第三版增印序

谢刘丽霞老师从 2005 年迄今投入到本书第一版、第二版到第三版的助理工作,十多年来一直承担本书相关之大大小小整理事务,没有她这本书就无法尽早地与读者见面。

作者才疏学浅,拙作付梓,疏漏之处甚多,恳请不吝赐教。

后学

黄天中　谨上

2019 年 3 月 5 日于美国纽约州库克大学

目　　录

第一篇　生涯体验概述篇　1

第一章　生涯体验概述　3
第一节　生涯发展与规划概念、理论及其发展简史　4
第二节　"授人以筌"观念在生涯体验中的应用　19
第三节　生涯体验之中西方思想与理论基础　22
第四节　生涯体验之跨学科性　26

第二章　体验式学习概述　35
第一节　体验式学习概念、理论及其发展简史　37
第二节　体验式学习与传统式学习的区别　47
第三节　体验式学习在生涯发展与规划中的应用与评价　53
第四节　体验式学习与图表式学习　58

第二篇　生涯体验之四生篇　61

第三章　生命　63
第一节　生命发展　63
第二节　生命健康　77
第三节　临终关怀　84
第四节　生命信仰　102
第五节　生命价值观　111
第六节　体验式学习——生命与活动设计案例　116

第四章　生存　119
第一节　生存定义与生存环境　119
第二节　生存意识培养　125
第三节　生存能力的掌握　129
第四节　生存与积极习惯之养成　135
第五节　体验式学习——生存与活动设计案例　142

第五章　生活　144
第一节　时间管理　144
第二节　健康生活与休闲活动　152

i

目录

第三节　压力管理 … 159
第四节　个人理财 … 170
第五节　感情账户的建立 … 179
第六节　体验式学习——生活与活动设计案例 … 202

第六章　生涯 … 205
第一节　生涯与自我了解 … 205
第二节　生涯与个人素养 … 219
第三节　生涯探索与生涯抉择 … 232
第四节　生涯发展与生涯管理 … 251
第五节　体验式学习——生涯与活动设计案例 … 254

第三篇　生涯体验之五业篇 … 257

第七章　就业生涯 … 259
第一节　就业概述 … 260
第二节　就业准备 … 267
第三节　面试准备 … 273
第四节　体验式学习——就业生涯与活动设计案例 … 276

第八章　职业生涯 … 278
第一节　职业概述 … 278
第二节　大学生如何规划职业生涯 … 282
第三节　体验式学习——职业生涯与活动设计案例 … 287

第九章　创业生涯 … 290
第一节　创业概述 … 290
第二节　大学生创业流程、步骤和类型 … 296
第三节　体验式学习——创业生涯与活动设计案例 … 305

第十章　事业生涯 … 309
第一节　事业概述 … 309
第二节　事业生涯组成要素 … 312
第三节　体验式学习——事业生涯与活动设计案例 … 321

第十一章　志业生涯 … 323
第一节　志业概述 … 323
第二节　志业生涯组成要素 … 327
第三节　志业生涯的目标 … 330
第四节　体验式学习——志业生涯与活动设计案例 … 332

第四篇　生涯体验之六体篇 ……………………………………………… 335

第十二章　亲情与感恩体验 ……………………………………………… 337
　　第一节　亲情与感恩体验概述 ………………………………………… 337
　　第二节　如何进行亲情与感恩体验 …………………………………… 342
　　第三节　体验式学习——亲情与感恩体验与活动设计案例 ………… 348

第十三章　团队合作体验 ………………………………………………… 351
　　第一节　团队合作体验概述 …………………………………………… 351
　　第二节　如何进行团队合作体验 ……………………………………… 354
　　第三节　体验式学习——团队合作体验与活动设计案例 …………… 357

第十四章　非营利组织体验 ……………………………………………… 360
　　第一节　非营利组织体验概述 ………………………………………… 360
　　第二节　如何进行非营利组织体验 …………………………………… 364
　　第三节　体验式学习——非营利组织体验与活动设计案例 ………… 367

第十五章　营利组织体验 ………………………………………………… 370
　　第一节　营利组织体验概述 …………………………………………… 371
　　第二节　如何进行营利组织体验 ……………………………………… 374
　　第三节　体验式学习——营利组织体验与活动设计案例 …………… 377

第十六章　国际事务体验 ………………………………………………… 380
　　第一节　国际事务体验概述 …………………………………………… 380
　　第二节　如何进行国际事务体验 ……………………………………… 386
　　第三节　体验式学习——国际事务体验与活动设计案例 …………… 392

第十七章　创新与创业体验 ……………………………………………… 394
　　第一节　创新与创业体验概述 ………………………………………… 394
　　第二节　如何进行创新与创业体验 …………………………………… 400
　　第三节　体验式学习——创新与创业体验与活动设计案例 ………… 403

第一篇　生涯体验概述篇

知行合一

理论的生涯发展与规划——知；体验式学习的实践——行。

知：生涯重在规划中的自我选择，找到自己的兴趣和快乐方向。

　　每一天都是生涯中的一张白纸，

　　每一个不同的人，都有不同的个性，

　　每一件不同的事，都有不同的解决方法，

　　这里没有好与坏、对与错，有的是你的选择！

行：做中学、玩中学、错中学。

生涯发展与规划和体验式学习就是落实到"知行合一"上。

第一章 生涯体验概述

本章纲要
- 生涯发展与规划概念、理论及其发展简史
- "授人以筌"观念在生涯体验中的应用
- 生涯体验之中西方思想与理论基础
- 生涯体验之跨学科性

有一只猫,他一直不停地追求……

这只猫出生在皇宫中,被称为:虎虎。虎虎是皇帝的宠物,他尽享荣华富贵,却并不快乐,因为整日只能生活在笼子里,没有自由。

所以,有一次趁皇帝带他散步时,他逃离了皇宫,逃到了一艘大轮船上,成了船长的猫,船长不知道他原来的名字,称他为哥伦布,哥伦布跟随船长游历了整个世界,却并不快乐,因为航行是船长的梦想,而不是自己的。

于是,一次船长带他下船游玩时,哥伦布躲起来留在了一个马戏团。一位驯兽师发现了他,并开始训练他,叫他为:棒猫-亚历山大。亚历山大付出了很多努力,成为驯兽师的最好搭档,可以骑脚踏车穿过有火圈的钢丝绳。驯兽师为此十分自豪,亚历山大却并不快乐,因为他觉得自己只是主人赚钱的工具。

有一次趁主人不注意,他溜走了,来到了一家敬老院,老人们疼惜的轮流着抱他、宠他、给他东西吃,他们叫他:大黑。他就这样成了敬老院里的宠物。但大黑却并不快乐,因为这不是他想要的生活。

他想要什么呢?他离开了老人们的怀抱和温暖,开始寻找。他现在是一只野猫,随心所欲地流浪,却也并不快乐,因为他找不到自己真正需要什么。

直到有一天,他遇到了自己的梦想——一只小花猫妮妮,他才清醒地意识到:自己想要过的生活,就是娶这只小花猫,一起奋斗,一起生活,和她共度一生。于是,他通过各种努力,终于实现了这个梦想,和妮妮组建了一个家庭,并且有了许多孩子,他成为妮妮口中的:勇勇。他们全家幸福地生活在一起,直到自己和妮妮一起老去……

这一次,他没有再选择逃离。因为拥有自己的梦想、并为梦想努力拼搏的人生,就已经足够。[1]

---

[1] 改编自:彭思舟.把自己卖个好价钱[M].哈尔滨:哈尔滨出版社,2002:191-194.

第一篇　生涯体验概述篇

我们的生命只有一次。因此，我们没有重来的机会，留下的遗憾永远不可能再去弥补……既然如此，我们何不现在就行动，去追求我们自己的梦想，去过自己想过的生活呢？

人生最后的决定权，掌握在我们自己手上。如何对自己的生涯好好掌握，前提是对生涯的了解以及对生涯发展与规划的认识。为此，本章将大略介绍生涯发展与规划的相关内容。

第一节　生涯发展与规划概念、理论及其发展简史

一、生涯发展与规划及其相关名词

1. 生涯（Career）

（1）不同翻译

对"career"一词的翻译，尚未形成定论，目前采用较多的译名有如下几个：生涯、职业前提、事业、职业生涯、生计、前程等，本书认为 career 译作"生涯"为宜。

（2）名词定义

正如对 career 的翻译不尽相同一样，不同的学者对"生涯"的界定也存在着分歧。以下是部分不同学者对"生涯"一词所下的定义：

杨朝祥[1]：

生涯是一个人在其职前（Pre-occupational）、职业（Occupational）及退休后（Post-occupational）的生活中，所拥有的各种重要职位、角色的总和。

林幸台[2]：

生涯是一个人一生中所从事的工作以及担任的职务、角色，但同时也涉及其他非工作/职业的活动。

金树人[3]：

"生涯"一词涵盖了以下三个重点：①生涯的发展是个人一生当中连续不断的过程；②生涯包括个人在家庭、学校和社会中与工作有关活动的经验；③这种经验塑造了独特的生活方式。

舒伯（Donald Super）[4]：

---

[1] 杨朝祥. 生计辅导——终生的辅导历程 [M]. 台北："行政院"青年辅导委员会，1989.
[2] 林幸台. 生计辅导的理论与实施 [M]. 台北：五南图书出版公司，1987.
[3] 金树人. 生计的观念、生计的辅导 [J]. 咨询与辅导月刊，1987（1），14-15.
[4] Super, D. E. Monograph on Career Education. Career Education and the Meaning of Work [J]. Washington, DC.: The Office of Career Education, U. S. Office of Education, 1976.

生涯是生活里各种事件的演进方向与历程，它统合了人的一生中各种职业和生活的角色，由此表露出个人独特的自我发展组型。一个人一生中所扮演的角色包括：儿女、学生、休闲者、公民、工作者、配偶、父母、退休者等。

美国公务人员研究会[①]：

生涯是一个人自年轻至年老退休期间，所正式从事的光荣职业。

> 本书较为认同舒伯对于生涯扩充的定义：
>
> 生涯是生活中各种事件的演进方向与历程，它统合了人的一生中各种职业和生活的角色，由此表露出个人独特的自我发展组型。一个人一生中所扮演的角色包括：儿女、学生、休闲者、公民、工作者、配偶、父母、退休者等项。

2. 生涯规划（Career Planning）

何谓"生涯规划"？生涯规划与"生涯"的含义相似，其解释也有很多。在生涯规划的诸多定义中，有些定义比较局限地把生涯规划限定为职业生涯规划。本书支持的生涯定义不仅仅局限于工作和职业，同样在对生涯规划的定义上，本书的立场也是：生涯规划不仅仅是职业生涯规划，还包括职业生涯规划前和职业生涯规划后。在本书中认为以下定义为宜：

> 生涯规划是一个人尽其可能地规划未来生涯发展的历程，在考虑个人的智能、性向、价值，以及阻力、助力的前提下，做好妥善的安排，并借此调整、摆正自己在人生中的位置，以期自己能适得其所。[②]

3. 生涯发展（Career Development）

（1）辅导学的角度

通过社会、教育以及辅导的共同努力，协助个人建立实际的自我观念，熟悉以工作为导向的社会价值观，并将其熔铸于个人价值体系内，并借由生涯选择、生涯发展与规划以及生涯目标的追寻和实现，使个人能有一个成功美满并有利于社会的生涯[③]。

（2）组织管理的角度

[①] Hall, D. T. & Goodale, J. G. Human Resource Management: Strategy, Design and Implementation [M]. Scott, Foreman Co, 1986.

[②] 洪凤仪. 生涯规划自己来 [M]. 台湾扬智文化事业股份有限公司. 2000: 48.

[③] 杨朝祥. 生计辅导——终生的辅导历程 [M]. 台北："行政院"青年辅导委员会, 1989.

曼得和韦恩（Monday & Wayne）[①]认为，生涯发展是组织为确保具备适当资格经验的人，当组织需要时，便能派上用场所采取的任何正式途径。也有学者认为，生涯发展是基于组织与个人的需求，所追求的事业计划，包括个人的事业规划及组织制度的事业规划两大部分[②]。也有人认为：生涯发展是一种使前程行动计划（Career Action Plan）付诸实施的过程，各种发展活动包括了所有的在职训练及职外训练技术[③]。

4. 生涯成熟（Career Maturity）

生涯成熟的概念因生涯发展理论的研究而渐受重视，其定义如下：

（1）舒伯[④]：

生涯成熟是指个人在生涯发展历程中所达到的进度，或是个人面对生涯发展任务的准备度，包含6个向度：职业选择的取向、个人特质具体化、职业偏好的一致性、搜集资料与规划的能力、职业偏好的睿智、职业独立性。

（2）金树人[⑤]：

生涯成熟是指生命中不同的阶段有不同的发展任务，发展任务的完成即代表成熟到达某一程度。因此，个体生涯成熟的程度是由发展过程中个人的阶段位置（Location）来决定。

5. 生涯辅导

传统的职业辅导大都以"帮助个人选择职业、准备就业、安置职业，并且在职业上获得成功"为主要的工作内容。生涯辅导则进一步地扩大职业辅导的领域，特别强调6个主题：生涯决策能力的发展、自我观念的发展、个人价值观的发展、选择的自由、重视个别差异，对外界变迁的因应[⑤]。

6. 生涯教育（Career Education）

马兰德（Sidney Marland）[⑥]

美国联邦教育总署署长马兰德曾多次公开发表有关生涯教育的演讲，有人根据他的构想，整理出他对生涯教育的定义[⑦]：

[①] Monday, R. & Wayne. Human Resource Management. Upper Saddle River [M], 10th ed. N. J.: Pearson Prentice Hall, 2008.
[②] 石锐. 制造业推行前程规划制度之研究 [D]. 台中：中兴大学，1991.
[③] Heneman Ⅲ, H. G. & Schuab, D. P. Personnel / Human Resources Management [M]. 1986.
[④] Super D. The Psychology of Careers [M]. New York: Harper & Row, 1957.
[⑤] 金树人. 生计的观念、生计的辅导 [J]. 咨询与辅导月刊，1987（1）：14-15.
[⑥] 其于1971年提出生涯教育，时任美国联邦教育总署署长。
[⑦] 杨朝祥. 生计辅导——终生的辅导历程 [M]. 台北："行政院"青年辅导委员会，1989.

> "生涯教育是对全民而非部分人民的教育，它是从义务教育开始，延伸至高等及继续教育的整个过程。它教育下一代在心理上、职业上及社会上平衡与成熟的发展，使每个国民成为自我认知、自我实现及自觉有用的人。这种教育同时具备学识与职业功能、升学及就业准备，它强调在传统的普通教育中建立起职业的价值，使学生具有谋生能力。因此，其基本目标是培养个人能过丰饶创造、有生产价值的人生，这是发挥教育真实价值的整体构想。"

7. 职业生涯

（1）杰弗里·格林豪斯（Jeffrey H. Greenhaus）等认为[①]："职业生涯是指与工作相关的整个人生历程"，"与工作有关的经历"是很广义的，它包括：①客观事件或情境，如工作岗位、工作职责或行为以及与工作相关的各种决策；②对与工作有关的事件的主观解释，如工作志向、期望、价值观、各种需求以及特殊工作经历的感受。

（2）词义学[②]：职业一词由"职"与"业"组成，所谓"职"包含着社会职责、天职、权利与义务；所谓"业"包含着从事业务、事业、事情、独特性工作的意思。

（3）本书的观点

在本书中，职业生涯是整个生涯发展与规划的一部分，生涯发展与规划还包括职业生涯前和职业生涯后。

8. 职业生涯规划

简称"职业规划"，是对个人职业生涯的规划。从个人的角度来讨论职业生涯规划，主要包括：自我认识；自我规划（确定职业方向和目标，制定职业发展道路计划）；自我管理（明确需要进行的自我学习、提升准备和行动计划）；自我实现（反馈评估，修正完善）。

9. 职业生涯发展

简称"职业发展"。图1-1[②]简单说明了职业生涯发展的组织和个人的相互作用：

10. 职业生涯设计

简称"职业设计"，是"职业生涯规划"的另一种称呼，具体含义相同。

与"生涯"有关的其他名词种类相当繁多，包括：生涯发展、生涯规划、生涯成熟、生涯辅导、生涯教育、职业生涯、职业生涯规划、职业生涯发展、职业生涯设计等等，这些名词的意义与内容，虽因涵盖层面与探讨重点不同而存在差异，但这些名词都具有"观

---

① 杰弗里·格林豪斯（Jeffrey H. Greenhaus）、杰勒德·卡拉南（Gerard A. Callanan）、维罗妮卡·戈德谢克（Veronica M. Godshalk）著，王伟译. 职业生涯管理 [M]. 北京：清华大学出版社，2006.
② 徐娅玮编著. 职业生涯管理 [M]. 深圳：海天出版社，2002.

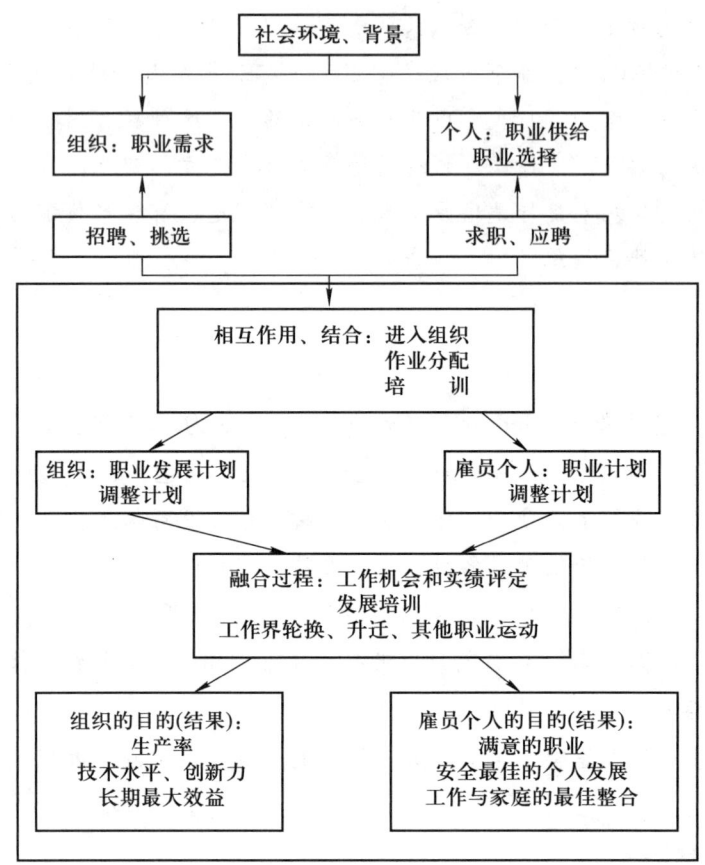

图 1-1　职业生涯发展的组织和个人的相互作用

照现在、规划未来"的含义，所强调的重点都围绕着"生涯"概念的重要特质[①]：

1）终生性　概括一个人一生所拥有的各种职位、角色。

2）综合性　所指的并不是某一时段个人所拥有的职位、角色，而是一生之中所有的职位、角色的总和。

3）期望性　对个人而言，生涯不仅需要适合个人的特质，同时它也是个人所期望的。

4）工作性　虽然一个人所扮演的角色很多，但工作是其中最重要的，所以个人的生涯以工作为中心。

二、生涯发展与规划理论

下面将就几个理论进行简要介绍。

1. 特质因素论

代表人物：弗兰克·帕森斯（Frank Parsons）、威廉森（E. G. Williamson）

[①] 杨朝祥. 生计辅导——终生的辅导历程［M］. 台北："行政院"青年辅导委员会，1989.

早期的特质因素论（Trait-Factor Theory）源自帕森斯"人职匹配"（Matching-Men-and-Job）的概念。在此，特质（Trait）是指个人的人格特征，包括性向、兴趣、成就、价值观和个性等，可以经由测验或量表等工具来加以测评，以反映出个人的潜能。因素（Factor）是指在工作上获得成功表现所必须具备的条件或资格。

特质因素论以经验为导向，以差异心理学为理论依据，以特质为描述个别差异的重要指标，强调个人特质与职业选择的关系。

特质因素论要求：一个人在做职业的决定与选择时，必须先做好知己、知彼的工作，"知己"是要了解个人的兴趣、性向、能力、人格、需求等特质；"知彼"是要了解外在工作世界的状况以及不同工作所要求的条件，凭借各种测验结果与职业资料的分析，以达成自我探索的目的。

2. "当事人中心"的非指导学派

代表人物：帕特森（Patterson）

卡尔·罗杰斯（Carl Rogers）于20世纪40年代向治疗者万能的传统辅导方法发起挑战，创立了"当事人中心"（Client-Centered Nondirective Approach）的非指导学派。其理论的基本假设是：人在本质上是值得信赖的，因为他们本身具备了解自己与解决自身问题的无比潜力，因此，治疗者就没有直接介入的必要；如果他们真正地投入治疗关系中，就能朝向自己制定的方向成长。罗杰斯始终强调，治疗者的态度和个人特质、治疗关系的品质是决定治疗效果的两项决定因素，至于理论与技术的知识则属于次要的问题[①]。

帕特森于1964年提出一个清晰可解的当事人中心辅导模式，将当事人中心的论点用于生涯的诊断、过程与结果之中，是一个兼具时代性与创新性的生涯辅导方法[②]。

当事人中心的生涯理论重视现象学（Phenomenon Logical）的观点，强调个体主观的现象世界，认为每个人所知觉、所建构的现象世界是独一无二的。罗杰斯和帕特森相当反对像特质因素论那样对生涯进行诊断。

3. 心理动力论

代表人物：鲍定（Edward Bordin）

心理动力论（Psychodynamic Approach）的理论基础源自精神分析学派。精神分析学派探讨的是个人内在的、深层的动机与情绪，但传统的精神分析学派并不重视职业方面的问题。其代表人物弗洛伊德（Sigmund Freud）[③]甚至认为，工作是个令人感觉不愉快却又不得不承担的责任。后来兴起的新弗洛伊德派，则比较重视工作的意义，即对个人需要的满足以及对个人发展的冲击。真正将精神分析学派的理论用于生涯理论的是鲍定，他深入分析了个人内在动机与需要等动态因素对个人职业选择过程的影响。

---

① 钟思嘉等人.咨询与心理治疗——理论与应用［M］.台北：大洋出版社，1985.
② 刘焜辉，金树人.生计咨询之理论与实施方法［M］.台北："行政院"青年辅导委员会，1989.
③ 弗洛伊德（1856-1939），奥地利医生兼心理学家，精神分析的创建者。

心理动力论一方面强调人类的职业选择具有潜藏的心理动机,这些动机可以追溯到人类原始需求的满足,职业上的各种活动都是为了满足需求与避免焦虑;另一方面则强调职业研究的发展特性,主张职业选择必须追溯到个体的儿童时期,甚至怀孕阶段对人格成长的影响[1]。

鲍定创造出了一个"需要-满足"(Need-Gratification)模式。这个模式可以清楚地分辨不同职业所能满足的需要、涉及的心理机制及其操作与表现方式。例如此理论假设:一个人在6岁以前,主要的内在满足是来自于咬、嚼、吞咽等口腔的攻击活动,如果一个人一直固着于这种口腔的满足,并且没有随年龄增长而发生改变,那么这种固着现象会表现在他的人格上,所从事的职业则是与切割、磨、钻等有关的活动[2]。

4. 生涯发展论

代表人物:舒伯

生涯发展论是综合许多流派而建立起来的,舒伯根据布尔赫勒(Buehler,1933)的生命周期观点和列文基斯特(Lavighurst,1953)的发展阶段论,提出一个诠释职业发展的新模式:生涯发展论。他以差异心理学与现象学的观点来解释职业选择的过程,并将发展心理学与自我概念联结。

舒伯认为,可以依据年龄将每个人生阶段与职业发展相配合,并且每个阶段各有其发展任务。他将生涯发展阶段分为5个阶段:成长(Growth)、探索(Exploration)、建立(Establishment)、维持(Maintenance)、衰退(Decline),每个阶段又各有次阶段,见图1-2。

1976-1979年期间,舒伯在原有的发展阶段理论基础上,又加入了角色理论,从而提出一个广度与深度都更佳的生活广度、生活空间的生涯发展观(Life-Span, Life-Space Career Development),并以"生涯彩虹图"(Life-Career Rainbow)表示此理论,见图1-3[3]。

根据舒伯的看法,一个人一生中扮演各种角色,就如同一条彩虹同时具有许多色带。这些角色包括儿女、学生、休闲者、公民、工作者、配偶、家管人员、父母及退休者等9项,这9个角色主要是在家庭、社区、学校及工作场所这4个人生舞台上扮演。

在彩虹图中,每一阶段都有其显著角色,成长阶段是儿童;探索阶段是学生;建立阶段先是家长,而后是工作者;在45岁左右的维持阶段,学生角色会再次出现,工作角色中断,公民与休闲者的角色分量逐渐增加。

生涯发展论综合了差异心理学、发展心理学、自我心理学以及有关职业行为发展方向的长期研究,汲取了这四大领域当中有关生涯发展的精华,成为当今生涯辅导重要的理论基础。

---

[1] 刘焜辉,金树人. 生计咨询之理论与实施方法[M]. 台北:"行政院"青年辅导委员会,1989.

[2] Herr, E. L. & Cramer, S. H. Career Guidance and Counseling through the Life Span: Systematic Approaches. 2nd ed. Boston: Little, Brown & Company, 1984.

[3] 金树人. 生计发展与辅导[M]. 台北:天马文化事业公司,1989.

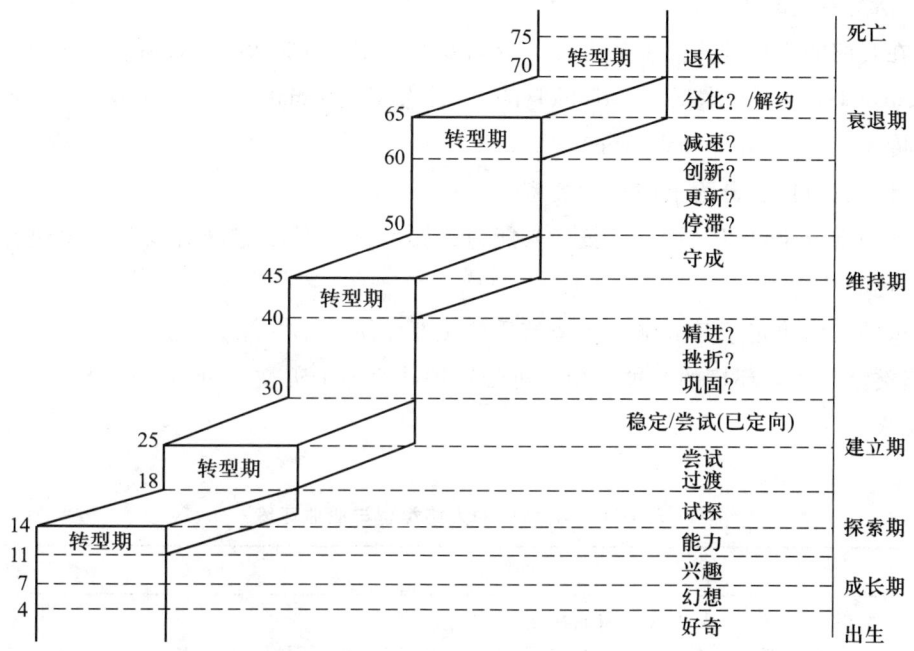

图 1-2 生涯发展阶段与发展任务

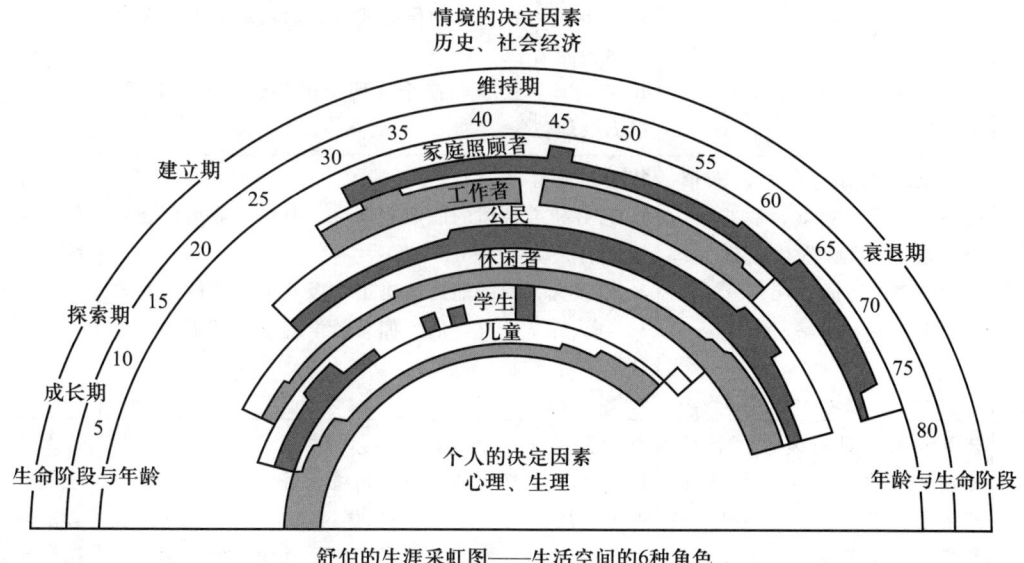

舒伯的生涯采虹图——生活空间的6种角色

图 1-3 生涯彩虹图

5. 类型论

代表人物：约翰·霍兰德（John Holland）

霍兰德在 20 世纪 60 年代提出类型论（Typology Theory）后，在生涯发展、职业心理学的领域中，引发了许多有关此理论的研究，并发展出许多评量工具。

霍兰德类型论的 4 个假设：

1）在我们的文化中，大多数人可区分为 6 种类型：实际型（Realistic Type）、研究型（Investigative Type）、艺术型（Artistic Type）、社会型（Social Type）、企业型（Enterprising Type）、传统型（Conventional Type）。

2）环境也可以区分为上述 6 种类型。

3）人们会寻求可以发挥自己技能与能力、展示自己态度与价值以及能愉快胜任其中问题与角色的环境。

4）人的行为决定于其人格与环境特质的交互作用。

人格类型与职业环境的 6 种类型，可分别用其第一个英文字母 R、I、A、S、E、C 来代表，见表 1-1。

表 1-1　类型论的人格类型与职业环境

形态	人格倾向		典型职业
实际型（R）	实际型的人具有顺从、坦率、谦虚、自然、坚毅、实际、有礼、害羞、稳健、物质主义的特征。	行为表现为： 1. 喜好实用性质的职业或情境，以从事其喜好的活动，避免社交性质的职业或情境。 2. 用具体实用的能力解决工作及其他方面的问题。 3. 自认拥有机械和动作的能力，而较缺乏人际关系方面的能力。 4. 重视具体的事物或个人明确的特性，如：金钱、权力、地位等。	劳工 工匠 农夫 机械员
研究型（I）	研究型的人具有分析、谨慎、批评、好奇、独立、聪明、内向、条理、谦逊、精确、理性、保守的特征。	行为表现为： 1. 喜好研究性质的职业或情境，避免企业型职业或情境的活动。 2. 以研究方面的能力解决工作及其他方面的问题。 3. 自认好学、有自信，拥有数学等方面的潜力，但缺乏领导才能。 4. 重视科学。	工程师 化学家 数学家
艺术型（A）	艺术型的人具有复杂、想象、行动、独立、直觉、无秩序、情绪化、理想化、不顺从、有创意、富有表情、不重实际的特征。	行为表现为： 1. 喜好艺术性质的职业或情境，避免传统性质的职业或情境。 2. 以艺术方面的能力解决工作及其他方面的问题。 3. 自认富有表达能力、直觉、独立、具创意、不顺从、无秩序等特征，拥有艺术与音乐方面的能力（包括表演、写作、语言）。 4. 重视审美的特质。	诗人 小说家 音乐教师 舞台导演

表1-1(续)

形态	人格倾向		典型职业
社会型（S）	社会型的人具有合作、友善、慷慨、助人、仁慈、负责、圆滑、善社交、善解人意、说服他人、理想主义、富洞察力的特征。	行为表现为： 1. 喜好社会性质的职业或情境，避免实用性的职业或情境。 2. 以社交方面的能力解决工作及其他方面的问题。 3. 自认喜欢帮助别人、了解别人、有教导别人的能力，但缺乏机械科学的能力。 4. 重视社会伦理的活动与问题。	教师 传教士 辅导人员
企业型（E）	喜好企业型的人具有冒险、野心、独断、冲动、乐观、自信、追求享乐、精力充沛、善于社交、获取注意、知名度高等特征。	行为表现为： 1. 喜好企业性质的职业或情境，避免研究性质的职业或情境。 2. 以企业方面的能力解决工作及其他方面的问题。 3. 自认有冲动、自信、善社交、知名度高、有领导与语言能力，缺乏科学能力。 4. 重视政治与经济上的成就。	推销员 政治家 企业经理
传统型（C）	传统型的人具有顺从、谨慎、保守、自抑、服从、规律、坚毅、实际、有效率、缺乏想象力的特征。	行为表现为： 1. 喜好传统性质的职业或情境，避免艺术性质的职业或情境。 2. 以传统方面的能力解决工作或其他方面的问题。 3. 自认喜顺从、规律、有文书与数字能力。 4. 重视商业与经济上的成就。	出纳 会计员 银行员工 行政助理

但世间之人，种类繁多，这6种类型无法完全概括，而且各种类型彼此并非完全独立互斥，一个人也不可能只属于某一种类型，因此产生了霍兰德码。霍兰德码就是这6个英文字母的组合，其先后顺序可以由有关的测量工具测得。也就是说，依测验分数高低排列，前三项最高分数就代表个人的人格组型。以 RIA 为例，该码表示这个人的人格组型为 RIA，他是实际型人格，并且具有研究型倾向，又带有些许艺术型的特征。霍兰德又依照相同的编码系统将 456 个职业予以分类，拿 RIA 这个码来说，就有"建筑制图"与"牙技师"两类行业属于此码。所以依照霍兰德的类型论，经由测验获知自己的人格组型属于 RIA 的人，应该开始探索这两类行业[①]。

6 种类型的英文字首，可按照一个固定的顺序排成一个六角形：RIASEC（见图1-4）。

此六角形可以显示出霍兰德类型论的精义，可以分析出一个人职业兴趣的一致性（Consistency）、区分性（Differentiation）及其与未来职业的适配性（Congruency）[②]。

---

① Herr, E. L. & Cramer, S. H. Career Guidance and Counseling through the Life Span：Systematic Approaches. 2nd ed. Boston：Little, Brown & Company, 1984.

② 金树人. 生计发展与辅导 [M]. 台北：天马文化事业公司, 1989.

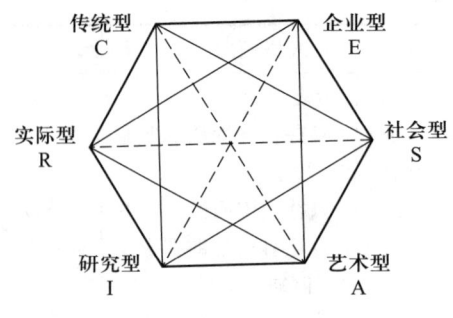

图 1-4 霍兰德的六角型模式

6. 生涯决定论

即使个人充分掌握了自己内在特质与外在工作世界的信息，但也未必就能做好生涯决定，而整个生涯发展过程必须不断面临生涯决定的问题。因此，有许多生涯理论特别强调生涯决定的模式，例如：凯茨（Katz）模式、吉列特（Gelatt）模式、卡尔多和契透斯基（Kaldor & Zytowski）模式、泰德曼-欧哈拉（Tiedeman-O'Hara）模式、希尔顿（Hilton）模式、弗隆（Vroom）模式、许（Hsu）模式、弗列屈（Fletcher）模式。另外，库伦伯茨（Krumboltz）还提出了生涯决定的社会学理论。以下将择取吉列特理论模式作简单的介绍。

代表人物：吉列特（H. B. Gelatt）

吉列特在 1962 年以及克拉克（Clarke）、吉列特和列文（Levine）于 1965 年利用布鲁斯（Broos）、克隆巴奇（Cronbach）和格列塞（Gleser）的工作为蓝图，发展出职业决策的理论模式。此理论认为决策是一连串的决定，任何一个决定都会影响其后的决定，也会受先前决定的影响，因此决策是一个发展的取向而非单一的事件[①]。

决策的基本准则在于选择有利因素最多而不利因素最少的方案（途径）。通过各种测验与职业资料的累积，个人可以预测各项选择途径的可能结果、达成目标的概率，再考察个人价值系统的偏好倾向，就可以绘出决策流程图，作为抉择的依据[②]。

7. 超个人心理学（Transpersonal Psychology）

《张氏心理学辞典》[③] 对超个人心理学曾有这样的解释：超个人心理学（后人本心理学）是心理学领域的一个新兴学派，号称心理学的第四势力。传统心理学中的行为论（第一势力）、精神分析论（第二势力）以及人本论（第三势力），因受狭义科学观念的限制，只研究个体行为，在内容范围上多未超越对个人身心的探讨。超个人心理学派，旨在探求人类心灵与潜能的终极本源，在内容上以人生价值、宗教经验、生死之体认、意识之领悟以及人类幸福之追寻为主。

---

① 刘明秋. 生计决策理论与实征研究之分析 [J]. 台南师院学报：1984（22）.
② 林幸台. 生计辅导的理论与实施 [M]. 台北：五南图书出版公司, 1987.
③ 张春兴. 张氏心理学辞典 [M]. 台北：东华书局, 1989.

将超个人心理学应用在辅导上，就表现为：强调提升意识层次的重要性。马斯洛（Abraham H. Maslow）[①] 把需求层次划分为：生理需求、安全需求、爱与隶属需求、自尊需求、自我实现需求、自我超越的需求6个需求层次，超个人心理辅导不止肯定人类"自我实现"的潜能，而且拥有"自我超越"的需求与能力。

三、美国生涯发展与规划发展简史[②]

19世纪70年代至20世纪初，美国从农业国迅速发展成为工业国。这一巨大转变，引发了一系列的社会效应：世界各地的移民涌向美国、农民涌向城市、毕业生激增。这些社会变化最终导致了职业辅导的产生。当时仅有的只是对个别差异概念的部分了解，而性向测验也正处于发展初期。

1908年，从事各种改革运动的工程师弗兰克·帕森斯在波士顿成立了职业局。它的功能类似于今天的职业介绍所，是第一个具体的职业组织，因此，1908年就成为生涯辅导工作的滥觞[③]。帕森斯认为"选择一项职业"要比"找一份工作"好。在这个理念的指导下，他提出了职业辅导的三个步骤[④]：

1) 清楚了解自己的人格特质、能力、兴趣、资源与限制。
2) 了解不同的工作领域中成功必备的要求与条件、优缺点、酬劳、机会与展望。
3) 合理推论以上两类资料的关系。

帕森斯的这三个步骤，也就是"知己、知彼、决策"的意思。虽然在帕森斯那个年代，心理学尚未建立完整的体系，但其理念却影响深远，并被职业辅导的实务界奉为先导。

在20世纪最初的十几年中，职业辅导加入了职业教育的因素，以适应当时社会的需要。20世纪20-40年代期间，一开始只有少数的学校辅导员加以施行，而后因为：①有关个别差异的知识有所增加；②发展观的逐渐盛行；③有别于过去以信息给予（Information-Giving）为主的做法，心理治疗得到大力提倡，加上这三股力量的共同作用，使得职业辅导开始注重个体的情感与心理，工作的重点开始转向诊断治疗。这与只关注行为的外在表现、对学生以提供信息为主的职业辅导是大不相同的。

1950年，职业辅导的传统观点受到了极大的挑战，首先是美国国家职业辅导协会（National Vocational Guidance Association）主席霍布克（Hoppock）明确表示：传统的观点正在"粉碎中"。随后，舒伯又于1951年建议美国国家职业辅导协会，将1937年起沿用

---

① 马斯洛（Abraham Harold Maslow，1908-1970），美国心理学家，人本主义心理学的主要创始人之一。
② 本部分的资料主要来源于 Herr, E. L. & Cramer, S. H. Career Guidance and Counseling through the Life Span: Systematic Approaches. 2nd ed. Boston: Little, Brown & Company, 1984.
③ 陈若璋. 美好未来不是梦：生涯探索与前程规划 [M]. 台北：心理出版社，1989.
④ 林幸台. 生计辅导的理论与实施 [M]. 台北：五南图书出版公司，1987.

的"职业辅导"的定义:"职业辅导就是帮助个人选择职业,做好准备、进入自己喜欢并擅长的职业,而后在其中进展",修改成:"帮助个人将自己与工作世界中的角色发展结合成一个完整的概念,让这个概念在现实中得到考验,而后再将它修正成与现实接近,最终使自己与社会都感到满意,这个过程便是职业辅导。"

舒伯的这个新定义,扩大了传统职业辅导的概念。它不强调在某一时间提供信息,也不强调人与事简单的谋合,而是重视职业辅导的心理特质,将过去一直被分开的个人与职业两个层面,综合成有机的整体。正如克利特思(Crites)所言,舒伯将职业辅导从静态的、单一时间点的职业选择中跳出来,转而注意到社会学、经济学等学科对这个领域可能的影响,并将职业行为置于人类发展的架构中加以研究[1]。

20世纪50年代末、60年代初,职业辅导强调个体要做自由明智的选择,制定生活目标,而不只是职业目标。再加上卡尔·罗杰斯对传统的辅导观点提出质疑,提倡"以当事人为中心"的非指导学派,以及刚兴起的生涯发展理论对自我概念的重视,这些转变对过去职业辅导的概念与做法产生了深远的影响。到了20世纪60年代,职业辅导特别重视职业决定的过程,山勒(Samler,1968)甚至认为职业辅导就是学习做决定的经验。

在上述这些观点中,舒伯的理念对职业辅导产生了巨大的影响。他的观点不仅将职业辅导带入新的研究领域,还推动了"生涯辅导"观念的产生。顾名思义,"生涯"比职业选择涵盖了更长的时间,它既包括就业前的活动(例如教育),也包括离开工作(例如退休)后的生活。由于它是以纵贯与发展的观点来看职业辅导,所以注重的不是选择工作等眼前的即时性问题,而是如何将现在的选择与中、长期的目标结合。生涯辅导强调要教育学生获得将来工作时必备的知识、态度与技巧,规划学生的教育课程,帮助他们预期将来在工作中可能的生涯途径,并预做准备。

到了20世纪60年代末、70年代初期,"生涯辅导"这个名词出现在专业文献上的次数几乎与"职业辅导"不相上下。这不但意味着名词术语的转变,也意味着辅导内涵的变化。生涯辅导扩大了职业辅导的范围,所涵盖的主题也更加宽广,它强调下列6点重要性:生涯决策能力的发展、自我观念的发展、个人价值观的发展、选择的自由、重视个别差异,对外界变迁的因应[2]。

到了20世纪80年代,生涯已经完全从过去的静态(Static)转变成动态(Dynamic),而且由于新概念、新技巧、新服务对象的纳入,使它逐渐变成包罗万象、内容广泛的一门学科。就纵向而言,从幼儿园至退休、甚至死亡,人一生中的各个阶段都是生涯所关注的范围;就横向而言,生涯不再只局限于一个职业项目,任何与生涯有关的生活,都在其范围之内。

---

[1] Crites, J. O. Career Counseling: Models, Methods, and Materials [M]. New York: McGraw-Hill, 1981.
[2] 金树人. 生计的观念、生计的辅导 [J]. 咨询与辅导月刊, 1987 (1): 14-15.

四、中国生涯发展与规划发展简史

生涯辅导在中国起源比较早，只是中断的时间比较长。1916 年，清华大学校长周寄梅先生开始指导学生择业。1920 年，中华职业教育社设立了职业指导部，开展职业指导活动，以帮助"无业者有业，有业者乐业"。20 世纪 30 年代，当时的中国国民党政府还制定和颁布了在中小学开展职业辅导的规定。这些活动表明，职业辅导在中国已经开始萌芽。[①]

但这只是昙花一现，之后因为战乱、社会等因素，这种萌芽并没有得到正常的发育和成长。

直到 20 世纪 80 年代，中国的经济结构发生了巨大的变化，职业辅导才再次萌芽。中华职业教育社编印了《职业辅导》史料文集，成为中国恢复职业指导的先驱。在这一时期，许多学者不断加入对职业辅导的研究和探讨中来，涌现了大量的书刊文集。1987—1990 年，中国国家教委闻友信副司长主持的"七五"教育科学规划"职业指导的理论研究与实验"课题，成为中国第一个职业指导科学研究项目。自此，有关职业辅导的科学研究正式启动，并且得到长足发展。到了 20 世纪 90 年代，随着中国改革的深化，尤其是教育体制的改变，职业辅导业受到了中国政府有关部门的重视和支持。1993 年，《职业指导纲要》和《职业指导办法》出台。1995 年，国家教委办公厅下达了《关于在高等院校开设就业指导课选修课的通知》，全国就业指导中心在同年组织编写了《大学生就业指导》教材。中国人民大学马俊杰率先探索大学生就业管理体制，即面向个体、塑造生涯的模式，对指导对象进行讲明政策、传授技巧、分析形势、调适心理的服务。其后，许多大学都开展了大学生职业辅导的活动。[①]

进入 21 世纪，随着毕业生和用人单位的"双向选择"进一步发展，高等学校的就业辅导和职业生涯规划辅导日益受到重视。2007 年 12 月教育部办公厅印发《大学生职业发展与就业指导课程教学要求》的通知，明确列入教学计划，并附上教学要求的详细规定：现阶段作为公共课，既强调职业在人生发展中的重要地位，又关注学生的全面发展和终身发展。生涯规划发展又迈向了一个新的层次。

本节内容图表解说

见图 1-5。

---

① 姚裕群. 职业生涯规划与发展 [M]. 北京：首都经济贸易大学出版社，2003：73-76.

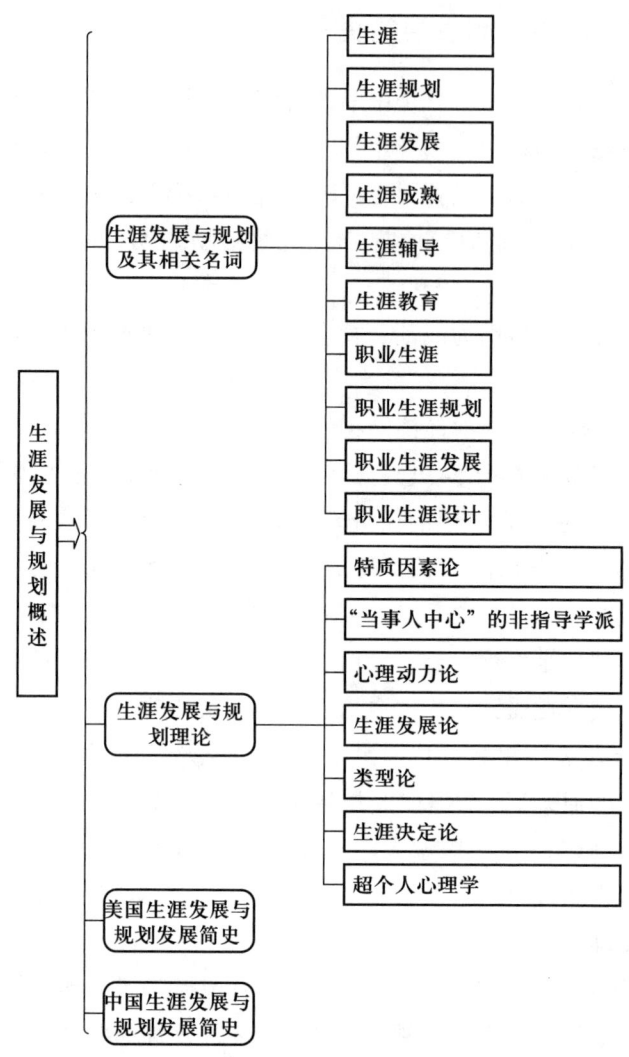

图1-5 第一章第一节内容图表解说

动动脑

- 除了书中列举的生涯和生涯发展与规划知识外，能否从出版物和网络上再找出与之不同的？是什么呢？你最认同的是哪一个呢？为什么？请与其他同学一起分享你个人的想法。
- 除书中列举的生涯相关名词之外，你知道还有其他相关词语吗？你最认同哪个词语呢？
- 书中列举的生涯发展与规划相关理论，你最赞成哪一个呢？为什么？
- 请先对书中所提美国和中国的生涯发展与规划发展史进行比较，其中有何异同？

- 除了书中介绍的美国和中国生涯发展与规划发展史,请再查找其他国家或地区的生涯发展与规划发展史,并比较有何异同?目前我们可以借鉴哪些呢?

体验活动

我的生涯

首先,请坐下来回想,你的记忆是从何时开始的呢?

第一步:

从你回忆起来的往事中,你觉得有哪些事是父母等家人长辈规划决定的?

1. 请一一写下来,比如所就读的小学?基本每日的三餐吃什么?……
2. 然后逐项向父母求证确认。自己所想和父母所说有何相同和不同呢?
3. 请将你的感想写下来。

第二步:

从你回忆的往事中,你觉得哪些事是老师、朋友规划决定的?

1. 请先一一写下来,比如选择读文科班还是理科班?去哪里春游?……
2. 请可以先请问老师或朋友是否这样呢?或者请问自己的家人?实际情形是否如此呢?
3. 你有发现一些你不知道不了解的细节吗?

第三步:

从你回忆的往事中,你觉得哪些事是自己规划决定的呢?

1. 请凭第一回忆印象一一写下来,比如有目的存钱买了第一本自己想看的书,中学期间加入自己选择的兴趣小组……
2. 然后逐项确认这些是受哪些因素影响而决定的呢?
3. 请概括自己的领悟。

我以前的生涯是这样走来的,现在的生涯是什么样的呢?未来的生涯你又准备如何应对呢?

第二节 "授人以筌"观念在生涯体验中的应用

经常会听到人讲"授人以鱼,不如授人以渔",在这节我们介绍的是"授人以筌"。什么是"授人以筌"?为什么在生涯体验中用"授人以筌"观念?

一、"授人以筌"

1. "授人以筌"基本含义

基本上我们都知道"授人以鱼"的意思是"给人现成的鱼",而"授人以渔"的意思是"教人捕鱼的方法"。"授人以鱼,不如授人以渔"用在教育上的意思是,传授给人以知识,不如传授给人学习知识的方法。给人知识只能解决临时的需要,而方法可以受用终身。

"授人以筌",先来看看"筌"的意思,筌来自《庄子·养生主》:"筌者所以在鱼,得鱼而忘筌。"筌,本意指捕鱼的竹器,后来比喻用来达到目的的手段或工具。由此"授人以筌"的意思是,传授给人承载知识的工具和手段。当学习者自己获得知识后,这些工具和手段可以不再需要。

所以"授人以筌"指的是不仅要教给学生知识即"授人以鱼",还要教给学生获得知识的方法即"授人以渔",更重要的是提供给学生学习工具、学习资源和学习手段。

2. "授人以筌"与"当事人中心"论

上一节已基本介绍过"当事人中心",在此我们主要看看卡尔·罗杰斯的"当事人中心"论。

罗杰斯被尊为"人本主义心理学之父",而他的"当事人中心"论的主要观点是:无条件彻底接纳,真诚同理心了解当事人,"啊哈 Aha"倾听等。根据其"当事人中心"理论,借用到教育上,学习的当事人是"学习者",所以别人能够影响"学习者"的言教甚至身教对其的作用是有限的,关键还是学习者本人。而教育者应该做的就是无条件彻底接纳、用同理心倾听学习者即可。所以教师即教育者不是教给学生即学习者现成的知识,而应该让学生自己决定如何学习。教育真正以学生为中心。

由上可以看出,罗杰斯"当人事中心"论与"授人以筌"观念异曲同工,都是强调:

1)教育者即教师是引导者,而不是教导者。即类似古希腊哲学家苏格拉底提到的"助产士"的观念,教师只是帮助别人产生他们自己的思想。教师要做的是接纳、信任、聆听学生,并提供工具或资源来激发学生的思考活动,促使其自己积极主动地去寻找正确答案。

2)学习者即学生是主动的,而不是被动的。无论是罗杰斯的"当事人中心"还是"授人以筌",学习者不管是自愿或是被迫都要站在主动的地位,不能像"授人以鱼"那样被动地接受知识,教师提供的只是聆听、只是"一个装鱼竹器"。怎么捕鱼?怎么解决问题?都要靠学习者主动去想、去做。毕竟每个人成长背景不同,学习方法也不同,只有自己才最清楚自己的资源(包括自己的能力、自己周围的情况以及环境的情况),所以主动权在学习者手上。

3)学习评价由学生自我评价,而不是教师给予一个分数。教师提供的仅是接纳,只是工具或资源或信息，答案或者说解决问题的方式、方法是由学生自己去寻找的，最终的结果，无论是竹器中的鱼有多少，还是自己解决问题后的成果，都要看自己是否满意。不满意或者不太满意，学生自己会寻找其他更适合自己的方式、方法，从而能让自己更满意等。

"教育不是灌满一桶水，而是点燃一把火"。是的，无论是罗杰斯"当人事中心"论还是"授人以筌"观念，都注重的是受教育者个体本身的发展，以及他们的个别差异。

二、"授人以筌"在生涯体验中的应用

在本书开篇即提到"生涯重在规划中的自我选择，找到自己的兴趣和快乐方向"，生涯发展与规划强调的是个体，而"授人以筌"观念就是在尊重个人独立性基础上的教育方式。

1. "授人以筌"与生命

每个人出生的家庭、社区、国家、社会均有不同，即使其中某些相同，但在成长道路上遇到的人和事也是不同的。即使这些也类似，在母亲孕育宝宝的时期、心态、饮食等的不同，对每个人的生命影响也是不同的。"授人以筌"提供给每个人的工具可能相同，但在引导每个人追寻生命价值、生命意义时，会随着自己的生命历程而不同；甚至可能每个人的"筌"也是不同的。所以正如罗杰斯所说"生命的过程就是做自己、成为自己的过程"。

2. "授人以筌"与生存

由于个人生存环境、生存能力的不同，个人的生存方式也是千差万别的。"授人以筌"可能会提供相同或不同的资源给不同的人，每个人从中选择的内容就会有所不同或相同，但能培养出自己的习惯就不一而同了。不要说消极或积极，即使全部是积极，能坚持的或坚持多久也是不同的。我们以何种生存方式而存在，由我们每个人自己决定。

3. "授人以筌"与生活

生活更是包罗万象，每个人的健康状况不同，每个人的休闲生活不同，每个人的理财方式不同，每个人的感情账户孰轻、孰重、孰多、孰少也不同，可以说是千姿百态。"授人以筌"可能提供的资源或工具会根据不同人的生活状况而不同，但关键还是要看每个人从中悟出多少。生活有时讲求一个"缘"，人与人之间，甚至人与一切的事、时、地、物之间，皆因"缘"的牵引而结合成为一个有情世界，在这个"缘"力量的运行之下，众生也因而有其"份"，所谓君臣、父子、师生、兄弟、友朋、夫妻等等各种人际关系，皆是因"缘"而生"份"。

4. "授人以筌"与生涯

生涯，在这里主要指的是职业生涯。生涯也是门类众多，每个人由于个人的兴趣、能力、性向、环境的不同，选择的生涯方向也不同；而就是在相似的生涯类别中，因每个人的个性不同，也是天差地别。"授人以筌"提供的资源或工具虽然可能因人而异，但重要的是每个人诚实评估后做出的生涯抉择。生涯中，关键是要胜任、愉快，工作能胜任才能做好，感到愉快才会愿意付出。

本节内容图表解说

见图 1-6。

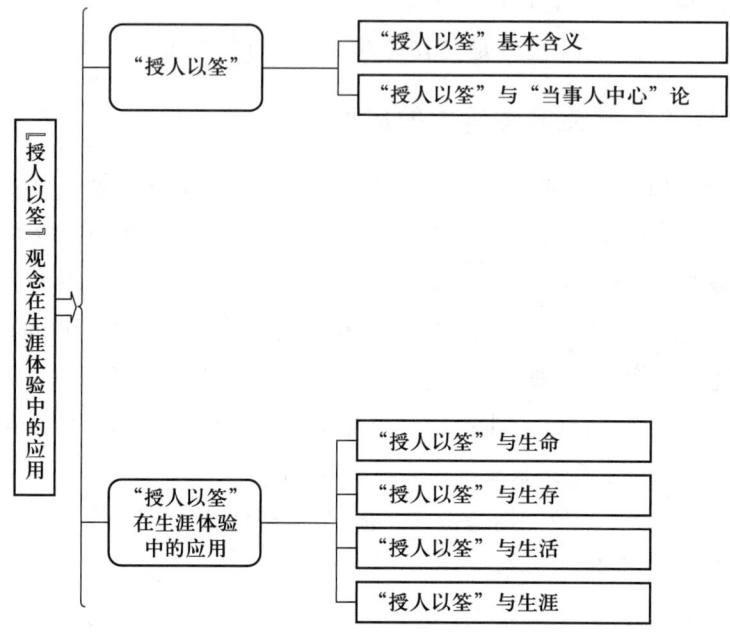

图 1-6　第一章第二节内容图表解说

动动脑

- 你是如何理解"授人以筌"的？请简述。
- 罗杰斯"当事人中心"论你了解多少？请举例说明。

体验活动

案例操作：如果有人问你"我觉得未来很迷茫？不知道自己需要什么？也不知道自己要做什么？"，请你结合本节所学，试着用"授人以筌"和"当人事中心"论来试着解决。

第三节　生涯体验之中西方思想与理论基础

前文已大致提到生涯及生涯发展与规划的基本理论以及中国和美国的生涯发展与规划发展简史，本节主要就生涯发展与规划的中西方思想与理论基础简列。在此申明，本书选取的相关思想与理论基础仅为一部分，无论是在中国五千多年的文明还是西方从古埃及到两河流域再到古希腊、古罗马渊源而来的历史,都对今天生涯体验的发展或多或少有着千丝万缕的联系,所以本书选取的仅是很小的一部分作为举例说明。

一、生涯体验之中方思想与理论基础

(1) 老子(名李耳,字聃,道家学派创始人,约公元前571-公元前471年):不言之教,无为之益。

(2) 孔子(名孔丘,字仲尼,儒家学派创始人,公元前551-公元前479年):有教无类。

(3) 墨子(名翟,墨家学派创始人,春秋战国期人,生卒年不详):海纳百川,有容乃大。

(4) 孙子(名武,字长卿,东方兵学鼻祖,公元前545-公元前470年):知彼知己,胜乃不殆;知天知地,胜乃不穷。

(5) 孟子(名轲,字子舆,儒家学派代表人,公元前372-公元前289年):生于忧患,死于安乐。

(6) 庄子(名周,字子休,道家学派代表人,约公元前369-公元前286年):吾生也有涯,而知也无涯。

(7) 韩非子(名周,字子休,法家学派代表人,约公元前280-公元前233年):知之难,不在见人,在自见。

(8) 观音文化(25-220年东汉时期传入中国):慈悲为怀,利他利我。

(9) 韩愈(字退之,唐朝思想家,768-824年):闻道有先后,术业有专攻。

(10) 王安石(1021-1086年,北宋时期):有所不为,为无不果。有所不学,学无不成。

(11) 王阳明(1472-1529年,明朝时期):知行合一。

(12) 蔡元培(字鹤卿,1868-1940年):教育者,非为已往,非为现在,而专为将来。

(13) 陶行知(1891-1946年):行是知之始,知是行之成。

(14) 杨国枢(1932-):基本上"职业"是一种工作,朝九晚五一份薪水养家糊口。但是"志业"并不是这样,他就是喜欢做这种工作或这类事情,好像完全没有上班、下班的观念,即使是整晚熬夜工作,不知"东方之既白",哪怕身体搞坏,他也照样去做,整个人的身心都投入到里面。

(15) 傅佩荣(1950-):人在助人时,表面看来是在付出,其实是肯定自己内在的丰盛。

二、生涯体验之西方思想与理论基础

(1) 苏格拉底(Socrates,古希腊著名哲学家,公元前469-公元前399年)[①]:教育不

---

① 他和他的学生柏拉图,以及柏拉图的学生亚里士多德被并称为"古希腊三贤",更被后人广泛地认为是西方哲学的奠基者。

是灌输，而是点燃火焰。

（2）柏拉图（Plato，古希腊哲学家，公元前427—公元前347年）：生气是拿别人做的错事来惩罚自己。

（3）亚里士多德（Aristotle，古希腊著名哲学家，公元前384—公元前322年）[①]：教育的根是苦的，但其果实是甜的。

（4）培根（Roger Bacon，约1214—1292年，英国思想家，实验科学的先驱者）：只有顺从自然，才能驾驭自然。

（5）卢梭（Jean Jacques Rousseau，1712—1778年，法国启蒙思想家、哲学家、教育学家、文学家）：生活得最有意义的人，并不就是年岁活得最长的人，而是对生活最有感受的人。

（6）康德（Immanuel Kant，1724—1804年，德国古典唯心主义的创始人）：没有目标而生活，恰如没有罗盘而航行。

（7）黑格尔（Georg Wilhelm Friedrich Hegel，1770—1831年，德国古典唯心主义的集大成者）：假如没有热情，世界上任何伟大的事业都不会成功。

（8）叔本华（Arthur Schopenhauer，1788—1860年，德国唯心主义哲学家，唯意志论者）：没有人生活在过去，也没有人生活在未来，现在是生命确实占有的唯一形态。

（9）尼采（Friedrich Nietzsche，1844—1900年，德国唯心主义哲学家，唯意志论者）：强烈的希望，比任何一种已实现的快乐，对人生具有更大的激奋作用。

（10）杜威（John Dewey，1859—1952年）：教学必须从学习者已有的经验开始。

（11）罗杰斯（1902—1987年）：生命的过程就是做自己，成为自己的过程。

（12）哈洛（Harry Harlow，1905—1981年）：哈洛恒河猴实验：舒适的接触是爱最重要的元素。

（13）马斯洛（1908—1970年）：心若改变，你的态度跟着改变；态度改变，你的习惯跟着改变；习惯改变，你的性格跟着改变；性格改变，你的人生跟着改变。

（14）舒伯（1910—1994年）：一个人一生中扮演的许许多多角色就像彩虹同时具有许多色带。

（15）鲁夫特、英格汉（Joseph Luft，1916—2014年，Harrington Ingham，1914—1995年）、周哈里窗（Johari Window）：透过自我坦诚、回馈和顿悟做到"知己"。

（16）罗斯（Elisabeth Kübler-Ross，1926—2004年）：濒死5阶段论：濒死病人在被临床诊断死亡后的一段时间内，仍然对周围环境有一定的知觉。

（17）霍兰德（1929— ）：6种人格类型：同一类型的劳动和与职业互相结合，便是达到适应状态，结果劳动者找到适宜的职业岗位，其才能与积极性会得以很好发挥。

---

① 亚里士多德为柏拉图的学生、亚历山大大帝的老师。

(18)科尔布（David Kolb，1939-）：科尔布模型（生涯体验评估）：具体体验回答"我做了什么"，观察与思考回答"发生了什么"，抽象概念的形成与总结回答"为什么这样"，实验回答"现在怎样"。

本节内容图表解说

见图1-7。

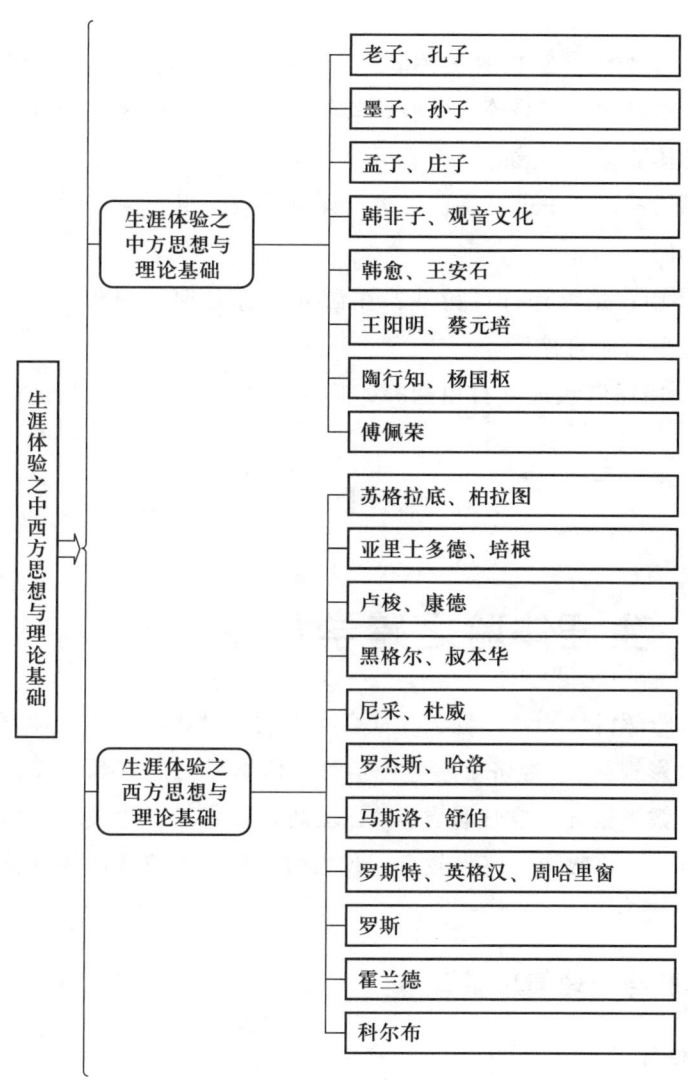

图1-7 第一章第三节内容图表解说

动动脑

- 请选取2个生涯体验之中方思想与理论基础简述你的看法。

- 请选取 2 个生涯体验之西方思想与理论基础简述你的看法。

体验活动

我的生涯角色体验

请先确认你现在的生涯角色是什么？可以是前面舒伯生涯发展中的角色，比如：学生？子女？……也可以是广义的，比如：姐姐？志愿者协会的成员？班长？……

角色体验：

1. 互换身份：请与同学互换身份体验一天。在互换身份前请先了解互换身份的同学平时的说话方式、平时的习惯等等，然后请其他同学、教师和父母进行评论，哪位同学更像？并写出自己的体验经历和感想。

2. 体验"教师"：请真正进行备课，进行课堂讲授，组织课堂活动……并写下自己做教师和做学生的不同。

3. 游戏角色体验：是否有打过游戏？在游戏中你是何种身份呢？请简述你的角色，为何选此角色？并写出你的感受。

4. 如果让你不用任何顾虑的自由选择，你希望能为什么样的人呢？请用语言和图画表达。

第四节　生涯体验之跨学科性

生涯体验具有跨学科性，兼具哲学、社会学、教育学、心理学、体育学、传播学、管理学、艺术学（含影视剧）、经济学、生死学等多门学科的内容和性质，同时生涯体验教育包括感恩教育、健康教育（含性教育）、心理健康教育、道德教育、创新教育、体验教育、职业生涯教育、全人教育、终身教育、死亡教育等。本节选取生涯体验之跨学科的几点进行简介。

一、生涯体验与心理健康教育

1. 心理健康教育

有关心理健康的含义，迄今为止还没有一个统一的、公认的定义，许多学者从各自关注的不同角度对心理健康进行了界定和解说。

美国人本主义心理学家马斯洛将理想的心理健康状态称为自我实现，即人的所有潜能的充分实现与人的不断成长。

美国精神病学家梅尼格尔（K. Menninger）认为，心理健康是指人们对于环境具有最高效率及快乐的适应情况，不只是要有效率，也不只是要有满足之感，或者是能愉快地接受生活的规范，而是需要三者俱备。心理健康的人应能保持平静的情绪、敏锐的智能、适于社会环境的行为和愉快的气质。

1946年在第三届国际心理卫生大会上，心理健康被定义为："身体、智力、情绪十分协调；适应环境，在人际交往中能彼此谦让；有幸福感；在工作和职业中能充分发挥自己的能力，过有效率的生活。"

《简明不列颠百科全书》将心理健康解释为："个体心理在本身及环境许可范围内所能达到的最佳状态，但不是十全十美的绝对状态。"。

俞国良教授认为，心理健康是一种适应良好生活的状态。他所指的心理健康包括两层含义：一是无心理疾病，这是心理健康的最基本条件，心理疾病包括各种心理与行为异常的情形；二是具有一种积极发展的心理状态，即能维持自己的心理健康，主动减少问题行为和解决心理困扰。[①]

心理健康教育即是根据学生或人们的心理发展，运用心理学、教育学等的方法和手段，培养人们良好、积极的心理素质。

中国古代心理健康教育的思想可以大致总结为：一是哲学思想家的健康心理思想对人精神健康的影响，二是医学思想家的心理健康观对人类认识自身心身健康关系的启迪，三是教育思想家从人成长的角度对人的心理健康发展的指导[②]。这些思想观点至今对我们仍然产生着深刻的影响。20世纪80年代以来，中国心理卫生和心理健康教育发展起来。

人的心理是知、情、意、行的统一体。心理健康是一个整体的适应良好状态，是人格的健康、全面发展，综合国内外学者的观点，本书认为，心理健康标准大约有以下三点：

（1）充分的适应能力

在任何情况下，无论对人或事情皆能应付自如，个人的习惯及技能足以满足自己的需要，完成个人的目的，并觉得满意。个人如果遇到困难时，能运用各种方法去克服，并予以合理地解决。对生活充满乐趣，能够享受生活上的快乐。个人如果具有这样良好的适应能力，即可称为心理健康。

（2）良好品格与心态

因为个人与社会之间，必须要保持一个和谐的状态，个人的欲望要求能适应社会标准与法则，才能成为适应社会的人，所以我们要具备一系列良好的品格与心态，如诚实、公平、慷慨、独立、服务、参与等。这样才能适应环境，保持心理健康。

（3）完整的人格

一个完整的人，离不开能保持和谐与协调，个人的欲求和目的不会与社会发生冲突，能圆满完成任务，实现愿望。

---

① 俞国良. 心理健康教育（学生用书）[M]. 北京：高等教育出版社，2005：3.
② 郑莉君. 中国心理健康的回顾与展望[J]. 内蒙古师范大学学报，2000年8月刊：64-65.

以上三点的终极目的都是一样的,即是有良好的适应能力,即能保持一个心理的常态和健康。

2. 生涯体验与心理健康教育

(1) 心理健康是个体进行生涯体验的关键性因素

生涯发展与规划是要让我们每一个人都能够充分认识自己,给自己一个明确的评估和定位,从而找到自己生涯探索的方向,以最终达到自我实现。这里就不仅包括了对自己生理情况的认识,更重要的是对自己心理状况的了解。同时生涯发展与规划还要让人们能够处理复杂的人际关系,应对生活各种压力。进行有效的时间管理,做合理的理财规划,并找到自己的职业兴趣,树立正确的择业观和就业观、创业观等等,而这一系列问题能否处理、应对得当,很大程度上取决于个人的心理卫生状况是否良好,如果一个人心理长期处于一种异常、变态的状态,如焦虑、狂躁不安、患得患失等,那么就不可能冷静下来,对自己有一个重新、全面、客观地审视,也不可能对自己的人生生涯有所规划和设想。这样的话,生涯发展与规划落实全人教育的理念也就成了一句空谈。

同时,每一个个体都有独特的心理和生理状态,即使是同一个人在不同时期、不同境遇下的身心状态也是不同的。这也就决定了生涯发展与规划没有一个整齐划一、放之四海皆准的标准,也不会告诉你什么样的规划就是好的,什么样的规划就是不好的。而是每一个个体应根据当下的身心情况,选择适合自己身心发展、适应社会需要的生涯道路。

(2) 生涯体验是实现心理健康的计划、蓝图和行动方针

生涯发展与规划的根本任务是建构完整的人格,落实全人教育理念,它其实也是一种身、心、灵的教育,其目的是要使个人的心灵、心智和身体三者之间达到一种均衡与适应。形成一个稳定的等边三角形的稳定结构,而不过度偏向任何一方面,使得人的生理(身体)和心理(包括了心灵和心智)能够和谐发展。因此,教育者在进行生涯发展与规划指导时,教育目标是使个体充分而完整地发展自身的潜能,不仅要实现个体在智力和职业管理能力方面的发展,而且要实现个体在生理、道德、个性、精神、伦理、创造性各方面的发展。在教育原则方面,必须充分尊重受教育对健康人格的追求;在教育内容方面,个体的虚席必须加以统整,兼顾认知与情意、人文与科技、专业与基础,个体需要了解从生命开始到成长的最后阶段;在教育方法方面,教育者必须提供学习者充分探究身心潜能的机会,兼重思考与操作、观念与实践、分工与合作、欣赏与创作。

这种生涯发展与规划的系统观,完全符合当今人们对心理健康人格标准的理解。心理健康也强调完整的人格,个体的心理是一个统一的整体,整体并不等于部分机械求和,某个部分存在缺憾并不意味着整体功能的失调,一些心智方面存在缺憾的个体,如果得到成熟平稳的情感意志过程的控制,也是可以保持心理健康的。

生涯发展与规划对于个体的最终目的达到自我实现,就是最大限度地挖掘人的潜能,实现自我的价值。尽管每一个人的天资、家庭背景、受教育程度、兴趣不同,生涯发展与

规划注重的是个性的发挥，即使最后的成绩不如别人，但只要自己竭尽所能，对自己来说也是一种成功，也是一种高峰经验的获得。自我实现也是心理健康所努力追寻的目标，心理健康不仅寻求内部的平衡，也是不断去追求自我成长与自我实现。而要达到这一目标，需要了解自我，发展建设性的人际关系，迎接生活上的挑战，需要克服职场生涯中的各种困扰。可以说，心理健康的这一目标与生涯发展与规划是一致的，也只有在生涯进程中，才能最后实现。

生涯发展与规划采取的是一种体验式学习的方式，要求个体身体力行地参与到真实或模拟的情境中亲身体验，在亲身体验中，让心灵得到洗礼。同时不能停留在感性的层面，而要经过反思、感悟、概括之后，上升到心智的层面，形成内心的理性自觉，从而获得一种生涯智慧。这种生涯智慧按照俞国良教授的解释："指个体能够认识到生涯的复杂性和动态性，理解生涯是平衡与波动、有序与无序、稳定与变化、可预测与不可预测的对立统一过程。并能接受和把握生涯发展的这种矛盾性，在生活、学习和工作中既能意识到自身所受的限制，又能充分利用内外资源、发挥潜能，建构有价值、有意义的人生。"[①]，生涯智慧是形成健康人格的基础，是个体自我调节机制的核心，是心理健康的重要保证。而生涯智慧不是仅靠知识和理论的灌输可以获得的，而必须通过切身体验和不断的评估与反思、领悟才能获得。它是人的一种悟性成长。

本书所希望传达给每一个读者和学习者的生涯智慧：即人只有一次永不复返的生命。因此要秉持一种感恩、惜福、分享的心态，学会放下，懂得舍得，从而自在、简单地生活在当下，活出自己、活出自我。这些良好生活心态的培养，是贯穿、渗透于整个生涯发展与规划过程中的，是在平时的人际关系处理、时间管理、压力管理、理财等实际体验过程中养成的。从某种程度上来说，心理健康教育其实也就是寓于生涯体验的过程中。在活动体验中，在实际操作中，受教育者获得真正属于自己的生涯智慧，从而增强自己的心理调节机制。

总之，心理健康影响着生涯发展与规划的整个过程的开展，而个体在生涯规划的过程中又实现着心理健康，两者在个体身上构成一种循环和整合，相互依存、相互促进。

二、生涯体验与道德教育

1. 道德教育

所谓道德教育是指同学生道德行为以至道德品质形成相关的教育，传递的是主流社会认可的道德伦理和价值。由于道德伦理和价值是任何行为的内在支撑，道德教育从来就是国家教育的核心任务。

作为一个有意义存在的人，必须拥有三样东西：智能、情感和精神。其中精神具有两

---

① 俞国良、曾盼盼. 心理健康与生涯规划 [J]. 教育研究，2008（10）.

种功能：现世生活的指导功能和对现世生活的超越功能。因此，道德作为人类的精神活动，它应该包括三个方面的内容：个人生活的指导、社会生活的指导以及个人德行的完善与提升。

对于这三类道德伦理，西方社会一般分别通过三种不同的途径来进行教化。对于个人德行的完善与提升，通过宗教教育，即神性的追求，传递的是爱、信仰、宽容、节俭、利他和工作伦理等美德。对于社会生活中要遵循的价值，如社会正义、合作、诚信、守法、权利与义务、尊重与责任、爱国、忠诚等，通过公民教育来进行。对于个人生活所必备的伦理道德，则通过一般的道德教育来进行，培养个人的家庭伦理、勇敢、睦邻、关怀、诚实等品质。[①]

中国人的道德伦理更多地倾向于个人、家庭伦理和国家伦理。这表现在"忠、孝、仁、义、礼、智、信"上。

总之，"道德教育从本质上来讲是人格的、生命的、完整的生活质量的教育，不能把德育从活生生的完整生活中抽离出来，也不能把德育从其他诸育中抽离出来，否则就是形而上学"[②]。

2. 生涯体验与道德教育

道德教育就是"人"的教育。如果说道德教育是本着从外部社会历史发展中需要相对规范的"人"的教育，生涯发展与规划更是从人的本身出发从而具有相对"道德"的教育。两种教育出发点是相对的，但殊途同归的都是人的全面健康成长和发展。

两者的区别在于，生涯发展与规划更趋向于完整人身心灵的养成，而道德教育偏向于人表现于外的行为养成。但人一般都是内在影响外在，所以生涯发展与规划教育是更本质的教育。

三、生涯体验与职业生涯教育

1. 职业生涯教育

前文已经对职业生涯进行了简单介绍，职业生涯教育的理论渊源最早可以追溯到20世纪初由美国波士顿大学教授帕森斯创立的职业指导理论。1969年，海尔（Hale）把舒伯的生涯发展理论运用到教育领域中。1971年，时任美国联邦教育署署长的马兰德博士正式提出"职业生涯教育"一词，并得到了广泛的支持。职业生涯教育提出之后，在美国联邦政府鼓励和倡导之下，将职业生涯教育与学校教育、家庭教育、社会教育等有机结合起来，大大提高了人才的社会适应性，进而推动了社会的进步，并且发展成一次范围广、影响深的教育改革运动。

中国的职业生涯教育萌芽出现在以陶行知先生的"生活即教育"和黄炎培先生的

[①] 顾彬彬. 道德教育、公民教育和公民道德教育（J）. 南通大学学报，2008（3）：72.
[②] 吴世彩. 真实化，生活化：当下德育的价值取向（J）. 中国教育报，2004年11月27日.

"生计教育"为主要代表的时期。黄炎培提倡"生计教育",于1971年在上海创办了中华职业教育社,发起"使无业者有业,有业者乐业"的口号,并主张要建立"职业陶冶—职业指导—职业培训—职业补习、再补习"的职业教育体系①。经过几十年的发展,中国高校职业生涯教育逐渐发展,2007年,中国教育部印发关于《大学生职业发展与就业指导课程教学要求》中明确高校要开设职业发展与就业指导课程,并作为必修课纳入教学计划。从2009年开始,逐步在全国范围内开展万名就业指导师培训计划,提升职业生涯规划与就业指导服务的专业化水平。

2. 生涯体验与职业生涯教育

从以上可以看出,职业生涯教育偏重于"就业、职业"。就作者研究发现,在中国大陆大部分有关生涯的书籍都是讲述"职业生涯"的。实际上,本书认为,"职业生涯"是作为整个"生涯发展与规划"的一个阶段,只是整个生涯中很重要的组成部分。职业生涯具体来讲,就是人在一生当中所从事的工作,人可以没有信仰,可以没有理财,可以缺少休闲,可以不结婚……但是不能没有工作。职业生涯作为人整个生涯中不可缺少的一部分,不仅是提供自己本身物质生活的保证,更是自己活在世上的精神得以寄托、安歇、满足的重要渠道。

但是,生涯发展与规划涵盖更广、更全面。除了职业生涯教育,还包括生命教育、生存教育、生活教育;除了就业、职业,还有创业、事业和志业。所以两者之间的关系是,生涯发展与规划包括职业生涯教育,职业生涯教育是生涯发展与规划的一部分。

四、生涯体验与全人教育

1. 全人教育

通过生涯发展与规划和体验式学习,我们的最终目标是全人教育(Holistic Education)。全人教育强调个人整体的协调发展。有学者认为,全人教育即能够使学生在德、智、体全面发展的教育;也有学者认为,全人教育是使学生的生理与心理、智力与非智力、情感与意向等各个方面都协调发展的教育;还有学者认为:实施"全人教育",塑造"全面的人":即道德高尚的人、人格独立的人、身心健康的人、智能双全的人、社会和谐的人、善于创造的人。在本书中,我们认为:全人教育即身、心、灵的教育,其目的是使个人的身体(Body)、心灵(Soul)和心智(Mind)达到均衡。

全人教育这个名词的真正提出是在20世纪70年代,并且是从北美兴起的一种以促进人的整体发展为主要目的的教育思潮。后来传播到亚洲、大洋洲等地区,对各级各类教育产生了重要的影响。

尽管不同时代、不同国家、不同学者对全人教育的内涵有着不同的定义,但是有一点

---

① 张翠、陈遇春.试析职业生涯教育的核心观及相关概念(J).继续教育研究,2012(12):107-108.

是共同的，都强调"人"，强调培养各方面和谐发展的人。本书作者认同林耀堂对全人教育的诠释，认为全人教育是指充分发展个人潜能，以培养完整个体的教育理念与模式。在本书中，不论是在生涯发展与规划还是体验式学习叙述中，处处都体现着这一教育理念。

2. 生涯体验与全人教育

全人教育是指充分发展个人潜能，以培养完整个体的教育理念与模式。通过全人教育，学习者的身、心、灵将得到全面且均衡的发展。如果说全人教育是我们的愿景（vision），那么生涯发展与规划就是我们的使命（mission）。生涯发展与规划是落实全人教育的工具，可使人了解本身的问题，了解自己周围的环境，从而清楚并准确地判断，以帮助我们解决问题。生涯发展与规划先从"了解生命"开始，做到了解自己的身体与生理；其次"了解自己的性格、能力、兴趣、价值观、心理等"，做到正确地评估自己，关心自己；再次"了解别人，关心别人"，建立一种"相互依存，双胜双赢"（Interdependent and Win Win）的人我关系；而对工作各方面、各领域的了解，对时间、压力、个人理财等周围环境的了解与掌握，都有利于帮助学习者尽快找到适合自己的工作与生活，从而有所成就，成为一个"完全的人"、"完整的人"，而这也正是全人教育的目的所在。

全人教育的目的是培养受教育者终身学习的能力，所以，全人教育的实现即是学习者具有终身学习能力，并且能够客观地评估自己、冷静正确地分析环境资源，并做出智慧的选择——选择最适合自己的人生之路。在本书看来，全人教育即是要达到"生命有尊严"、"生活有品质"，进而"快快乐乐地学习、快快乐乐地生活、快快乐乐地工作"。

五、其他相类似概念

1. 素质教育

在中国大陆教育改革趋势中，还有一个教育名词经常出现，即素质教育。从广义的教育学意义上来说，在本书中"素质"的含义是：人在先天生理基础上通过环境影响和教育训练等在后天所获得的、内在的、相对稳定的、长期发挥作用的身心特征及其基本品质结构，通常又称为素养。素质教育是"根据个人及社会发展之需要，全面提升学生的素质为目的，重视学生的主体性，开发学生的智慧潜能，健全学生的个性修养。"[1] 主要包括人的道德素质、智力素质、身体素质、审美素质、劳动技能素质等。

2. 通识教育

通识教育是英文 general education 的译名，也有学者把它译为普通教育、一般教育、通才教育等等。自 19 世纪初美国博德学院的帕卡德（A. S. Parkard）教授第一次将它与大学教育联系起来之后，越来越多的人热衷于对它进行研究和讨论。通识教育是为了解决"学校课程日趋专业化"而提出的，可是至今对通识教育还没有一个公认的、规范性的表

---

[1] 陈金妆、吴建华. 全人教育的理念与实践：东莞台商子弟学校的经验［C/OL］.「海峡两岸中学校长教育论坛」研讨会. 北京. http://www.td-school.org.cn/3ws0608/holistic%20education.htm.

述。本书作者赞同的观点是：通识教育是指以唤醒受教育者"德性、智性、体能、群性、美感"等各方面为主体的教育，一方面发展受教育者的潜能，一方面培养受教育者能够与人所生存的人文与自然环境建立良好互动关系。[1] 所以通识教育是一种全人教育的模式，不是专家或精英式教育，而在于引导学生拓展知识领域，认识不同学科的理念与价值。

3. 人文教育

随着历次工业革命和技术革命的兴起，各种应用科学教育、专业教育应运而生，并以空前的规模壮大和发展，并独领风骚多个世纪。而在教育中占有重要地位的东方"六艺"[2] 教育和西方"七艺"[3]教育，也很快随之失去昔日的风采，其学科迅速分化并向实用方向转变。但是，科技与人文从来都是并重的。随着社会的发展，人们发现"人文的失落"是"得不偿失"的，所以开始强调科技教育与人文教育的并重。如果说科技教育重视人的技能的话，那么，人文教育则更看重于精神价值。人文教育不等于人文知识的教育，教育过程不仅是传授知识的过程，也是学生生命活动的过程，更是开启智慧与觉悟的过程。

4. 人本教育

这个概念起源于文艺复兴时代，是对中古时期以神为中心的生活模式的一种批判。强调生活或教育应以"人"为中心。因为人不是神的工具或载体。[4]

人本教育，强调的是以人的主观能动性为基础，不是一种填鸭式、说教式的灌输教育。在教育方面要有人文关怀的思想，多一点实践、探究的客观行为，是在对话互动的情境下，内化为人的自觉行为。[5]

5. 开放教育

在中国大陆，对开放教育的定义多与远程教育和成人教育联系起来。本书作者认同的观点是：开放教育是指根据学生的个别差异，设计学习环境，激发学生不断主动探索学习，使学生获得全人发展的教育理念与措施。为达成全人的教育目标，开放教育的信仰者会强调教师专业知识与自主权，肯定学生的个别差异，重视学生的全面性发展，在教导学生的过程中，会以弹性、多样、主动、适性的精神进行课程规划与教学活动。[6]开放教育与全人教育的理念有多处重叠之处，它区别于全人教育的是：开放教育较强调突破固定、统一、标准化的教育方式。

其实，这些名词只是从5个不同的角度上来看教育。素质教育是偏从教育的目标与方

---

[1] 吴清山、林天佑. 教育小辞典 [M]. 台北：五南图书出版有限公司，2003.
[2] 礼、乐、射、御、书、数。
[3] 文法、修辞学、辩证法、音乐、算术、几何学、天文学。
[4] 林玉体. 西洋教育思想史 [M]. 台北：三民书局，2002.
[5] 杨义长. 也谈人本教育 [OL]. http://www.online-edu.org/index.php/10558/action_viewspace_itemid_6850.
[6] 吴清山、林天佑. 教育小辞典 [M]. 台北：五南图书出版有限公司，2003.

法来谈教育的理念；人本教育则是从教育的主体——人，来看教育的内容与方法；人文教育则是从教育的内容来谈；而开放教育则是从教育的形式角度来谈课程的规划与教学方式。这些教育名词都主要从高等教育来诠释的。

本节内容图表解说

见图1-8。

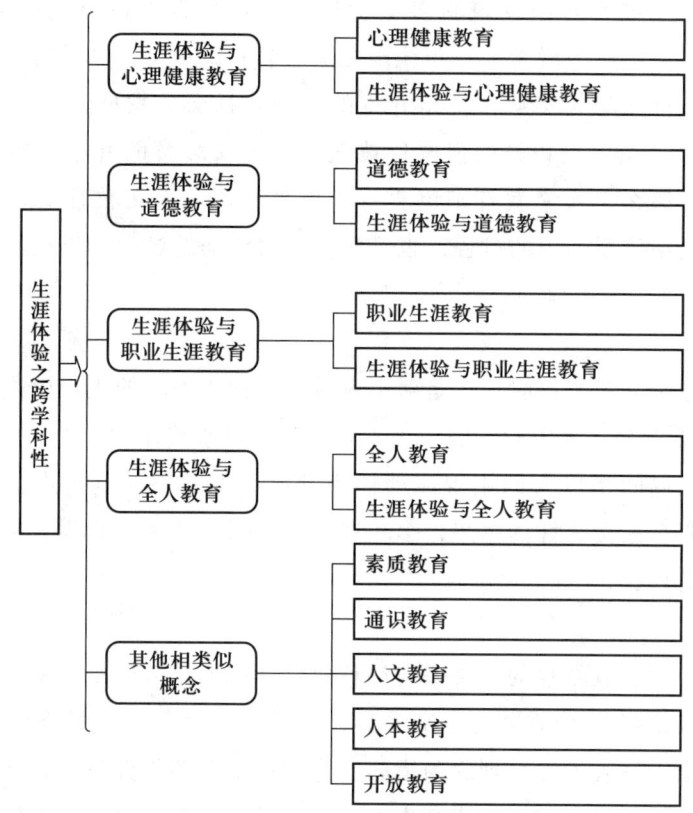

图1-8　第一章第四节内容图表解说

动动脑

- 你是如何理解生涯体验的跨学科性的？
- 除了文中列举的，请你也列举2个其他与生涯体验相关的概念。

体验活动

采访：请采访一位专业课老师、一位家长、一位尚未学习本课程的同学，就本节所提的概念，请问他们的理解和看法。并请你记录总结其中的异同。

第二章　体验式学习概述

本章纲要
- 体验式学习概念、理论、类型及其发展简史
- 体验式学习与传统式学习的区别
- 体验式学习在生涯规划中的应用与评价
- 体验式学习与图表式学习

读大学的时候，我订阅了一份地理报，它会就干旱对某些亚热带国家和地区经济造成的影响做出一些分析。这份报纸就像份文献，上面满是有关气象图、降雨量、水库储水量、水位表和饥饿造成的死亡图的信息。当时对这份报纸评个A是当之无愧的，从学术标准来看，这份报纸也是个成功的范例。

20年后，当印度的部分地区正在遭受一次周期性的饥荒时，我碰巧走在加尔各答的大街上。在一家豪华的宾馆吃完饭后，沿街漫步。走了15分钟，就看到有人从人行道上收拾起一打的尸体，用带子缚在木板上，装进汽车里，运到河边的石梯上去火化。

作为一个大学生，我的知识是来自课堂和图书馆。我会根据获取的一些信息，将其合理地组织成有逻辑的观点，并且得出这个结论：干旱夺去了很多人的生命。我会因此通过了某门课程，但自己却没有任何大的改变。获取的有关干旱和饥荒的知识增长了我的学术意识，但却没有让我采取任何行动，参与到里面去，也没有赋予我任何责任和义务。

而我在加尔各答人行道上的漫步，使得这种学术意识变成了一种情感意识。那些被运走的尸体几天前还是生活着、思考着、有感觉的、做着梦的活生生的人。现在他们却仅仅由于饥饿而死去，他们是干旱和饥荒的受害者，对此他们却无法控制。

我大学毕业论文所写的事实在那时变成了真正的火葬的柴堆，我也发生了变化。在接下来的几年里，我用各种不同的办法表达了这一变化：通过与和平组织一起工作；通过帮助年轻人做好准备参与试验项目；通过积极帮助在孟加拉的一次冲突中的受伤者；通过为关爱和教堂世界服务组织做贡献；通过对实验组织的世界问题的创造（这一项目为参与者提供两年的大学学习机会，并且要他们亲自参与一些重要领域的活动，例如经济和社会发展领域、生态学领域、和平研究和人口研究领域等）；通过鼓励我们某些跨文化管理项目的研究生申请到印度关爱和教堂世界服务组织去工作。我强调学术研究先于情感体验这一事实。我大学毕业论文中收集的信息使我有可能去解释我所看到的和经历过的事情。用不着反复的思考（那些躺在街头的尸体是什么样的人呢？你认为他们是晕倒的醉汉吗？），我就有了一个参照的框架。这一框架告诉我："Wallace，这就是你在多年以前所写到的，现

在你明白这意味着什么了吧。"①

　　课堂学习和课堂讲授与体验式学习和体验式教育不可分割，两种学习方式和教育方式需要相辅相成。在学习这些知识的同时，更重要的是把这些知识应用于自己的现实生活、工作和学习中，因为每个人都是独立的自我，并且在个人成长过程中与其他任何人所遇到的情况也不同，所以更重要的是用自己亲身领悟和体验学习的方式，从而真正获得属于自己的知识与能力。

　　"你必须意识到，在普通环境里每个人都有他确切的角色库。在每一种环境里，他都会扮演一个角色。通过这样的方式，他通常发现自己是在生活着；但把他放在一个稍稍有些不同的环境里，他就无法寻找到一个合适的角色，时间不长，他就变回他自己。"
　　对于我来说，体验项目激动人心的地方在于，你参与到一个自认为"不合适"的环境里，体验陌生环境角色的不舒适感。
　　但陌生的环境不是被钉在那里等待我们去解剖的一只死青蛙，它极大可能是一种生活的环境。学生在这种环境里生活一段时间，来实现他们真正完整的生活。就我的理解来讲，这也是纯粹的学术学习和体验学习的关键区别。在体验学习中，学习者自身更是所学东西的一部分——就像一大锅炖肉，是不可分的，因此对学习者的内心世界——价值、概念、角色——和学习环境这个外在世界给予同等关注是合理的。因为正是在这两种世界的界面上发生了让人激动兴奋的变化和成长。②

　　正如上述案例所讲，体验式学习即是要"让你参与到环境里"。那么作为一种学习方式，什么是体验式学习？它的基本模式是什么？作为一种教育方式，体验式教育又有怎样的发展历史？生涯规划之采用体验式学习方法与传统学习方式有什么区别？本章将就这些问题进行概要的阐述。

---

① 以上案例改编节译自：Theodore Gochenour. Beyond Experience：The Experiential Approach to Cross-Cultural Education，[M] 2nd ed.，Maine：Intercultural Press，INC，1977：11-12.
② 此部分内容改编节译自：Theodore Gochenour. Beyond Experience [M]，2nd ed.，Maine：Intercultural Press，INC.，1993：28.

第一节　体验式学习概念、理论及其发展简史

一、体验式学习及其相关名词

1. 体验

"体验"在汉语中通常指通过时间来认识周围的事物或指亲身经历。所以，在中国普遍认同把主体即"我"，因外界事物、情境产生的内心感受、体会或亲身的经历称之为"体验"。西方关于"体验"（Erebnise）的定义，目前来看最早出现于黑格尔一封信，在19世纪70年代才成为与"经历"（Erleben）相区别的惯用词。

体验区别于"认知"和"经验"等其他心理活动的主要标志主要表现在：

1）体验的情感性　指体验产生情感，也就是说，对某物有体验，必然伴随对之产生某种情感。情感是体验的核心。

2）体验的意义性　体验是一种指向意义的活动，是主体确立自身意义世界以获得自我确证地位的保证。

3）体验的主体性　体验是主体与客观世界发生关联最直接的方式与途径，没有主体的认知、实践和情感投入，体验也就无从谈起。

4）体验的亲历性　体验的主体性同时也意味着体验的亲历性，不亲身经历体验的过程，主体是不可能形成某种体验的。

体验是感性与理性的统一，带有强烈的反思倾向和神秘主义倾向。体验作为主体的一种反思判断和价值判断能力，则极注重一种超越意向，力图使存在的本源意义展示出来，体悟自然、宇宙、社会和人生的玄妙。体验不仅是主体的一种内心生活，也是一种对象的意向性交流。中国古代哲学和美学中强调体验的玄学化倾向，导致中国哲学的神秘主义和审美活动的"只可意会，不可言传"的顿悟倾向。在体验深处，宗教问题、宇宙问题、生命问题、历史问题和社会问题全部贯穿在一起。

2. 体验式教育与体验式学习

无论是在西方还是在东方，对于体验式教育，到目前还没有一个被大家普遍接受的定义。主要是由于这一术语使用方法的多样性，它的应用途径的广泛性，以及它的历史的兼容性。一些作者［阿代尔（Adair），1973；西尔伯曼（Silberman），1990；邦威尔和艾森（Bonwell & Eison），1991］已使用"行为"或"行为的"这一术语来表达与"体验"所表达的一样的意思。

体验式教育涉及思维、综合及实验的运用，以使体验具有目的。它包括：专业研究、

实验室活动、活跃的课堂学习、实习、实践、历险教育、合作、服务学习（Service Learning）及合作学习（Collaborative Learning）。

体验和学习是紧密联系且不可分的。通过体验，在体验中获得体会，对每一个学习者来说，都是一种最基本与自然的学习方式。

我们这本书赞同并坚持的体验式学习的定义是：体验式学习是通过理论和实践的综合，使知识、技能和价值观发生改变的过程。

在本书中，"体验式教育"和"体验式学习"两术语较为明显的区别在于"体验式教育"主要面向的是辅导者、教育者，而"体验式学习"面向的是学习者，在本书中将在某种程度上交互使用

正如杜威曾经说过："坚持体验的必要性是不够的，即便是坚持体验的能动性也是不够的，一切都依赖于所获得的体验的质量。"所以，这些也仅提供一个参考，更重要的是在体验式教育和体验式学习中实际运用。

二、体验式学习理论

西方学术界针对体验式学习、体验式教育提出一系列的理论模型。

1. 认知方法/学习方法模型

体验式学习有效的一面是，它不仅与认知有关，而且与情感、也经常与身体有关。体验式学习是在这三种认识方式的结合中发生的（见图2-1）。

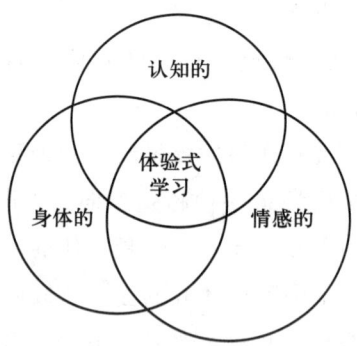

图2-1 认知方法/学习方法模型

2. 赫伦模型

英国心理学家约翰·赫伦（John Heron）描述了一个连续体验式学习过程，强调了情感范畴。他的模型（见图2-2）是基于原始经验而开始的，这是一个他称为"情感"的步骤。然后是"想象"，意思是将来的情况可能通过直觉与想象而得以展现。第三步是"概念"，用语言或其他符号来了解和解释所学的科目。最后一步，被称为"行为"，是以具体行为来学习的综合，知行合二为一。

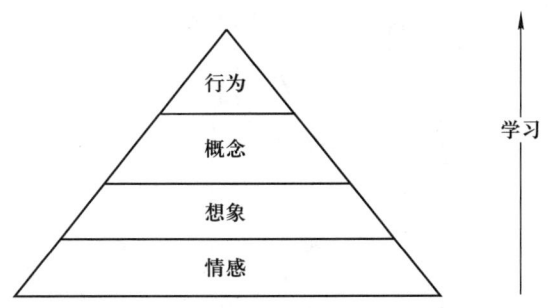

图 2-2　赫伦体验式学习模型

3. 舒适区域模型

冒险教育者（例如那些进行户外拓展训练或大学郊游项目工作的人）很久以来就在谈论舒适区域（见图 2-3）。这一概念认为，当学生们步出舒适区域进入学习区域的时候，最大限度的学习就产生了。学习区域包含未知物，即不熟悉的事物，由此产生的兴奋或刺激提高了深度学习的机会。当学生越过学习区域而进入到痛苦的或恐慌的区域时，这种最大限度的学习就将减弱。为了最有效地学习，学生必须走出舒适区域。

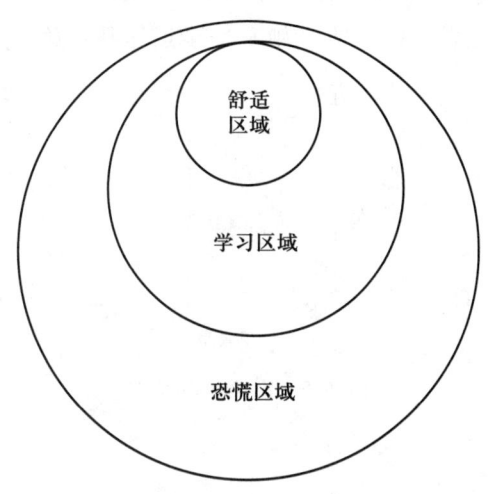

图 2-3　舒适区域模型

4. 刺激模型

刺激理论源于耶基斯与多德森（Yerkes & Dodson）的百年研究。在刺激理论中（见图 2-4），行为（或学习）与刺激的关系是二次曲线（相对于线形的），并且形成一个倒 U 型形状。换句话说，当刺激增加时，学习热情也增加，直到某一最理想值；在该值点，当刺激继续增加，学习热情就开始减少。在使用学习区域模型时，历险教育者把最理想值标记为"学习区域"。

与刺激相关，焦虑（或压力）被认为是认知的，同时更是身体的、情感的，也称为躯

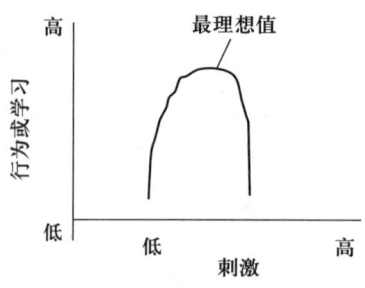

图 2-4　最理想刺激模型

体的。身体的焦虑（恶心、出汗等等），经常在行为或学习开始时消失，已证明没什么影响；而认知的焦虑（缺乏自信、无自尊感等等）会对行为产生明显的负面影响。因此，有焦虑是正常的。

5. 灾变理论模型

灾变理论是刺激理论的自然产物。该理论认为，当学生受到过度刺激时，特别是经过认知焦虑，行为或学习的结果不是逐渐减少，而更多的是剧烈地或灾难性地突然下降（见图 2-5）。在舒适区域模型中，历险教育者将其称为"恐慌区域"。学生们会在恶劣学习环境中畏缩或战栗，而且很惶恐，以致他（她）完全退缩甚至放弃。

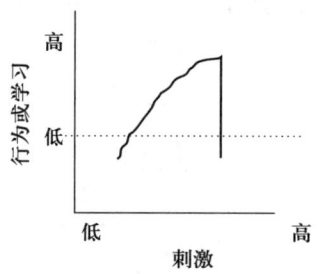

图 2-5　灾变理论模型

6. 自我效能模型

自我效能是一个表示个人履行预期要求能力的个体概念。这一概念的重要因素包括先前的成就、相同的体验、言辞的劝说和刺激（见图 2-6）。前期任务准备、以前的课堂作业、课外的经验、课内的活动和指导，都能在学生自我效能中发挥作用。

7. 流畅模型

美国的斯科兰特米哈利（Csikszentmihalyi）（1990）和他的同事们发展了流畅模型。在这个模型中，流畅或最理想的体验，被看作是一种积极的存在状态，通过参与和掌握而达到。它基于学会平衡挑战和能力的基础上（见图 2-7）。一些必要的或因流畅产生的要素包括清晰的目标、集中注意力、立即的反馈、控制感和时间变更感，这些都是经常在体验式学习情境中出现的要素。

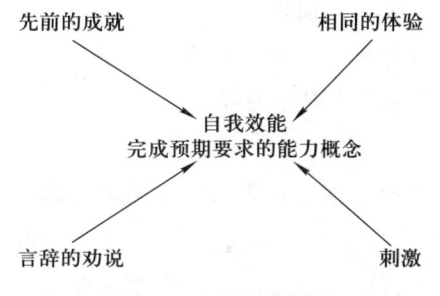

图 2-6 自我效能模型

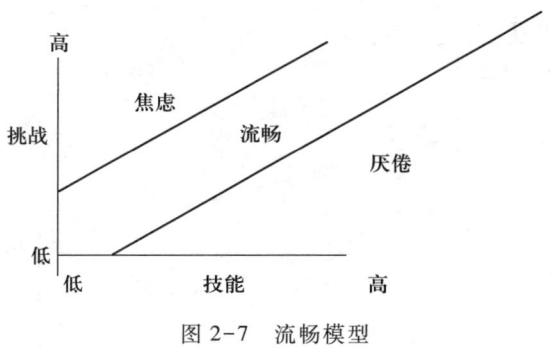

图 2-7 流畅模型

8. 科尔布模型

> 体验不是你发生了什么事,而是你怎样处理发生在你身上的事。
> ——奥尔德斯·赫胥黎(Aldous Huxley)

大卫·科尔布(David Kolb)是研究体验式学习最具影响的学者之一。科尔布 1984 年建立的实践学习循环模型(见图 2-8),开始于一次具体的体验;接下来,跟杜威所述一样,是观察与思考;第三步是抽象概念的形成与总结,即最近体验和早先知识、经验和情感的综合;在此模型开始循环前的最后一步是实验,学习者在实验中尝试和评估新的概念

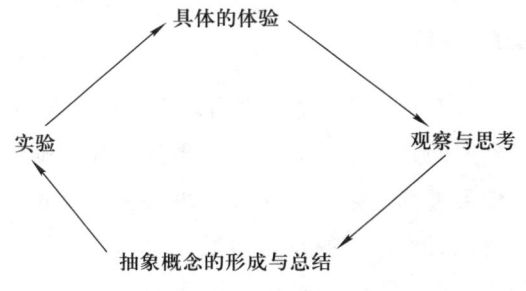

图 2-8 科尔布的体验式学习循环模型

或价值。见以下对每一步骤更深层的描述。

对于观察与思考步骤,他们问"发生了什么?";抽象概念的形成和总结步骤被缩减为"为什么这样?";实验变成了问题"现在怎样?"。

9. 本书建议的模型

本书建议的模型(见图2-9)主要基于科尔布模型。将前期任务准备置于用学生工作和成果做榜样的较高层次的教育环境中。从教学法上努力把课堂上的教育"工具"——讲课、课堂活动、作业、计划、讨论、测验等——置于该模型中,以查看它们怎样适合于正被使用的整个实验方法。

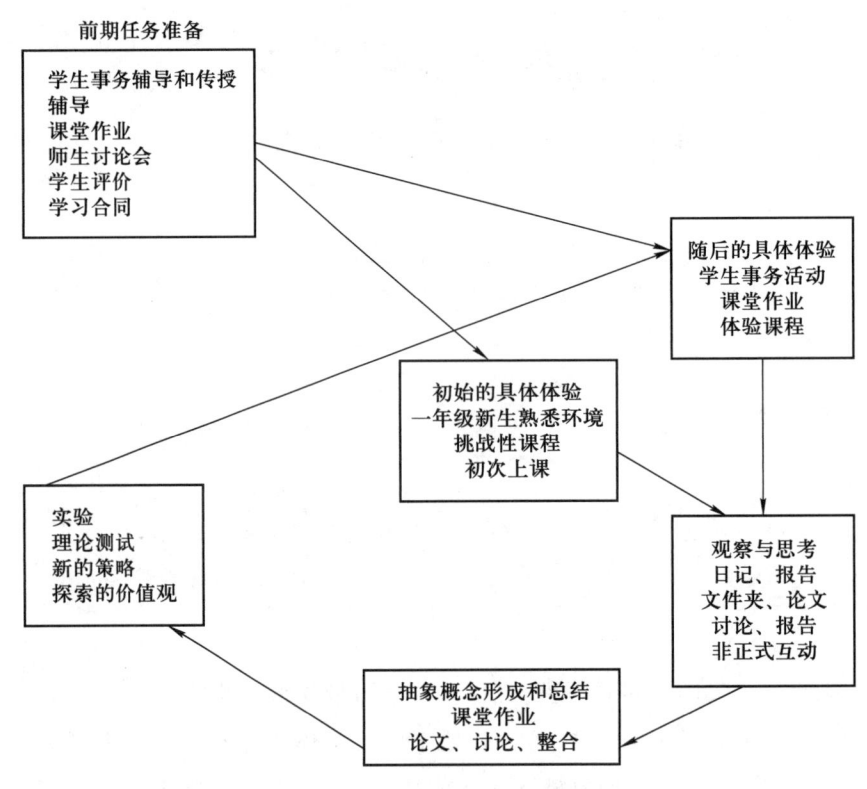

图2-9 本书建议体验式学习循环模型

三、体验式学习发展简史

体验式学习(Experiential Learning)是人类借以学习的最初方法,也是最基本的方法。从远古社会的狩猎学习,到婴幼儿向父母亲学习,再到学徒向师傅学习,都是体验式的学习方式。体验式学习中,学习者都直接与被实施的事务和现象相互影响,学习者必须在其自身的学习中发挥积极的作用,而不是被动地接受。

"体验"一词正如前文所讲,是与"经历"相区别的惯用词。虽然这个词很晚出现,但是体验式学习的哲学根源可上溯到以苏格拉底、柏拉图和亚里士多德为代表的西方早期学者以及中国伟大的教育家、思想家孔子那里。

因体验式学习、体验式教育是整个教育的一种，与教育的发展息息相关、不可分割。所以从以下中、西教育发展的历史中，我们可以剖析出体验式学习、体验式教育的哲学根源。

1. 西方渊源与发展

西方早期教育理论是由古希腊时期作为教师的智者（Sophists）阐述的。教学基本上包括背诵一些深奥的科目里的观点，并且要和书本上一样有说服力。学生学习的是诸如"什么是美德"、"什么是虔诚"、"什么是美的本质"等问题的答案。我们称之为"灌输"理论，因为老师把知识像装进器皿中一样地塞给学生。经过这样的学习，学生就会背诵一些深奥学科的定义和原理了。

在作为教师的苏格拉底的影响下，教育模式产生了根本性变化。他通过质疑而非背诵的方式授课。与智者相比，苏格拉底进行了两项主要变革。其一，他认为学生也应在学习中发挥一定的作用；其二，他认为接受教育的过程才是关键，而不是静态的结果。他从学生的基础入手，通过讨论引导他们，剖检他们的思想。他教导说：有教养的人一生都在质疑问难；学习是一种生活方式，他称之为"濡养灵魂"。这些思想和实践与体验式学习、体验式教育接近得多。

苏格拉底的教育哲学可称之为"助产理论"。因为苏格拉底把教师的角色看作助产士：帮助已存在于学生自身的知识出生，老师仅仅协助引产一下而已。目标是培养出能独立提出并剖析自己和他人的思想的人。苏格拉底把这一连续的智力活动看作一种生活方式。[①]

在苏格拉底之后，从柏拉图、亚里士多德直到理性主义者笛卡尔（Decare）和经验主义者休谟（Hume）[②] 以及洛克（Locke）[③] 延续到宗教改革及以后，体验式学习一般与经验主义者及其强调的感官和经验相关联。

美国实用主义者杜威（John Dewey）于1938年构筑于詹姆斯（James）[④] 和皮尔斯（Pearce）[⑤] 理论之上，并摈弃了理性主义和经验主义的两极化，他认为：有一个永恒的参照物，即教育与个人经验之间有机的联结。杜威以可感知体验而非主观经验为基点，并产生了非常明晰的教育哲学，此哲学就是人们所谓体验式教育的基础。在杜威教育哲学里

---

① 此部分内容改编节译自：April Crosby. A Critical Look：The Philosophical Foundations of Experiential Education, The Theory of Experiential Education [M], Dubuque, Iowa：Kendall/Hunt Publishing, 1995.

② 休谟（David Hume，1711-1776），英国哲学家、心理学思想家，欧洲近代不可知论的主要代表。他认为世界上存在的只是心理的知觉和感觉，感知以外的任何东西，无论是物质的实体还是精神的实体，究竟是否存在，我们是无法解答的。

③ 洛克（John Locke，1632-1704），英国著名的政治思想家、哲学家和教育思想家，经验主义开创人，同时也是第一个全面阐述宪政民主思想的人。主要著作有：《人类理智论》、《论政府》等。

④ 詹姆斯（William James，1841-1910），著名的美国心理学家和哲学家，实用主义的创始人之一。1890年出版《心理学原理》，提出了心理学的功用观点，论证了思维和知识在生活斗争中的工具作用。

⑤ 皮尔斯（Pearce，1839-1914），美国哲学家，实用主义创始人。曾就读于哈佛大学。

面，教育的目标不是可能发生变化的正确答案，而是理解和运用经验，而这是通过发展用以检验经验的思维过程才能达到的。在这一模式中，教师辅助学生，使学生的经验系统化；学生能从面临挑战到开始寻求解决方法，从而找到通往自身体验之路。教育过程建立在人对从困难走向解决这一活动的体验之上。解决之后随之而至的是对该活动的反思，之后，就可对所学到的知识进行归纳并加以应用。杜威的经验理论始于挑战——必须予以解决的"感性困难"，因为它的目标是有效或无效的解决办法，要么帮助，要么添乱，所以包括了支持跟"反馈"。杜威称之的"汇报"包括对已克服困难的反思，以及为使未来体验更容易而对已知进行完善的过程。在体验式学习和体验式教育中，学习者直接参与的体验是知识的对象，对参与的反思活动是认知的手段。[①]

通过杜威具有影响的哲学和教育工作，杜威被普遍认为是体验式教育的现代版之父。然而要注意到，杜威并不是机械地把经验与学习等同起来；对杜威而言，经验必须包括一个思考阶段。

在20世纪下半叶，利温、皮亚杰、费利尔、哈恩（Lewin, Piaget, Friere, Hahn），特别是大卫·科尔布对体验式学习和体验式教育的发展产生了强烈的影响。

2. 中国渊源与发展

体验式学习是一种强调先行后知的学习方式。而中国关于知行关系的探讨，源远流长，很多文化典籍以及大教育家都对此发表过见解，下面作简单的梳理。

（1）《尚书》"知之非艰，行之惟艰"的命题

"知之非艰，行之维艰"，一语出自儒家经典《尚书》的《说命中》篇，历来被认为是中国最早的知行学说。这句话就是说，人们认识一件事情，懂得一个道理，并不困难；困难的是把它付诸实行，把主观认识变为客观实践活动。自从清代学者考证出《尚书》除今文二十八篇以外的古文部分皆系伪作之后，"知易行难"说所产生的时代就成了问题。但据专家推测，此命题虽然不可能在商西周时期提出，但不一定晚出至东晋时期，而可能产生于奴隶制日趋瓦解和封建制逐渐成长的春秋时期。"知之非艰，行之维艰"，很可能是当时人们中普遍流行的一句成语，这从《左传》的记载中也有类似思想可以得到证明。[②]

（2）孔子

中国虽然没有首先具体提出体验式学习这个词汇，但体验式学习的思想，与特征却早在先秦时期的孔子教育思想中就有较为充分的体现。孔子是我国最早、最有影响的思想家和教育家。作为中国私学教育的第一人，他一生培养弟子3000，其中有72贤人，可谓积累了非常丰富的教学经验，形成了比较系统的教育思想。孔子所强调的寓教于乐、因材施教、学思结合、启发式学习等思想，与我们现在所提的体验式学习有许多相通之处。

---

① April Crosby. A Critical Look: The Philosophical Foundations of Experiential Education, The Theory of Experiential Education [M], Dubuque, Iowa: Kendall/Hunt Publishing, 1995.

② 方克立. 中国哲学史上的行知观 [M]. 北京：人民出版社，1982：1-5.

(3) 荀子"知之不若行之"的道德教育观

荀子的道德教育思想有一个鲜明特点，就是他不仅重视"学"，以达到"知"礼义道德，而且十分强调道德实践的重要性，提出了"知之不若行之"的重要观点。他说："不闻不若闻之，闻之不若见之，见之不若知之，知之不若行之。学至于行而止矣。行之，明也，明之为圣人。圣人也者，本仁义，当是非，齐言行，不失毫厘，无它道焉，已乎行之矣。故闻之而不见，虽博必谬；见之而不知，虽识必妄；知之而不行，虽敦必困。"① 主要意思是说，闻、见、知、行是人们学习仁义道德的四个阶段。行不仅是道德学习的最高阶段，而且行高于知。这是因为，只有亲身实践自己知道的礼义道德，才能对什么是礼义道德更加认识深刻，真正掌握礼义道德，成为道德高尚的人。只有把道德认识付诸实践，才是对道德真正的认识。知而不行，必然陷入谬妄困惑，对人的道德增进并无益处。荀子认为，道德上坚持知行合一，能够不断提高人的道德觉悟。在道德实践中锲而不舍，积善成德，可以达到"神明自得，圣心备焉"② 的崇高道德境界。

(4) 王夫之的朴素唯物主义知行观

明末清初的王夫之创造性地总结了我国古代的知行思想，批判了程朱学派客观唯心主义的"知先行后"说及王阳明主观唯心主义的"知行合一"说，进而提出了"行先知后"，"知行终始不相离"；"行可兼知，而知不可兼行"；"知行相资以为用"③，"知行并进而有功"④，"日进于高明而无穷"⑤ 的唯物主义知行观。王夫之强调行先于知，行是知的基础和来源，但并不否认知对行的反作用，知可以指导行。他肯定知与行各有功效，不容混同。同时又指出，正因为知行相互区别，所以才相资互用，知行是相互促进而向前发展的。

(5) 陶行知的生活教育思想

陶行知生活教育理论中谓之的生活即教育，社会即学校，教学做合一，在"做中学"。学生自主地参与、动手动脑、亲身体验、思考、分享、评估、应用。这正是体验式学习的具体体现。

(6) 当代中国体验式学习的相关研究和论说

1) 情感说 当代中国一些学者从主体在体验中的感受和情感活动来定义体验，又可以分为情感说和感受——领悟说。需要指出的是，"感受"和体验既有联系又有区别。它们的联系在于，自然界和社会活动中的万事万物都可以成为感受和体验的对象，感受和体验都极具亲历性和个性化的突出特征。它们的不同在于，"感受"的对象有客体、有主体，但侧重于客体，"体验"的对象也有客体、有主体，但侧重于主体；"感受"是浅层次的，

---

① 引自《荀子·修身》。
② 引自《荀子·劝学》。
③ 引自《礼记章句》卷三十一。
④ 引自《读四书大全说》卷四。
⑤ 引自（《思问录·内篇》。

"体验"是深层次的,后者在前者的基础上产生,是前者的升华和深化。

2)活动说　该类观点强调体验是一种人类活动,包括:活动-过程说、活动-结果说、特殊活动说。

3)实际语境说　华东师范大学教授郑金洲认为,对于体验的界定,应立足于实际的教育语境中关于体验的使用情况,采取兼收并蓄的思维方法。我们称之为实际语境说。

本节内容图表解说

见图 2-10。

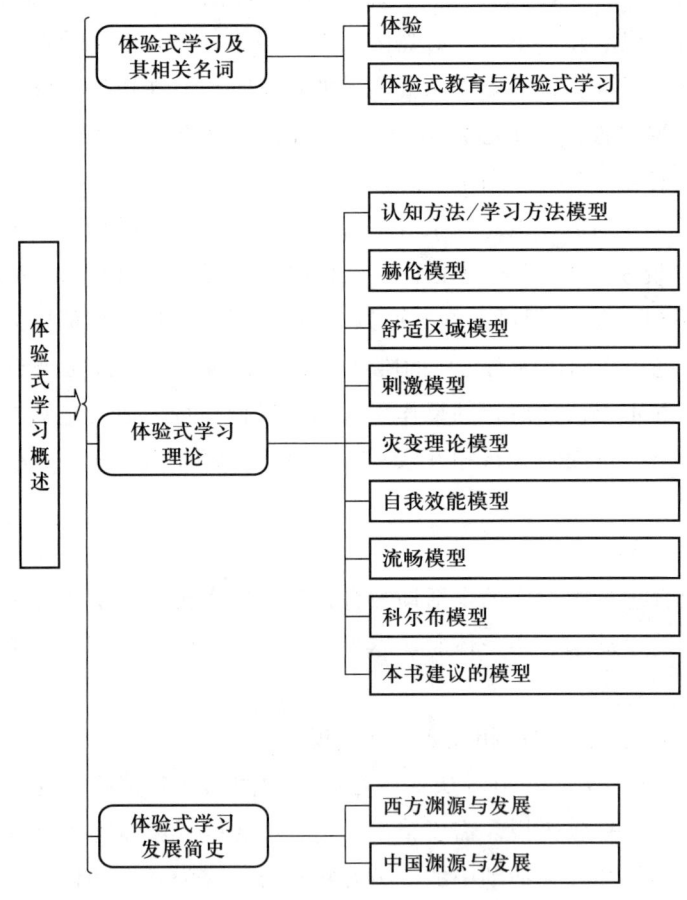

图 2-10　第二章第一节内容图表解说

动动脑

- 结合自己的亲身经历谈谈对"体验"这个词的理解。
- 想想你学习骑自行车和游泳等技能采用的是什么学习方法。这种学习方法有什么特点?

- 书中列举的诸多体验式学习的模型，你最赞成哪一种，请与同学一起分享你的想法。
- 体验式学习在中国和西方发展的历史是否"殊途同归"？你如何理解？

体验活动

"……同时，通过在售票亭这几天的接触，也使我深深地体会到售票员的苦楚。以前老觉得他们很轻松，收一下钱就可以了，没想到他们的压力也很大……"

"今日发现：老人们都有一颗童真的心，他们并不服老，而且他们也十分热爱生活。在对生活的态度上，他们是豁达的。……'老吾老以及人之老'，每个人都有老的时候，关注老年人的生活就等同于关注你自己将来的生存环境。"

"……我在这段时间，学会了用一种平和的心态去看待周围的事和人，每件事情都存在两面性，人都有喜怒哀乐，我们都可能会在无理智的情况下做错事，重要的不是你犯了多大的错，而是你有多大的勇气去承担这个错误，承认它是一个错误……"

"……经过了这次的切实体验，我深刻的体会到了自己知识的不足，这种不足倒不是专业上的差距，而是在知识的原理应用上。有的时候按照常理处理问题，往往就会出现问题，需要不断去变通，不断在失败中获得教训，不断提高自己的实践经验……"

"……在实践过程中，我提出了我的想法，提出了属于我自己的解决办法。换句话说，也就是自己找到了问题解决的办法，真的是无比高兴……虽然遇到了好多的挫折，但也在挫折中学会了如何做好每一步的方法，实践中我也交到好多的朋友……"

"……就像我爸跟我讲得那样，年轻人一是要像糖溶入水中那样，融入社会，这样才能被社会所关爱和接受；要像糖一样，在融化的过程中把白水变成糖水，用自己学到的知识造福于社会；而不能像油一样浮在水面上，游离于水面上，一有风吹草动，就被抛出水碗外，与社会分离……"

以上语段节选自同学们的作业，试谈谈自己在体验学习中或之后的成长。

第二节 体验式学习与传统式学习的区别

生涯规划主要定位于从全人教育理念出发，涵盖人生生涯的生命、生存、生活、生涯四个部分，并涉及人生必须面对的一些问题，如自我了解、对生命及死亡的认识、个人理财、信仰、人际关系处理、时间管理、职业规划等等。这里提供给大家一些应对的方法和策略，希望学习者能够通过这门课程的学习，加深对生命价值和意义的领悟，培养一种快乐、自信的生活心态，并找到自己的职业兴趣。本书的愿景就是帮助人们快快乐乐学习、快快乐乐生活、快快乐乐工作。希望将书中介绍的生涯规划的相关理论和知识，运用到学习者的日常学习、生活、工作中。

本书所倡导的生涯规划的教学方法是区别于所谓传统的填鸭式、案例式教学方法的体验式教学方法，那么我们这种新的生涯规划的教学方式与传统的教学方式有什么区别，它自身有什么样的特点和优势，是我们必须考虑的。

要谈传统式学习和体验式学习的区别，我们首先来看看体验式学习有哪些特点：

一、体验式学习的特点

1. 积极学习（Active Learning）

> 唯一对行为产生重大影响的那种学习，是自我发现的或适当的自我学习——已被吸收进经验的真理。
>
> ——卡尔·罗杰斯

体验式学习与传统式学习模式最根本的区别，就是前者是以学生为中心，强调学生自主探究；后者是以教师为中心，强调讲授和训导的过程。在传统式的教学模式中，教师是教学活动的中心，他掌控着教学的进度，实施的方案，成了权威和真理的代言人，采用的是单向灌输的教学方法。学生只需要上课专心听讲，记好笔记即可，他们以被动继承的方式接受知识。这样，学生只是有机会成为一个材料的搜集者或是储藏东西的记录者而已。但是在将来的问题解决中，他们自身的创造力、改造力将会严重缺乏。而体验式学习将学生置于教学活动和中心位置，强调学习者完全投身于整体学习中，并决定自己要学什么。教师与学生之间变为一种双向互动的新型关系。教师通过调动学生，将被动学习变成主动学习过程，把"要我学"变成"我要学"。

促进积极主动地学习的最大益处就是，帮助那些对自己的学习负责的人准备好踏入与学校不同的另一个世界。在这个世界中，知识不断增长，社会和工作场所变得更为无序。

2. 合作学习（Collaborative Learning）

> 我们当中没有人有我们全体那样优秀。
>
> ——佚名

体验式学习强调每一名学习者把个人独有的背景引入实际环境中，但也同时强调合作的力量。持续的研究发现，合作/协作学习极其有效。米莉斯和科塔（Millis & Cottell）在1998年的一份报告中称，合作学习有利于学习者学习，可增加人际间的合作，形成团队精神,积极互相依靠,增加动机和个人责任。合作学习也日益与毕业后社会运行的方式有关。几乎所有体验都发生在人际环境中,因此在体验式学习中,学习者的合作性学习非常重要。

3. 个性化学习(Individualized Learning)

> 我们知道我们是怎样的人,但不知道我们可能成为怎样的人。
> ——威廉·莎士比亚(William Shakespeare)

每一位学习者都有不同的经验带入,即使我们那样年轻,我们在作为学习者时也不是白板一块。当我们把新的经验同她或他过去的经验、价值观和技能综合起来时,每一经验将产生独特且个性化的抽象概念。一个尺码不会适合所有人!每一位学习者都将把不同的背景带入学习情景中,且各个学习者都将有不同的结果。因此,各个学习者需要对她或他自己的学习负责。为产生最大量的学习,学生的年龄、性别、认识环境、文化、社会经济状况和个性特点,全都必须加以考虑。

4. 终身学习(Life-Long Learning)

> 二十一世纪的文盲将不是那些没有文化的人,而是那些不会学习、不再学习和不学习的人。
> ——阿尔文·托夫勒(Alvin Toffler)

体验式学习的目的不仅仅是从一个特殊事件或情景中短暂学习,而是一直学习,也就是学习者需要彻底理解体验式学习是怎么一回事。需要花时间内化体验式学习,并在一般基础上开始运用它。学习者应认识到,把学习看成是一段旅程而不是目的地,并终其一生实施体验式学习。由于科学技术的变化越来越快,知识量按指数增加,且工作场所变得更加无序,终身学习将是我们将来成功的一个关键。

5. 责任和自我管理学习(Responsibility and Self-Directed Learning)

> 学习不是旁观者的运动。
> ——奇克林和加姆森(Chickering & Gamson)

积极的终身学习要求之一是学习者的责任。在体验式学习中,这一点很重要,包括完全价值合同、自省、冒险自由和合作期望。学习者有更多自由和更多权力去选择和设计学什么和怎样学，但同时一定要对自己的选择负责。只有当我们对自己的智力成长、社会成长和个人成长拥有自主权时，才真正成为一名终身学习者。

6. 风险性学习（Risk of Learing）

> 进步总是与风险有关；止步不前，就会一无所有。
> ——弗利德民克·威尔科克斯（Frederiok Wilcox）

风险是所有学习的一部分，而在体验中尤其如此，因为这时候作为学习者自主意识和参与意识特别强烈。此外，结果的产生，社团中的工作以及明确的反馈都有可能引起心理的、社会的甚至身体的风险。风险的存在增加了刺激，并因此会适度增加行为或学习。

一些体验学习的形式如野外的拓展训练，以及需高空操作的历奇游戏等，都是具有一定的风险的，风险不可能完全避免（从另一种角度考虑，风险的存在也是我们参与体验式学习活动的魅力之一）。也许理解风险的简易方法是皮埃（Pieh）偏爱的术语"易受伤害性"。皮埃（1997）说，易受伤害概念包括对结果、同情和不确定性的了解。

相比身体风险，学习者经常是更惧怕精神上和社会上的风险。怕在城里被抢劫，但更害怕在新的工作面前束手无策，更害怕不能回家而又不得不回家。

意识到的风险很重要。意识到的风险可以和实际的或客观的风险一样大。处理身体的潜在危害时，意识到的风险跟真实的风险一样，能提供同样的有利条件（刺激、集中注意力、真实性等等），而没有真实的危害。

7. 作为过程而不是结果的学习（As a Learning Process Rather Than Results）

> 认识是一个过程，而不是结果。
> ——布罗姆·杰罗姆（Brom Jerome）

体验式学习更加关注学习过程，它与传统理性主义的教育方法，以及华生（John Broadus Watson）、赫尔（Clark Hull）和斯金纳（Burrhus Frederic Skinner）等人的行为注意学习理论，即只关注行为的结果有本质的区别。学习结果呈现的仅仅是过去的记录，而不是将来的知识。知识在学习者的体验中连续地发生并被检验。学习的结果有时候并不重要，而体验的过程本身其实才是体验式学习最有价值的部分。例如无数志愿者冒着余震的危险只身奔赴四川地震灾区参与抗震救灾工作，他们中很多人的名字并没有人知晓，抗震救灾的繁重任务，也让他们疲惫不堪。但是能亲历这次伟大的抗震救灾斗争的全过程，能够和广大灾民一起同呼吸、共命运，一起走出难关和对死亡威胁的恐惧，这本身就是对自己心灵的一次洗礼和净化。这种在对生命价值、人生意义的体认过程所获得高峰体验，可能比在政治德育课考 100 分时的满足感要大得多，也有意义得多。

二、生涯规划的体验式学习与传统式学习的区别

以上我们了解了体验式学习的特点。下面我们可以通过图表来看看生涯规划之体验式学习与传统式学习的区别与学习效果对比。请见表 2-1 和图 2-11[①]。

表 2-1　生涯规划的体验式学习与传统式学习的区别

基本元素	生涯规划的体验式学习	生涯规划的传统式学习
学习内容	即时的感觉；内容和过程	过去的知识；内容为本
学习单元	团队或个人学习	个人自主学习
学习重点	关注态度、观念、能力学习	注重知识、技能学习
学员角色	投入、参与、互动，学习者高度互动	听、记、考试，学习者被动式而非主动式
学习主体	教师与学习者双主体，且以学习者为主	教师
学习特色	个性化、现实化	标准化、理论化
学习环境	轻松、不重身份、鼓励、非固定化	限制性、强调身份、固定化
学习过程	提供体验环境、具有高峰体验	单向沟通、单一刺激
学习态度	接纳、欢迎、尊重、诚实	功利、歧视、强制、虚伪
学习效果	素质培养，提升能力，学以致用，迎接挑战	高分低能，畸形低效，学用脱节，得不偿失

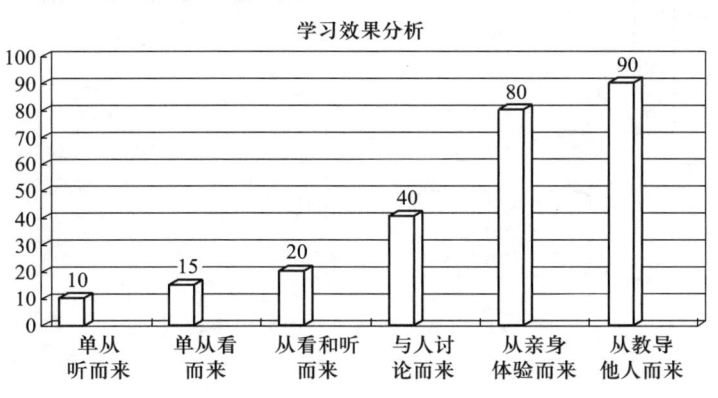

图 2-11　学习效果分析

从表 2-1 中，我们可以看出体验式学习与传统式教学模式在学习重点、学习者角色、学习环境、态度、效果等方面有明显的区别。从图 2-11 中，我们也可以看到体验式学习

---

① 杨成. 经历·体验·成长——历奇为本辅导手册 [M]. 广州：广东人民出版社，2004.

效果更持久，掌握的知识也更牢固。

体验式学习者通过亲身参与到人生各种境遇中，实地体验、亲自解决其中所遇到的问题，比如我们在讲到"死亡"这个问题的时候，不是介绍或知道死亡相关理论就可以了，我们还要问一下，你体验到死亡来临时的感觉了吗？你有一种濒死的体验吗？只有真正经历了这种体验，你才会对"死亡"问题有更深刻的认识。才会对当下的生命更加珍惜。又如，关于求职面试的注意事项，平时强调得再多，也不如我们实际去参加一次模拟招聘或亲自接受一次面试官的筛选。较之传统式学习，体验式学习会让生涯规划的精神真正落到实处，让生涯理论得以感性地呈现，我们需要在理性和感性之间达到人生的悟性。

本节内容图表解说

见图 2-12。

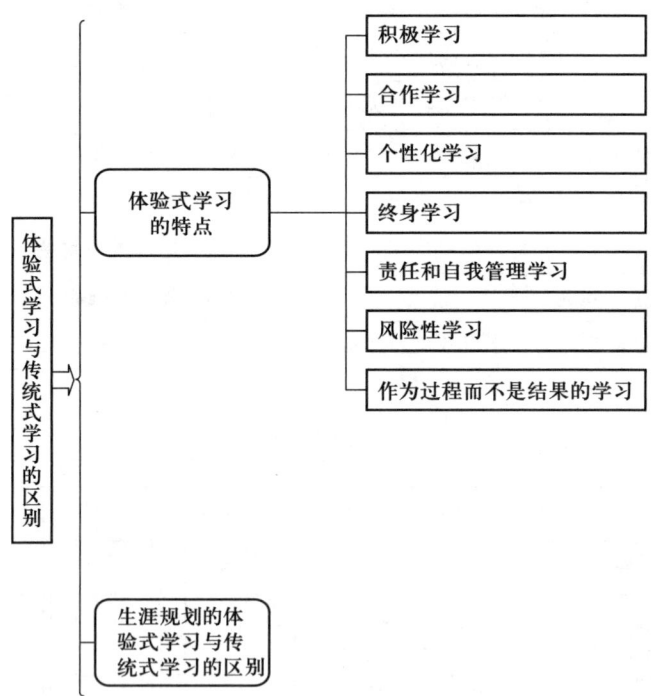

图 2-12　第二章第二节内容图表解说

第三节 体验式学习在生涯发展与规划中的应用与评价

一、体验式学习在生涯发展与规划中的应用

本书将生涯规划与体验式学习结合起来,提出了针对在校大学生的"生涯体验全程化"。生涯体验全程化指的是,学生从入学开始直到毕业整个大学期间,不间断地接受生涯体验全程化的教学和体验,它的目标就是让每一位大学生能随时随地做各种体验,从入学开始就做好毕业求职的准备。生涯体验全程化就是体验式学习在生涯发展与规划中的应用。

在校大学生的生涯体验全程化主要包括亲情感恩体验、团队合作体验、非营利组织体验、营利组织体验、国际事务体验以及创新与创业体验等多种主题体验形式,另外还包括感情账户体验、自然关怀、人文关怀、生命关怀等体验,同时结合长三角、珠三角、海西经济、自贸区、台湾、东盟等多种专题体验,即是让大家体验身边一切事物,认识周围,同时认识自我,在"知己知彼"的同时,做到"知彼解己"。

在体验的时候,所有的学习者都可以将学习到的知识应用到外在环境的挑战中去。在体验中学习,学习者能够将在课堂上学到的理论知识与实际相结合,以此来丰富学习内容。生涯体验为学习者们提供了了解社会职责、文化知识、个人成长和就业可能性的机会。通过与指导教师的讨论,每位学习者开始设计他们的学习经历。指导教师将帮助学习者为这些经历做准备,并对他们的学习情况进行评估。

生涯体验融合了理论和应用知识;它是连接课堂和课外环境的桥梁。

1. 生涯体验的种类

生涯体验有以下 5 种,分别是:

(1) 生涯探索

包括学习者用来调查一种有潜力的职业、工作或是某领域的职业生涯规划。当参加生涯探索体验时,学习者常常处于一个能力相当,责任相近的水平。这些体验使学习者自己发现他们是否对某个事业领域感兴趣,并且是否要在该领域求得发展的绝好机会。作为大学一年级的学生,他们通常会选择一种生涯探索体验。生涯探索体验的挑战存在着这样一些事实:学习者经常仅仅选择那些与领域有关的有限的几门课程,理论和运用的结合也非常有限。似乎任务也是简简单单。

(2) 生涯发展

包括学生在所追求的相关领域得到更丰富经历的生涯体验。进行生涯发展体验的学习

者通常处于更优势的位置,负起更多的责任,需要探索的课程也更多。特定领域阶段的原则也适用于生涯发展体验。

(3) 服务学习

包括学习者希望回报社会的生涯体验。当追求服务学习体验的时候,学习者能够得到各种层次的职责和任务,从入门阶段到更深入的阶段都有。通常学习者工作的新环境本身就是一种挑战。

(4) 多样性/文化探索

包括学习者处在一个和他们日常生活截然不同的环境中进行生涯体验。环境从文化上,地理位置上和经济上来讲都是不同的。进行多样性/文化探索的学习者常常扮演着探索性的角色,学习者工作的新环境对她/他们来说本身就是一种挑战。

(5) 个人发展

个人发展体验是很难分类的,因为它们是如此的多样。它们可以包括智力要求、探险、个人探索或是其他的个人了解剖析。

2. 生涯体验的原则

1) 生涯体验是学习者与其所学科目的内容进行直接接触的一种经历。这种学习是学习者得到指导,但未经"专家"、教师等过滤的过程。好的生涯体验包括认知的、情感的、心理的领域,通常是让学习者融入某个社区或组织中去,并且承担一定的风险和后果。从这些有意义的层面来看,生涯体验与独立的学习或是进行项目研究是截然不同的。

2) 生涯体验是学习者探索世界、拓展新视野的好机会。通过这些经历,可以扩展学习者个人发展,提高文化领悟、对社会经济或是地理知识了解的多样性,增强服务意识,取得生涯发展或是进一步进行生涯探索,因此这些经历是很值得鼓励的。

3) 生涯体验是贯穿整个大学生活的经历。生涯体验通常提供更多的机会,也给学习者更好的机会来理解他们工作环境中的文化,去体验、改变、提高、成长。

4) 生涯体验尤其鼓励学习者好奇心,通过发放奖学金以及激励学习者在学习过程中进行主动参与。生涯体验通常包括三个学习领域:认知的、情感的和心理的。生涯体验帮助学习者达到大学学习的目标,尤其是以下这些方面:交流技能、思考技能、知识范围、智力、价值观、独立性、多样性、责任感。

5) 生涯体验是体验式学习的一个例子。学习者应该完成/参与:准备工作、具体的经历、观察和反映、抽象的概念和总结、实验。

6) 作为体验式学习的一个例子,生涯体验包括适当的挑战、结果和风险(智力上、社会上和/或体能上)。因为风险和后果的存在,学习者需要支持和帮助,尤其是在体验的最初阶段。因此鼓励学习者多进行交流并进行实地参观。

7) 发现并确保生涯体验的实践过程是学习过程中很重要的组成部分,也是转向现场实践一个必需的技能。反映、综合、实验和评估是成功的生涯体验至关重要的因素。"教育是一次旅行，而不是目的地"。指导教师有力的支持和重要的建议也是至关重要的。

8）书面的交流是学习以及锻炼生涯体验实践技巧的一个重要方面。所有的书面材料，包括书信、评估、报告等，都应该符合该校对毕业生所要求的有效的书面交流标准。

9）地点、角色、任务和监督应该支持生涯体验的实践目标。此外，实践地点的选择也应该符合拓展知识面、创新、独立和增强责任感的目标。因此，不鼓励学习者去之前三年中已经工作过的、自愿的或是学习过的地方进行实践。

10）学习目标的可衡量性越大，生涯体验的评估就越容易。

11）对于所有的课程来讲，指导教师最终有责任批准并对学习者生涯体验的情况做出评价。

二、体验式学习在生涯发展与规划中的评价

生涯体验的评价主要依据的是前文提到的科尔布模型。依据科尔布模型来做出如下表2-2：体验式学习评估表。

表 2-2 体验式学习（科尔布模型）评估表

科尔布的体验式学习阶段	不熟练/稍微熟练（0）	部分熟练（1）	熟练（2）	非常熟练（3）
具体体验： 回答"我做了什么"问题。 ● 描述体验 ● 简单描述你所参加的活动，使没参加活动的人能够明白此体验。	评估者完全不清楚所传达出的体验信息。所陈述的内容可能是冲突的，不存在的或者是含糊不清的。总体结果是不清楚体验的主要细节和体验结果。	充分描述了体验，但仍然有一些重要的地方含糊不清，使评估者没能完全明白。	有效描述了体验，只有一些小细节不太明确或含糊不清。	清楚准确描述了体验，使评估者完全明白整个体验以及它是如何发生的。
观察与思考："发生了什么" ● 描述与你觉得特别有关联的，或者对你有启发的，或者你觉得非常宝贵的体验中具体某个细节部分 ● 说明为何这个（些）要素很重要，并值得反思	并没有说明有特别关联或意义的特定元素，或者描述非常不清楚。几乎或完全没能说明为何此元素尤其重要。	充分描述了有特别关联/意义的元素，但缺乏特异性。证实体验的该元素的价值时，描述缺乏特异性，而且含糊不清。	有效描述了有特别关联或意义的元素，只有少部分细节不太明确或含糊不清。适当描述了此元素的重要性但没有非常准确和集中。	清楚表达了有特别关联或意义的特定元素，并完全清楚说明了该特别元素的重要性。

表2-2（续）

科尔布的体验式学习阶段	不熟练/稍微熟练（0）	部分熟练（1）	熟练（2）	非常熟练（3）
抽象概念的形成与总结： 通过此体验我获取了哪些见识和洞察力？回答"为什么这样"问题 • 做关联 • 思考该体验的重要性并与你先前知道和了解的做关联 • 讨论你所体验的意义以及它是如何改变你的	几乎或完全没有分析通过此体验获取的见识。几乎或完全没有做出与之前体验或理论上的关联。	足够地分析了通过此体验获得了哪些洞察力，也充分地与之前体验或理论做了关联，但缺乏焦点、凝聚力和清晰度。	有效描述了通过此体验获得了哪些洞察力，并总体清楚描述了与之前体验做出的关联，但可能缺少具体性和特异性。	完全清楚地描述了从体验中所获取的洞察力，并清楚的做了相应的关联以及着重解释了体验的意义和改变元素。
实验： 我该如何应用所学到的？回答"现在怎样"问题 • 评价鉴定新学的知识以备将来体验使用 • 讨论你是如何将你所获取的知识应用于你生活中新的体验或场景	很少或几乎没提到如何将新学的知识或体验用于将来的体验。	适当描述了如何将体验所学的知识应用于将来的体验。体验的应用缺乏充分的焦点和凝聚力。	有效描述了如何将体验所学的知识应用于将来的体验。稍微缺少了具体性。	完全清楚地描述了如何将体验所学的知识应用于将来的体验。

本节内容图表解说

见图 2-13。

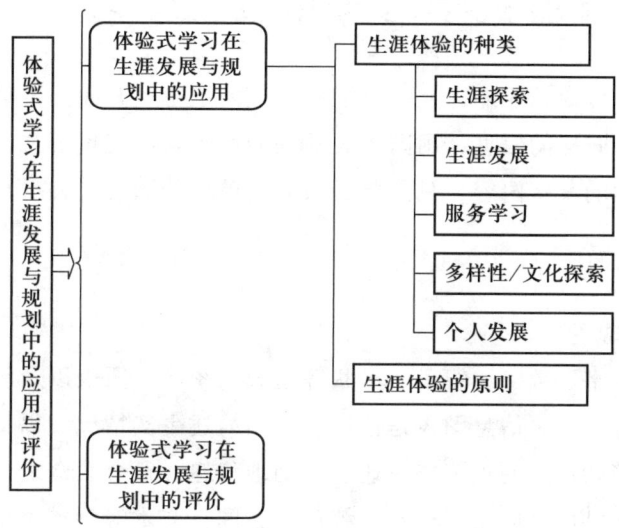

图 2-13　第二章第三节内容图表解说

动动脑

- 谈谈你对生涯规划与体验式学习之间关系的看法？
- 你觉得生涯体验全程化有哪些可借鉴之处？还有哪些不足？

体验活动

体验残疾人的生活

在生活中，我们见到许多残疾人生活很不方便，但并不是所有人都同情他们，今天我们分别扮演一些角色，体验残疾人的生活。

具体做法：

1. 请同学们分成两组："盲人"组和"哑巴"组。

2. 活动要求："盲人"和"哑巴"每两人一组，互相帮助，从讲台出发，绕教室一周，中间经过四个障碍物再回到讲台；在整个任务完成过程中，"盲人"不允许摘下眼罩，"哑巴"不允许开口说话，只能靠动作相互传达信息。

今天绕教室一周与平时有什么不同的感受吗？在完成任务过程中，你遇到了什么样的困难？当时你最希望得到什么样的帮助？把这些感受和想法记录下来。

第四节　体验式学习与图表式学习

信息以什么方式传递，才能让人一目了然？让人记得更全面？记得更快？

答案是：图表。同样的信息，用图表表示就能达到其他表现形式达不到的效果。可能我们费尽口舌要表达的某些内容，只需要一张简简单单的图表来表示。

一、图表式学习

1. 什么是图表式

图表式是采用文字、数字、线条、形状等组成的图形、图表以及漫画等辅助性工具做出的相对直观的表达方式。信息图表是让客观数据简述事实情况，以简明形色表达意境故事等手法，完成对繁杂信息的提炼并快速、准确地传递，符合大众之间信息双向交流的需求。如今的信息图表已广泛应用于科技、统计、新闻、艺术等领域。信息图表设计，由英文"infographics"译得，是 information + graphic 的组合，它是信息数据或知识的图形可视化的表现形式。它快速清晰地呈现出复杂综合的信息，例如标识、地图等。

2. 图表式的作用

用图表展示，可以使细碎零散的知识条理化、系统化，便于更好的理解记忆、掌握运用。用图表表示，可以使抽象的理论问题转化为直观可感知的对象，调动学习者或观察者的形象思维来帮助理解，有利于发展学习者的思维，培养学习者"描述和阐释事物"的能力。在日常生活和科学研究领域，图表、数据往往用于表现事物发展的过程、趋势和规律等信息，这些信息通过图表能够更为直观、更为系统地体现出来，能够帮助人们历史地、全面地观察事物的演变规律。

"表格式思考"的内涵是逻辑架构。所以表格式可以培养逻辑思考、提高解决问题的能力。因为要做出表格，必须先将所有事物分类，然后借由整理、解析、图表化，这样的过程就能看清并掌握事物的全貌，到达"既没有遗漏，也没有重复"的地步。一旦学会运用图表，将可获得多重效果，比如：看得出全貌、视野变广、思考力变好、思考不再有遗漏、看出思考的切入点、看出下一步该怎么走等。

同时，用表格管理可以改善工作原则和效果，透过消除、合并、重排、简化来规划及运用表格，减少了40%的工作量，从而让管理者可以更准确地瞄准团队目标，激发出部属最大潜力，建立高绩效团队。

总之，图表式将烦琐知识简明化、抽象知识形象化、零散知识系统化、理论知识直观化和静态知识动态化。

3. 把信息图表化，把内容图表式展现[①]

如何做好图表？

首先就要将所有的信息进行分类，信息主要包括文字信息、数据信息、图片信息和影像信息等；然后理清信息之间的关系，比如有递进关系、并列关系、包含关系、总分关系、递延关系、对比关系等。再选择相应的图表展现形式。

其次就要将内容筛选，用选定的图表展现这些内容。比如递进关系图表化有金字塔式图形、多重箭头式图形；并列关系的图表化有分条和组合并行图；包含关系图表化有无交叉和交叉式包含式图形；总分关系图表化有多重和单重总分关系图形；递延关系图形化有不可循环和可循环递延关系图形；对比关系图表化有柱状图、点状图、饼形图等；复杂关系信息图表化的步骤是划分信息层次关系、选择合适的图表、组合成所需的图形。

图表越简单、越一目了然、越好，图表对比越强烈越让人印象深刻，图表要有差异才会让人明晰不同的内容，图表可以融合图片或漫画使图表形象化，新颖、有创意的图表也会给人好的感觉、但切记内容更重要。

二、体验式学习与图表式学习

学习不是内容的获得与传递，而是通过经验的转换从而创造知识的过程。所以有效的学习应从具体体验开始，进而提出自己的看法，然后进行反思，再总结形成理论，最后再将自己归纳的理论应用于下一次的实际处理问题中。

所以图表式学习只是一种手段和工具。体验式学习强调学习者实际体验，在体验中理解抽象的"信息"和"图表"，在教师的引导下，学习者作为体验者，这样学的知识才能形成深刻的记忆。所以图表式学习是体验式学习借助的一种方式方法，学习者在多种空间情境下运用信息图表，从而激发学习者的创意自主性，培养从不同角度观察研究问题的能力。图表式学习尊重个性化发展，鼓励个性形成的做法，让每位学习者有了自己独特的学习"体验"，并有适合自己的"图表"总结。

在数字化生存时代，每个人获得的信息可谓浩如烟海，所以图表式框架去芜存真，寻找出重点是必需的。但图表的对象、过程和成果都离不开体验，体验式学习为重点，学生为主体，引导学生形成适合自己的图表总结是关键。

[①] 改编自：肖凤娇. 图表的力量[M]. 北京：人民邮电出版社，2010.

本节内容图表解说

见图 2-14。

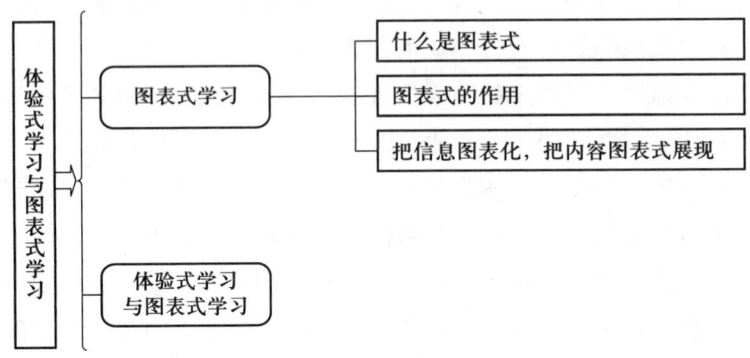

图 2-14　第二章第四节内容图表解说

动动脑

- 你是如何理解"图表式学习"的？请简述。
- 你同意文中关于体验式学习与图表式学习的关系吗？为什么？

体验活动

案例操作：请找出两则新闻或报道，如果其是用文字表述的，请试着用图表表示出来；如果其是用图表表示，请试着分析用图表表示的优势。

第二篇　生涯体验之四生篇

四生：生命、生存、生活、生涯

　　法国思想家蒙田（Montaigne）说："你在生的时候，便已在死的途中。"

　　生老病死，悲欢离合。成长，就是对爱有一些更深的感悟。抱感恩的心，怀惜福的情，做分享快乐的事。平平安安、健健康康就是福。或许，很多人这一生最大的愿望，就是走在"生的路上，死的途中"，能尽量少些遗憾，让我们的一生没有虚度。

　　别看我一时，就像一杯倒翻的牛奶，即使哭泣，即使后悔，即使试图重新装回杯子，都过去了……

　　且看我一生，只问攀登，不问巅峰，是自己的抉择，无权抱怨，无权后悔。

　　人生如舞台，跳脱自我限制，寻找自我突破，将有无限可能！

第三章 生命

本章纲要
- 生命发展
- 生命健康
- 临终关怀
- 生命信仰
- 生命价值观
- 体验式学习——生命与活动设计案例

假如生命能从头来过，我会少犯一点错，我会比这辈子糊涂一些。

假如生命能从头来过，我会多去一点地方，我会多爬一些山，渡过更多河。我会少想些麻烦事，虽然实际碰上的麻烦事可能会更多。

假如生命能从头来过，我会多吃些冰淇淋，少吃些菠菜。

假如生命能从头来过，我会在落叶堆里赤脚走过，我会睡得迟一些……我会多钓点鱼，多玩玩旋转木马，多看看马戏。

假如生命能从头来过，我相信快乐比智慧是更值得的，我会有更多得意扬扬的日子；如果我能再度此生，我会采撷更多一些的小雏菊。

假如生命能从头来过，你一定会选择过自己想过的生活，做自己最想做的事情。可是不幸的是：我们的生命只有一次，我们没有太多弥补的机会，所以一切梦想何不从现在开始？从现在开始，你的"假如"会越来越多地变成现实，你的生命会越来越少地出现缺憾。

生命是一个由出生、成长、衰老、死亡组成的连续过程，这一过程充满了生理和心理各个方面的复杂变化，实在是一个需要不断去探究的问题。

第一节 生命发展

远古时代，有个神仙叫女娲，她先用五色石补天，后来又用五色土造人。女娲用五色土捏成一个个的泥人，有男的，也有女的。做好后，吹一口气，那些泥人就一个个变成活人了。后来，女娲感到这种方法太慢，也太费力，就用草搓成一根绳子，把五色土涂在绳子上，让太阳晒干后，用手一拉，泥块就剥落下来，再吹一口气，这些小泥块就变成活蹦乱跳的人了。

耶和华神用地上的尘土造人，将生气吹在他鼻孔里，他就成了有灵的活人，名叫亚当。后来，耶和华神使亚当沉睡，从他的体内取出一根肋骨，造成一个女人名叫夏娃。于是，世界上就有了人。

这是两则不同的"造人"传说，一则来源于中国的古代神话；一则来源于西方的《圣经》。这类传说表明，从人类学会反思自己开始，就面临着共同的命题：我从哪里来？虽然，对于人类的起源存在着科学、神话、宗教的不同解释，存在着各种各样的困惑，但是每一个个体的出生却可以从生理学中找到科学的解释。

每个人都是从婴幼儿开始成长的，都是经过母亲的 10 月怀胎才分娩诞生的。而生命发展指的是人从出生到成长成熟，直至衰老和生命的最后阶段的生命全程（life-span）的发展过程。了解生命发展历程，从而认识并了解人在一生中的生理心理情况。认识我们自己的生命，认识我们自己的身体与心理，以便在学习、生活、工作中善待自己。

一、婴幼儿期

0-5 岁婴幼儿的看护和照顾方式将极大地影响其未来的身心发展。但是长期以来，人们常常以为此阶段的婴幼儿心智尚不成熟，因此只侧重于对他们的生理照顾，而忽略了对他们心理需求的满足。因此，本部分将针对这一情况，重点介绍 0-5 岁婴幼儿的心理发展状况。

1. 0-2 岁婴幼儿

（1）情绪发展

0-1 岁的婴儿[①]心理开始迅速发展，突出的表现就是情绪的发展。

婴儿此阶段所能体验到的困扰与安宁，主要取决于生理上的需要是否满足。在喂饱和舒适之后，婴儿的反应不是嘴里咕咕地响着，就是睡觉。如果婴儿感到饥饿或身体不适时，就会哭叫、蠢动，表现为一刻不停地哭闹。由此可见，他此时已经懂得如何取得成人的注意。

婴儿与成人的情绪反应有相同之处，即情绪的表现除受生理因素的影响外，与社会因素有关。婴儿最初的情绪关联者是父母，如果婴儿不能确定父母对他的情爱，他会产生不安全感和恐惧，因而不易和别人接近；如果他受到父母的过分把持，过分依赖父母，便不会对家庭圈子之外的情绪反应有所乞求；如果他对父母含有敌意，便会以反抗的态度对待所有的人；反之，在确定父母的爱和友善之后，就会希望接受他人同样的感情。很多一周

---

① 本文采用根据《现代汉语词典》的解释，婴儿：不满一岁的小孩儿. 中国社会科学院语言研究所词典编辑室. 现代汉语词典. 北京：商务印书馆，2005 年第 5 版：1632.

岁至一岁半的幼儿都有此种表现。

(2) 心理特征

1) 反抗　例如：开始学习走路的婴幼儿会坚决地反对束缚他的皮带和保护他的木栏；你要给他穿上第二只短袜，他多半会把原先穿好的第一只脱掉。他专门喜欢做相反的事情。

2) 试探　例如：他什么东西都想摸摸玩玩，椅子摸摸，桌子动一动，家中物件，只要是动得了的总要尝试一番。任何地方只要能够爬进去就要爬去。

3) 独立与进取　例如：他要自己吃饭，他用双手紧握着杯子，粗野地把汤匙插进饭里去，并翻过汤匙放进嘴里。这些行为表达的显著信息就是：他要自己动手了。若是教育得好，他能渐渐养成自立精神，和外界的人与物容易接近，增加自信力培养进取心；如果教育不得法，总是追随在母亲膝下，日久月深，更是怕生，依赖性徒长不能独立。由此可见，此时适宜的独立教育是很重要的。

4) 与外界接触　例如：带他到街上买东西，或带他去看别的孩子玩耍。在多次的与外界接触中，他将发现除自己以外，还有其他的人和其他的事物，并且会慢慢地了解"自己"和"世界"是两种不同的东西。这也就是婴幼儿发现"自我"以外的世界的开始。

2. 2~3 岁幼儿

幼儿 2 岁时所发生的行为变化非常大，这一时期的幼儿有许多行为和父母的要求不符合，而且和任何人都不容易相处，因此常常会让父母心生烦恼。但父母们只要对这时期的行为稍微有所了解，就会发现有些行为表面似乎很无聊，事实上却是有其道理的。总体来说，2 岁至 2 岁半幼儿的行为有以下几个特征：

(1) 顽固而没有弹性

2 岁半的孩子顽固而没有弹性。当他要什么东西时，就一定要达到目的。他决不迁就，也不让步和等待。

(2) 竭力支配一切

他竭力支配一切，且要求繁多，要发号施令，要做种种决定。如果他决定要"妈妈做这件事"，他决不许爸爸代替；如果他要自己做，那么任何人来帮助他都不行，不管事情如何棘手，也不管自己是否胜任。这是一个情绪强烈的年龄。

(3) 遵循老习惯

2 岁半的孩子还有一个奇怪的特征——一切按照老习惯，不管他在做什么，他也要继续做下去，不但在当时，且每天都如此。如果昨夜他上床前你给他说个故事，今夜也一定要听故事。

(4) 紧张

2 岁的幼儿就有很多倔强和内心紧张的现象，爱自我主张，坚决地爱怎样就怎样。但他的决心也变得很快，可能马上改变先前的决心。他不要任何人的干扰，凡事自作自断，并抗拒他人加在身上的压力，故内心很紧张。所以双亲必须对此有彻底地了解，不要干涉太多和催促太急。

(5) 惧怕

这时期的幼儿起先惧怕只限于环境里的具体事物。到了具有想象能力的时候，也就有了想象的恐惧。但这些恐惧有的源于"本能"，有的源于大人的暗示。例如幼儿的保姆怕黑暗，于是小孩很快会传染到她的恐惧。

3. 3-4岁幼儿

3岁是孩子快速发展的时期。半年前的极端冲突是为现在的高度自制的铺垫。虽然只有3岁，但已很有主见了。与以前完全相反，3岁的幼儿时刻想要讨人欢喜，并承诺一切。3岁的孩子多半都能跟他周围的人们和事物，保持良好的平衡。

这个时期的幼儿情绪发展的特征为：惧怕、愤怒、妒忌、爱恋、好奇与欢悦等等。情绪的模式倾向从遗传而来，当然情绪也是学习而来的。情绪要从学习中而获得习惯，因为人不能独自生活，需要群居。而要与人相处，就需要靠情绪的平衡。因此，要培养幼儿情绪反应的控制能力。

4. 4-5岁幼儿

(1) 情绪发展

大家都知道婴儿在刚出生时，只具备两种情结，一种是恬静，一种是激动（兴奋），然后逐渐随年龄的增加而分化出愤怒、愉快、惧怕、厌恶、嫉妒等复杂的感情。这些情感在3岁时已大都具备，但在4岁时会更趋成熟。

4岁幼儿对喜怒哀乐毫不掩饰，完全是至性真情的流露。他在情绪方面的表现，显示出一种不守规矩的状况：一会儿笑，一会儿闹。

(2) 心理发展状况

1) 产生了惊人的幻想力　4岁左右的孩子，认为不只是"人"或"动物"有心的存在，甚至所有的东西都有"心"，这种观念被专家称为万物有灵论（stage）。因此4-5岁幼儿的想象力，就变得非常的活泼了。

2) 梦及其他　孩子到了4岁半和5岁，他做的梦往往忽然多起来，也跟着凶起来。"做坏事就会做噩梦"，4岁的孩子以为万物都有"心"，同时他又以为有"心"的必定都有"形体"。"梦"就是最好的例子。"梦"是当人睡着的时候，大脑的活动。"梦"是没有形体的，但是4岁幼儿则以为"梦"是从外界跑进自己脑子里面来的。他做了噩梦便以为是自己做了坏事，认为一到晚上有形体的梦，便从外面跑来惩罚自己了。

在这一个时期，"因果关系"的观念开始萌芽。有的孩子说话已懂得用"因为……所以……"，并常有追根究底式的问话，偶尔能作一些有条理的思考，但不持久，这和孩子的智力高低及幻想力有关。

由于这个时期，幼儿的幻想力特别丰富，开始有忧虑的产生。迫在眉睫的忧虑是一种幻想的恐惧，这种恐惧可以来自图画书、故事、电视等。

(3) 社会行为发展

1) 开始懂得别人的心理　例如 2-3 岁的孩子，往往不知道母亲的"意向"，要等到母亲的"意向"表现为行动，如挨了打才会喊痛并哭叫起来，而在挨打以前，则完全不知道母亲的意向。但是到了 4-5 岁，他开始了解到，除了看得见的手脚以外，虽然看不见别人身体里面，可是还有一个"心"、"意向"存在着。这就是说，他开始能懂得"察言观色"了。当看到母亲的神色不对，就知道躲开了。

2) 对规则的看法　4 岁孩子喜欢按照他自己的方式行事，并以向成人挑战为荣，他不规矩，常常违抗命令。对 4 岁孩子的主要形容词是"不守规矩"。而且差不多是指在行为上的任何方面，如打人、踢人、扔石子、破坏东西、逃走，并且在口头上几乎比任何其他方面更为不守规矩。因此，在孩子前面，只要是禁止孩子做的事，成人也尽可能不要做。

5. 5-6 岁幼儿

5 岁幼儿在情绪上仍具有恐怖、愤怒、好奇等现象，只是引起他们恐怖、愤怒、好奇的对象有所不同。以下通过 10 个方面的分析说明 5 岁幼儿的较为突出的表现。

1) 恐怖　恐怖在幼儿时代，应该适当地给予处理，恐怖是自卫不可少的一种心理现象，所以做父母的不可以强使其无此种心理，如此会致使幼儿轻举妄动，毫无忌惮。合宜的行为是，帮助幼儿建立起应付恐怖的习惯。

2) 愤怒　由于愤怒容易使儿童的消化运动停止，甚至呕吐，对幼儿的发展有所阻碍，因此幼儿容易衰弱。所以我们要尽量减少幼儿的愤怒，使其心理呈平静而获得满足的状态，这样方有益于生长过程。

3) 好奇心　5 岁是最为好奇的年龄阶段，此阶段的幼儿看到什么都要问。各种事物对他们来说都是新奇的，因此问题也特别多。

4) 同情　当他人有喜怒哀乐，而自己的精神也唤起同样的感情，即为同情。在 5 岁时，幼儿的同情是"有机之同情"的开始，也就是利用以往的经验，唤起种种观念，以想象他人的境遇，从而表现出同样的情感。

5) 率真　幼儿时期都是天真无邪的。他对于人、事物从不会做假，胸无城府。他可以现在和你打架，不到一分钟后又在一起玩耍了。

6) 记忆　这个年龄阶段的幼儿，记忆力不强，往往事过境迁，不久就会忘记，所以此时的教育应该重启发、创造而非重记忆。

7) 想象　幼儿期的想象很多，其表现以游戏为主。幼儿的想象是天性，教师和父母应当倾注全力加以培养。

8) 思想　思想是日久累积下来存在脑内的。这一时期的幼儿思想非常单纯，往往是片段的，与一时冲动的实际事物联合在一起。

9) 注意　幼儿的注意力通常极不稳定、极短促，并大多限于感觉方面，受到幼儿情感、气质、年龄、性别、时间、体力等的影响。

10）模仿 幼儿的模仿力甚强,看别人如何做,自己也跟着别人如何做,而以毫无目的的自然模仿、有目的的自然模仿、模仿人物的理想模仿、神经反射上的反射模仿最为常见。

二、儿童期

儿童指从 6 岁至 12 岁的孩子,心理学上称之为儿童期或学龄初期,相当于小学阶段。儿童以学习为主导活动,在生理、心理方面均发生了很大变化。

1. 儿童心理发展的总体趋势

（1）从以具体形象思维为主要形式向抽象思维过渡

幼儿到了 4-5 岁时,抽象思维虽然开始发展,但占主要地位的还是具体形象思维。到了 6 岁上小学后,通过学习许多人类积累的知识和经验,逐渐掌握了越来越多的概念、定理、规律,促使儿童进行主动思维,因此他们的抽象逻辑思维逐渐发展起来。

（2）儿童心理活动的随意性和自觉性发展

上小学后,儿童在学习读、写、算的过程中,要完成教师提出的任务,就必须使自己努力集中注意力、努力记忆和思考。由此这一时期不仅儿童的各种心理过程得到发展,随着第二信号系统调节机能的增强,心理活动和行为的随意性和目的性也得到了充分的发展。

（3）集体意识和个性逐渐形成

儿童刚刚进入小学时,虽然也参加集体活动,过集体生活,但集体意识还比较模糊,还不能清楚地意识到自己和集体的关系,意识不到集体荣誉感。而后在教师的引导下,通过班集体的分工轮流值日,特别是班集体的各项评比和竞赛活动,儿童就逐步意识到自己和集体的关系,意识到自己在集体中的作用和地位、权利和义务等等,逐渐形成对他人、对自己、对事物的一定态度,初步形成了意志、性格和个性特征。

2. 儿童心理发展的具体表现

（1）认知发展

1）感知方面 随着学习过程的深入,儿童知觉的有意性和目的性明显得到发展,他们可以从知觉对象中区分出基本的特征和所需要的信息,对时间和空间关系的辨别能力也逐渐增强。

2）注意方面 虽然儿童的无意注意此时仍起重要作用,但有意注意发展十分迅速,并且逐渐在学习和从事其他活动中占主导地位。

3）记忆方面 随着学习训练的逐渐系统化,儿童的有意记忆逐渐超过无意记忆而成为主要的记忆方式,意义记忆所占的比例逐渐超过机械记忆而在记忆活动中占主要地位。

4）思维方面 儿童的思维逐步从具体的形象思维为主要形式过渡到以抽象的逻辑思维为主要形式。思维的基本过程日益完善,对概念的掌握也趋于丰富、精确和系统,判断能力、推理能力和理解能力同样逐步得到发展。思维的灵活性、批判性和创造性的品质也有所提高。

5) 想象方面　儿童想象的有意性和目的性迅速增加，创造性想象显著发展，想象的内容也逐渐丰富，想象的现实性有了较大的提高。

6) 言语方面　儿童逐渐掌握口头言语中语音的细微差别，并开始进入书面语言发展阶段。在教育和教学的双重影响下，儿童的词汇量增加很快，对词义的理解也越来越精确，语法运用逐步趋于合理、完善，言语表达更加连贯、生动和多样化。

(2) 情感发展

儿童情感的内容日益丰富，社会道德感的比重逐渐增加，情感的稳定性和控制能力逐渐加强。此时儿童的道德感有很大的发展，义务感、责任感和群体情感逐步形成。儿童的理智也进一步发展，求知欲、好奇心和学习热情越来越深刻而稳定。儿童的审美发展主要表现在对艺术品中具体内容和形象的观赏方面，对艺术内在质量的评价可能会慢一些，一般到儿童后期才会引起注意。

(3) 意志的发展

儿童意志的目的性表现在他们已经能够逐渐确立长远的行动目标，而不只是为直接的目的所左右。在自制力和独立性方面，儿童行为的冲动性和受暗示性大为减少，行为的自我调节能力有了明显的进步。儿童的果断性、持久性还比较差，他们往往在果断中会显出盲动，在坚持的时候会表现出对老师和家长帮助的依赖。

(4) 个性的发展

儿童的意识倾向性的发展、自我意识在自我评价的独立性、自我意识的批判性和自我评价的内容方面均有一定的发展。儿童的学习兴趣逐渐分化稳定，儿童的个性从直觉的、幻想的、易变的逐渐分化和稳定，并且富于理性。

儿童的智力和其他特殊能力在学校的课堂教学和课外活动的训练和影响下得到多样化的发展。在良好的环境和教育影响下，儿童守纪律、忠诚、勤奋、勇敢等优秀品质逐渐形成。

3. 儿童期的心理发展

儿童期的心理发展主要应注意以下三个方面：

(1) 新生的入学适应

儿童进入小学学习是其生活中的重大转变和心理发展的质的飞跃。对于新学生来讲，教师和同学都是陌生的，课堂的压力、作业负担和学校教育所要求的守纪律等约束，都要儿童有一个适应过程。新入学的小学生在适应方面有5个方面需要辅导和帮助：学校正规课程的适应，校规校纪的适应，学校情绪生活适应，学校人际关系的适应，学校集体生活的适应。

(2) 智力发展

智力指个人在认识过程中表现出来的认知能力系统，包括观察力、记忆力、想象力、思维能力，其中思维能力是智力的核心。良好的智力品质是小学生学习的重要前提。在小学阶段，除了应在教学过程中注意开发学生的智力外，还可以有计划地进行专门的智力训练，包括观察力训练、注意力训练、记忆力训练、思维训练、想象力训练等。

（3）儿童学习疲劳

学习是一项艰苦的脑力劳动。如果长期学习紧张、学习持续时间过长，大脑会出现保护性抑制，疲劳后会导致大脑工作能力下降，产生疲劳现象。会产生忧郁、烦躁、缺乏自信、记忆力减退、注意力不集中、思维迟缓的心理反应。学生的年龄越小，越容易产生疲劳。

在预防儿童学习疲劳方面应注意：科学安排各科课程；重视学校课堂教学的基础性和普遍性；确保儿童的休息和睡眠；注意儿童的合理膳食营养问题。

三、少年期

少年是指从 12 岁至 15 岁年龄阶段，大致相当于初中阶段，是从儿童的幼稚期向成熟期过渡的阶段。一般将少年期称为过渡期，过渡期的发展十分复杂，充满了矛盾，因此又被称为困难期和矛盾期。少年的主要特点是半成熟和半幼稚、独立性和依赖性共存。

1. 生理方面的成长：

人从出生到生命的最后阶段，生理发展的速度是不同的，而少年期是生理发育的"高峰期"。总起来有三个方面：

1）外形成长　身高的增长和体重的增加明显地比儿童期更突出，身高每年增长值为 6~8cm，有的多达 10~11cm，体重每年一般增长 5~6kg，增长快的可达 8~10kg；

2）体内机能增强　脑的发育趋向成熟，神经系统由形象信号系统转向词语信号系统占主导地位，为个体的抽象逻辑思维的发展、自我意识的发展、道德观念及世界观的形成提供了基础。

3）性发育成熟　性腺功能开始发生作用。女性的性成熟标志是出现月经初潮，一般为 13~15 岁；男性的性成熟标志是首次遗精，一般为 14~16 岁。性成熟现象首先引起身体外部的一些生理变化，如男孩变声、女孩乳腺的形成等，即所谓第二性征。

2. 心理方面的发展：

生理的变化会对心理发展有影响，此时期心理发展主要表现在以下 5 个方面：

（1）感知方面

少年的感知、观察力在目的性、持久性、精确性和概括性等方面有显著的发展。随着学习动机的激发和自觉性的提高，少年能较长时间集中观察事物。他们不仅能够感知事物的外部特征，还能够抓住事物的主要特征和本质特征。

（2）记忆方面

此时，少年的记忆力达到一生记忆力的黄金时期，除了记忆量有了迅速增加外，记忆的有意性加强，能够自觉地提出短期或长期的记忆任务。此阶段少年的理解记忆能力不断提高，机械记忆比重逐渐下降，抽象记忆能力稳定发展。

（3）思维方面

少年抽象逻辑思维日益占主要地位，但是思维中的具体形象成分仍然起着重要作用。这时期的抽象逻辑思维属于经验型，即思维活动还需要具体的、直观的感性经验的支持。少年思维的独立性和批判性有了显著的发展，对所学习的知识、人际关系、所处的社会等方面的问题观点明确、尖锐，有自己独立见解，但往往显得片面和偏激。另外，少年思维的自觉性比儿童期间有了明显的增长。

（4）想象方面

少年想象的有意性迅速增长，想象中的创造性成分逐步增加，想象的现实性不断提高。

（5）情感方面

少年的情感发展有以下几个显著的特点：

1）情绪高亢强烈，充满了热情和激情，活泼向上富有朝气。

2）情感两极性十分明显，容易从一个极端走向另一个极端。

3）情感的社会性越来越深刻，道德感、理智感、美感的内容和水平日益丰富和提高。

4）情感的自我调节和表现形式进一步发展。

5）友谊感迅速增强，并且出现两性爱情的萌芽，如果引导得当，可以促进其心理品质和行为的发展。如果处理不当，则会产生负面结果，出现早恋或两性关系不良性行为。

（6）个性形成

少年时期是个性发展的重要时期，主要表现在两个方面：

1）自我意识的发展　少年对人的内部世界、内心品质发生了兴趣，开始要求了解别人和自己的个性特点，了解自己的体验和评价自己，还逐渐学会较自觉地评价别人和自己的个性品质。

2）性格的发展　开始对现实（社会、人际关系、工作、个人等方面）逐步地形成较稳定的态度，但还存在动摇性；性格的理智特征以及思维品质的差异性在逐步明显化，但仍然有一定的可塑性。

四、青年期

世界卫生组织新的年龄划分法为：45岁以下为青年，45-59岁为中年，60-74岁为年青的老人或老年前期，75-89岁为老年，90岁以上为长寿老人。但在本节中，青年期指的是从13岁到24岁这一年龄阶段，大概是舒伯生涯发展5个阶段之中的"探索阶段"。青年期是人的一生中最宝贵的时期，是充满青春活力、朝气蓬勃的时期。青年期是准备走向独立生活的时期，在此期间有诸多人生的问题，如升学、就业、择友、恋爱等需要年轻人做出抉择。青年后期又面临家庭和事业的压力。青年期是心理上的"断乳期"。

1. 青年的心理发展的主要特点：

（1）心理发展的闭锁性和社会性

青年期心理的一个显著特征是闭锁性。儿童和少年比较天真、单纯和直率，而青年的心理要复杂一些，他们一般不轻易吐露真情。青年时期的心里话有时会同知心朋友谈，但不愿意和父母谈，青年人常常希望有一个属于自己的世界，有些秘密不愿意他人知道。因此对青年心理的了解比对儿童、少年心理的了解要困难得多。

青年心理还具有社会性特征。儿童的心理发展主要依赖于生理的成熟和家庭、环境和教育的影响，而青年心理发展在很大程度上更多地取决于社会环境的影响。

（2）抽象逻辑思维高度发展

青年的思维具有更高的抽象概括性，理论思维开始形成。少年的逻辑思维已经有了相当的发展，但基本上属于经验型，理论思维发展尚差。青年初期（高中阶段）理论型的抽象逻辑思维开始发展起来。理论思维是从一般的理论、原则出发进行判断推理，做出论证思维。这一过程既包括从特殊到一般的概括能力，又包括从一般到特殊的具体化能力。青年这两方面的能力都有显著的发展。

（3）丰富热烈的感情生活

青年初期是个性、世界观形成的时期。在这个时期青年情感发展的特点表现在情感内容更加丰富多彩，而且越来越复杂，并逐渐形成高级情操。青年的情感强烈富有热情和激情。青年期又被称为"疾风怒涛"时期，青年的情感具有两极性，经常会发生变化，常常从一个极端走向另一个极端。与少年相比，青年情感的稳定性有所发展，控制自己情感的能力有所增强。青年的情感不都是外露的，开始带有文饰的、内隐的、曲折的性质，这是青年情感的又一个特点。

（4）自我意识的迅速发展

自我意识是指个体对自己的认识和态度。自我意识有许多形式，包括自我观察、自我评价、自我体验、自我监督、自我控制等等。青年自我意识的发展首先表现为意识到自己的形象。少年就开始注意自己的身体形象，这种兴趣在青年期更有所加强，希望自己的外貌受到他人的好评。

另外青年有了深入了解自己和关心自己成长的需求。由于知识经验的积累、认识水平的提高、社会接触面的扩展、世界观的初步形成，青年的内心世界要比少年丰富得多，青年对深入地了解自己、关心自己成长的兴趣日益增长。青年迫切地要求了解自己，强烈地关心着自己个性品质的发展，并且有了自我教育的愿望。

2. 青年的心理行为特征

1）心理稳定性差　青少年阶段的生存价值观和人生观尚未完善，其行为主要表现为缺少主见，容易盲从。

2）敏感　在生命的青少年阶段，对外在的任何事物都有强烈的好奇心，探究是青少年阶段的特点。

3）批判力不足　抽象思维方式的成熟既需要良好的训练，还需要具有丰富的感性经验为基础。因此在青少年时期，由于上述能力的欠缺，分析能力、综合能力、抽象能力、概括能力正处在形成过程中，面对一些复杂的事物难以做出精细而准确的判断和推理，因而容易受到诱惑和误导。

4）处于独立意识逐渐形成和最后完成的特殊阶段　独立意识是从少年时期开始的，但是独立意识在少年阶段是非常模糊的。由于自身的生存在很大程度上依赖于父母，因此自我意识的独立性大多停留在思维阶段，外部表现十分有限。到了青年期，自我独立意识基本成熟，其外部行为已经基本受自己的意愿支配，对于成年人的支配往往是有选择和有批判地执行。

5）好胜　争强好胜是青少年时期的重要特点之一，由于自信精力旺盛，并已经作为独立个体介入成人世界，对任何竞争都有不许失败的念头。

6）韧性差　虽然好胜，但很可能由于经验不足或能力较差而无法取胜。遇到这种情况往往会气馁、退缩，表现出韧性不足的特点。

7）自控力尚未成熟　在人的一生中，情绪和情感一般都在理性控制下。由于青少年对事物的理解往往较为肤浅，所以理性的力量常显得不足，具体表现为感情用事、容易冲动。

8）人际关系简单化　社会上的人际关系是非常复杂的事物，以简单的头脑对待复杂的事物往往显得幼稚。一个涉世未深并没有社会经验的人，在处理人际关系时常常简单化。简单化处理人际关系的后果多半是不良的，因此青少年常常在上述情况下造成心理创伤。

五、中年期

中年期在中国也被称为成年期，在本书中一般指的是从25岁到60岁，大概相应于舒伯生涯发展5个阶段的"建立阶段"和"维持阶段"。人到中年，各项生理功能由盛转衰，但是作为成年人，人在中年期的心理能力则处在相对稳定和持续发展的阶段，因此中年期是个体心理能力最成熟的时期。但是心理能力和心理状态也因个体差异而有所不同，主要与个体的个性，如理想、信念、世界观、人生观和性格等因素有关。人到中年，只有积极进取，正确认识社会和自我，不断地勇于进取，才能保持心理上的活力。中年人的心理特征主要表现在以下几个方面：

（1）心理素质较为稳定

人到中年，无论是精力、体力、感知力和记忆力以及反应速度等方面虽然比青年人有所下降，但仍然是较为稳定的，尤其是在性格和情绪方面。中年人具有较强的自主性，能够按照自己的意愿安排自己的生活，并且能够随时根据社会状况和自己的需求主动调节生活目标和方向，而且不必依赖于其他人。

(2) 最佳的智力发展阶段

中年时期的个体知识的积累和思维能力都达到了高峰，尤其是智力发展达到最佳状态，具体表现为能够自主地观察事物和积极地逻辑思维，善于联想，善于综合分析和做出理性的判断，具有自己独特的见解和独立解决问题的能力。同时中年人还善于刻苦钻研，善于在瞬息万变的事物中找出客观规律，不断积累和总结成功和失败的经验。因此中年阶段也是容易出成果和获得事业上的成功的主要阶段。

(3) 意志坚定自我意识明确

中年人对自己既定的目标具有勇往直前的精神，努力克服前进道路上的各种困难和挫折，具有百折不挠、不达目的决不罢休的坚强意志。并且还能理智地调整奋斗目标和选择实现目标的方式和方法。其主要原因是中年人对自己的认识比较客观，对自己的能力以及所处的社会地位具有比较清醒的认识，并具有良好的自我意识，能够根据自身条件和社会现实和社会要求，支配和调节自己的行为。

(4) 紧张性

中年人是社会的中坚力量，面临着诸多社会、事业、家庭和生活等各方面的问题与压力。在工作中要胜任和承担繁重的工作；在社会关系方面要善于处理各种复杂的关系；在家庭中，既要处理好各种家庭关系，还要担当家务和教育子女的任务。如果处理不当，造成角色冲突，可能会形成较大的心理压力，导致心理紧张状态的产生。

六、老年期

前文曾提及按照世界卫生组织新的年龄划分法为：60—74 岁为年青的老人或老年前期，75—89 岁为老年，90 岁以上为长寿老人。也即 60 岁以上可以统称为老年人，大概是舒伯生涯发展 5 个阶段的最后一个阶段"衰退阶段"。

目前，老龄问题已经成为当今世界上普遍存在的重大社会问题。2015 年中国总人口数量超 13.6 亿人，60 周岁以上老龄人口 2.1 亿，占总人口的 15.5%，65 周岁及以上人口 1.375 亿人，占总人口的 10.1%。2015 年以后，我国将进入人口老龄化迅速发展时期。老龄化是一个趋势，现在的我们，到 2050 年也是老人了。了解自我成长的这个阶段，我们从现在开始。

1. 老年人的心理发展特点

1) 感知觉　感觉是个体心理活动中最早发展的部分，也是最早衰退的部分。衰退主要表现在感觉能力即感受性的逐渐下降，衰退最早的是听觉，其次是视觉。随着年龄的增高，各种感觉系统的退行性变化，导致老年人感觉的敏锐度下降，感知某一事物所需要的时间延长，感知觉的精细程度和排除外界干扰的能力降低了。这类变化的程度对于每个老人来讲各不相同。

2) 记忆　中国有些心理学研究人员通过试验研究的结论是，人的记忆随年老而有所衰退，但衰退的速度不快。一般的趋势是：40岁以后有一个较为明显的衰退阶段，然后维持在一个相对稳定的水平，直到70岁以后又出现一个较为明显的衰退阶段。但是记忆衰退的程度和速度存在着很大的个体差异，有的老人到了古稀之年，仍然记忆过人；而有的老人刚过"花甲"，记忆力就明显减退。

3）需要　对健康的需要最为强烈；对安全的需要比青年人和中年人更为强烈，主要表现在对住房、经济保障以及外出时的安全方面；在社交方面的需要，主要表现为同家人和老朋友的团聚。老年人需要对自己过去的成绩加以肯定，并以过去的成功为自豪，他们的自尊心会更强，表现为对其不尊重的言行更为敏感。

4）情绪　情绪特点主要有：更善于控制自己的情绪；老年人的情绪体验比较强烈和持久；有些老年人容易产生消极情绪。

5）人格　由于老年人的经历不同，所处的环境条件不同，心理素质也各不相同，因此老年人的适应状况和适应水平以及适应方式都有所不同。根据他们的适应方式和适应水平可以将老年人的人格分为成熟型、安乐型、进取型、社会型、装甲型、愤慨型、自罪型、强迫型、偏执型和分裂型等10种类型。

2. 老年人心理行为特征

1）健忘　与心理因素有密切关系，有的因为本人的自信心不足，自惭形秽，自认为智力减退，而实际上并非如想象的那么严重。

2）焦虑　抑郁随着衰老、精神情感变化日益明显，表现为内心空虚，易出现焦虑抑郁的情绪反应，常伴有自责。

3）情绪多变　当脑组织老化或伴有某些脑部疾病时，常有明显的情绪变化，往往失去自我控制，容易勃然大怒，难以平静下来，其情绪激动程度和所遭遇不顺心的事情之程度并不相对应。

4）疑病　60岁以上老年人，有半数的人可出现疑病症状。这是由于老年人的心理特点已从对外界事物的关心转向自己的躯体所致，加上这些关心可因某些主观感觉而加强，并因顽固、执拗的个性，更易出现疑病症状，常出现头部不适、耳鸣、胃肠道功能异常以及失眠等。

5）猜疑和嫉妒　进入老年期后，常常会对周围人有不信任感，并且自尊心增强，常计较别人的言谈举止，严重者认为别人居心叵测，常为之而猜疑重重。

6）孤独感和衰老感　孤独感和衰老感是老年人常有的一种自我心理表现。因此应经常组织退休老人多参加社会活动，使他们感到仍然是社会中一位积极成员，从而重新得到自信和心理满足。

7）偏异行为　主要表现为：原来处事认真的人，可能会变得固执生硬，甚至急躁、乖僻；文雅清高的人可能会变得独善其身，对周围的人和事漠不关心；性格随和、满不在乎的人变成任性甚至粗野等等。这些变化都是来原来性格的反常。

本节内容图表解说

见图 3-1。

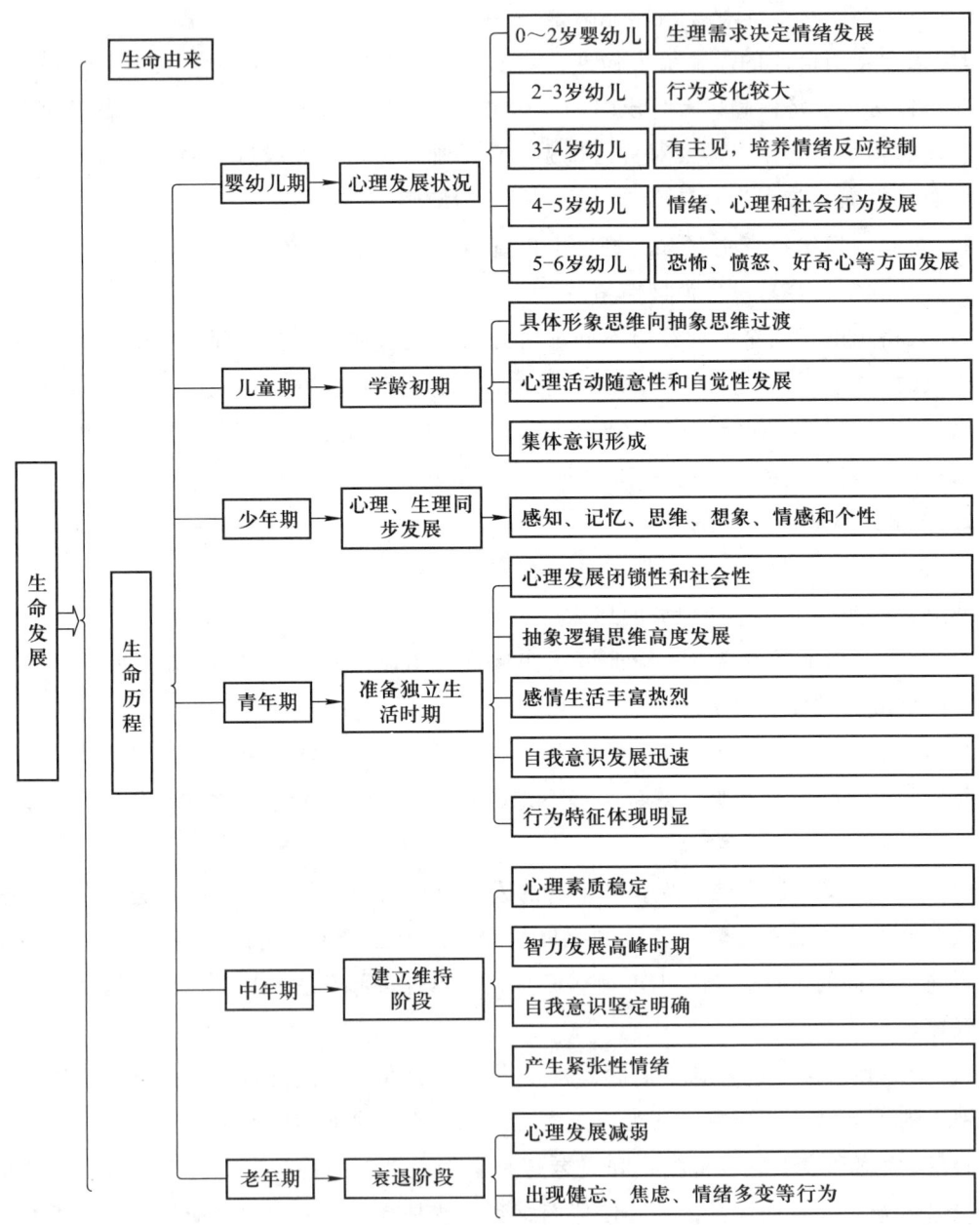

图 3-1 第三章第一节内容图表解说

动动脑

- 初步了解了生命发展的时期，与自己的过去、现在比较，有哪些是基本相同的？而有哪些又是你自己独特的特点呢？请与大家一起分享一下你的发现。进一步想想自己的未来，对自己的青年后期以及中年和老年又有何期许呢？

- 俗语说"三岁看大，七岁看老"你认同吗？请可以查阅相关资料。

体验活动

请用漫画或景物、实物等等形象化每个时期的你认为突出的特点，可以夸张，可以抽象，但请用文字在图片中说明，并说明为何你选择这些图片？

第二节 生命健康

在宇宙中，在地球上，并不只有我们人类的生命。但人脱离不开地球，脱离不开人类组成的人类社会，这些都影响着人类的生命，影响着人类生命的健康。

一、自然环境对生命健康的影响

自然环境是指环绕在人们周围的各种自然因素的总和，如大气、水、植物、动物、土壤、岩石矿物、太阳辐射、生物等，这些都是人类赖以生存的物质基础，通常把这些因素划分为大气圈、水圈、生物圈、土壤圈、岩石圈等5个自然圈。

人类也是自然的产物。自然环境最重要就是生态平衡，即各种自然物之间通过生产、消费、分解等保持一种动态的平衡。

下面分别根据自然环境的定义来简单介绍这些自然环境对人类生命健康的影响。

1. 大气

包围地球的空气叫大气，其中78%是氮气，21%是氧气，再就是1%微量的氩、二氧化碳及水。大气的作用是：①为地球上的生物提供了其生长所必需的空气，包括人类生命存在时刻不能或缺的氧气；②使地球温度相对稳定，昼夜、年季之间变化都在适当的范围内；③使地球免受太阳射线的强烈照射。

所以大气的洁净是人类生命健康和存在的根本。而由于人类对地球资源的过分开发，对现代科技产品的使用，造成了大气污染，从而影响到人类生命的健康。大气污染主要是引起气候的异常变化，这种变化有时是很明显的，有时则以渐渐变化的形式发生，为一般人所难以觉察。但任其发展，后果有可能非常严重。现在大气问题已引起世界范围的广泛关注，世界各地都已动员了大量人力、物力，进行研究、防范、治理。控制大气污染，保护环境，已成为当代人类一项重要事业。

2. 水

地球上的生命最初是在水中出现的，水是生命的源泉，水是所有生命体的重要组成部分。人体对水的需要仅次于氧气。人体如果不摄入某一种维生素或矿物质，也许还能继续活几周或带病活上若干年，但如果没有水，却只能活几天。水占成人体重的60%-70%，占儿童体重的80%以上。

如果水被污染，就会带来对生命有影响的疾病。世界卫生组织调查指出，人类疾病80%与水有关。自来水的主要消毒方法是加氯杀菌，虽然能去除大量细菌，但也存在着有害物质，尤其是水中的重金属、氯分子和亚硝酸盐等成分。同时输送过程、水塔贮存等都造成一定程度的二次污染。尽管将水煮沸，却无法除去水中的重金属等有害物质，这些物质的过量摄入，能对人体造成极大伤害，由于水造成的疾病举例如下：

1）癌症：亚硝酸化合物，三氯甲烷，放射线粒子。
2）肝病：工业废水及农药所含的毒性有机物，重金属等。
3）结石：高硬度的地下水。
4）心血管：高含量的无机盐。
5）痴呆症：金属铝等。
6）骨骼病：重金属镉。
7）造血系统疾病：重金属。
8）内分泌紊乱：毒性有机物，高含量的无机盐，重金属等。

地球上水的总储量为138.6亿立方米，其中淡水只占2.53%；而对人类生活最密切的湖泊、河流和浅层地下的淡水仅占淡水总储量的0.31%。就在这有限的水资源中，又会造成水污染。所以节约用水、污水处理循环利用已经是个人、单位、政府、国际之间的共识。让我们珍惜我们的生命之源！

3. 土壤

地球表面由陆地和海洋组成，其中陆地占30%。而陆地是土壤的载体。土壤由固体、液体和气体三类物质组成的。固体物质包括土壤矿物质、有机质和微生物等；液体物质主要指土壤水分；气体是存在于土壤孔隙中的空气。土壤中这三类物质，为生物提供了必需的生活条件。

土壤是岩石圈表面的疏松表层，是所有陆地生态系统的基础，是陆生植物和动物生活的基底。

而人类生命就是生长在陆地上，虽然现在一部分人生活在钢筋水泥的城市里，而不是周围有土壤的土地上，但是所有人赖以生存的陆地植物都是需要土壤才能生长的，而维持生态环境平衡的部分动物也是依靠土壤生存的。

现在环境的污染开始污染到土壤。土壤污染指的是当土壤中含有害物质过多，超过土壤的自净能力，就会引起土壤的组成、结构和功能发生变化，使得微生物活动受到抑制，有害物质或其分解产物在土壤中逐渐积累。通过"土壤→植物→人体"，或通过"土壤→水→人体"间接被人体吸收，达到危害人体健康的程度，就是土壤污染。

4. 日光辐射

太阳向宇宙空间发射的电磁波和粒子流就是日光辐射。虽然地球所接受到的日光辐射能量仅为太阳向宇宙空间放射的总辐射能量的二十二亿分之一，但这却是地球大气运动的主要能量源泉。

现在，因为环境污染，臭氧层变得稀薄，日光辐射相较以前增大，如此导致：

① 地球变暖；② 生物因日光辐射增加、气温变暖，基因会产生变化，有些会产生对人体有害的物质；③ 人类也会因日光辐射增加而受到不同的照射产生疾病，对生命本身有直接影响。

5. 生物

生物包括植物和动物。

（1）植物

人类的大部分食物都来自植物和以食植物为主的动物，主要包括蔬菜、水果、粮食。比如：豆类含植物雌激素，可养颜，保持容光焕发；黄豆更含异黄酮，抗氧化，抗癌；多种硬壳果和种子都含丰富维生素E；绿色多叶蔬菜如菜心、芥蓝、菠菜等，含丰富抗氧化物，延缓衰老；新鲜水果含有人体必需的多种维生素、碳水化合物、蛋白质、脂肪、粗纤维和矿物质等营养物质。

其次，植物对环境具有保护作用，主要反映在植物对大气、水、土壤的净化作用上。植物还有水土保持的作用，避免发生土地滑坡、洪水等。

（2）动物

首先，动物同样也是人类食物之一，"民以食为天"，所以部分动物为人类的生命维持提供了很好的"原料"。同植物一样，一些动物的某些部位也可以入药，对人类生命延续有一定的功效。

其次，动物还是人类的亲密伙伴，比如人们的宠物、导盲犬、马戏团的动物等等。

第三，由于有些动物与人类的某些结构相似，所以对药物试用、解剖等实验具有一定的作用。

二、社会环境对生命健康的影响

社会泛指由于共同物质条件而相互联系起来的人群[①]。社会环境与自然环境是相对的。社会环境是指人类生存及活动范围内的社会物质、精神条件的总和，广义包括整个社会经济文化体系，如生产力、生产关系、社会制度、社会意识和社会文化；狭义仅指人类生活的直接环境，如家庭、劳动组织、学习条件和其他集体性社团等。社会环境对人的形成和发展进化起着重要作用，同时人类活动给予社会环境以深刻的影响，而人类本身在适应改

---

① 中国社会科学院语言研究所词典编辑室编.现代汉语词典.北京：商务印书馆，2005.第5版：1204

造社会环境的过程中也在不断变化。

所以，社会环境对人类生命的影响可以分为历史时代环境、政治环境、经济环境、文化环境等，而时代、政治、经济、文化等环境可以形成社会道德、社会风气，从而对人产生影响。当然由于每个人社会地位的不同，也会对生命有不同的认识和不同的结果。可以就历史时代环境举例来说，比如唐朝著名诗人杜甫曾感叹："人生七十古来稀"，而现在中国的平均年龄已经超过 70 岁，这就是时代不同，人的生命长度也发生了变化。再比如，有些人因为经济或金融危机、失业、投资失误等，就会无法忍受而轻生等等。当然社会环境对人类生命的影响是非常错综复杂的，这与个人本身有很大关系。本书中将对与个人关系密切的信仰、人际关系、压力、时间、理财、职业等进行详细阐述。这些都涉及人与人之间、人与社会之间的对应关系。人具有群体性倾向，所以人活着永远不可能完全脱离人类所创造的社会。

健康的重要性显而易见。人们经常会用这个比喻来说明健康的重要性：在我们的一生中，我们可能会在"一"后面加上很多个"零"，10000000……这些"零"可能代表了事业的成功、财富的多少、爱情的收获等等，"零"是可以通过努力不断增加的。但是，只要那个"一"不在了，它们就都将不再有任何意义。那个"一"就是我们的健康。健康是生活和生命品质的基础和保证。

但是在生活中，我们对健康的重视、保持与增进却不是很足够。据中央电视台 2005 年末做的关于健康生活的调查显示，有近两成的人经常熬夜，感觉工作和学习压力大的人占被调查者的一半，近 4 成人很少去锻炼；而在体检方面就更是不容乐观，每年体检两次或者两次以上的占 8%，每年一次的占 34%，两年一次的占 17%，每三年一次的占 7%，几乎从不体检的人占 34%。

有专家指出，6 成健康因素取决于生活习惯。而生活习惯的形成受到我们观念的影响。前一节中，我们介绍了人生生命历程及其各个阶段的特征、任务和需要注意的问题。在这一节的开始，我们将讲述健康应该包括哪些方面，什么叫亚健康，怎么样的生活是健康生活等，然后还将着重讲述有关心理健康方面的基础知识，关注大学生心理健康。通过这些，我们期望能给读者一些关于健康的基本知识和观念，从而能重视健康并培养健康生活的习惯，保持并增进健康水平，提高生活和生命的品质。

三、健康对生命的重要

1. 全面科学理解健康

中国历来强调"身"与"心"两方面的健康。汉字中"健康"的基本意义："健"即肌体强壮有力；"康"即平安、安乐。可以说，中国人民对健康的理解是较为全面的。

1948 年，世界卫生组织在其《宪章》中提出了著名的健康新概念："健康不仅是没有疾病和不虚弱，而是身体上、心理上和社会适应能力的完美状态。"1990 年世界卫生组织在对健康定义的阐述中,又在此基础上增加了道德健康。道德健康的内容是指不能损害他人利益来满足自己的需要,能按照社会认可的道德行为规范准则约束自己及支配自己的思维和行为,具有辨别真伪、善恶、荣辱的是非观念和能力。2000年世界卫生组织又提出了"合理膳食;戒烟;心理健康,克服紧张压力;体育锻炼"的促进健康新准则。

当然除了世界卫生组织提出的这些概念及其相应标准外,还有很多概念和标准,这里就不一一赘述。

现代研究表明,生理健康受到各个方面的影响。除了个人的遗传因素外,最主要的是生活习惯。研究表明,很多生理上的疾病是由于心理因素导致的。心理健康是最重要的健康,它不只影响着人的精神面貌,影响人的行为,而且影响生理健康和社会层次的健康。社会健康和道德健康是健康概念中不可缺少的一部分,也是重要的两个方面。心理健康会受到这两方面的影响,同时也会对之产生影响。个人与社会的互动效果在某种程度上受到生理健康和心理健康的健康状况影响,而其效果又反过来影响社会和道德方面的健康状况。可以看得出来,这四个方面的健康是相互影响的,四者之间存在着多个不断增强的正反馈或负反馈。

2. 亚健康

健康不仅是没有疾病和不虚弱,而是身体上、心理上和社会适应能力的完美状态。那么健康的反面就是疾病吗?"疾病—健康"构成了个人连续的健康状态吗?是否存在中间状态?根据现代医学的解释,健康的反面不是疾病,在"疾病—健康"中间还存在着一个亚健康的中间态,"疾病—亚健康—健康"构成了一个连续体。

亚健康在临床上常被诊断为疲劳综合征、内分泌失调、神经衰弱、更年期综合征等。其在心理上的具体表现是:精神不振、情绪低沉、反应迟钝、失眠多梦、白天困倦、注意力不集中、记忆力减退、烦躁、焦虑、易惊等。在生理上则表现为疲劳、乏力、活动时气短、出汗、腰酸腿疼等。此外,还有可能出现心血管系统疾病,如心悸、心律不齐等。

亚健康最主要是由于个人的生活方式、生活环境和心理调适的不当造成的,当然还有些许的遗传因素。酗酒、营养不良、缺乏运动、压力大、过度疲劳、用脑过度等都是常见的原因。亚健康的危害不管是对个人还是对社会都是极大的。因此我们需要预防亚健康状态。世界卫生组织提出,要实行"预防性健康策略",就是重点防治亚健康状态。

3. 健康生活

前面我们已经讲述了健康的新概念和亚健康相关的基础知识。那么如何保持健康、预防亚健康呢?在这里,我们先来看一下影响健康有哪些因素。影响健康的因素很多,医疗和保健专家普遍认为主要有:

1）环境因素　既包括了人生存的自然环境因素，也包括了社会环境。
2）生活方式　是指个人和社会的行为习惯。
3）医疗卫生服务　是指社会的医疗卫生设施和制度及其利用，受到医学和社会发展程度的影响。
4）生物遗传因素　指遗传的体形特征、生理特征、代谢类型、行为本能等。

世界卫生组织提出的健康生活新准则：合理膳食，戒烟限酒，心理平衡，适量运动。

4. 自然疗愈

面对各种身心疾病的侵袭，人类主流的医疗方法是遵循西医治疗标准化流程，采用化学药物、打针、动手术、放疗、化疗等侵入式的治疗方式。这些治疗物质和方法的确在帮助人们恢复健康、挽救生命方面做出了巨大的贡献，但也有一些副作用，它打破了机体内部的平衡，削弱了机体的自愈能力。此外，由于医疗手段所带来的新的药源性疾病也困扰着人类。由此，目前社会上兴起了一种回归大自然、以自然养身为目标、重视病人自主的自然疗愈的风潮。

所谓的自然疗愈，即是关照身心的整合治疗，采用天然的治疗手法来预防和治疗疾病。具体而言，自然疗愈是应用与人类生活有直接关系的物质与方法，如阳光、空气、水、植物的芳香、食物、体操、睡眠、休息，以及有益于健康的精神因素如信仰、希望等来保持和恢复健康的。

自然疗愈的哲学指导思想是深信机体的自愈能力。在医疗过程中，尽量避免削弱机体自愈力的医疗手段。因此，自然疗愈的指导原则是，采用健康的生活方式，增强机体的自愈能力，应用自然和无毒的疗法。

自然疗愈常用的方法有：营养疗法、水疗、芳香治疗、冥想、足部反射按摩、针灸疗法、音乐疗法、植物药疗法、欢笑疗法等。此外，根据自然疗法的指导原则，近来国外又相继发展了色彩疗法、水果疗法、森林疗法、园艺疗法，这些疗法均是采用对人体无任何毒副作用但又能防病治病的非药物疗法。

当然，本书之所以介绍的这些另类的自然疗愈的方法，不是让患者从此就不吃药、不打针、不动手术，不接受化疗、放疗，仅凭自身的自愈能力和一些天然物质来治疗疾病，而是指出了未来医疗的发展的趋势，那就是多元化、个性化的弹性医疗，即一种整合式医疗。患者在治疗过程中自主性增强，配合这些自然疗法，可有效减轻病患的痛苦，增加病患的康复速度。同时，自然疗愈方法的兴起，也反映了人们对自身生命健康的重视，对生活品质的追求。

本节内容图表解说

见图 3-2。

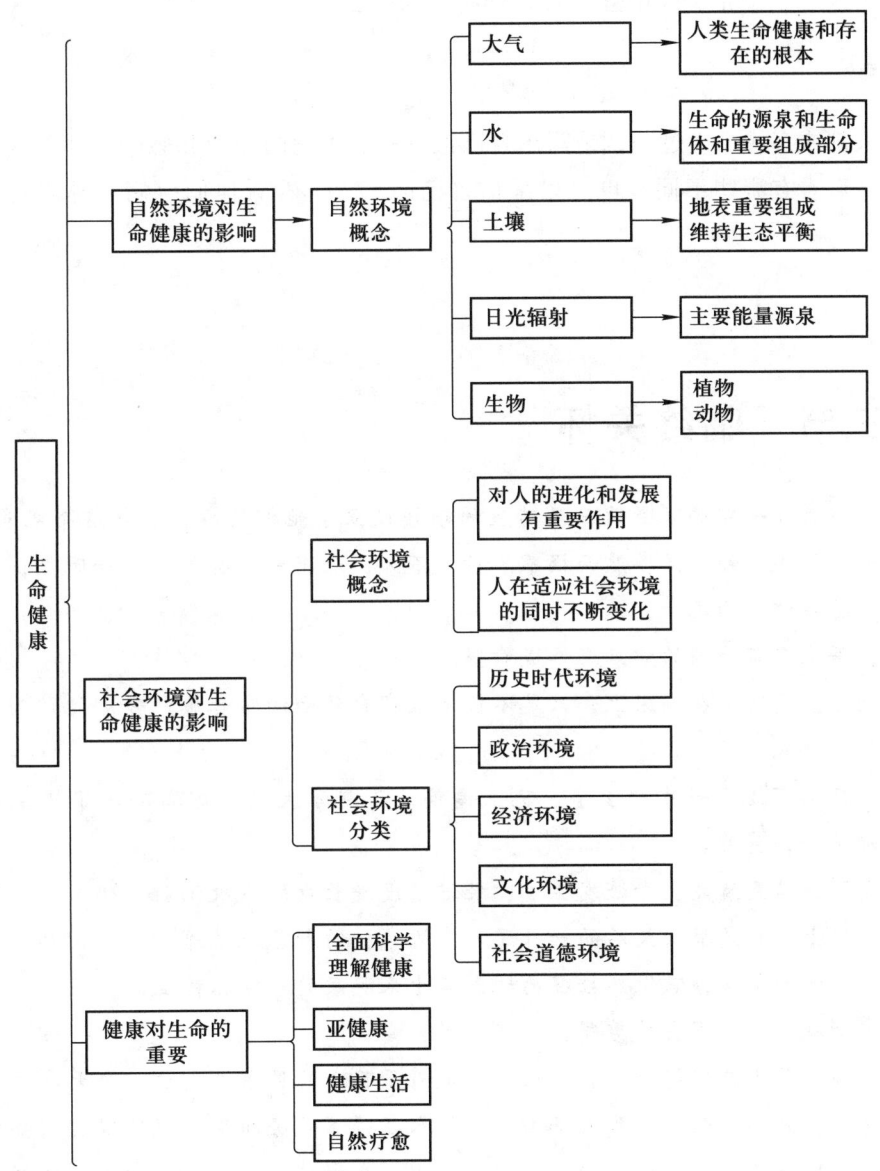

图 3-2 第三章第二节内容图表解说

动动脑

- 根据书中的介绍，你觉得自己健康么？还是亚健康？是心理的？还是生理的？
- 你相信"五花八门"的"健康饮食"、"健身"等吗？如果不相信，为什么？如果相信，你如何从中做出选择和区别呢？权威的杂志或健身房？实惠的价格？根据医师的建议？根据朋友的介绍？……

- 除了文中提到的自然环境种类，你觉得还有哪些自然环境对人类生命有影响？
- 俗语说"社会是个大染缸"，你认同吗？为什么？

体验活动

每个人都或多或少生过病，请写出自己最近一次生病的经历和感受，并对比自己健康时的状态，看看有哪些不同？也可以采访自己的家人，看看他们生病和健康时又有何区别呢？

第三节　临终关怀

苏艾和琼珊在一座矮墩墩的三层砖屋的顶楼设立了她们的画室。在这个艰难的时期，追求艺术是一种痛苦的选择。然而祸不单行，不久，琼珊患上肺炎，同一时期，已经有十几个人因为感染肺炎而死。

后来，医生宣布琼珊的病只有一成希望。

琼珊毫无生气地躺在病床上，只是不停地数窗户外面的常春藤叶子。她认为：当叶子掉光的时候，她就要死了。

很快，只剩下最后一片叶子了。晚上偏偏又下起了大雨。琼珊陷入了极度地恐慌之中，苏艾却是一筹莫展。

可是到了第二天清晨，奇迹发生了：经过了漫漫长夜的风吹雨打，仍旧有一片常春藤的叶子贴在墙上。它是藤上最后的一叶了。靠近叶柄的颜色还是深绿的，但那锯齿形的边缘已染上了枯败的黄色，它傲然挂在离地面二十来英尺的一根藤枝上面。

琼珊重新找到了活下去的勇气，她得救了！

最后琼珊从苏艾口中得知，和她们一样执着于艺术的贝尔曼先生，今天在医院里去世了，他害肺炎，只病了两天。头天早上，看门人在楼下的房间里发现他痛苦得要命。他的鞋子和衣服都湿透了，冰凉冰凉的。他们想不出，在那种凄风苦雨的夜里，他究竟是到什么地方去了。后来，他们找到了一盏还燃着的灯笼，一把挪动过的梯子，还有几支散落的画笔，一块调色板，上面和了绿色和黄色的颜料，原来——当最后的一片叶子掉落时，他为琼珊画上了永远不会凋落的、最后一片叶子。

这是美国作家欧·亨利（O. Henry, 1862-1910）①的短篇小说《最后一片叶子》所讲述的故事。从这个故事中，我们可以看到：被医生宣布为毫无希望的病人，所体验到的痛苦和绝望是常人所无法真正体会的。正因为如此，对他们的关怀和支持十分重要。或许，这种支持和关怀可以创造奇迹，这种例子并非没有；即使无法像琼珊那么幸运，至少可以帮助他们平静地度过生命的最后阶段。本节将介绍生命关怀的内容，以及生命成长最后阶段的简单情况，并就临终关怀进行相关阐述，以期了解活得要有尊严！懂得感恩与惜福！

一、生命的概念

人类对生命的关注和思索，可追溯到人类的童年时期。在漫漫的蛮荒时代，人类只能在自身之外寻找自己的生命来源、本质、健康、疾病、寿夭等问题的答案，或者归结为神，或者诉求于天。进入文明社会以后，人类才学会从自身以及现实世界中解读生命的奥秘，对生命的认识是不断探索和积累的结果。在中国，其成熟的初步标志是以阴阳五行学说来诠释生命现象，《黄帝内经》是临床应用的经典。在西方，其成熟的初步标志是古希腊希波克拉底②的"四体液学说"及其临床实践和总结。近代西方试验科学的兴起，使人类对生命的研究进入了一个新时代。到了20世纪中叶以来，遗传学、生物化学、细胞学、分子生物学等领域的突破性进展，尤其是人类基因序列图谱的完成和克隆生命的问世，都表明了人类对生命的认识有了质的飞跃。

生命的概念可以从不同角度，即生物学、遗传学、热力学、法律、政治学、宗教、文化哲学等角度进行解释。

二、死亡的概念

我们了解了生命，但是，当你听到有关"死亡"这类名词或话题时，你的第一个反应是什么：倒退一步？改变话题？掉过头去？嬉笑带过？还是会加以沉思？

长期以来，死亡一直是人们的最大禁忌，古今中外皆然。然而，死亡却又的的确确是每个人迟早要面对的必经历程。不仅作为生命成长的最后阶段，我们需要去了解；而且突发的死亡危机也时刻威胁着我们每个活着的人，特别是2008年5月12日的四川汶川大地震，死亡就那么突然地降临！所以，"不知死，焉知生?!"人从生下来的那一刻起，就在逐渐接近死亡，虽然生命有长有短，但死亡却是每个人都得接受的必然结果。正如蒙田③所说："你活着的每一天都从生命中盗取；你以消耗生命来生活。你生命的无间歇的工作

---

① 欧·亨利（O. Henry, 1862-1910），原名威廉·西德尼·波特（William Sydney Porter），是美国最著名的短篇小说家之一．
② 希波克拉底（Hippocrates，公元前460-前377年），古希腊医学家，被称为西方医学之父．
③ 蒙田（Montaigne, 1533-1592），是欧洲文艺复兴后最重要的法国人文主义作家。

就是建造死。你在生的时候便已在死。"

既然人人早晚都要经历失去至亲者以及自己的离世,那么,"死亡"是否也应当像我们所关心的生、老、病一般,受到关心与接纳呢?巴斯卡格里亚①在其著作《人、人生、人性》中对"死亡"有着极好的诠释与提醒:

> "当我们能坦然地接受死亡,而将它视为是生命周期中的另一个面貌时,我们将会以欣赏的眼光去面对生活中的一种遭遇,并赋予其价值。因为,我们知道这些遭遇将不会再重现在我们的生命中,所以我们更要珍惜自己所拥有的时光。
> 　　对生命而言,死亡不啻是它的导师,只有无知的人与不能勇于面对生命的人对死亡才会感到恐惧。聪明的人视死亡为亲密的伙伴和仁慈的导师。任何人若要完完全全成为一个生命力充沛而丰富的人,那么在他有生之年必然与死亡结友。"

所以,了解死亡、让死亡成为我们生命的导师,不仅能使我们坦然地面对、接纳死亡,也将使生活更充实、更有意义,使我们真正体会、享受、珍惜生命的价值。死亡的定义也可以从临床医学角度、联合国人口统计部、社会性死亡、法律角度、中国古书对死亡的定义、西方学者主张的死亡定义等几个方面来阐释。

三、生命教育

生命教育主要指对青年学生的生命教育。当美国学者杰·唐纳·化特士(J. Donald Walters)于1968年首次提出生命教育的思想时,他所创立的生命教育理念就受到了人们的高度重视。几十年来,生命教育的实践在全球已得到迅速发展。

生命教育是一种多层次的认识生命本质、理解生命意义、提升生命价值的教育。生命教育不仅只是教会青少年珍爱生命,更要启发青少年完整理解生命的意义,积极创造生命的价值;生命教育不仅只是告诉青少年关注自身生命,更要帮助青少年关注、尊重、热爱他人的生命;生命教育不仅只是惠泽人类的教育,还应该让青少年明白要让生命的其他物种和谐地同在一片蓝天下;生命教育不仅只是关心今日生命之享用,还应该关怀明日生命之发展。生命教育的根本是对博爱的追求,是人性光辉的张扬,体现的是人物共存、天人合一的境界,寻求的是和平、和谐,是对今日竞争、破坏的平衡和纠正,更是对人类终极目标的追寻。

生命教育应以生命为主线,从个人扩及他人、家庭、社会、国家、世界,由人衍生动物、植物和环境,将今日扩展至未来。让青少年理解每个生命都是生物圈中的一环,互为

---

① 巴斯卡格里亚(Buscaglia)美国作家兼演讲家。

条件，互相影响，相辅相成，生生不息。从这个意义上来说，生命教育应最集中、最深刻地体现人文关怀。作为以人文关怀为精神内核的生命教育，应着力于完整地建构人的精神世界，构筑人的精神家园。具体来说，生命教育的人文关怀主要表现为系统地培养青少年的生命意识，而生命意识的培养是生命教育的起点。生命教育应首先帮助青少年确立科学、正确、完整的生命意识，即帮助青少年认识生命的本质，进而欣赏生命的丰富与可贵，启迪青少年如何珍惜生命、尊重生命，并不断创造生命的价值。生命教育主要包括以下几个方面：认识生命的可贵、珍惜生命的存在、欣赏生命的美好、尊重生命的个性、创造生命的价值、了解人生的挫折和苦难、悲天悯人和承担责任。

四、死亡教育

有一个母亲，不肯接受儿子已死的现实，抱着儿子的尸体到处求医。她的诚心感动了佛陀，佛陀就把起死回生的药方告诉了她。佛陀叫她去城里的每户人家问，看是否有芥菜的种子，讨到的种子可以救活她的儿子，前提是这家从来没有死过人。这位母亲挨家挨户地去找，可是找不到一家符合这个条件。于是，她终于顿悟：没有人可以不死。

的确，凡是生命，都存在着死亡的必然性。唯有了解死亡的必然来临，才会明白生的可贵，才会在他人面临死亡时以同理心给予帮助和安慰，才会在死亡来临时从容应对。

1. 死亡是人生不可避免的

欧里庇得斯（Euripides）曾经说过这样一句话："死亡是一笔人人都必须要偿还的债务"。无论达官显贵还是贩夫走卒，最终都要走向死亡，无人能够幸免。正因为如此，死亡跟生命紧紧相连，它是生命整体中不可分割的一部分。如此理解，死亡就会变得容易接受。

正如蒙田在《随笔录》中所说："死亡在什么地方等着我们，这是不确定的；让我们在任何地方等待死亡吧，预先思考死亡就是预先思考自由。"罗素[①]也说："凡是人办得到的事情，没有一件会使人长生不老，所以我们不必为死而恐惧、而悲叹，在这上面耗费时间徒劳无益。让死的恐怖缠住心，是一种奴役……"

2. 死亡是生命的王冠

爱·扬格[②]曾经说过："死是生命的王冠：没有它，人活着就会失去意义。"的确，如果没有死亡，你会感觉到生命的珍贵，时间的紧迫？如果没有死亡，你会立即去做自己应该做的事情，用心去追求自己的梦想吗？正是因为有了死亡，人类才明白要使有限的生命变得有意义。

---

① 罗素（Bertrand Russell，1872-1970），英国哲学家。
② 爱·扬格（Bellur Krishnamachar Sundararaja Iyengar，1918-2014），印度人，现代瑜伽创始人。

死亡教会我们珍惜生命，教会我们立即行动，因为没有太多的时间可以浪费，没有太多的机会可以错过。人往往在遭遇死亡的时候迅速成长，这样的例子不胜枚举。

今天我们埋葬了我们20岁的儿子。他在星期五晚上一场交通事故中遽然丧生。我多么希望当我最后一次跟他谈话时知道，那就是最后一次。如果我知道，我会说："吉姆，我爱你，我也感到骄傲。"

我想花点时间算算他带给爱他的人多少幸福。我也想花点时间欣赏他美丽的笑容，他的笑声，他对人们的真爱。

当你把他美好的属性放在天平的另一端，与那些把收音机开得震耳欲聋、发型梳得奇形怪状、把脏袜子扔在床上等激怒你的坏习惯比较时，你会发现，那些让人生气的坏习惯是多么微不足道。

我再也没有机会把我希望他听到的话告诉我的儿子了，但其他的父母，你们都还有机会。把要他们听的告诉他们吧！就像把握最后一次的谈话机会一样。我最后一次和吉姆说话，是在他去世的那天。他打电话给我说："嗨，妈！我打电话给你，只是要告诉你我爱你。我得去做事了，再见。"他给了我永远能够珍藏的东西。

如果吉姆的死有任何目的的话，也许就是让其他人更欣赏人生，并让人们——特别是家人，拨出时间来让彼此知道我们有多么关心对方。

你可能不会再有机会。今天就做！

这是一个美国母亲所写的信。死亡与生命如影相随，所以生命才显得格外珍贵。死亡的存在，让我们没有借口去推托任何应该做和想做的事情。因为你不知道推托之后，是否还有机会来弥补。就像这封信里所讲的，"今天就做"！

今天就做，意味着活在当下，珍惜现在。从这个意义上来说，感谢死亡是生命的良师益友。所以我们应该像琉善所说"要在过日子的时候，一只眼睛盯着死亡。"

3. 自己决定死亡方式

西拉斯（Silas）在《箴言》中说："根据别人的意志去死，等于死两次"。因为死亡是生命最后的成长阶段，是每一个体的必经历程，那就意味着只有你自己可以决定"how to die"。

从个体生命开始的那一刻起，每一个体都已经经历了一场残酷的竞争。在数以万计的精子中，只有一个取胜，因此任何一个生命都是独一无二的。但是，这种独一无二的特性并不能完全消除人类的缺陷，因为人们往往会很遗憾无法选择自己的出生与否，以及选择何时何地出生。

既然出生已经无法自我抉择了，那么我们还要别人再来替我们决定死亡的方式吗？如果你足够珍视自己的生命，足够尊重自我意志的话，答案显而易见。请不要误会，因为本书强调生命可贵，所以自己决定死亡方式绝对不涉及自杀问题。而是特指当医生宣布治疗无效、濒临死亡时，你完全有权利选择是继续利用药物来维持生命，还是撤销外界辅助设施从容应对，或是其他一些你自己喜欢的方式。

有权利选择死亡方式，不仅表现在自我选择方面，还体现在尊重他人选择方面。也就是说，当你的家人或者朋友面临濒死处境时，请尊重他们的选择，永远不要用自以为好的方式替他们作决定。这就是真正的生命尊严。

把死亡当作生命成长的最后一个阶段，通过死亡学会珍爱生命，学会尊重他人，将使你能更加从容面对自己或者亲友的死亡。这样将如泰戈尔云："使生如夏花之绚烂，死如秋叶之静美。"

4. 直面死亡，我们准备好！

我们每个活着的人，其实离死亡都很近，不仅会因年老而死亡，还会有多种多样的病因带来死亡，更会有突发事件导致的死亡，也会有自然灾害携来的死亡！比如：2008年的四川汶川特大地震，2011年日本地震引发的海啸，2014年3月8日的马来西亚航空MH370客机失踪，2014年韩国客轮沉没事故，2015年2月台湾复兴航空空难事故……一次次的灾难或事故，都会有一组组的死亡数字，生命的脆弱与无常被无情地展现在世人面前。我们发现，死亡不只是老人的事，不只是他人的事，它离我们那么近，就在咫尺之遥。所以我们要直面死亡，要随时准备好迎接它的到来。从而当死亡到来时，我们自己足以保持平常的心态，也让别人能够放心我们的离去。

法国作家蒙田曾说："对死亡的熟思也是对自由的熟思。"谁学会了死亡，谁就能够解除对心灵的束缚，不在死亡面前缩手缩脚，而放心大胆地去生活、去享受、去创造。死虽然是对生的否定，但它却又是生命的必然组成部分。死亡教育就是要透过对死亡的了解，使青少年看到生命之有限，从而更加珍惜生命、热爱生命、提升生命的意义和价值。

在中国的传统观念中，对于死亡一直都是非常忌讳的。因此人们谈理想、谈未来，却很少谈生死。大人们都认为同孩子讨论死亡似乎过于沉重，所以往往在孩子面前回避谈论死亡。他们在直面孩子的生死发问时，或闪烁其词，或以一些不实之词美化死亡。这样，无形之中向孩子传递了关于生死的一些不正确的信息，从而让孩子对死亡产生了错误的观念。所以才会有些孩子认为死亡就像睡觉一样，明天还会醒来。如果对死亡的认识如此浅薄，我们怎能期望他们去珍惜和尊重生命呢？死亡教育就是要帮助青少年真实而科学地了解死亡，要和青少年探讨死亡现象、死亡问题和生与死的关系，使青少年学会面对死亡，深刻理解生命存在的意义，学会珍惜生命、尊重生命。

五、生命关怀

"生命关怀"一词最早是由中国生命关怀协会理事长李家熙教授提出的。2006年4月

16日，中国生命关怀协会成立大会在人民大会堂隆重举行，此协会为全国性非营利性社会团体、独立社团法人，其业务由卫生部直接主管。

生命关怀的原意是指对晚期患者及其家属的照顾，目的是让每个进入生命晚期的人都能得到关爱和帮助，舒适、安详、有尊严地走完人生最后旅程；同时对其亲属给予社会心理支持，平安度过哀伤期，并且能够在尽量短的时间内重新回归社会。

生命关怀一词一经提出，在社会上掀起了巨大的反响，许多人对生命关怀的意义进行了延伸，目前生命关怀的含义指对人的一生的全程关怀，包括生理、心理、社会、伦理道德等多方面、多层次的关怀，具体可分为婴幼儿阶段、青少年阶段、中年阶段、老年阶段和临终阶段的关怀等几大部分。

随着中国生命关怀协会的成立，包括临终关怀在内的生命关怀事业也开始发展起来。所谓"生命关怀"产业化，即用运营营利组织的方法和企业管理方式经营"生命关怀"组织，获取利润，从而支持与发展"生命关怀"事业。即"生命关怀"产业需要市场化，而且这种市场化的经营方式需要专业经理人或争取合作经营或接受外包等。生命关怀的产业化运营，将会给老年人的生活质量带来更大程度的提高。

六、临终关怀

1. 濒死病人及其家属的心理反应

（1）濒死（Dying）的定义

根据临床医学上的解释，"濒死病人"就是已接受治病性（Curative）或缓和性（Palliative）医疗后，虽然意识清醒，但病情加速恶化，各种迹象显示生命即将结束。[1]

（2）濒死病人的5个心理反应阶段

当病人知道自己的生命接近死亡时，其心理反应是十分复杂的。许多西方研究者针对濒死病人的心理进行探讨。最常被引用的是库柏勒-罗斯（Kubler-Ross）1969年在 *On Death and Dying* 一书中，把绝症病人获知病情到临终时的心理反应过程，分成的5个阶段。

1）震惊与否认阶段（Shock and Denial）："不，不是我！"这是病人得知他们患不治之症时，所表现的震惊与否认，此时病人尚未准备好接受自己疾病的严重性。此时的否认可以暂时逃开病症带来的压迫感，也能给予病人及家属多一点时间去发展其他的防御准备。有的病人直到迫近死亡仍处于否认阶段。据库柏勒-罗斯所言，大部分病人，几乎都能很快停止否认，只要他们的家属及医生没有鼓励他们一味否认下去。作为知悉自己即将死亡的第一个反应，否认可以说是健康的，因为能把那种震撼推远些。[2]

2）愤怒阶段（Anger）："为什么是我？"病人进入第二阶段，会表现出生气、愤怒及

---

[1] 严久元. 有关照顾濒死病人的心理与伦理问题[J]. 当代医学, 1999（4）：103.
[2] Nancy Doyle. 刘金纯译. 林和惠校阅. 濒死病人及家属（中）[J]. 当代医学, 1986（9）：95.

怨天尤人的情绪，常常迁怒家属及医护人员。对于类似这种问题，并无答案，但病人或家属却必须经由迁怒医护人员、责怪上帝的不公平，来发泄他们的苦闷及无奈。

3）讨价还价（Bargaining）："假如你给我一年时间，我会每天去教堂（或多做善事）。"这个时期，病人通常接受自己患不治之症的事实，转而祈求发生奇迹，要求上帝宽容自己，并承诺上帝去做某些事情，作为延长寿命的交换，或者病人会要求活到完成某些重要事情。这个阶段的病人还存着希望，也肯努力配合医疗。

4）沮丧（Depression）："好吧！是我。"当病人知道自己的讨价还价无效之后，即将死亡的事实非常明显。在正视自己死亡的时候，悲伤、生活萎缩、情绪低落、胃口减退、体重下降，甚至自杀都可能发生在此阶段。先后会有两种不同的沮丧发生，其中之一是他们会为已经失去的东西感到悲痛，例如健康、薪水、独立自主及和家人团聚。接着他们会为即将到来的损失感到悲痛，这种情绪属于比较沉默的沮丧，病人会体验到一种准备后事的悲哀。此时应容许他们去为未知的将来而哀痛，但家属必须在其身旁全心陪伴。[①]

5）接纳（Acceptance）："是，是我，而我准备好了。"这个阶段是相当平静的，病人会感到自己已经尽了力，届时已无所谓真正的高兴或悲哀，他们只是接纳与之俱来的一切罢了。大抵来说，病人会有点身体的疼痛，仿佛慢慢地滑进生命之初的历程。对多数的病人来说，死亡的那一刻，最终的分离，是既不害怕也不痛苦的，死亡给身体带来平静的停止功能。

其实上述各阶段的心理过程，是将表面上能观察到的现象模式化，仍有其他影响病人心理的下意识因素，因此5个阶段的顺序和时间并没有一定规律，可能同时发生，可能重复反应，或停留在某个阶段。

(3) 濒死病人家属的心理反应

家庭中的每一分子往往很难面对家庭中成员濒临死亡的事实。从病人生病到死亡甚至到死后，对家属而言都是一连串的哀伤过程。因此，他们可能和病人一样会经历到否认、愤怒、讨价还价、忧愁等阶段。

1）濒死病人家属的心理压力　濒死病人的家属最大的困境有两个，一是：在长期看护的过程中，他们感到心力交瘁。一方面，濒死病人的家属要承受即将失去亲人的痛苦；另一方面，金钱、体力和精神的耗损又会给整个家庭造成拖累。因此，家属往往会产生极矛盾的心理，有时欲其生有时又欲其死，而这种心理又引起家属强烈的内疚及罪恶感。二是：家属通常是第一个知道病人病情的人，心理最大的压力在于：不知是否应告知病人病况真相。若家属未告知病人，则面临的心理压力会更大。因为他们不能与病人分享内心的悲伤感受，不能谈论有关死亡的感觉或彼此安慰鼓励。而且在病人面前必须掩藏自己的真

---

① 侯淑馨. 濒死病人的护理 [J]. 护理杂志，1975 (2).

实情绪、抑制自己的悲伤。

2) 悲伤的阶段及适应过程　在这种情况下，病人家属适当地表露悲伤是很重要的。①

卡瓦纳（Kavanaugh）曾用7个阶段来描述丧失至亲者的悲伤过程，分述如下：②

① 震惊（Shock）：突然获得亲人好友的去世，可能出现反常的行为、举止和谈吐怪异的迹象，并可能拒绝相信事实。

② 解组（Disorganization）：在震惊过后，一个人可能有不知所措的心态，无法做理性选择。

③ 反复无常的情绪（Volatile Emotions）：痛失亲友的人，除了对死者感到气愤、怨恨之外，对自己也有无助、痛苦和挫折的感觉。

④ 罪恶感（Guilt）：觉得应该在死者生前好好善待他，甚至觉得自己对死者的死亡要负责。

⑤ 失落与孤单（Loss and Loneliness）：这种感觉会出现在生活的任何细节上，从而带来全面的伤感和难过。空的床位，留下来的照片及物件，都令人难以适应。

⑥ 解脱（Relief）：认清逝者已逝，折磨已经成为过去。尤其在服侍一个临终病人后，死亡不仅是对死者本人的解脱，也是对服侍他的人的解脱，包括精神和经济的解脱。

⑦ 重组（Reorganization）：重组的过程是渐进的，个人重新寻找生活的方向，准备过新的日子。

上述各阶段的情绪反应并非都必然发生，其发生的次序也可能有所改变。

2. 悲伤辅导

（1）悲伤辅导产生的背景和定义

虽然生老病死是正常的普遍现象，但灾难之降临时，愈是使人措手不及，其对当事人所造成之打击也就愈大，而复原所需的时间亦随之增长。

由于现代人生活形态的改变，多数的生活经验远离自然环境，无法目睹自然界鸟兽或家禽的生命周期和死亡现象；而家庭结构也以小家庭为主，往往缺少与老人共同生活的经验，鲜少有机会观察从老病至死亡的历程。因此由陌生、惊慌进而引发各种情绪的现象可以想见。传统的农业社会中的人际关系封闭且稳定，因死亡事件而举办的丧礼仪式显得隆重而繁复，但也在过程中让生者有较充分的时间得到周围亲友的安慰与支持。现代社会的生活步调快速，人际关系疏离，即使面对至亲的死亡，也多半因时间、空间与距离等因素，以简化方式处理。当事人在仓卒收拾悲伤情绪之余，多半得戴上坚强的面具度日。而

---

① 游素碧，林碧珠. 面对癌症与死亡护理一位脑瘤病人的经验［J］. 护理杂志，1985（4）：41-42.
② 吴庶深，对临终病人及家属提供专业善终服务之探讨［J］. 东海大学社会工作研究所硕士论文，1988：38-40.

"放肆的悲伤"不但是一种奢侈,更可能被冠上"脆弱"的罪名。①

悲伤辅导就是协助人们在合理时间内,引发正常的悲伤,并健康地完成悲伤任务,以增进重新开始正常生活的能力。其终极目标是协助生者处理与逝者之间因为失落而引发的各种情绪困扰并完成未竟事务。

(2) 影响悲伤反应的因素

林佳莹根据国内外文献,将影响悲伤反应的相关因素区分为个人因素、环境因素及不可抗力因素。

1) 个人因素　与逝者的关系远近;与逝者的心理依恋情形;过去的失落经验;人格因素;宗教因素。

2) 环境因素　社会因素;家庭周期;文化因素。

3) 不可抗力因素　逝者死亡的方式;其他压力。

(3) 悲伤者在各方面的悲伤表现②

1) 生理的悲伤表现　当遭遇到悲痛事件后的20分钟或1小时之后,悲伤者会有生理上的痛苦感觉。明显的症状是喉咙发紧、呼吸困难并易喘、腹部觉得空空的、对噪音的过度反应、肌肉无力和心痛紧张。学者们称这些身体上的痛苦感觉为"剧痛群"。而这种剧痛群有时会持续到两个星期之久。剧痛往往不会马上产生,悲伤者最先感到麻木,他们好像完全失去了感觉和知觉;但这种麻木不会持续很久,它马上会被生理上的痛苦所代替。所以,为悲伤者提供心理咨询的咨询师应该特别注意悲伤者的身体反应。"心碎"是对悲伤者的一种最古老的隐喻,事实上也是如此。根据许多有关悲伤者的研究结果,悲伤者的患病率和死亡率都会因悲伤过度而有所增加,尤其是在心爱的人死后的6个月内。丧亲所致的分离焦虑(Separation Anxiety)首先会使悲伤者感到虚弱。另外有一些研究指出,中年丧夫者经常出现神经质、忧郁、害怕会发疯、持续的恐惧、梦魇、失眠、工作能力减退和疲劳等症状;他们有时也会抱怨头痛、晕眩、失神、皮肤疹、消化不良、呕吐、心脏急速跳动、胸口疼痛。为什么会有这些症状产生呢?最好的解释是由于悲痛者疲劳、食欲不良和生活习惯纷乱。另外,忧郁和绝望也会引起内分泌失调从而导致悲伤者对疾病的抵抗力下降。

2) 认知的悲伤表现　不相信:尤其是当死亡发生很突然的时候;纷乱困惑:会有思绪剪不断,理还乱,精神不集中以及健忘的现象;全神贯注于思念死者和濒死的过程:这是一种强迫性的思念,思念的内容通常是有关于如何再寻回失去的亲人。有时候有关逝者遭受折磨或濒死的影像会突如其来地占据哀悼者的心思,挥之不去;用各种方式与死者梦会,这样使悲伤者觉得人还活着。

---

① 改编自:曾素梅.悲伤辅导的处理历程与技巧[J].谘商与辅导月刊,2007(262):40-43.
② 改编自:王锦.心理咨询师如何做好悲伤辅导[J/OL].殡葬文化研究,2004(2).中华人民共和国民政部社会福利和慈善事业促进司网站:http://fss.mca.gov.cn/article/llyj/200711/20071100003693.shtml

3）情绪的悲伤表现　忧郁悲伤；痛苦、困难和负担的减轻；罪恶感与愤怒；否认。

4）行为的悲伤表现　睡眠失常，如失眠和惊醒；食欲反常；恍惚、心不在焉；社会退缩；在正常的梦或梦魇中梦见死者；常做叹气；持续的过度活动，如想要走出家门或无法专心阅读书报；哭泣；避开死者的遗物；接近死者常去的地方或保留死者的遗物的完整。

(4) 如何协助悲伤者渡过悲伤期①

沃顿（J. W. Worden）认为协助悲伤者时应该力求达到 4 个特定目标：① 增加失落的现实感；② 协助当事人处理已表达的或潜在的情感；③ 协助当事人克服失落后再适应过程中的障碍。④ 鼓励当事人向逝者告别，以健康的方式，并坦然地重新将感情投注在新的关系里。

可供参考的有效辅导原则。

1）强化死亡的真实感　强化死亡真实感的最好方法之一就是鼓励悲伤者谈论死亡。谈论的话题包括：灾难发生时你在哪里？当时的情况怎么样？是谁告知你死亡信息的？葬礼是怎么举行的？亲友们又是如何谈论这件事的？

2）鼓励悲伤者适度地表达悲伤情绪　大部分哀恸的情绪都是令人不安的，比如恐惧、无助、愤怒、愧疚、紧张、焦虑、压抑和悲哀等。伴随这些哀恸情绪还有麻木、幻听、幻觉、幻想、混乱、托梦等悲伤行为出现。喝酒或者服用镇静剂之类的药物、想办法避开愤怒和悲哀的感觉，都是哀恸者用以逃避痛苦的不健康策略。要帮助悲伤者认识到哀恸情绪和有关行为都是正常的，并鼓励他们适度表达。另外，还必须要察觉上述情绪背后的深层认知内容，例如：愤怒所指向的对象是谁？愧疚的具体内涵是什么？幻听、幻觉、幻想的内容是什么？

3）帮助悲伤者适度处理依附情结　对悲伤者而言，顿时失去了一位长期亲密的依附者，必然会产生陷入绝望的无助、恐慌、茫然、苦思之中。应该帮助悲伤者适当处理这一依附情结（Attachment Complex），让他确认与逝者之间的依附关系已经结束，他必须在往后的人生中扮演新的角色、建立新的关系。但必须注意到：不要鼓励还处在剧痛阶段的悲伤者做过于重大的决定，如变卖财产、改行、换工作、领养孩子，或很快跳入一个新的亲密关系中。因为在极为悲伤的时刻，情绪尚未稳定，很难有好的判断力，并且容易产生不良适应而影响到未来新情境的适应或新关系的建立。不要仅为减轻现在的痛苦而匆促做出决定。

4）从短期危机处理到长期悲伤治疗　悲伤辅导是一种割断依附关系的渐进过程。对某些人来说，悲伤却是长期的疼痛，需要很长时间来疗伤，更需要持续的支持。如周年忌日、逝者生日和特别节庆等都可能引发生者的哀恸。可是悲伤者周围的亲友，由于缺乏这

---

① 改编自：王锦. 心理咨询师如何做好悲伤辅导 [J/OL]. 殡葬文化研究，2004 年（2），中华人民共和国民政部社会福利和慈善事业促进司网站：http: //fss. mca. gov. cn/article/llyj/200711/20071100003693. shtml

方面的认知，常常急着想克服失落，期望悲伤者尽快恢复正常的生活和作息，导致悲伤者压抑哀恸，使正常典型的急性悲伤变成复杂的慢性哀痛，这样反而成为疗伤的障碍之一。因此，悲伤辅导应从短期的危机处理转为长期的悲伤疗程，才能达到悲伤辅导的目标。当然，个别辅导是其中方法之一，可是限于人力，采取失丧团体（悲伤者自助团体）的团体辅导方式，也是一个有效而持续的支持方式。

5）不要采用陈腔滥调来抚慰悲伤者　不要采用那些对悲伤者没有多大帮助的陈腔滥调，例如：做个勇敢的男孩、一切很快就会结束、一切将在一年内过去等等太过笼统却毫无帮助的安慰话。

6）对孩子的游戏辅导[①]　而对孩子而言，游戏治疗当然是最好的心理辅导媒介，可以在适当的场所（安静、舒适柔和、有玩偶、绘画、沙箱、射标等之场地）进行一天一至两次的一小时的游戏时间（年龄相近者并可组成游戏辅导团体）。不论做法为何，此时之主旨，都在于提供一个结构性的环境，使用视觉、听觉（可加入音乐）、触觉（这时的孩子最需要拥抱），或嗅觉（对成人而言，适当精油之使用是非常有效的）之媒介，促进当事人愿意表达感受、宣泄其情绪（害怕、罪恶、愤怒），得到同伴及团体之支持，并有机会重新回顾此一经验，为死者悲但也庆幸自己何其有幸得以逃过浩劫！

总之，生离死别是人生最大的创痛，人们必须借由表达悲恸来哀悼失落、宣告分离，然后重新建立新关系。否则，必会造成身心的不适和疾病，以至无法走出悲伤。

（5）悲伤的健康观点

悲伤历程即是治愈的过程。一般人以为悲伤对人有害，如同疾病损害身体，事实不然。悲伤的历程仿佛是让人们重新在心里的伤口敷上药的过程，药虽苦，却能治疗伤口。这个历程是复杂且积极的因应过程，其中需要悲丧者全力投入，面对挑战与机会，要承担许多新的任务，并做许多选择。在充满选择的过程中，可重新储存悲丧者的自主感，让悲丧者知觉到自己的确在某方面拥有控制权。

任何重大的失落事件所造成的变化是全人的、持续一生的经验。失落的经验不是一段人生插曲，不会事过境迁，仿佛没有发生过。我们就是要学习在往后的人生中如何与已发生的失落事实及悲伤的经验共处，学习将失落的经验与自己的生命融合在一起。

亲人死亡造成心理的伤口，逐渐愈合后仍会留下疤痕，但却是我们与亲人间联系的记号。

3. 临终关怀组织

（1）临终关怀的含义

所谓临终关怀是一种照护[②]方案，与医生或社区中的巡回医护协会互相配合，为垂死

---

① 改编自：何长珠. 悲伤辅导，此正其时乎！　［OL］ http：//mail.nhu.edu.tw/~lifedeath/word/how%20to%20grief.doc.

② 所谓照护即照料护理.

的病人及其家属提供缓和性及支持性的照顾。临终关怀组织的英文为 Hospice，源于中世纪，当时是朝圣者或旅人中途休息、重新补足体力的一个休息驿站。在此地则是引申其义，用来指一套组织化的医护方案，以帮助那些暂停于人生旅途最后一站的人。这个方案着重于对死亡前病人病痛的控制及死亡后家人情绪的支持。因此，实施的基础是以全天候的照顾为原则，整个家属都包含在团队服务的范围内。

（2）临终关怀组织

临终关怀的宗旨单靠个人的力量难以实现，因此这一理念大多以临终关怀组织的形式得以实施。

西方早期的临终关怀组织是由基督教医院所设立，用来照顾所有遭遇不幸的人：孤儿、老人、病患，以及往来旅行的旅客和圣地的朝圣者。现代较健全的临终关怀组织始于1967年英国伦敦的"圣克里斯多弗临终关怀院"（St. Christopher Hospice），其创始者是桑德丝博士（Dr. Dame Cicely Saunders）。桑德丝博士当时发现：在医院许多濒死病人受到不恰当的护理，同时家属们也不知如何照顾在家中濒死的亲人。因此，她提供医疗、护理及精神照顾，给那些在临终关怀组织的濒死病人和希望在家中舒适去世的濒死者。[①]

国际临终关怀学术界普遍认为，现代世界临终关怀运动的发展是从桑德丝博士创建圣克里斯多弗临终关怀院开始的。虽然圣克里斯多弗临终关怀院是一个靠着各种捐赠建立起来的慈善机构，但是它的教学活动的实行、研究方案的推动、居家护理的实施及大部分的病房的设立，都由全国健康服务组织协会赞助支援，每一个病人的照护费用大概是一般医院的二分之一左右。[②]

（3）临终关怀组织的重要性

很明显，临终关怀组织与传统的纯粹以诊断、治疗的医院大不相同。该组织的目标是帮助病人缓和身心上的痛苦，使他们尽可能在最后的人生岁月中过得舒适而有意义。桑德丝博士在1981年5月12日接受《国际前锋论坛报》（International Herald Tribune）的访问中也曾表示："这几年来，圣克里斯多弗临终关怀院的出院率逐渐升高，有些病人的生命延续期超过了我们所预测的时间。对于疾病除了积极的减轻痛苦之外，我们当然还希望发挥潜在的缓和作用。"

森普逊（John Thempson）认为，临终关怀组织必须独立于医院制度之外。他指出：

---

① Michael Hamilton & Helen Reid. A New Way to Care for the Dying [M].
② Elaine Davenport. Dame Cicely Saunders [M]. International herald Tribune, 1981.

> 旧式的观念认为医院必须能够满足病患的所有需求，事实上，这已经不合时代的潮流。我们需要一系列各有所司的制度，一方面要有健全的医疗设备，以提供病人快速、有效的短期治疗，克服紧急的致命性疾病；但另一方面，我们也需要一个具有温暖、人性的疗养环境，使病人所接触到的不光是冷酷的、无感情的医疗仪器。
>
> 当一个病人处于临终弥留状态时，他的家属也同样需要各种精神或物质上的帮助与关怀。但是，经常我们会忽略病人的家属，认为他们不属于服务的范围。而临终关怀方案则再度提出了一套运作架构，将病患家属的情绪反应列入整个工作的互动脉络之中。

临终关怀还有另一个重要性，就是对于垂死病患的家属给予适当关怀。卡文（Joan Craven）和华德（Florence Wald）曾经说过：

> 悲伤的情感从死亡就开始，它会一直延续到病人死亡之后。亲身接触、付出关怀的，不论是病人本身或是家属、朋友，都必然感受到某种程度的悲哀，而需要安慰。死别的创痛比任何一种身体疾病都难治愈，所以，如何给予生存者适当的安慰与照顾，乃是医疗健康中心的专业人员事先应有的心理准备。这项工作在病人未死亡之前就应开始，直到其能独立面对一切，或是有其他资源协助时，如社区心理健康中心、家庭医师或牧师……能适时衔接给予帮助时，才算暂时告一段落。因为，对于死别所带来的悲伤，我们已能充分的了解，所以，相对地，也就能对生者提供较确切的帮助与安慰。

4. 临终关怀组织的理念及服务内容

（1）以照顾为主的理念

现代医疗体系中，皆以治疗为重点，即医院中主要以检查、诊断、医治为手段，以治愈及延续生命为目的。但是这种以治疗为主的体系，容易陷入这样的误区：只诊断病情，而不诊断病人；只重视生病的器官发展，而不重视病人情绪的变化。

而"临终关怀"组织则是以照顾（Care）为中心理念的。对那些末期患者而言，治疗的希望十分渺茫，此刻最重要的是疼痛控制及精神支持。照顾体系极重视个人的需求，工作人员会考虑如何做才能给予病人最适切的关照。因此，在临终关怀组织中，护理活动遵循的原则是尽量符合患者及家属的希望，而不是护理人员的想法。"临终关怀"除了字面上的意思外，其更深一层的意义，是一种人格的接触，通过照顾，让彼此相互成长。照顾绝不是单方面的接受或给予，而是在给予的同时接受，在接受的同时给予。事实上，"临终关怀"就是以末期照顾（Terminal Care）为主。末期照顾的基本理念有二：一是坦然面对死亡，凡是参与末期照顾的工作人员，都应有死亡是自然而然的事情的观念，没有恐惧、没有忌讳；二是以同理心（Empathy）对待濒死病人，即工作人员将病人的死与自己的死联想在一起，以自己面临死亡的心情去体会病人的心情，让自己与濒死者站在同一平面，主观地领会自己会死这个问题。

（2）尊重生命尊严、尊重濒死病人的权利的理念

"临终关怀"组织的理念强调，生命的存在并非只有肉体活动，还有高尚的精神生活，人在这个层面上应受到的尊重和关怀，不该因生命活动力的殆尽而减低。亦即应该视临终病人为全然的人（Knowing him as a person and not as a case），工作人员及家属们必须给予关怀和尊敬。

人类的痛苦不完全是由身体病变引起的，还包括精神、社会层面的因素。即使是末期病患，在迈入死亡的过程中，他仍是个"人"。因此末期病患既会出现身体某些机能停止作用的情况，还会出现包括不安与恐惧在内的精神问题、与家属分离的社会问题、死亡及死亡世界的灵界问题……因此，在「临终关怀」组织中，强调生命的尊严。例如：感觉剧痛时，患者只想到与痛楚搏斗，对其他事无法兼顾。当到了不得不恳求止痛剂时，个人的尊严也就显著降低。为了避免这种情况的出现，临终关怀组织着重于对死亡前病人疼痛的控制及情绪支持，以及死亡后家属心理的辅导。

在尊重濒死病人的权利理念上，工作人员以病人的需求为服务重点。因此，垂死病人有权利知道自己病情，并参与治疗过程的讨论。但是实际操作时，要视病人个体的不同而提供不同的服务。例如：有些病患希望知道自己的病情，以便准备后事；而有的病患至死都不希望知道病名。有的人认为与其积极地接受手术外的治疗，不如毫无痛苦地迎接死亡；但也有患者宁愿接受极大苦痛来延续生命。年龄、人生经历、宗教观、价值观的不同，会导致病患对自己病情的接受度和治疗方式的要求各不相同。临终关怀组织的一切设置及工作，都以尊重生命及关怀濒死病人和家属为基本准则。

（3）重视生命品质的理念

对濒死病人照顾的重点不再是如何去延长生命，而是如何去丰富生命。换言之，重视濒死病人的生命品质是"临终关怀"组织最重要的理念之一。卡尔曼（Calman）曾指出，生命品质可以用下列三点来界定：生命品质与个人差异性有密切关系；生命品质依据个人目前生活方式、过去生活经验、未来预期与理想而界定；生命品质强调个人的成长与发展。每个人重视的层面不同，有的人重视身体的活动能力，有的人则视思考能力为生命最重要部分。因此，当谈到生命品质时，其实是更加强调尊重濒死病人的意愿。临终关怀组织追求的生命品质，就是希望提供一个安适、有意义、有尊严、有希望的生活。让濒死病人在剩余有限的日子中，能有清醒的头脑，在可控制的病痛下，与家人共同温暖生活，接受余晖。

(4) 临终关怀组织的服务内容

1) 针对病患的病痛及各种症状而予以专业化的治疗及全面的身心照顾。

2) 善于运用适切的工作人员及潜在资源,以提升服务品质。

3) 帮助病人维持正常的生活形态。

4) 对临终病人的家属及所有其他受到死亡阴霾笼罩的亲人提供温暖的照顾与帮助。不论何种行动,都要考虑到他们的处境。

5) 在病人死亡后,要对其家属进行追踪式的照顾。

6) 对于工作人员亦需表达出适当的关怀及体谅。

7) 鼓励专业的工作人员发挥其内在资源,对病人的情感、身心给予最大的安慰及最坚强的支持。

8) 谨慎选择药物,严守其服用量的规定,随着病人病情的转变而做适当的调整。

9) 对于生活空间的设计,应该兼顾病人独立性、隐私性及群居性的各种需要。

10) 将儿童的生活纳入临终关怀组织的生活形态当中。

11) 鼓励临终病人间彼此的沟通与互动。

12) 鼓励社区中的义工对病人及其家属进行连续性的接触与照顾。

13) 充实专业人员处理病患及家属各项问题的能力,并增强其与社区其他机构的协调能力。

14) 推行居家护理方案及院外病人的医护方案,以帮助他们达成家庭与"临终关怀"组织之间的生活调适,安然通过这一过渡时期。

15) 充分运用义工以增加服务技巧的多样性及扩展社区接触的广泛性。

16) 建立完善的行政系统以提供完整的评估、研究相关资料,并发挥本身的教育功能,作为专业人员继续进修及实习的场所。

临终关怀组织的特点在于它能以独特而有效的方法去满足垂危病人及其家属在身心上的各种需要,而这些需要经常是现代的医疗照护所无法提供的。在许多研究中也指出,临终关怀组织所提供的照护水准、对病人及家属的负责态度,主要依赖其工作人员本身的素质而定。

本节内容图表解说

见图 3-3。

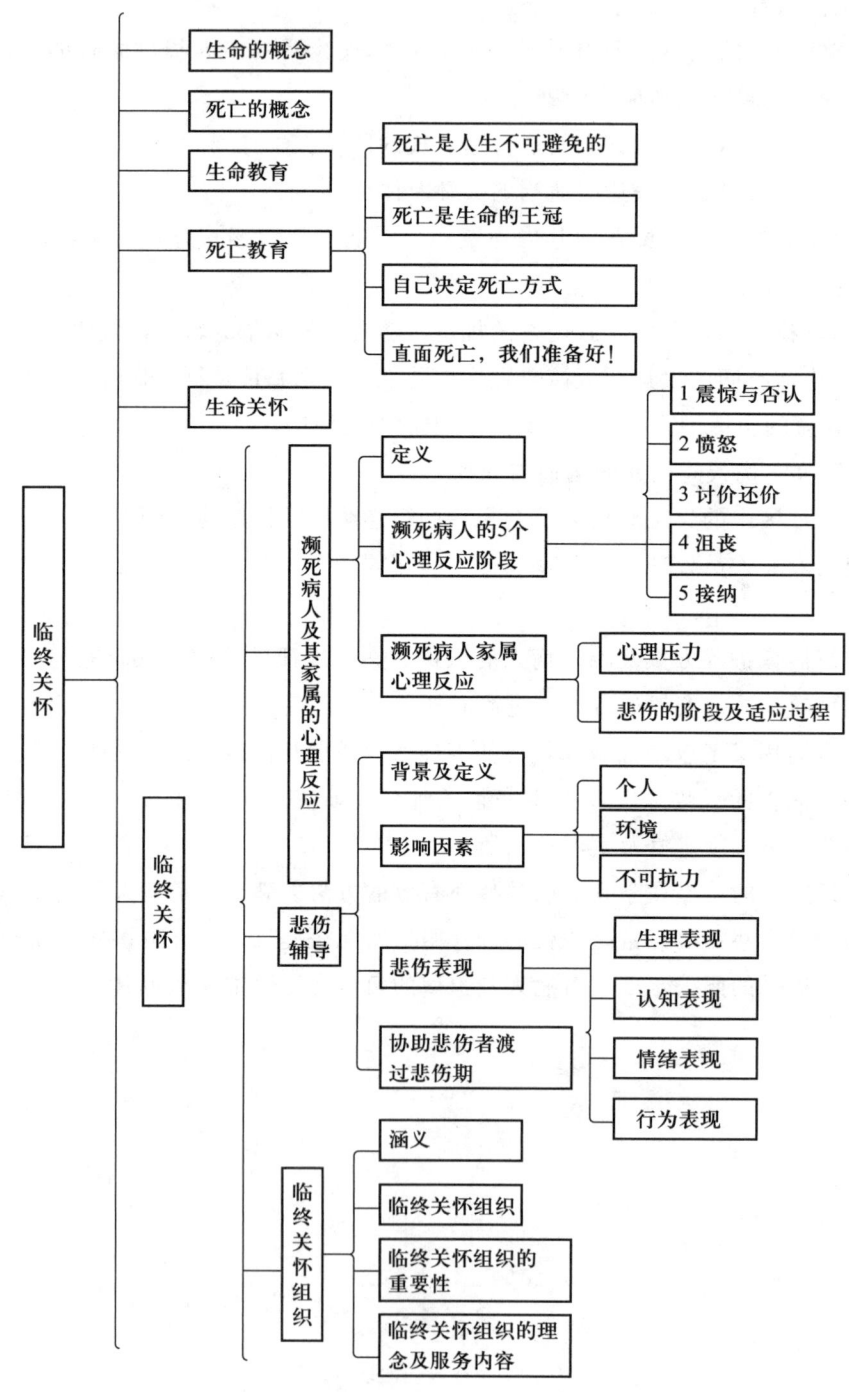

图 3-3　第三章第三节内容图表解说

动动脑

- 了解生命的概念，你是如何理解生命呢？如何达到尊重生命和领悟生命呢？请谈谈自己在这方面的认识。
- 你觉得死亡是什么呢？如果一个儿童问你"李白在哪啊？"，你如何回答呢？了解死亡的概念，你又如何理解死亡呢？如何达到"把活着的每一天看作生命的最后一天"呢？请谈谈自己在这方面的认识。
- 学习了生命教育，你觉得自己欠缺此方面的知识和体验吗？为什么？
- 根据四川汶川地震的现实，结合死亡教育，谈谈你对此方面的认识。
- 是否亲见过濒死病人？或者在传播媒介比如电视中看过？或者听他人说过？请就本节的学习，谈谈自己对濒死的认识。
- 是否看过葬礼？请查阅相关葬礼的资料并亲自参加或者现场观看葬礼，分析自己对葬礼的感受、认识。
- 学习了关于悲伤辅导的内容，请回答以下问题：

  1）悲伤是疾病吗？为什么？

  2）哀悼是必需的吗？为什么？

- 请搜集查找中国关于"临终关怀"的资料，你觉得自己是否可以做一名"临终关怀志愿者"呢？

体验活动

死亡意愿书

死亡意愿书（The Living Will）

给我的家人、我的医师、我的律师及所有关心我的人：

死亡就如出生、成长、成熟、老化一样的真实——这是生命必然的结果。若死亡时刻来临，而我不能再为己身之未来做任何决定时，本文件就是我意愿的一种表达，这是我在心智健全时签署的。

当我无法自严重的身体或心理残障中复原时，我希望能安然死去，切勿借助药物、人为方式，或"英雄式的处置"来维持我的生命。当我苦于疼痛时，希望各位能持怜悯之心给我止痛剂，即使会缩短我残余的生命亦然。

（续）

> 　　这份自白书是深思熟虑后才签署的，它乃根据我强烈的意愿与信念。渴望我所表达的意愿，能在法律所允许的限度内得以实现。虽然目前法律尚未有强制权，但我希望看到我的意愿书的人，能持道德勇气执行之。
>
> 　　日　　期：_____　　　　　　　署名者：_____
> 　　见证人：_____
> 　　见证人：_____
> 　　此份请求的副本已交付：_____
> 　　　　　　　　　　　　：_____

　　要求：请你参考上面的"死亡意愿书"，设计一份自己的死亡意愿书。

第四节　生命信仰

　　澳洲曾经出现过一个野蛮民族，族人不分男女老幼，个个孔武有力，赤手空拳也能与狮虎搏斗。残暴的性情加上天赋的力量，令其他弱小的族群长期生活在他们的欺凌之下。

　　但经过调查，这支民族后来却是澳洲所有稀少民族中最先灭亡的一支。

　　听说，有人暗查出这个民族传袭着一种奇怪的信仰——禁止洗澡。他们认为身体的污垢是神赐的礼物，若是加以洗净，力量就会消失，形同软弱的兔子，毫无反抗之力，只有任敌人宰割。

　　于是，几支弱小民族联合起来，在一个风雨交加的夜晚，将暴涨的河水导进他们所居住的洞穴。

　　果然，突如其来的河水冲刷，令他们发出惊惶的哀号，一时之间，仿佛失去了所有的力量，一个个痴呆地瘫倒在地。

　　当一支支石刀刺进他们的胸膛，尽管鲜血四溅，他们却在相信力量已经完全消失的心理因素下，不做任何抵抗。[1]

---

[1] 黄鹏飞.信仰.意林.长春：意林杂志社，2004（3）.

研究人类学的专家说：信仰使人拥有力量，信仰也使人失去力量。

一、信仰的概念

1. 定义

《辞海》（1948年版）对"信仰"一词的解释是：深信三宝而钦仰之也。从中文"信"与"仰"二字中，我们也能看出"信仰"的深刻含义。《辞海》（1979年版）对信仰的定义是：对某种宗教，或对某种主义极度信服和尊重，并以之为行动准则。汉朝许慎编的字书《说文》，对"信"字解释为"诚也，从言从人"。"仰"的意义也是很清楚的，跟"俯"相对，意为抬头向上看。所以"信仰"的汉语意义应该是清楚的，信仰是对高于自己的存在的一种发自内心的确信和不疑。

《简明不列颠百科全书》将其界定为："指在无充分理智人士足以保证一个命题为真实的情况，就对它予以接受或同意的一种心理状态"。[①]

2. 组成要素

1）信仰感情　是信仰者在信仰中的精神体验和情绪感受。它不是基于对信仰体系的知识和理解，而是基于生命的本能或天性所形成的一种心理倾向，是维持信仰稳定的重要精神要素。

2）信仰态度　是信仰主体对信仰对象的信服、尊重和奉行程度的主观表现。信仰态度是信仰中的关键因素，是信仰观念和信仰行为的中间环节，由它决定着信仰观念的实行与否和实行的程度。

3）信仰行为　即信仰实践，是信仰主体在信仰观念指导下的活动，是信仰感情和信仰态度的具体体现。

4）信仰对象　包括信仰观念、信仰组织、信仰领袖，与信仰有关的偶像、圣地、圣迹等。

3. 性质

1）信仰的形而上学性　集中体现在对宇宙本源和人类自身起源的探求和说明上。

2）信仰的超越性　在于它能把人从他处身的物质世界提升到精神世界，从现实世界提升到理想世界，让人从一种事实存在变为一种价值存在。

3）信仰的神圣性　首先体现在信仰观念中，信仰观念中形而上学部分意在揭示存在的秘密。但是由于存在本质的无比奥秘和其表现的强大无比，这在人类的头脑中只能形成一种触摸不到的、令人敬畏的、具有终极意义的观念体系。其次，信仰的价值性、权威性等要求神圣性给予保证；另外，信仰的神圣性是信仰领袖、信仰组织对信仰神化的结果。

---

① 简明不列颠百科全书：第8卷［K］．北京：中国大百科全书出版社．

二、信仰的种类

1. 人类信仰形态分类

见图 3-4。

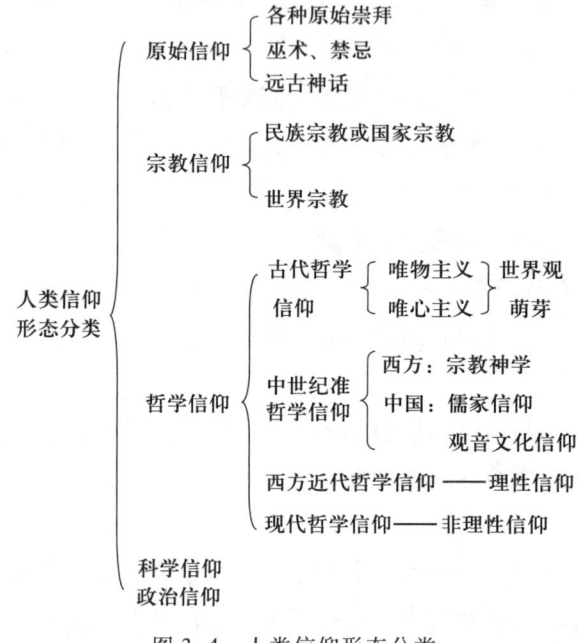

图 3-4　人类信仰形态分类

2. 原始信仰

人类从出生到死亡的过程中，一切活动与大自然息息相关，尤其原始的人类日常生活更是完全受大自然所控制。由于无法摆脱风、雨、雷电、洪水、地震等自然现象对生命的威胁，并且对大自然又一无所知，在既不了解又惧怕大自然强大威力的情况下，就出现了祷告、忏悔和祭献行为。借由这些行为，原始人类向高于人类的力量祈求生命、财产的安全，因此出现了原始信仰。

原始信仰包括神话信仰（大致来说，又细分为创世神话、复活神话和英雄神话[①]）、图腾、巫术、禁忌等。

3. 宗教信仰

何为宗教？

由于各个学者在研究宗教时所用的理论架构不尽相同，所以有关宗教的定义，截至目前，仍是众说纷纭。

1）泰勒（E. B. Tylor）：宗教的最小限制的定义是"精灵存在物的信仰"。

---

① 冯天策. 信仰导论［M］. 南宁：广西人民出版社，1992：80.

2）弗雷泽（J. G. Frazer）：宗教是"对于统驭自然及人类生活的超人的权威（power）的和解的手续"。①

3）涂尔干（E. Durkheim）：宗教是一种关于神圣的信仰及仪式系统，使人们结合成社会群体。②

4）韦伯（M. Weber）：宗教乃是针对人类存在的两难（existential dilemma）问题，如：生（birth）、病（sickness）、死（death）等，所提出的一组具统整的答案，而这些答案可以使世界有意义。②

5）牛津词典：宗教是指"人类对于某种不可见之超人力量的承认。因为这种力量控制着人类的命运，所以人类对它顺从、敬畏和崇拜。"

6）印顺法师："宗"和"教"的观念乃是来自佛教之《楞严经》等。"宗"是指一种非常识性的特殊经验，由于这种经验具非一般性，所以有人称之为神秘经验；"教"是指将自己经历的特殊经验，通过语言文字表达出来，使他人能够了解、信受和奉行。因此，凡是着重于了解的，称之为教；着重于实行的，则称之为宗。③

7）大同法师："凡宗教必有教主、教徒、教会、教义及戒律与仪式的混合物，是人类理智与情感发展的信仰，这种信仰能令人的意识得到安慰，得到纯善。"④

8）林世敏：宗教是"人类为创造现世与未来群体幸福美满的生活、自我磨炼、圆满高尚的人格，所凭借的一种信念、方法和力量。"⑤

目前世界上最重要的宗教有基督教、天主教、伊斯兰教、佛教。在中国一向提倡宗教信仰自由，因此各宗教派别在中国都有或多或少的发展。除了以上四种宗教，还有中国特有的"道教"。

4. 哲学信仰

长期以来，人们一直把"信仰"界定为"宗教信仰"。事实上，以信仰的概念——"信仰是同人类的社会生活、精神生活一同发展起来的精神现象，表现为社会成员对一定的宇宙观、社会观、价值观、人生观等观念体系的信奉和遵行"来看，这种理解过于狭隘。

也正因为"信仰"一词的内涵，本书赞同将哲学视为信仰的一种。因为，哲学是一个涉及世界本原、人与世界的关系、人对自身的了解、人的伦理关系等一系列问题在内的知识领域。哲学与其他具体学科的不同就在于其高度的统摄作用，也即哲学是一切世界观、人生观、价值观的理论基础。从这个意义上来说，哲学被视为信仰是当之无愧的。

---

① 释圣严. 比较宗教学［M］. 台湾中华书局，1985：5.
② Nicholas Abrcrombie. Dictionary of Sociology. New York：Richard Clay Ltd，1984：178.
③ 印顺. 我之宗教观［M］. 福严精舍，1972：2.
④ 大同法师. 广义宗教学［M］. 天华出版社，1980：5.
⑤ 林世敏. 比较宗教信仰［M］. 天华出版社，1985：2.

在漫长的历史发展中,哲学也经历了诸多形式的嬗变,主要有儒家信仰、观音文化信仰和理性信仰。

儒家学说是中国传统哲学中的中坚力量,尽管在不同时期也曾出现过其他一些哲学派别,但是就延续性和影响力而言,未有出其右者。儒家传统的巨大影响可以在中国人的个性中得到极好的体现,而且这种影响以家庭教育的形式代代相传。儒家学说以孔子为先圣,在中国源远流长。但是真正成为中国人的信仰体系和价值标准,则始于汉代。汉武帝采取了董仲舒"罢黜百家,独尊儒术"的主张,确立了儒学的地位。从狭义上来说,儒家学说强调的是人伦之理。个人理想人格的修炼是其显著的价值诉求。

所谓理性,简单地说就是人类判断、思维的活动和能力。推崇理性是近代西方社会的重要特征,理性时代的开辟最终迎来了科学昌盛、技术进步的繁荣景象。以文艺复兴为发端的人文主义,掀起了高扬人性的浪潮,至启蒙运动时,成为明确的理性信仰。

5. 科学信仰

所谓科学信仰,是指经得起实践检验并通过科学证明了的理想信念与追求,是真理与价值的统一。例如,历史上经科学家发现并验证的进化论、天体运动理论、相对论等。在中国大陆,马克思主义是一种科学信仰。

6. 政治信仰

政治信仰是"对既定的政治形态的价值认同,是对政治的终极关怀。它反映了一种政治理性,也反映了一种政治安慰。它是特定政治形态的心理基础,这种心理基础是政治稳定和发展的基本要求。当一种政治秩序建立之后,为这种政治秩序服务的政治信仰随即建立。"[①] 从个人角度来说,政治信仰是个人对某一政治意识形态、政治观点、政治理想的追随,例如社会主义信仰、民主主义信仰等。

从上述种种,我们可以看出,几乎从人类存在开始,就有了信仰。尽管不同时代、不同民族的信仰各不相同,但是就整个人类发展历史而言,信仰基本上未曾中断过。可以说,信仰是人类十分重要的一种生活方式,它提供了生存的意义和勇气。尽管对信仰的理解各不相同,但是信仰所给予人类的精神满足却使得信仰成为一种必需。也正因为如此,一旦丧失精神支撑,生活就会变得毫无方向和乐趣,人会变得迷茫困惑,甚至走向轻生的不归之路。虽然尼采说:"上帝死了!"但是信仰并未消失。信仰有它的重要性,在人类精神面上具有不可替代的影响。在本书"生命发展"一节中,我们也曾提到,有信仰的人,一般不会惧怕死亡,这是信仰在个人生命中作用的一个表现。在个人生涯中,必须考虑到信仰这一个特殊却不可缺少的个人及社会、世间的组成"成员"。

---

① 张荣明. 教史传记. 佛教图书馆 [EB/OL]. http://www.ebud.net/book/readari.asp?no=49662.

三、信仰的发挥

1. 信仰的发生

为什么唯有人类而不是其他生物，如此巨大地改变了这个世界？越来越多的学者通过研究发现，人类之所以不同于其他生物，关键在于人拥有意识。这种意识，使得人类会观察世界，会反思自身。也正是因为这种意识，几乎从人类诞生开始，便有了信仰。可以说，有人的地方，就有信仰。那么信仰是如何发生的呢？

首先是发生于征服死亡的恐惧。的确，与其他生物相比，人类的高贵之处，就在于能够思想。但是，思想既是高贵的，也是痛苦的。从人类意识到死亡是自己的宿命、避无可避的时候，痛苦就出现了。死亡到底是什么？人死之后，要到什么地方？那个地方阴森恐怖还是鸟语花香？这些问题成为人类面临死亡时，需要经常思考的问题。但是现实却无法提供明确的答案，于是信仰就产生了。宗教信仰中的"死亡是轮回"、"死亡是救赎"，哲学理念中的"肉体腐烂，精神不朽"都为不同的人提供了面对死亡、征服死亡的精神力量。

第二是发生于追寻世界本原。人类所拥有的意识和思想能力，使得追问成为人类最普遍的精神诉求。我们从哪里来？这个世界最初是什么样子的？万事万物为什么是现在这种状态？是什么推动它们的生长与运动？这些问题，成为人类永恒的困惑。于是追寻世界的本来面目，寻找世界的本源，被人类视为永恒的使命。这种追问精神成为信仰发生的根本原因。在这种追问精神的驱使下，有的人选择了科学理性的方式去解开世界之谜，有的人则从心灵感性的角度来解释这个问题，这就形成了形形色色的信仰。"进化论"是一种科学信仰，"上帝创世论"是一种宗教信仰，诸如此类的信仰理念种类繁多，其共同的目的，不外乎给人类的追问一个回答。选择什么样的回答，其实就选择了什么样的信仰。

第三是发生于反思生存意义。人类从诞生之日起，就面临着生物性和精神性的双重规定。一方面，人和其他动物一样存在着基本的生理需求；另一方面，人类又有着精神方面的价值追求。形象地说就是，人类漫游在天地之间，肉体紧紧扎根于大地，精神却不断地飞升向天际。这种价值追求的直接体现就是，人类常常会反问自己："我活着是为了什么？"也就是我们常说的人生的目的和意义。其他动物可以安然自得地度过自己生物性的一生：繁殖、生存、死亡，但是人类一旦失去精神的支撑，肉体的生存就会变得痛苦而难以为继。因此，自杀在其他动物身上几乎不可想象，却成为人类选择死亡的一种方式。这种对人生意义的反思，就使得信仰得以发生，无论答案是什么，人类的这种需求是必然的。

第四是发生于化解不确定性。人的一生充满着变数，一方面我们不能预知未来之事；另一方面，我们又不得不面对意外之事的发生。所谓"天有不测风云，人有旦夕祸福"，不确定性几乎与人生相伴而行。为什么有的人出生于殷实之家，有的人却流落街头？为什么有的人一帆风顺，有的人却命运多舛？为什么在同一次灾难中，有的人可以幸免于难，有的人却惨遭不幸？太多有关人生的风云际会，似乎很难找到合理的解释。一旦这种不确定性发生时，人类就需要可以合理解释的理由，因为这种解释能够给人力量去面对和接受。因此，各种用以解释不确定性的信仰就产生了：古代神话认为人的命运掌控在神的手中；佛教宣扬"因果报应"；基督教则主张"原罪观念"……

第五是发生于确立价值目标。人类意识的可贵之处还在于其对自身缺陷的清醒认识。人类往往会在神秘莫测的宇宙面前自觉渺小，甚至在自我欲望和理性的冲突之中感到束手无策。这种有限和缺憾，让人类对自身产生了怀疑和困惑。如何超越有限，走向永恒；如何弥补缺憾，通达圆满，就成为人类的另外一种精神需求。因此，人类需要信仰来为自己确立价值目标：或塑造完美的英雄，或营造美好的来世。以此，人类可以增强生活的信念，确立前进的方向。

2. 信仰的发挥过程

在前面，我们从整个人类的角度探讨了信仰发生的过程以及信仰的重要作用。那么，对个体而言，信仰是如何在我们的学习、工作、交际乃至整个生活中发生作用的呢？我们可以先看看奥古斯丁的故事。

奥古斯丁在幼年时，曾是一位吃、喝、嫖、赌、放荡不羁的青年。其母是个虔诚的基督徒，她曾经请求主教教化奥古斯丁。主教说，"他的学问很大。我只要讲两三句话，立刻就被他驳倒。"其母听见主教没有办法，只有整日跪下向耶稣祷告大哭。

公元372年的春天，当奥古斯丁31岁的时候，有一天他突然心中大觉不安，便信步漫游到一个花园。此时他深觉青年之罪，重重压在心上，无力自拔，就随便倒在一棵无花果树之下，不住地叹息流泪。忽听临近有人嚷道："拿来读，拿来读。"他以这话当作神的默示，回去打开圣经一看，正看见使徒保罗达罗马人书信第十三章十三节，那节写着："行事为人要端正，好像行在白昼；不可荒宴醉酒；不可好色邪荡；不可争竞嫉妒。总要披戴主耶稣基督，不要为肉体安排，去放纵私欲。"就在这一刻，他幡然醒悟。从此，奥古斯丁洗心革面，皈依基督教，并为基督教事业做出巨大的贡献，成为浪子回头的典范，被世人尊称为"圣奥古斯丁"。

从奥古斯丁的事例中，我们可以看出信仰在个体身上发挥作用的过程：思想→信仰→力量。青年时期的放荡不羁给奥古斯丁带来了沉重的思想负担，这种负担使他苦苦追寻解脱之法以及生命的意义。而思想的痛苦最终在基督教信仰中得以解脱，从信仰中获得的巨大力量又使他在随后的行动中悔过自新并青史流名。因此，信仰是衔接思想和力量的重要桥梁。

3. 信仰的力量

1）在每一个有信仰的人看来，信仰都具有神圣性。这种神圣性使信仰者严以自律，使信仰者的思想具有很高的稳定性。

2）应了信仰的神圣性，使信仰者的目标具有崇高性，从而信仰者的行动更具积极性。

3）具有相同信仰的人，都具有心理的认同性，从而感情上具备亲近性，而关系融洽、和谐。

4）信仰者信仰的或是一个偶像，或是一种信念、思想等，而如果一个现实中的人成为信仰者的领袖时，信仰者会接受领袖的感召，并应了共同的信仰而服从。

5）信仰活动一般都具有很强的渲染性，从而可以激发信仰者内心的力量。

6）同一信仰的人会形成一个团体，团体同时会具有很强的纽带性，使信仰者的内心有了归属性。

4. 信仰对生涯规划的影响

信仰在生涯规划上对人的影响主要有以下9点：

1）人生目标的确立；

2）奋斗历程的把握；

3）精神境界的陶冶；

4）驭挫勇气的养成；

5）道德魅力的塑造；

6）身心关系的调整；

7）人我关系的处理；

8）乐观情趣的培养；

9）紧张情绪的疏解。

可以说，信仰确立了个体的人生意义和价值标准，也成为个体毅然前行的巨大动力。反之，信仰的缺失将使人生变得迷茫彷徨，了无生趣。

本节内容图表解说

见图 3-5。

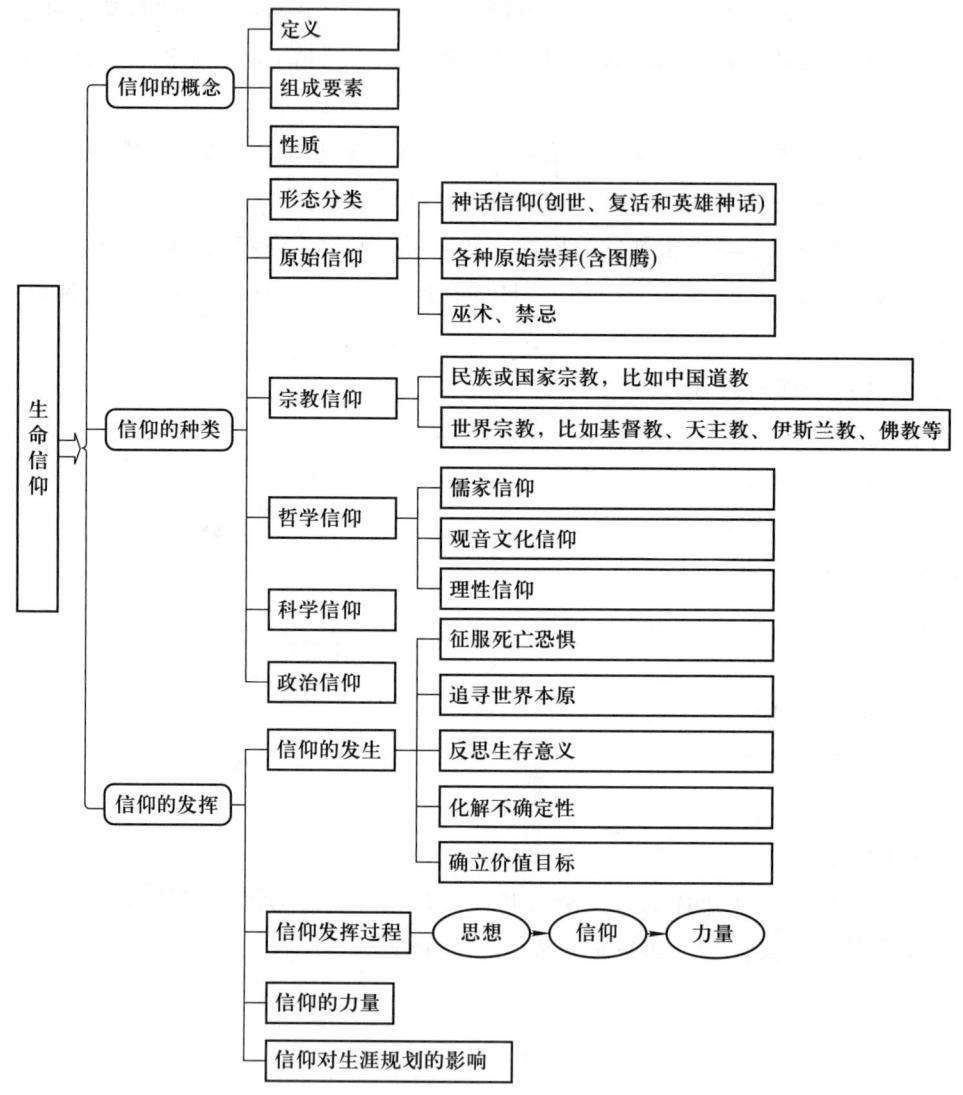

图 3-5 第三章第四节内容图表解说

动动脑

- 看了本部分的内容，你是如何理解信仰的呢？你有信仰吗？如果有，为什么会有此信仰？如果没有，你对哪些信仰的哪些信条比较认同？
- 你觉得信仰的性质，除了形而上学性、超越性和神圣性，是否还有其他的？
- 除了文中列举的信仰种类，你还可以举例其他信仰的种类吗？请简述之。

- 有人问：为什么世界上有那么多种信仰？你如何向这个人解释这种现象呢？
- 有人说：没有信仰是极其危险的，心灵会没有归宿。你认同吗？为什么？
- 牛顿是位科学家，请查阅他的传记，他如何看待科学与信仰的？
- 无论是现代还是古代，无论是中国还是世界上其他国家，信仰总是有如此大的力量。请列举古今中外因信仰而产生的改变，包括现在看来是正面的，也可以是现在看来是负面的。并找出其中的原因。

体验活动

请参加或旁观一次宗教仪式，例如佛教的开光、基督教的礼拜等等，然后请写出过程并可查阅相关资料，再写出自己的感性认识。

第五节　生命价值观

一张古画，今天人人都想收藏，它可能是无价之宝；明天，有人鉴定它是赝品，它有可能不值几文。

一个公司的股票，今天大家都想买，它可能大涨。明天财报出来，显示前景不佳，又可能一落千丈。

只有一种价值，由我们自己决定，那就是"生命的价值"。

当你失去所有身外的价值时，别忘了你还有生命的价值。

印度佛教复兴之父安贝卡说得好："即使你穷得只剩一件衣服，你也应该把它洗得干干净净，让自己穿起来，有一种尊严。"①

一、生命价值

"生命价值"就是在人的社会实践活动中，生命的存在和属性以人的全面发展和社会的全面进步为尺度而建立起来的一种客观的主、客体关系。这种关系是生命的存在及其属性以满足人的全面发展与社会的全面进步为目的而呈现的一种肯定的意义关系，同时也是"生命价值"内涵的客观体现。价值观是人类行为的重要决定因素之一。"天有不测风云，人有旦夕祸福"，天灾人祸、意外事故、疾病暴发等等都会使人死亡，人类无法预测自己的生命会在什么时间结束、会以什么样的方式结束。那么，我们活着的价值和意义是什么

---

① 改编自：刘墉. 价值的真谛. 读者 [J]. 甘肃人民出版社，2005（1）.

呢？怎样才能让生命的价值和意义得到体现呢？活着，就应当带着感恩的心，珍惜自己拥有的，追求美好的理想，为人生目标不懈奋斗、开拓进取。生命本身是没有价值的，关键在于如何赋予生命以价值，如何最大限度地发挥生命的价值，实现自我发展和自我创造。

二、价值观

理解价值观，首先要从理解"价值"这一范畴入手。"价值"是一个多学科交叉的概念，其含义十分复杂。在我国现代汉语中，"价值"是指事物的用途及其积极意义。在西方文化中，古希腊的哲学家们一般使用好、善、美、正义等来表达体价位，而没有上升到一般的价值概念。价值是哲学为世界立法的规范，价值就是"意味着"具有意义。

价值观是人们对什么是价值、某一客体对象是否具有价值、人们怎样去创造价值等问题的根本观点。

心理学认为，价值观是一种基本信念，认为某特定的行为模式或事物的最终状态，优于相反或对立的行为模式或事物的最终状态。价值观含有主观判断的色彩，指出了一个人的好感与意见。在内涵方面，价值观说明了在当事人心目中，何种行为模式或事物的最终状态是比较重要的。而在强度方面，价值观指出在当事人心目中行为模式或事物的最终状态的重要程度。若将一个人的价值观按强度排列，则形成这个人的价值体系。基于个别差异，每个人都有自己的价值体系。由个人的价值体系，可以看出每个人对公义、自由、尊严、快乐、善良等价值标的相对重要性的不同看法。

三、生命价值观

生命价值观是关于生命存在及生命价值的基本观点和看法。

具体来看，生命价值观是指个体对有关生命及生命价值、生命意义、人生理想、人生信仰和人生态度的重大问题的根本看法和态度。概括起来，生命价值观包含基础层面的生命本体意识和精神层面的生命价值意识两个层次。其中生命本体意识是指对生命的物质形式和感情欲望；而生命价值意识是指为了追求生命的存在意义而积极创造生命价值以及提升其价值。

四、生命价值观的科学内涵

生命价值观是人们评价周围事物的是非、善恶及重要性的观念系统，是对其生活中的各种事物、现象和对自身价值的认识、评价、决定取舍所持的最基本的观点。生命价值观是世界观和人生观的主要内容和重要组成部分，是价值目标、价值手段和价值评价标准的统一，是抽象价值观和具体价值观的统一，一旦形成一定的价值取向和行为定势，便具有相对的稳定性，是不易改变的。生命价值观教育是在生命教育的基础上形成和发展起来的，但它的具体内涵又不同于生命教育。

生命价值观是关于生命安全、生命价值、生命意义、人生理想、人生信仰和人生态度的重大问题的引导,是唤醒生命意识、启迪精神世界、开发生命潜能、提升生命质量、关注生命的整体发展的教育活动。其目的是要使人格健全、理解生活、珍惜生命、善于生活的人,在学会认识生命、珍爱生命、尊重生命、理解生命以及感悟生命的基础上,通过自己的努力去实现个人生命的价值,提升生命的意义。

五、影响生命价值观的因素[①]

1. 学校教育

从学校教育的层面来说,除了要让学生掌握必备的文化知识外,更多的应该是让学生能够用自己的知识、想法、能力去适应社会,并通过自己的努力去实现自己的人生价值。

2. 家庭教育

家庭环境作为个人成长过程中关系最为密切的一个环境,对大学生生命价值观的形成和发展起着至关重要的作用。如果一个人在其成长的过程中出现一些不愉快的记忆,就可能形不成一种客观的世界观、人生观、价值观及生命观。如果一个人在家庭里得不到应有的关心和爱护,那么在其成长的过程中往往会缺乏最基本的生命安全感和家庭教育。当遇到学习、就业、情感等方面的挫折和困境,如果问题不能得到及时的解决,就很容易产生对自己或别人的消极情绪,甚至过激行为,从而走上自杀或他杀的道路。

3. 社会教育

从社会环境的角度来看,如果功利主义、暴力事件、信任危机等出现,会造成人们的心理负荷逐渐超重,人的安全感、稳定感慢慢消失,同时又陷入一种焦虑、烦躁、压抑和痛苦中,甚至引起精神上的病态和行为上的变态。在充斥着金钱、物欲、权力等的社会背景下,烦躁、压抑、逃避、自暴自弃等心理状况在部分大学生中随着时间的推移而越来越明显。

4. 个人因素

生命是以己为中枢,亦以己为终极,即每一个生命都是一个独立的生命个体,都有其不同于其他人的兴趣、气质等。正如"世界上没有完全相同的两片树叶"一样,每个人都有属于自己的性格和观念,在不同的问题上会有不同的看法。所以即便是教育的经历、社会环境一样,每个人在生命价值观层面上的认识也是不同的。

六、正确引导生命价值观的树立[②]

1. 原则

原则是人们观察问题、处理问题所依据的准绳。生命价值观的树立有如下原则:

1) 自然性原则 这种自然性包括了生命的自然需要、生理的本能、身心的成熟,包括

[①] 改编自:孟繁茹. 新时期大学生生命价值观教育 [J]. 重庆理工大学. 硕士毕业论文,2003.
[②] 改编自:张文远. 大学生生命价值观教育研究 [J]. 南京师范大学. 硕士毕业论文,2007.

了身心发展的规律、生长的自然法则。所以,自然性原则必然意味着尊重生命、敬畏生命。但是,人作为一种特殊的有价值意识的生命存在,又在努力追求着自身生命价值的升华。生命价值观教育应该是有针对性的因材施教,尊重并适应个体的差异。在教育过程中发挥个体的自主选择性,增强教育方式的差异性,根据生命个体的独特性,实施特色化的教育。

2) 生活化原则　生命价值观的生活化的原则就是要以生活为本源,而且引导人改善生活,提高生活质量,过美好的生活。

3) 体验性原则　要使外部的资源深达人的内心,必须通过人的体验、体悟和理解。

4) 基础性原则　一切教育的"原点"都是现实的人,生命价值观教育与我们人的生命的存在直接相关,因而具有基础性地位。

2. 目标

生命价值观教育是帮助人们学会认识生命、尊重生命、爱惜生命和感悟生命,从而能够欣赏生命和爱惜生命,达到提高生存技能和生命质量目的的一种教育活动,而生命价值观教育的基本目标是什么呢?我们将之归纳为认识生命、珍爱生命和感悟生命。[①]

(1) 认识生命

关于认识生命需要强调的一点是:任何生命个体通常都要经历出生、成长和死亡的过程。生命是生物具有的生存发展能力,是由生命体、意识和身体结合而成的统一体。人类的生命不同于动物的生命,我们的生命具有感情,而且满怀对生命的敬意与感怀。那么,我们通过对生命与生命价值的认知,能够更好地认同生命和对待生命,不但知道生命是怎么得来的,更懂得生命来之不易,对培养珍爱生命、感悟生命有着重大的意义,同时可以将"自杀及他杀"的犯罪心理扼杀在摇篮里。

(2) 珍爱生命

"我想靠迅速抓紧时间,去留住稍纵即逝的日子;我想凭时间的有效利用去弥补匆匆流逝的光阴。剩下的生命愈是短暂,我愈要使之过得丰盈充实。"这是法国哲学家蒙田在他的《热爱生命》中感叹生命的珍贵。世界万物,唯有生命最为珍贵,没有生命就没有一切,失去生命,就失去自我,失去生活的权利;生命仅仅是一个过程,甚至是一个转瞬即逝的过程,短暂的如同夜空中一颗消隐的流星。对于我们人类个体来说,应该珍爱我们的生命。"人,最宝贵的是生命。生命对每个人只有一次!这仅有的一次生命应当怎样度过呢?"奥斯特洛夫斯基用他发自灵魂的叩问引发了几代人对生命价值的思考。在社会高速发展的今日,又有多少人在生命长河的惊涛骇浪中迷失?珍爱生命、热爱生活是我们不断追求的永恒主题。

(3) 感悟生命

生命是一棵树。每棵树都有在秋风中摇落的时候,也都有在寒冬里枯萎的时候。孟德

---

① 改编自:张文远. 大学生生命价值观教育研究[J], 2007.

斯鸠说过：能将自己的生命寄托在他人的记忆中，生命仿佛就加长了一些；光荣是我们获得的新生命其可珍可贵，实不下于天赋的生命。所以，我们要学会在认识生命和珍爱生命的基础上，去感悟生命。

本节内容图表解说

见图 3-6。

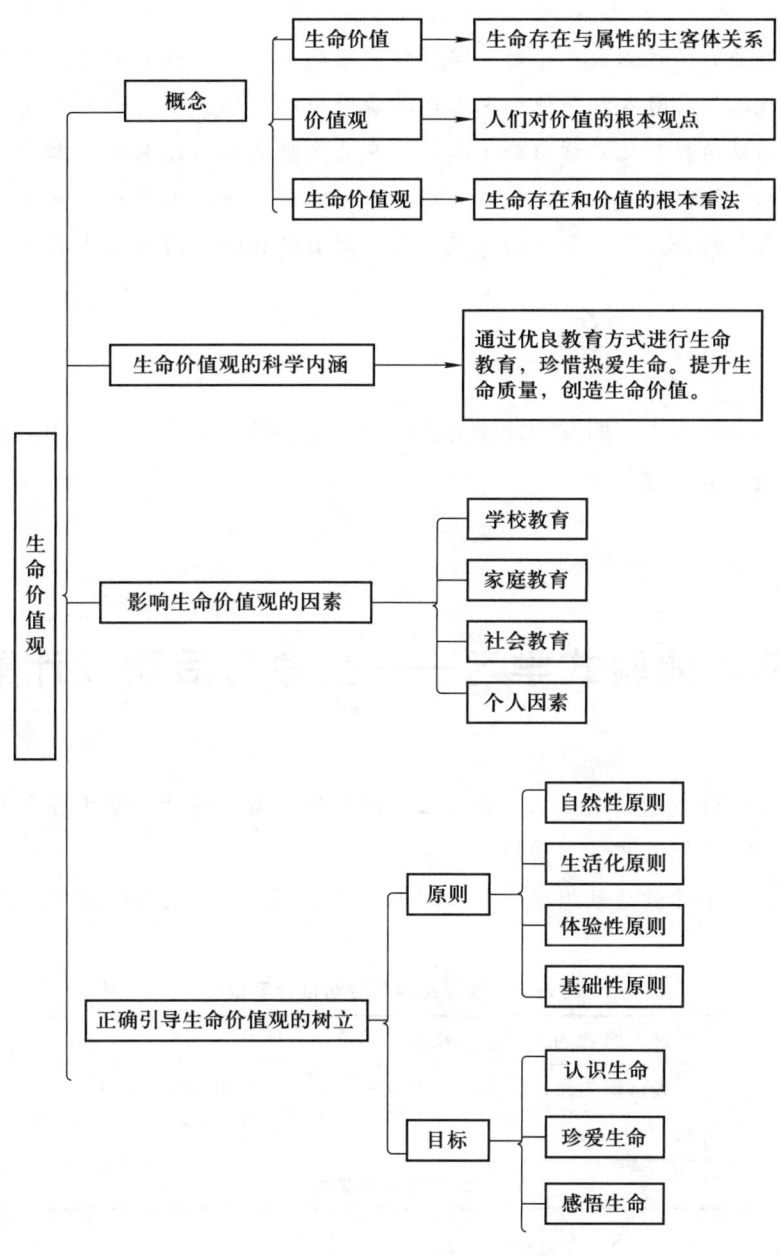

图 3-6　第三章第五节内容图表解说

动动脑

- 看了这一部分,你是如何理解生命价值的呢?
- 你认为你的生命价值是什么?
- 请运用人生观、价值观的相关知识,谈谈你对如下案例的看法。

"感动中国"人物——丛飞,一个普通的艺术工作者,热心社会公益事业,义演数百场,从事义工服务时间达到数千小时,累计捐款捐物价值达 300 多万元,无私帮助失学儿童、孤儿、残疾人近 200 人,而他和家人却过着简朴的生活。在生命的最后一刻,他还决定捐献出自己的眼角膜,把光明留给了人间。在丛飞病逝以后,某网站上的网民对他的行为展开了激烈的讨论。有人认为,牺牲自己和家人的利益去捐助他人,并不值得颂扬。也有人认为,丛飞是社会主义荣辱观的典范,是应大力颂扬的,因为人生的真正价值在于对社会的贡献。

体验活动

在你或者身边的亲人、朋友、同学身上寻找"生命价值观"产生作用的体验,请详细记录下来,并与大家一起分享。

第六节 体验式学习——生命与活动设计案例

说明:

生命与活动设计案例(表 3-1、表 3-2)仅作为参考,教师、学生完全可自由自主地发展出完全不一样的体验式学习模块。

每个体验由多个体验活动组成,总学时不得少于规定完成的各体验学时。

表 3-1 体验式学习活动设计案例 1

体验主题	通过志愿者的方式去特殊教育学校一日体验
活动主题	正确认识生命,爱惜自己的生命,树立正确的生命价值观
活动学时	24 学时
	如下为举例说明

表3-1(续)

活动前期准备	• 制定体验旅行的行程安排和预算； • 了解要去参观和体验的各个地点的注意事项并与负责人协商好。
活动过程要求	• 第一项 感受特殊教育学校学生们的学习和生活，那些学生们在行动不方便的情况下仍能有条不紊的生活，感受他们对生命的热爱，对生活热爱的热爱。 • 第二项 体验特殊学生群体的生活。如果你们也在身体不方便的情况下生活，会怎样对待生活。 1)"点字高手"，蒙住眼睛，学习触摸点字卡辨认数字一、二、三，区分各个汉字。 2)"断臂天使"，把手放在背后，咬着彩色笔写出指定的字。 3)"听声寻宝"，蒙住眼睛。听从同伴的指示，引导我们到定点拿东西。 4)"四轮传动"，坐着轮椅，靠自己的力量，推动轮椅上残障坡道。 5)"请读我的唇"，学习简单的唇语知识，然后在规定的时间内读出同伴的唇语。 6)"比手画脚"，通过手势来表达给同伴你想说的话。
活动预期效果	• 在感受特殊学校学生的生活后，会深深体会到虽然她们的身体有着太多的不方便，但他们仍然积极生活，热爱生命，而对于健康的我们来说，更应该珍惜热爱我们的生命。 • 在一些小游戏的体验后，深感特殊学校学生们的不易，每天最基本的衣食住行都不方便，更何况是工作和学习。在体验后，会正确的认识生命，树立正确的生命价值观。
活动中的感悟是什么？	• 学员们在体验时都会由开始的好奇变为最后的沉默。生命的价值由此而生，正确的生命价值观也因此而正确树立。
活动中的成长是什么？	• 以前总是会抱怨自己的缺点，抱怨自己对家庭父母的不满，但是在体验结束后，这些问题与生命和健康项目都不足为题。 • 能直面自己的生活中的不如意，将其一一化解。珍惜现在的生活，并积极向上，树立正确的生命价值观，创造自己更大的生命价值。
活动中可能存在的问题	• 体验时的特殊学校的学生们也许会因为陌生人的到来感觉恐慌和不自在。

表 3-2 体验式学习活动设计案例 2

体验主题	通过志愿者的方式去托老所一日体验
活动主题	正确认识老年人在社会中存在的价值，通过老人的视角体验生命价值
活动学时	24 学时
如下为举例说明	
活动前期准备	• 制定体验旅行的行程安排和预算； • 了解要去参观和体验的托老所的注意事项并与托老所负责人协商好。

表3-2(续)

活动过程要求	• 第一项 深切走进老年人的生活,尤其是走进他们的内心世界,了解老年人的心理想法,聆听老人们年轻时的故事。 • 第二项 体验老年人的生活。如果我们也步入老年,我们会如何对待生命,面对生活。 1)试着去与老年人沟通。其实老年人特别喜欢去讲述以前的故事,去倾听老一辈的故事,走进他们的内心世界。 2)试着去给老年人做一顿饭,洗一次衣服,洗一次脚。其实我们的父母也即将步入老年,我们现在的对老年人的关爱,也是对今后父母的关爱。 3)试着与老年人讨论生命的看法,在生命价值观各不相同的情况下,互相交流,试着找寻最正确的生命价值观。
活动预期效果	• 在感受托老所老人的生活后,会深深体会到作为老年人的不易,作为老年人生活上以及心理上存在的压力;而对于年轻的我们来说,更应该珍惜热爱我们的生命。 • 在一些与老年人的活动体验后,感觉到其实老年人往往也有一颗年轻的心,他们喜欢与年轻人交流。在体验后,会正确地认识生命,树立正确地生命价值观。不但年轻人可以正确认识生命,老人们也可以正视自己的衰老,积极面对以后的生活。
活动中的感悟是什么?	• 学员们在体验时都会由开始的好奇变为最后的责任与压力。生命的价值由此而生,正确的生命价值观也因此而正确树立。
活动中的成长是什么?	• 以前总是会抱怨父母的唠叨,抱怨自己对家庭父母的不满,但是在体验结束后,我们会更加珍爱生命,爱护身边的老年人。 • 能正确认识中国老龄化社会的到来。珍惜现在的生活,并积极向上,树立正确的生命价值观,创造自己更大的生命价值。
活动中可能存在的问题	• 体验时的可能因为老年人的听力障碍及语言障碍存在交流上的困难。

第四章 生存

本章纲要
- 生存定义与生存环境
- 生存意识的培养
- 生存能力的掌握
- 生存与积极习惯之养成
- 体验式学习——生存与活动设计案例

太阳升起的时候,非洲草原上的动物就开始奔跑了。狮子知道,如果它赶不上最慢的羚羊,它就会饿死。而对于羚羊来说,它们也知道,如果自己跑不过最快的狮子,那么也将全部被吃掉。

这个例子告诉我们,出生时,每个人/物都是一样的。长大以后,随着环境的变化,有的会变成雄狮,有的则会变成羚羊。然而,在这个世界上,每个人/物所面对的求生挑战都是一样的。换句话说,生存是人/物的第一法则,适者生存,不适者必将被无情淘汰。这也正如达尔文曾经说过:"能够生存下来的,既不是最健壮的,也不是最聪明的,而是能够适应变化的物种。"这句话则更加凸显了适者生存的重要性。因此,本章将重点讨论生存环境和危机、生存意识的培养、生存能力的掌握以及生存决断与积极习惯的养成。

第一节 生存定义与生存环境

谁都知道,深海里氧气稀薄。但为了生存,很多动物不得不根据深海里的环境来进化自己:它们尽量减少活动或者干脆不动,长期蛰伏在一处,以减少身体对氧气的需求。所以尽管深海里环境恶劣,但还是有不少动物顽强地生存了下来。最近美国的一家海湾水族馆研究所由克雷格·麦克莱恩(Craig McClain)领导的一项研究却发现,生活在深海里的动物渐渐减少的原因,居然不是因为氧气的减少而是因为氧气的增多。

在南加州海域,就因为移植了大量含氧海藻,而导致了许多深海动物的消失。人们以为含氧海藻能够改善深海动物的生存环境,没想到反而害了那些动物。因为含氧海藻是一种能够制造氧气的深海植物,是普通海藻造氧量的100倍。

照理来说，增加了氧气的深海对鱼类应该是一件有益的事。可是因为千百年来，那些长期蛰伏于一处不动的深海动物，已经适应了缺氧的环境。突然有新鲜的氧气注入，便容易产生氧气中毒。不被氧气中毒的方法只有一个，那就是迅速改变原有的生活习惯，改静止为动态。只有不停地游动。才能够加速呼吸，让过量的氧气排出体外，这样，过量的氧气不但对它们构成不了威胁，反而会让它们更加具有活力。

所以，生活在深海中的动物很快便会分为两种：一种因为无法改变自己原有的"懒散"的生活习性而变得无所适从，甚至被"淘汰"了生命；而另一种则一改往日的静止而快速行动起来，因为适应了由大量氧气注入的新环境而变得"如鱼得水"。

克雷格·麦克莱恩最后得出结论：不是氧气害了那些深海动物，而是它们自己的懒惰习性所致。

一、生存定义

"生存"，即人作为生命体，其生命活动既包括自然（肉体）的存在，又包括生活。"存在"是一个静态抽象的概念，表明人的一种保存状态，这与万物没有区别。"生活"是一个极具动感而又内涵丰富具体的概念，表明人的丰富状态是人所特有的，也是人与动物的根本区别——动物的生存只能叫一般的存活，而人的生存是一种生活。[1]

二、生存环境

1. 生存环境定义

生存环境是指一定空间范围内人类赖以生存与发展的物质和精神条件的总和（图4-1），包括三部分内容：以物质形态存在的物质条件，包括自然界中一切为人类利用的物质；人类赖以存在的精神与文化基础，如意识形态、社会制度、文化积累、技术积累等等；由于物质存在而产生的能为人类利用或影响人类发展的相互作用关系和生产关系。[2]

2. 生存环境问题

对于生存环境问题，大体可以从两个方面去探讨（图4-2）。一是自然环境不断恶化，二是社会环境危机四伏。其中，在自然环境不断恶化的过程中，环境污染、水资源短缺、土地沙化、气候变暖、生物种类减少、资源枯竭、臭氧层被破坏，这些都是我们生存环境中所遇到的问题。而社会环境危机也在威胁着我们的生存环境，如人口膨胀、粮食短缺、发展中国家的贫困、世界性核威胁、国际恐怖活动、局部性地区冲突与战争等。

3. 生存环境与大学生生涯规划

（1）大学生生存环境现状

目前，大学生生存环境现状主要包括国际全球环境、国内社会环境以及个人就业环境

---

[1] 孙江文.道德与人的生存[D].扬州大学，2004：21.
[2] 金凤君.基础设施与人类生存环境之关系研究[J].地理科学进展，2001：9.

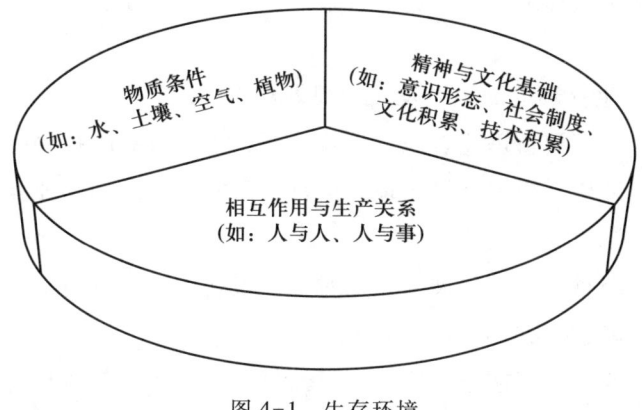

图 4-1 生存环境

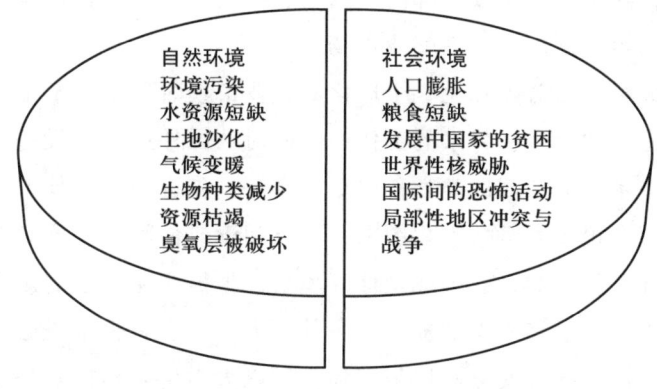

图 4-2 生存环境问题

等三大方面。

在国际全球环境中,主要体现在经济的全球化。换句话说,各国的经济活动以市场经济为基础,不再局限于中国国内,生产、贸易、金融、科技都已实现了国际化。并且人员也可在全球范围内能自由流动,使之在国际市场实现分工与合作,达到资源的最佳配置。也正是如此,它推动了全球生产力的发展,加速了世界经济的增长。因此,大学生只有充分了解国际全球环境现状,尽快适应全球化的要求,才可在这个更大的舞台上如鱼得水、施展自如,就会生存得更容易。

中国国内社会环境普遍出现的情况为,能力强者可获得更多的财富、名誉、地位以及权力,而能力弱者则被划分到普通的岗位之中。也就是说,越是能力强的人,越可以立足国内社会,成为行业的佼佼者;越是能力弱的人,则会在自己的岗位上越来越默默无闻。由此可见,高校学生应尽快了解、分析、综合出社会不同行业对不同专业大学生应具备哪些能力。并在深度了解和分析过程中,明确出针对不同专业人群对社会生存能力的培养方向。

在个人就业环境方面,目前大学生面临着严峻的就业形势,而它直接影响到大学生的生存环境和能力。面对每年如此庞大的毕业生人数以及大部分企业的人员增效减员现状,使得大学生的就业情况愈加困难。在这一背景下，大学生生存能力的培养以及创业能力的挖掘显得尤为重要。

（2）大学生应对生存环境的生涯发展与规划对策

在如今这样一个知识更新迅速、职业更替频繁、竞争激烈的社会里，大学生只有充分了解自己所处的生存环境，根据环境合理地进行自己的人生规划，才能在不同的环境下生存与发展。

大学生应对生存环境的生涯发展与规划对策，表现在以下方面：

1）国际全球环境交流密切带来的机会

全球化使得国际交流变得越来越频繁，虽然每个人的就业竞争压力从本地区、本国人才扩展到其他国家的人才也同样在竞聘。但是，在新的全球国际化环境背景下，大学生的就业机会也扩大了，除了可以在政府部门、国企、私企等就业外，也有很多外商独资或合资企业、工厂、店铺等，创造了很多就业市场。

同时，现在的大学生面对国际化、全球化的就业市场时，也有了很多机会掌握多种语言。例如，理工类专业的学生在将来的工作中会面对从国外进口的设备技术，所以可以提前准备好掌握专业技术外语；西医类学科中更为高深，先进的理论技术都包含于纯外文的学术著作之中。而现在很多大学数字化图书馆可以阅读或借阅国外原版著作的机会，学生在校期间就能提前准备。因此，在国际全球环境下，根据职业生涯的规划和兴趣掌握至少一门外语，有利于生存质量和档次的提升。另外，大学生也有很多机会去国外就业或被就职单位派往国外，接触不同的文化和风俗习惯，所以大学生要提前具备不同国家、不同地域的风俗习惯、文化知识，当毕业后真正到国外，做到入境随俗，尽快融入当地的生存环境。

2）就业环境竞争激烈引发的职业生涯规划与能力要求

从 4-3 图中，我们可以看出处于中端的大学生是招聘难度低的，相比之下低端和高端招聘难度高。也就是说，在就业市场中，大学生的就业供大于求，竞争激烈。

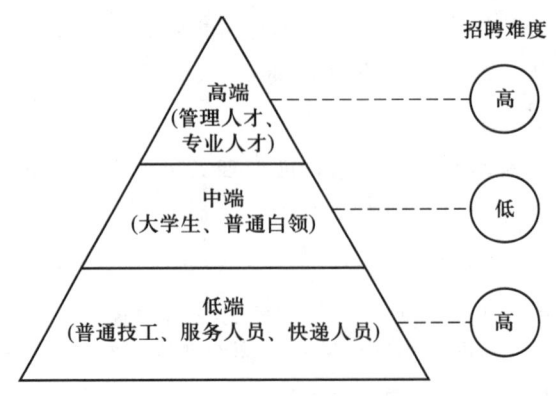

图 4-3　中国就业市场金字塔结构图

从图 4-4 不同规模企业 2013 年的应届毕业生岗位需求量以及岗位竞争指数可以看出，岗位竞争指数高的一般都是中大型企业，而小型企业的竞争指数是相对低的。也就是说大学生更偏向于中大型企业，这里的就业竞争就更激烈。

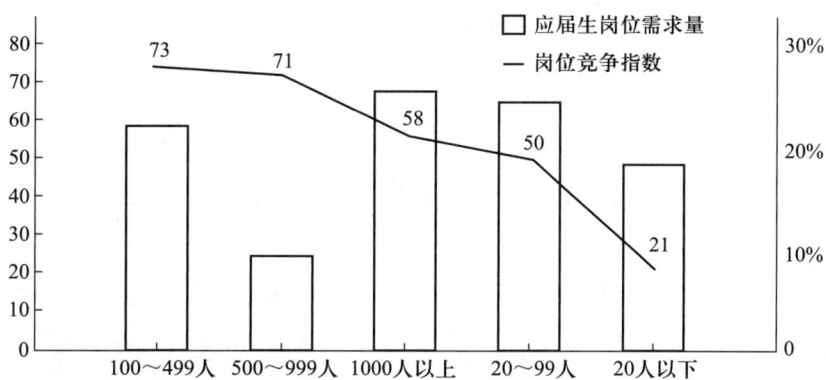

统计规则：基于智联招聘2010年-2013年应届生招聘数据库的统计分析
数据来源：智联招聘
数据定义：竞争指数=投递数/职位数

图 4-4　2013 年不同规模企业应届生岗位竞争指数

从图 4-5 就业难之性别比例中可以很明显地看出，女性毕业生的就业竞争压力更大，更激烈。

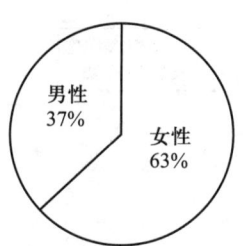

图 4-5　就业难：性别比列

从以上可以看出，就业环境竞争是非常激烈的。虽然，大学生毕业后择业的自主权越来越大，但在如此激烈的就业环境下，大学生只有培养并提高自身的能力，才能在竞争中占据有利地位，选择到更好的任职单位，获得能够生存和与之相匹配的工资收入。因此大学生必须从一进入大学校门开始，就要随时了解公司及用人单位就业需求；高校也要定期开展职业生涯规划培训，并针对不同专业的学生进行各方面培养。通过开展生涯发展与规划课程，提高学生自身各方面的能力，进而在未来就业过程中，凭其能力获得最基本的生存上的保障。比如，尽量掌握"一技之长"成为"专业人才"；尽量根据自己的实际情况做出规划，不要去"大中型企业"挤独木桥，而是到"小型企业"闯一闯。

本节内容图表解说

见图4-6。

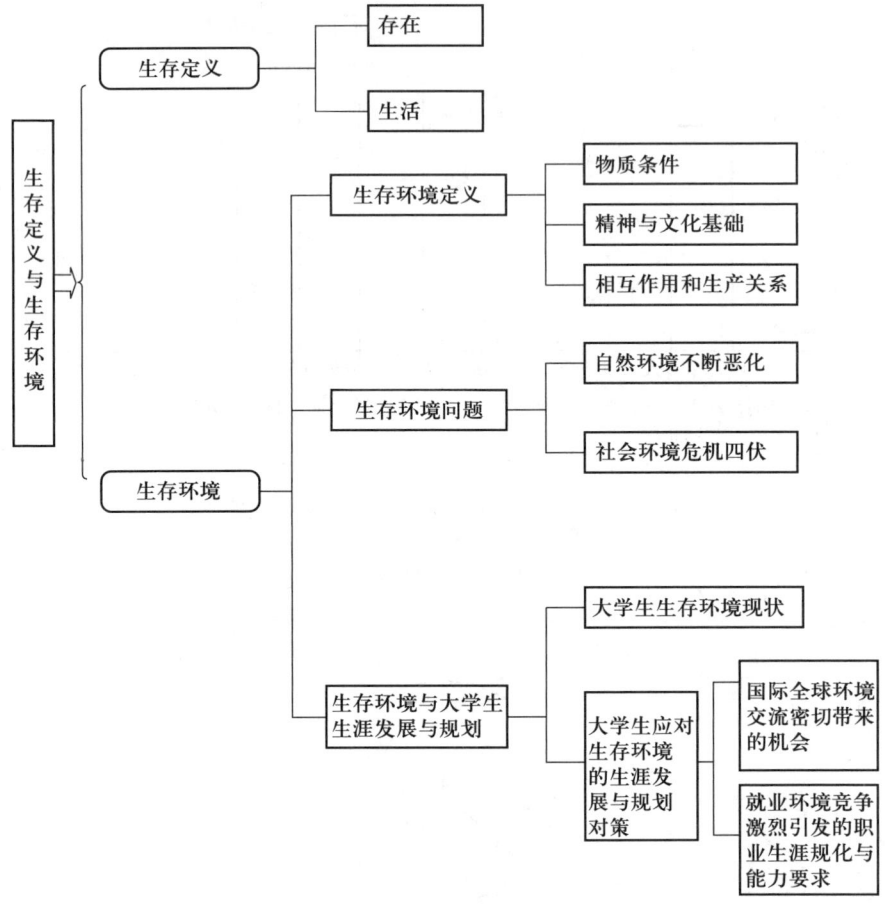

图4-6　第四章第一节内容图表解说

动动脑

- 看了本部分的内容,你是如何理解生存及生存环境的呢?
- 你觉得生存环境除了包括物质物质条件和精神条件外,还有其他的吗?
- 除了文中列举的生存环境问题外,你是否还可以举例出其他的生存环境问题?请简述之。
- 对于文中"大学生生存环境现状",你认为,除了文中所提到的这三个方面外,还有其他可以补充的吗?
- 关于"生存环境与大学生生涯规划"你认为二者是否有联系?如果有,请说出你是如何理解的?如果没有,也请说明你的理由。

体验活动

环保行动

请以"环保与人类生命"为主题,搜集环保知识、资料、案例,然后展开如果环保从"我做起",你的个人规划是什么?你对社会、政府或国家、国际组织提出怎样的规划?

第二节 生存意识培养

请先来看下面这则故事

日本是西北太平洋上一个狭小的群岛国家,为太平洋西部海底大山脉隆出水面的一小部分。全国总面积37.7万平方公里,仅占世界陆地总面积的0.27%。其中,绝大部分为山地、山麓与丘陵,农用耕地只占总面积的11.6%。农用耕地不但面积小,且土壤多呈酸性,植物养分少。这对于自古以农立国的日本,不得不说是经济发展和生产力提高的巨大障碍。日本的矿产资源也极为匮乏。例如,镍、钨、钦、铝、磷几乎没有,锡、水银、金、石棉、石油、焦煤、铁、锰、铬相当不足。重、化、轻纺工业的燃料、原料亦十分短缺。这至今成为日本工业发展的致命弱点。地小物少的环境经济条件,给日本民族的经济和物质生活带来严重困难,使其总是感到生存的艰难,逐渐形成了一种以忧患、焦虑为表征的生存意识。[1]

一、生存意识

1. 什么是生存意识?

生存意识是指一种为生存而抗争的社会意识。生存意识强调主体精神与主观能动性之间的充分发挥,力图改善和优化外部生存环境,进而谋求自身的发展与存在。通常而言,任何一个民族和国家都应该具有这种生存的意识;而生活在世界上的每一个个体,也都应该具有其适应社会的生存意识。

2. 生存意识组成

(1) 自我意识

自我意识(Self-Awareness)是意识形态的一种。它是人类大脑特有的机能,是意识

---

[1] 崔新京.生存意识—日本民族的一个精神支柱[J].日本学刊.131-132.

发展到高级阶段的产物。它在一定程度上反映了个体的差异性，是个体个性的形成标志。也就是说，每个人的自我意识都不会相同。此外，自我意识对于个性发展和个体的发展都起到非常重要的作用。

（2）危机意识

危机意识（Crisis Consciousness）是在危机来临之前，对周围环境与局势所持有的忧患意识。这种意识可促使人们对客观局势进行清醒的认识和评估，并尽最大可能避免和减少其危机的发生，进而做好准备，对抗可能出现的危机事件。

（3）受挫意识

受挫意识（Setback Consciousness）是指人们对于挫折含义的理解，以及对受挫程度的估价和对待受挫态度等一系列的心理过程。

（4）发展意识

发展意识（Developing Awareness）指发展主体在精神生活领域中涉及发展问题时的全部活动和过程，包括发展主体在面对发展问题时所持的基本观点、理性追求、情感感受以及精神状态等。①

二、大学生生存意识培养

大学生的生存意识是大学生为了生存而形成的一种社会意识。换句话说，大学生只有发挥自身的主观能动性，优化和改善其外部生存的环境，进而谋求自身在其社会中的存在和发展。关于大学生生存意识培养这一话题，可从以下两大方面进行深入研究。

1. 大学生生存意识与社会的适应性关系

（1）大学生生存意识是社会适应的基础

人的第一需要就是生存，人只有生存好了，才会有好的发展；生存是发展的前提和基础，人只有有了生存的意志，才会有发展的动力。无论是人类还是自然界中其他生物，都会随时随地为生存而竞争。而人类处在社会这一大环境中，必定要根据社会条件、局势的变化作出相应的变化，争取各种不同的行为对策。而社会也会根据各种变化及行为对策做出相应的回应，通过优胜劣汰的方式，凡是最终能适应社会行为变化及对策的，才能被很好地保留下来。由此可见，自然选择与适应生存的法则对人类来说，尤其对大学生来说更为重要。

（2）大学生的社会适应性是生存意识的发展

大学生是当今及未来社会经济发展建设的主力军。在校大学生的社会适应性，主要体现在"适应大学生活"和"适应社会"这两个阶段。大学生在校阶段，是其树立人生观的关键时期。大学生不仅要面对学习的压力，还要面对生活、就业等各种压力、挫折或创

---

① 杨立新、郭珉媛. 发展意识［J］. 环渤海经济瞭望. 2009. P26.

伤，因此对于大学生来说，需要具有较为强大的社会适应性，能顺利完成学业，进入社会，从而适应激烈的竞争环境，实现自身可持续发展。由此可见，大学生只有有了良好的社会适应性，才能促进其生存意识，进而提高大学生的生存质量。

2. 大学生生存意识培养

（1）自我意识教育

大学生要适应当今社会，首先要熟悉自我、认知自我，建立自我意识。除此之外，大学生还要培养健康的生理素质，其中生理素质不仅包括健康的体质，还应包括良好的健康意识。而良好的健康意识则涉及良好的生活习惯、学习习惯与劳动习惯。因为一个人的健康状况不仅仅关系到个人身体健康，而且影响到周围的环境。例如，它会影响到亲属和身边朋友、同事的生活；会影响到个人自身的工作与发展。由此可见，自我意识对于大学生生存意识的培养尤为重要。

（2）心理素质教育

心理素质在现代社会中起到尤为重要的作用。一个人的言行举止、喜怒哀乐可以说是一个人心理素质的外在表现形式。因此，良好的心理素质的培养对于大学生今后步入社会显得尤为重要。但是，心理素质的培养并不是一下子形成的，它是一个长期日积月累的过程。而大学期间，正处于学生步入大学这个所谓"小社会时期"，对一个人的心理素质培养起着关键的、事半功倍的作用。因此，大学期间的心理素质培养将直接影响到学生本人适应社会的能力。

（3）环境意识教育

环境主要包括社会环境和自然环境。而这两个方面对于一个人的生存是密不可缺的。虽然每位大学生所处的生活环境略有不同，都会存在满意与不满意之分。但不管怎样，大学生们都要首先认知并适应这些环境，只有先适应了才能进一步去改变其环境。尤其是当外部环境条件发生变化的时候，大学生们更应该尽快地调整自己，克服各种困难，以求迅速地适应所改变的环境。因此，如何适应自然、适应社会，如何正确处理人与人、人与自然、人与社会之间的关系，对大学生生涯发展极为重要，这也是大学生由"学校"走向"社会"必不可缺的环节。

（4）生存能力教育

随着社会经济的飞速发展，个人综合素质已成为人们在社会中立足的核心竞争力。大学生个人综合素质能力已成为其生存的必备条件。大学生生存能力主要包括：时间管理的能力、语言的表达能力、解决问题的能力、组织管理的能力、理财的能力、用法律保护自身的能力、抵抗不良诱惑的能力等。由此看出，大学生只有具备了生存能力，才能更好地适应当今的社会生活。

本节内容图表解说

见图 4-7。

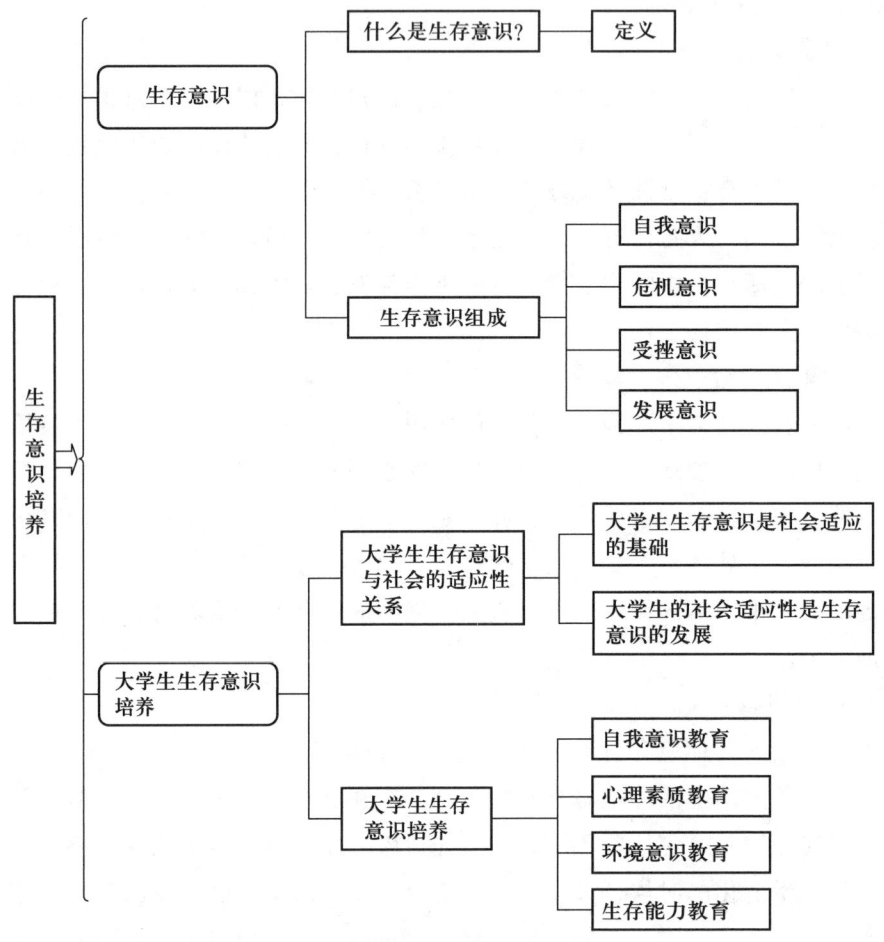

图 4-7　第四章第二节内容图表解说

动动脑

• 看了本部分的内容，你是如何理解生存意识的呢？

• 你认为生存意识组成，除了文中所涉及的 4 个部分之外，还有其他的吗？如果有，请进一步简述说明。

• 你是如何理解大学生生存意识与社会适应性的关系的？

• 你认为大学生是否有必要培养生存意识？如果有，请说出你是如何理解的？如果没有，也请说明你的理由。

体验活动

你知道哪些关于"生存意识"的小故事或者名言警句吗?请查找相关资料并列举至少2个小故事和2条名言警句。

第三节　生存能力的掌握

很多仙人掌都生长在终年干旱的沙漠地区。由于那里的环境恶劣,几乎只有仙人掌这样的植物存活了下来。而且,仙人掌生命力极强。它的茎断了,又能继续繁殖;即使它被人残忍地连根拔起,它也仍能滋生出新体;即使多年无水,它的重量也下降不了多少;就算被火烧,它都能用汗液抵消火焰……这一点韧性,同那些娇生惯养的花比起来,不是显得非常可贵吗?

无论是在孤寂中还是被遗忘,无论在蔑视中不是受到其他不公正待遇,仙人掌都不为所动:它会悄悄地在额头上顶出一朵朵小花;它会热情地挂满一身酸甜的果实;它会吐出片片嫩茎供人们采食;它会用自己的绿色来装点穷乡僻壤。

这则故事也正如英国生物学家达尔文所说,物竞天择,适者生存。

一、生存能力

1. 什么是生存能力?

生存能力可分为广义和狭义。广义上认为生存能力是一个人在社会上立足和正常生活所必需的最基本的能力,是个体在与他人、社会和环境的相互作用中表现出适应行为的能力。从狭义方面理解,生存能力就是规避风险的能力,是应对灾害时依然能冷静处理,使损失减少到最小的能力。[①]

2. 个体生存能力组成

1)在个体与环境的相互作用过程中,生存能力主要包括:基本的认知能力和生命意识。其中,大学生基本的认知能力可以包括:道德认知能力、职业认知能力、科学技术认知能力,这些认知能力对于大学生健康人格的塑造和养成都有着重要的作用。生命意识则是对于生存和生存价值的理解与感悟。

2)在个体与他人的交流过程中,生存能力主要包括:人际交往能力、遵循规章制度

[①] 罗凤. 大学生生存能力 [J]. 云南师范大学,2011

的能力。其中,人际交往能力是一个人在社会上生存的首要能力。

3) 在个体与自我的对话过程中,生存能力主要包括:自我意识水平、情绪调控能力。而自我意识对个体成长有着重要的影响。

综上所述,个体生存能力的要素是:基本的认知能力,生命意识,人际交往能力,遵循规章制度的能力,自我意识水平,情绪调控能力(图4-8)。

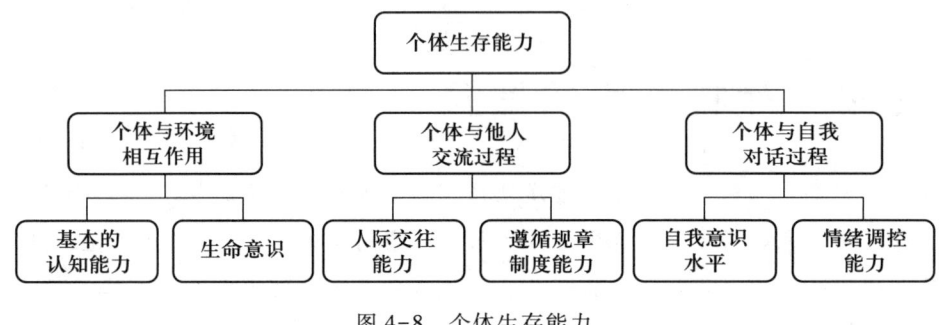

图4-8 个体生存能力

3. 生存能力现状与大学生生涯发展与规划

大学生小孙眼里噙着泪花,来到本报求助。她的钱包和手机被偷了,身份证、银行卡和9月28日回家的火车票都丢了。没有身份证,她取不了钱,也买不了火车票,而补办身份证要到她的老家吉林长春……慌乱的小孙有些语无伦次,还不断地接听爸爸的电话,直到借来的手机没了电。当初发现钱包被偷时,她首先想到的不是报警,而是给爸爸打电话。[1]

上面这则新闻值得引人深思……

(1) 大学生生存能力现状

随着社会科技的进步,人们的生活节奏也开始变得不断加快,从而加重了人的心理负担,削弱了人的机体对于环境的应变能力和心理的承受能力。其结果常常导致主体生存安全感的不断丧失,使主体的意识难于对环境的变化做出积极的反应,从而间接地降低了对环境的适应能力。

当前大学生心理承受能力普遍比较差,情绪很容易波动。在个人的成长与发展中,由于没能恰当地处理好个人与他人、个人与集体、个体价值实现与社会需要、专业知识学习与技能培养等各种关系,常常会出现许多困难和挫折。面对这些困难和挫折,很多大学生的心理承受能力很差,情绪波动非常明显,有心理障碍的学生比例呈增长趋势,甚至还会出现一些严重的精神疾病案例。由此可见,关注大学生生存能力显得尤为重要。

---

[1] 女大学生丢钱包先哭后找爸,源于生活能力差[N].燕赵晚报,2013-9-22.

（2）生存能力是生涯规划的重要因素

生涯规划是一个人一生道路的设想和规划，而大学生的生涯目标则是根据社会期望和自身发展的需要，确立自我奋斗目标和发展方向。这种生涯发展与规划不仅可以为大学生的自我发展提供导向，也有利于调动大学生的积极性、主动性和创造性。它既是大学生自我发展的出发点和归宿，也是大学生自我发展中的核心问题。许多大学生在进入高校后会产生茫然感、不安全感，多数学生对自身的生涯没有做过太过细致的规划，自身定位不清晰，也没有为自己确立合理的目标。表现为：目标意识淡薄，目标定位模糊，目标定向多变，目标准备盲目性，目标追求功利性。做好个人发展规划，有利于大学生科学地规划自己的职业目标，并为此而做好准备，进而有利于大学生在步入社会时，更好地适应社会，使其具备生存的能力。

二、生存能力如何掌握

生存能力的掌握就是要训练个体能够处理、解决在生存过程中所面临或即将面临的各种各样问题、困难的心理素质的过程。掌握生存能力可以通过多种方式途径进行。

1. 高校对大学生生存能力的培养

高等教育是培养大学生的活动，它在大学生生存能力培养的任务中居于主导地位，并起主要作用。高校应尽可能地培养和提高大学生在知情意行等方面的能力，以便为大学生今后步入社会更好地适应激烈竞争的生存环境做好准备。因此，各高校可通过以下几种方式，来培养大学生在生存适应、生存发展及生存创造等方面的能力。

（1）在课堂中渗透生存能力

教师应在所开设的公共课与专业课的教学中，对学生有意识地渗透生存能力培养元素。例如，授课教师在为学生讲授专业课程的过程中，将大学生生存能力的培养贯穿其中，通过潜移默化的方式来影响并提高学生的能力。在教学内容上，教师可以通过贴近学生生活的案例；在教学理念上，教师需让学生从注重"学习"转变为让学生注重"思考"，促使学生建立思考问题的意识；在教学过程中，教师应培养学生提出问题、分析问题和解决问题的能力；在培养方式上，教师应改变"教与学"的教学观念与方式，尽可能多的选择探究式学习、体验式学习以及解决问题式学习。通过这三种相结合的方式，使学生在"知己解彼"中不断提升自己，逐渐使自己培养成为高素质的创造性人才。

（2）在校园文化中灌输生存能力

丰富的课外活动，可以融入生存能力培养的元素。从学校、院系到班级，大学各级组织都会开展丰富多彩的文体活动、社会实践、社区服务等活动，这都是开展生存能力培养的重要契机，把多样的活动形式同各类生存能力培养的内容相结合，使大学生在娱乐中学习，在实践中成长。各学校可根据地区、学校生活的实际，开展有特色的社会实践活动，为大学生积累大量的"实战"经验提供宽广的平台。

课外活动能更直接地培养大学生的生存能力。各种活动丰富多彩、生动活泼、形式多样，吸引着大学生们自愿参加其中，个体在活动中不知不觉受到教育，能力也在活动的过程中不知不觉提高了。在参与学校组织的活动中，也会实现教育与自我教育的统一，扩大了教育的力量，大学生的生存能力培养会更有效率。随着社会经济的迅速发展，实践的具体方式越来越多，人们实践的内容也更丰富了，方式更多样了，范围也更拓宽了。这种情况为学校培养大学生的生存能力提供了更好的环境和更多的便利。高校可以组织各种各类丰富的实践活动，并尽力拓展创新实践活动，为学生能自由地驰骋于各种历练和锻炼提供充分的机会。

2. 大学生对自身生存能力的培养

大学生对自身生存能力的培养主要可以从适应能力、发展能力、创造能力等方面进行培养。对于培养大学生自身生存能力，首先要使学生自己意识到生存能力的重要性，只有学生自身从心底里感到能力欠缺，才会提高其强烈的意愿。大学生对自身生存能力的培养可从以下几个方面着手。

1）大学生应积极参加各种社会实践活动，以寻找到适合自己着重培养的能力类型。由于生存能力是大学生在实践活动中不断地形成与发展起来的，因此，参加各种不同类型的活动是大学生生存能力发展的根本途径。由此可见，不同类型的活动也都将为大学生提供不同程度的尝试与锻炼机会。在参加各类活动的过程中，活动本身会对参加活动的大学生提出不同程度的能力要求，而这些要求必然会对大学生现有能力水平产生矛盾。因此，大学生只有在参加活动的过程中，不断地发现自身存在的某些能力缺陷，不断地进行调整，解决这些矛盾，从而使其生存能力得以不断的发展。此外，由于实践性质的不同，导致大学生实践的深度与广度也会不同，进而使大学生个体能力的形成也不尽相同。例如，每天跟食物打交道的厨师，他们辨别食物新鲜程度及味觉的能力会不断地提高，他们能分辨出各种食物的鲜度及味道。因此，大学生在积极参加各类实践活动的同时，可对感兴趣或专业相关的活动进行不懈的锻炼，并积累经验，从而使自己在这些方面的能力能向纵深领域发展。另外，不同的个体在构成能力的记忆、思维、知觉、想象等均会存在质的差别。大学生只有从参加不同的实践活动中，发现自己的优势与劣势，进而着重发展培养，从而使自己的能力进一步得到提高。

2）大学生生存能力的培养来源于知识理论的积累。大学生在进入大学校园后，还应该继续树立学习的观念，养成良好的学习及阅读习惯。不能因考上大学沾沾自喜，而变得懒散，还应该继续保持每天读书、看报、学习管理学社会学及专业课程、掌握计算机应用能力等知识的学习与积累，从而不断充实自身的知识水平，提高个人内在修养。即便毕业后进入社会、走上未来工作岗位，也应利用业余时间来充实自己的理论知识，结合自己感兴趣和工作所需要的领域，紧跟时代的前沿，关注相关动态，为能力的提升进行不断的储备。

3）参加各类校内外培训。大学生可根据自身需要和自身的兴趣、爱好，并利用课余时间积极参加校内外举办的各类技能培训或与职业生涯规划相关的教育培训课程。如，英语口译与笔译、计算机应用基础、注册会计师、金融分析师、公共即兴口才与演讲、淑女形体气质、职场形态礼仪、中西就餐礼仪、卡内基训练、学生服务技术 SST 等各种类型的培训课程，通过此类培训课程来充实丰富自己的业余生活，提高自己多方面的能力，为日后步入社会掌握更多生存能力做准备。

4）在观察中积累学习。社会学习理论是由美国心理学家阿尔伯特·班杜拉（Albert Bandura）于 1952 年提出，它着眼于观察学习和自我调节在引发人的行为中的作用，重视人的行为和环境的相互作用。该理论认为，社会学习是通过观察和模仿而获得的。班杜拉的大量实验也表明，榜样在观察学习过程中起到非常重要的作用。大学生要注意积累，在日常生活和交往中观察教师或典型呈现的事例。学会从优秀榜样身上获得经验，从反面典型身上吸取教训，从普通个体身上学习其优秀的一面。简言之，一个人一旦学会了把他人的长处都积累在自己身上，那么这个人生存能力一定会变得极其强大。

5）通过自我教育对自身生存能力进行培养。所谓自我教育是指作为主体的个人，自己对自己的教育，即把自己作为教育对象的教育。① 其中，自我教育可包括自我认知、自我调节、自我强化、自我指导、自我学习、自我追求等方面。美国著名心理学家马斯洛提出的需要层次理论，揭示了自我教育理论的内部动因。他指出，一个人的需求可以分为 5 个层次，由低到高依次为：生理需要、安全需要、情感和归属需要、尊重需要和自我实现需要。在这 5 个层次中，生理需要首先是人最基本的需要，也是这 5 个层次中最低一级的需要。其次是安全需要，它是相对于生理需要中更高一级的需要。也就是说，当一个人的生理需要得到满足的时候，个体安全稳定便成为重要需要。然而，当满足了安全需求后，个人则开始需要与周围的人建立情感的沟通，与周围的人交往，而这些需求被归为情感和归属的需要。再次，则是尊重的需要，它包含两个方面，一是自己对自己的尊重，即自尊；二是获得别人对自己的尊重。在满足了上述所有的需求后，最后则进入了人的最高需求，即自我实现需要。而自我实现作为最高级别的需求，它主要是针对真善美至高人生境界获得的需求。为了满足个人的需求，人们才有了内在动力，并不断通过自我教育来提高个人的能力与水平，进而最终实现更高层次的需要。综上所述，马洛斯的需要层次理论为自我教育提供了相应的理论基础。由此可见，大学生只有充分地了解自己的优势与劣势，并根据自身的优势、兴趣与需要有选择性地进行自我培养。同时，在自我培养的过程中，还应该进一步加强自我分析、自我监督、自我调节等方式进行自我控制，并对自身进行适度合理的强化与惩罚，从而使自己的行为持续有效地围绕生存能力的培养而进行。

3. 家庭环境对大学生生存能力的培养

大学生生存能力的培养不仅通过高校与学生自身，家庭环境对大学生生存能力的培养也极为重要。一个人从出生开始，便与家庭生活密不可分，都会受到家庭的教育与影响。

---

① 周韫玉. 简论自我教育 [J]. 教育研究. 2000（2）.

因此，如果每个家庭都能认识并采取相应的科学教育方式来培养子女的能力，则会大大增强大学生生存能力的显著效果，使大学生能够更快地适应当今社会的发展，从而更加充分地发挥自身各方面的潜能。

在家庭环境下，家庭教育模式可分为专制型、放纵型、民主型三种类型。[①] 其中，民主型教育模式，会使子女变得更为成熟，独立性更强，并且更能够善于控制自己的情绪。在民主型家庭教育背景下，家长会尽可能地让子女多参加各种家庭事务活动和家庭讨论，并使子女不断尝试新想法，进而激发子女的开放性思维，使其变得越来越有主见。综上所述，对于大学生生存能力的培养，家长可以通过发动大学生积极参加家务劳动、主动分担家庭事务等，来培养大学生勇于承担对家庭的责任与义务。通过这些家庭教育，使大学生学会自理、自主、自控、自救等生存能力。

本节内容图表解说

见图 4-9。

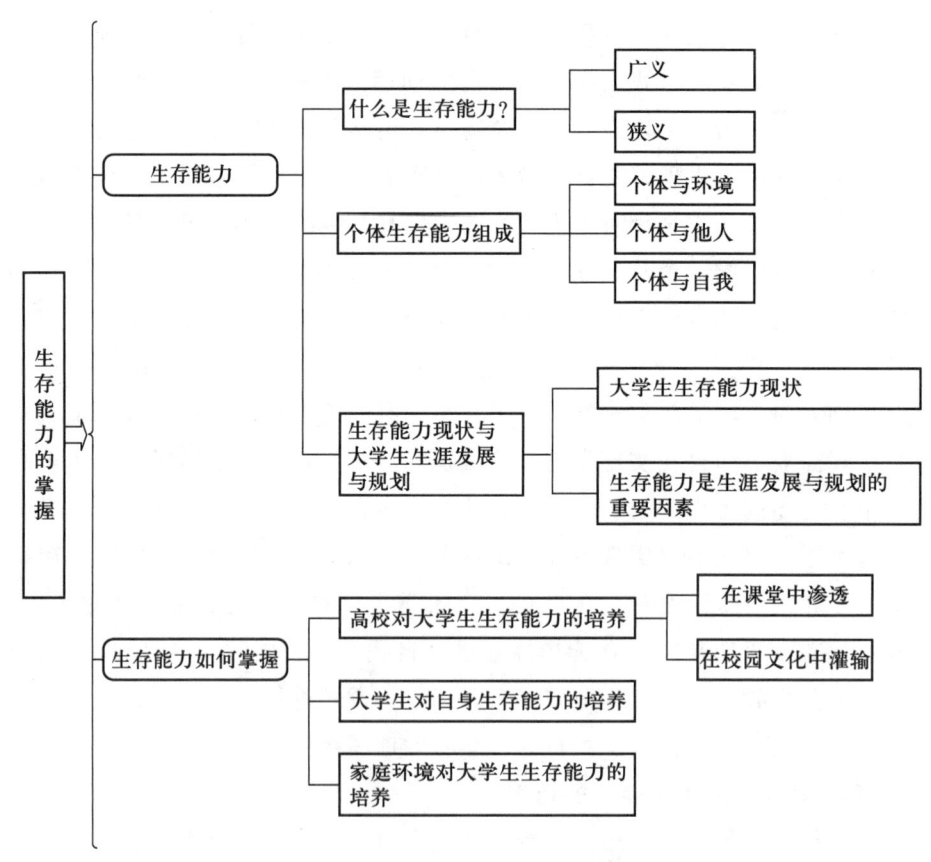

图 4-9　第四章第三节内容图表解说

---

① 罗凤. 大学生生存能力 [J]. 云南师范大学，2011.

动动脑

- 看了本部分的内容，你是如何理解生存能力的呢？
- 生存能力组成包括哪些方面？
- 你认为生存能力与大学生生涯规划是否有关系？
- 你认为，当代大学生生存能力是否存在缺失？请举例说明。
- 你认为，大学生是否有必要培养生存能力？如果有，请说出你是如何理解的？如果没有，也请说明你的理由。
- 你认为，大学生应该如何掌握生存能力呢？请分别从家庭、学校、社会、个人等四个方面分别进行简述。

体验活动

请先列出你认为自己具备的生存能力，然后再访问周围的亲朋好友或师长，看他们是否同意？或者列出更多你自己尚未认识到的生存能力？

第四节 生存与积极习惯之养成

知名企业家冯仑曾讲述过与李嘉诚宴会的情况：我非常意想不到的是，我们进到电梯口，开电梯门的时候，李先生已经在门口等着我们，然后给我们每个人发名片，这已经出乎我们意料——李先生的身家和地位已经不用名片了！但是他像做小买卖一样给我们发名片。发名片后我们每个人抽了一个签，这个签就是一个号，就是我们照相站的位置，是随便抽的。抽签，真是用心良苦，为了大家都舒服，彼此不分尊卑，否则照相也分个三六九等，肯定有人会不舒服！抽号照相后又抽个号，是吃饭的位置，原因也是和照相一样。后来，我发现他们安排李先生在一个桌子坐15分钟，总共4桌，每桌15分钟，正好1小时。临走的时候他说一定要与大家告别握手，每个人都要握到，包括边上的服务人员，然后送大家到电梯口，直到电梯关上才走。这就是他"创造自我，追求无我"，同时非常地尊重在场的每一个人，在这个过程中得到充分体现。①

这则故事告诉我们，好的习惯可以使人不断获得生存，并使人不断地迈向成功。

---

① 改编自：李嘉诚是这样请人吃饭的. 东南早报. 2014-06-10.

一、积极习惯

1. 习惯及其特点

习惯是指人们在社会生活中逐步形成的一贯的、稳定的行为方式。其特点主要表现为：自动性、经常性、稳定性、反复性和不假思索性（图4-10），而这些表现也就是我们通常所说的"习惯成自然"。

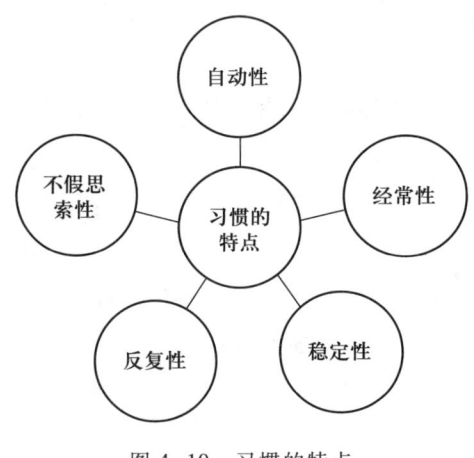

图4-10 习惯的特点

2. 习惯与情境关系

在现代社会生活中，习惯是通过反复相同的动作而逐渐形成。其中，习惯与情境密不可分。首先，习惯是由个体面对相同情景，通过反复相同的强化动作而形成。当一个人的习惯一旦形成以后，在面对某一特定情境时，人们便会自然而然做出相同的行为。如果这一行为被突然改变或中断，其个体内心就会产生不适应感；如果这种改变与习惯的差别越来越大，或习惯的行为中断的时间越来越持久，个体所产生的不适应心理也会随之不断加剧。从心理学上看，习惯是由于反复练习而在人们头脑中建立起来的一系列条件反射，无须别人监督和提醒，也不需要自己的意志努力，是一种省时、省力的自然动作。换句话说，一个人一旦养成了某种行为习惯，当他进入某一特定的场合，习惯就会自动地、下意识地表现出来。由此可见，习惯是人们生活中的简化机制。

因此，积极习惯的养成可以帮助一个人在面对复杂情况时，快速做出理性选择，并有利于个人的成长与社会发展；而消极习惯则通常会使一个人面对复杂情况时，做出非理性的错误选择，从而不利于个人成长与社会的发展（图4-11）。

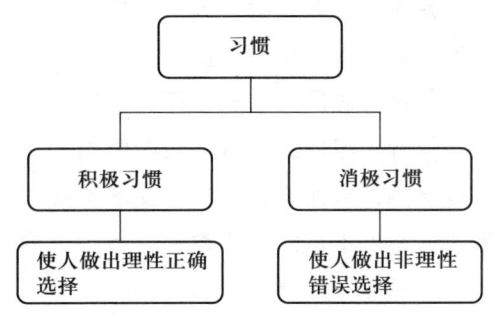

图 4-11 积极习惯与消极习惯

二、影响大学生习惯养成的因素

1. 大学生自身原因起决定性作用

首先,大学生在步入大学校园后,其身心发展正处于过渡期,自我管理的能力表现为半依赖、半独立状态。而大学校园生活又主张学生应该自由、民主、独立,因此很多大学生在初入校园时,因自控能力较差,常感不适应,导致学习效率低下,学习的积极性不高。其次,很多大学生缺乏自我教育能力。根据个体的主体性发挥的不同,自我教育可以分为低层次自我教育与高层次自我教育。其中,低层次的自我教育即"主动受教"和"主动求教",它是指在他、我教育影响下的自我教育,即在自己的知识背景与价值认同的背景下,主动接受或请求他人对自己进行教育,积极把教育内容内化为自己的知识结构与价值体系。而高层次的自我教育即在"自教"引导下的"自我学习",这种自我学习是个体出于内在需要,充分利用教育资源,自觉地选择教育内容并内化成为自己的知识结构与价值体系,从而达到提高和完善自己的目的。① 由于大学生缺乏自我教育的能力,从而导致他们缺乏持之以恒的毅力。最后,很多大学生自我服务意识不高。自我服务是指大学生个体或群体在服务自身、服务他人、服务社会过程中增强自己的服务意识,提高自身的综合素质,培养解决问题的能力,提升自己的思想境界,使自己不断走向成熟,从而适应社会发展。② 目前,大部分大学生存在服务意识不强的现象,过度追求物质需求,欠缺精神需要的追求,而这些问题都会直接影响到大学生的学习、生活,以至今后在步入社会时很难适应社会,因此大学生应该增强自我服务意识,以此培养良好的行为习惯。

2. 家庭教育是影响大学生行为习惯养成的基础

如果大学生始终在一个健康的环境中成长,那么其身心状态会表现出积极、乐观、向上、健康等特点;相反,如果他们生活在一种管教不严、娇生惯养、姑息迁就、放任自流

---

① 潘柳燕. 现代自我教育探析 [J]. 广西大学学报(哲学社会科学版),2006(04):112.
② 叶荣国. 思想政治教育视阈下:大学生自我教育、自我管理、自我服务的思考 [J]. 阜阳师范学院学报(社会科学版),2012(1):134.

等恶劣的生活环境下，必然会养成不良的生活习气。例如，有些大学生由于长期缺乏家长有效的监控和管理，从而产生一些不良的行为习惯；有些大学生由于缺乏家庭的温暖与关怀，致使其感情非常脆弱，进而容易做出一些极端行为。另外，有些家长由于缺乏对教育的敏感度，未能及时纠正子女的行为习惯；有些家长则由于平日工作较为繁忙，未能及时照顾子女而对子女产生内心愧疚感，从而不忍心严格要求子女，只重物质的互动而忽略了对子女的心理需要。也正是这一系列不良的家庭教育，将会影响大学生日后行为习惯的养成（图4-12）。

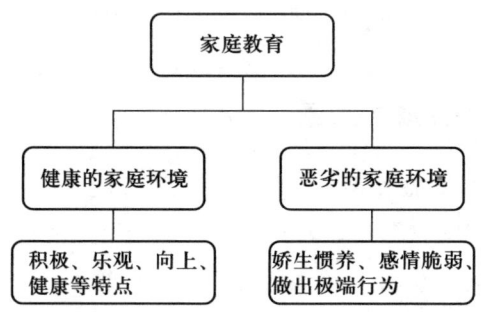

图4-12 家庭教育是影响大学生行为习惯养成的基础

3. 社会教育的影响值得关注

大学生正处于"探索阶段"中的过渡期和初步尝试期，已经拥有独立的思维和判断能力，已会用自己独到的眼光审视社会，有自己独立的思想。但随着社会形态的不断发展，不良的社会氛围已悄然地开始慢慢渗透，很多腐败现象不断滋生扩大，享乐主义、拜金主义、唯利是图等思想日益泛滥，黑色暴力等影视作品进入生活世界。这种种现象行为都会使大学生对家长和学校教师所传授的正面信息产生怀疑，诱导阻碍了大学生树立正确的人生观、价值观，失去了对未来不懈追求的进取心，从而导致大学生很难养成良好的行为习惯。

三、怎样培养大学生的积极习惯

习惯包括不同的类型。其中，根据人的价值和作用，可以分为良好习惯和不良习惯，即通常所说的，积极习惯与消极习惯。也就是说，凡是对人的学习、工作和生活等起积极作用的，能适应人的正常需要的，且对人具有正向价值的习惯称为积极的习惯；相反则是消极的习惯。此外，对于人的身体健康有益的，如讲究卫生、坚持体育锻炼等这样的习惯，也属于积极的习惯；而对于身体健康无益，且还会影响他人的习惯，则属于消极的习惯。影响大学生习惯养成的因素模型可见图4-13。

1. 培养大学生良好的学习习惯

大学生应该明确学习目的，使自身做到懂得学习、学会学习，并能做到持之以恒。具

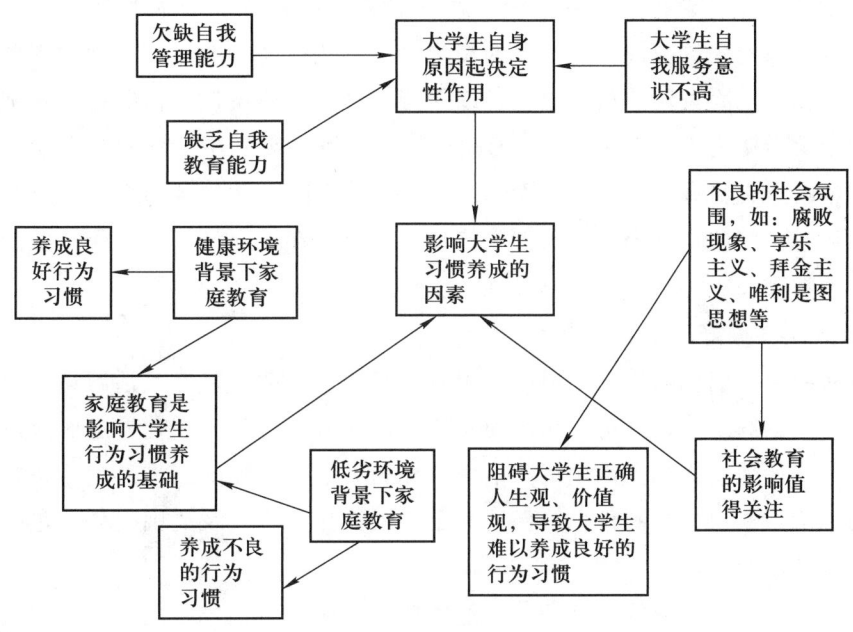

图 4-13 影响大学生习惯养成的因素模型

体做法为：一是要有学习的动力。应该培养大学生具有高度的责任感、使命感和负重感，它是主动学习的最大动力。正如德国哲学家雅斯贝尔斯（Karl Theodor Jaspers）① 说过："大学生应是独立自主、把握自己命运的人。他们应能主动替自己订下学习目的，善于开动脑筋，并且知道工作意味着什么……这是一种精神上的升华，每一个人都可以感受到自己被召唤成为最伟大的人。"② 二是要有活力。在大学的学习中，教师的授课方式主要以引导为主。对于大学生来说，更重要的是要靠自己积极的探索和刻苦的钻研。勤学、苦读、多思、善疑，让自己的头脑充分地活跃起来。并且学习过程是一个审视和实验的过程，要聆听不同的看法和建议，实践自己的判断和决定。在学好专业基础课的同时，还应结合自己的实际选修其他的课程，广泛吸纳，丰富知识，使自己的学问更具功力和活力。三是要有吃苦的精神。一个人成就的大小、水平的高低，最终取决于专业基础的厚实程度。而这些都需要长期积累的，而这些积累是没有捷径可走的。因此，大学生必须要下苦力，苦读书，读苦书，抓紧时间多读书。不可以因进入了大学，而放弃了学习，荒废了学业。因为，一个人的发现与成功的产生是构建在积累和充实的基础之上的。由此可见，培养大学生良好的学习习惯极为重要。

2. 培养大学生良好的行为习惯

良好的行为习惯可以从大学生平时的言谈举止中表现出来，而这些行为都将对大学生

---

① 雅斯贝尔斯（Karl Theodor Jaspers，1883-1969），德国哲学家，精神病学家，存在主义的主要代表。
② 雅斯贝尔斯的"学习自由"观述评［OL］：http：//blog.sina.com.cn/s/blog_490d910601014eyz.html

未来发展受用一生。尽管在人们的心中,每一名大学生都应具备儒雅的举止、大度的气魄、有教的素养和饱满的精神。但如今的校园中,仍然存在一些不够文明的现象,如在公众场合大声喧哗、乱丢垃圾、宿舍卫生难以保持、语言表达粗俗等情况,这些都与大学生良好的生活习惯天渊之别,相差甚远。因此,从入学第一天开始,学校应对大学生进行规范与要求,并且要从点滴做起。如,师生见面时,学生应主动与老师打招呼;与周围的同学、老师接触时,应注重仪容着装与待人接物等礼仪;在公众场所,应保持安静,轻声轻语,避免大声喧哗。

3. 培养大学生良好的生活习惯

所谓生活习惯,应包括作息习惯、卫生习惯与锻炼习惯。良好生活习惯的养成,势必要有严格的标准去约束、去规范,从而使其科学化、合理化与条理化,进而提高现代大学生的生活质量,使他们更加充满生机和活力,并为大学生将来的工作和生活奠定雄厚的基础。良好的生活习惯包括按时作息,保证充足睡眠;注意个人及周围卫生;定时定期锻炼身体,确保身体健康。

综上所述,习惯的养成绝非一朝一夕的事情,正所谓习惯成自然。历练成习、持之以恒是培养良好习惯的必由之路。

四、积极习惯与生存

生存是人的第一需求,人只有生存好了,才会有好的发展,因此,生存是发展的前提和基础。而习惯是人们在社会生活中逐步形成的一贯的、稳定的行为方式。凡是对人的学习、工作和生活等起积极作用的,能适应人的正常需要的,且对人具有正向价值的习惯,均称之为积极的习惯。

如果一个人拥有强大且健康、积极的习惯,注定这个人将来能够很好地生存。尽管一次积极的行为习惯并不会改变你的人生,但是同样的行为重复100次、1000次,将会对你的人生产生巨大的影响。例如,你平时对人热情、坦诚且乐于助人,最初可能看不出有何改变,但时间久了,你的这种积极习惯将会对你在未来工作中起到很好的作用,它会使你在工作中得到周围人的好评,使周围人对你充分信赖,使你在这样激烈变化的工作竞争中得以生存且出奇制胜。

由此可见,积极习惯的养成又为生存提供了保障。

本节内容图表解说

见图 4-14。

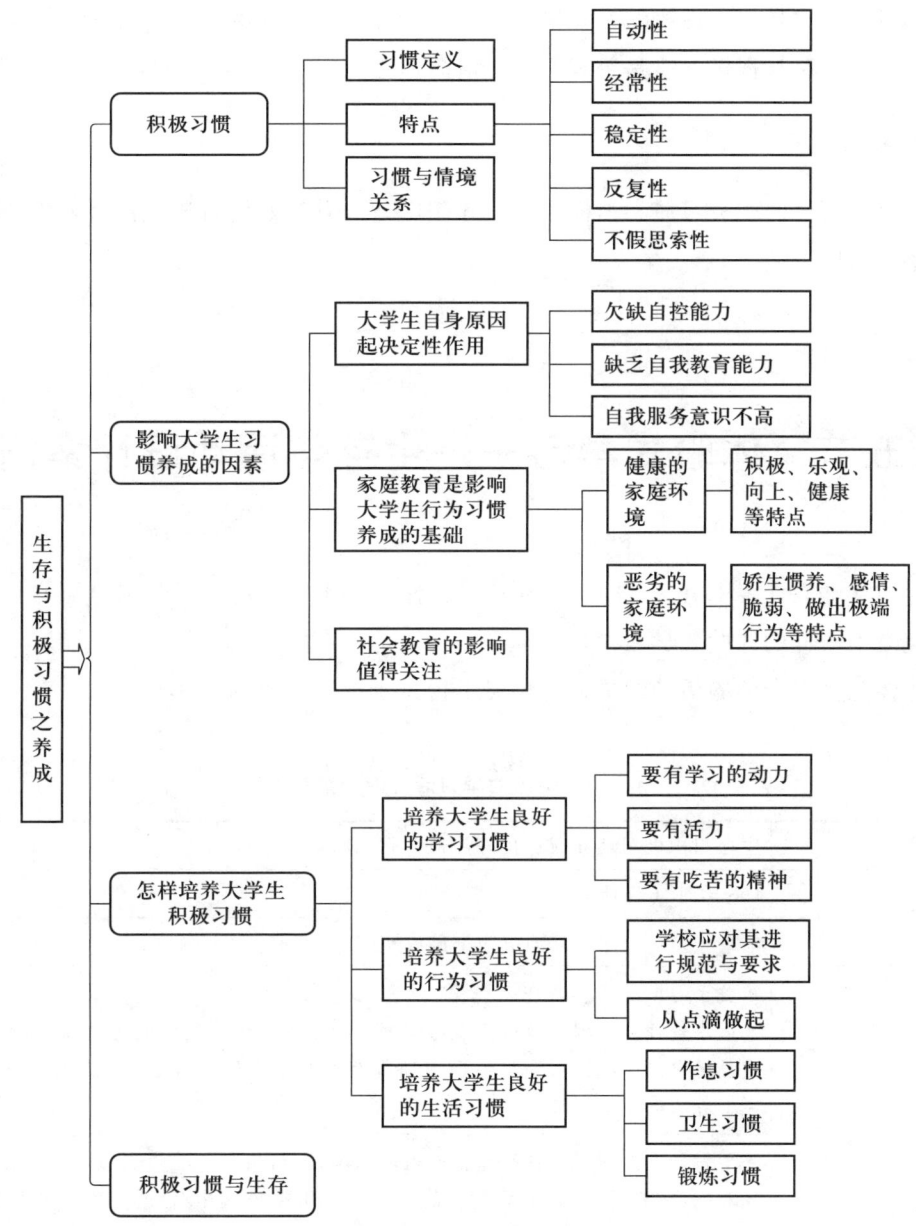

图 4-14　第四章第四节内容图表解说

动动脑

- 看了本部分的内容，你是如何理解生存与积极习惯养成的呢？
- 你觉得习惯都有哪些特点？请分别对其进行解释。

- 你认为，习惯与情境是否有关系？请说明理由。
- 你认为，影响大学生习惯养成的因素都有哪些？请简述之。
- 除了文中所提到的"培养大学生积极习惯"的方式外，你认为是否还有其他方式？如果有，请说出你是如何理解的？如果没有，也请说明你的理由。
- 你认为生存与积极习惯是否有关系？请简述之。

体验活动

请列出你自己的积极习惯和消极习惯，并制定计划方案如何将避免消极习惯或将消极习惯调整为积极习惯。

第五节 体验式学习——生存与活动设计案例

说明：

生存与活动设计案例（表4-1、表4-2）仅作为参考，教师、学生完全可自由自主地发展出完全不一样的体验式学习模块。

每个体验由多个体验活动组成，总学时不得少于规定完成的各体验学时。

表4-1 体验式学习活动设计案例1

活动主题	生存与积极习惯养成：良好习惯铸就未来
活动学时	168学时（21天）
如下为举例说明	
活动前期准备	• 关于习惯的问卷调查； • 搜集查找名人因为具有积极习惯而取得了令人羡慕的成就的故事； • 反思自己的积极习惯与消极习惯都有哪些？今后怎样去做？善于发现他人身上养成的积极习惯；
活动过程要求	• 了解什么是习惯、什么是积极习惯与消极习惯； • 对问卷调查结果做全面翔实的分析，找出在校园中/社会中发现的学生/群体身上存在的消极习惯； • 介绍名人通过积极习惯而取得成功的故事；
活动预期效果	• 通过该体验活动，让学生了解什么是习惯，懂得积极地习惯对自己成长所带来的影响； • 通过该体验，使学生自己教育自己，促进自己养成积极的行为习惯；

表4-1(续)

活动中的感悟是什么？	• 习惯不是一天养成的，只有从点滴做起，才能养成积极的习惯；
活动中的成长是什么？	• 习惯值得重视，一个甚微的习惯，可以使人获得成功，也可以使人失败；
活动可能存在的问题	• 可能出现搜集到的名人积极习惯有重复的情况；

表 4-2 体验式学习活动设计案例 2

活动内容 1	生存：城市生存—"战胜自己，一定能成功"
活动学时	168 学时（21 天）
如下为举例说明	
活动前期准备	• 5-6 人为一组； • 前期可对城市商业圈内的商店进行调研考察，如，了解该商场是否老化，是否有吸引力；是否有客人反应商场的环境、价格、服务、产品、设施等相关的建议或意见？
活动过程要求	• 以城市生存为主，不得有任何额外帮助，自己不能带钱物，只能靠双手双脚，同大多数劳动者一样，求生存谋发展； • 小组 5-6 个成员在城市商圈的商场找到以销售为主的工作，
活动预期效果	• 通过城市生存体验，使自身进一步认识社会、了解社会，体会当今社会的残酷性；
活动中的感悟是什么？	• 这不仅体现一个人的能力，也体现一个人的口才、人际交流以及在城市中如何生存的能力；
活动中的成长是什么？	• 在做销售的过程，应该以最亲切的笑容、最贴心的服务为顾客创造理想的购物环境及心情。当遇到比较苛刻的顾客，也要保持沉着冷静，时刻保持微笑； • 体会到挣钱的不易；
活动可能存在的问题	• 可能会出现产品质量问题，应学会随机应变，尽快为顾客解决，避免与顾客发生冲突。

第五章　生活

本章纲要
- 时间管理
- 健康生活与休闲运动
- 压力管理
- 个人理财
- 感情账户的建立
- 体验式学习——生活与活动设计案例

6种利他利己的心态
- 感恩　● 惜福
- 分享　● 放下
- 自在　● 舍得

活得快乐：成为我自己，而不是为别人而活！

生活最重要的是"活"，就像生命的重点是"命"。生命讲究的是尊严和价值，而生活看重的是心态和品质。

第一节　时间管理

传说伟大的所罗门王（Bathsheba）有一天做了一个梦。一位先圣在梦里告诉他一句话，这句话涵盖了人类所有的智慧，让他在高兴的时候不会忘乎所以，忧伤的时候能够自拔，始终保持勤勉，兢兢业业。但是，所罗门王醒来之后，怎么都想不起来这句话到底说的是什么。

于是，他召来了最有智慧的几个老臣，把自己的梦告诉他们，要求他们把这句话想出来。最后，他拿出一颗大钻戒，说："如果想出来这句话，就把它镌刻在戒面上，我要把这颗戒指天天戴在手上。"

几天后，几个老臣送还戒指，戒面上已经刻上了一句话："这也会过去。"①

时间是人类重要且有限的资源，我们每天都必须面对"时间有限"的压力。虽然我们不能创造时间，但是我们能有效地利用时间，有效的时间管理能将时间压力转换为达成目标的原动力。

一、时间的概述

谈到时间，大家往往都会脱口而出："时间就是效率"、"时间就是金钱"、"时间就是生命"或"一寸光阴一寸金，寸金难买寸光阴"等等，但我们做得究竟怎样呢？最成功和最不成功的人一天都只有24小时，但区别就在于他们如何利用这所拥有的24小时。那么时间究竟是什么呢？

1. 定义

哲学家说："时间是物质运动的顺序性和持续性，其特点是一维性，是一种特殊的资源。"

《现代汉语词典》中对"时间"的解释是：物质存在的一种客观形式，由过去、现在、将来构成的连绵不断的系统。是物质的运动、变化的持续性、顺序性的表现。

这些解释似乎都过于抽象。而事实是：虽然我们对"时间"这个词都不陌生，但是要真正解释清楚什么叫时间，却是十分困难的事情。正如哲人伏尔泰（Voltaire，1694-1778）所说："世界上，什么东西是最长而又是最短的；最快的而又是最慢的；最能分割的又是最广大的；最不受重视的又是最受惋惜的；没有它，什么事情都做不成；它使一切渺小的东西归于消灭，使一切伟大的东西生命不绝？"这就是时间。的确，时间无处不在，但又难以琢磨。

2. 本质

要想能够真正地了解时间并且管理"时间"，我们有必要对时间的本质有深刻的认识。时间具有4项独特性：

1）供给毫无弹性　时间的供给量是固定不变的，在任何情况下都不会增加、也不会减少，每天都是24小时，所以我们无法开源。

2）无法蓄积　时间不像人力、财力、物力和技术那样能被积蓄、储藏。不论愿不愿意，我们都必须消费时间，所以我们无法节流。

3）无法取代　任何一项活动都有赖于时间的堆砌，这就是说，时间是任何活动所不可缺少的基本资源。因此时间是无法取代的。

4）无法失而复得　时间一旦丧失，则会永远丧失。花费了金钱，尚可赚回，但倘若

---

① 李践. 做自己想做的人［M］. 北京：中信出版社，2000：159.

挥霍了时间，任何人都无力挽回。所以，曾国藩曾说：天可补，海可填，南山可移。日月既往，不可复追。

3. 分类

设定时间可以花费在不同的事情上，因此就有了工作或学习时间、休闲时间、家庭时间、个人时间、思考时间等。[①]

1）工作或学习时间　时间用在工作或用在学习上，称为工作或者学习时间，它是为了谋生以及充实生活。学习是谋生前的准备，或者是工作时的进修，也是生活的充实。工作并不是生命的全部，活到老、学到老的终身学习观念已经来临。学习的重要性与日俱增，每个人都必须抽出一部分时间来学习新知识或者熟悉新事物。

2）休闲时间　休闲时间包括休息、睡眠及体育活动。人生就像马拉松比赛一样，不能一开始就猛冲，浪费甚至透支自己的体力。要懂得放松，要养成一种良好的睡眠、休闲以及运动的习惯，才能把每一个人的身体状况调整到最佳状态。

3）家庭时间　家庭是人们休息最佳的避风港，只有家人与自己没有所谓的利害关系。要跟家人真心地相处，不要到了需要时才回家；不要等到失去时才懂得去珍惜亲情。

4）个人时间　个人时间是用来修身养性、充实自我的，是完全属于个人独自享受的时间。个人时间就是自己跟自己约会的那种时间。每个人不论是求学还是工作，甚至在家中，都有一种不允许被侵犯的个人时间，人们可以利用这些时间充实自己。

5）思考时间　思考时间就是思考过去、现在和未来的时间。思考时间可着重用在计划自己未来的发展，也可用在反省以前自己所做的事情是否正确，是不是值得等。思考如何再改进，如何再调整，如何让自己变得更好，而不必特别为了什么目的思考。可以天马行空地去想象，可以胡思乱想，如果发现了一些好的想法或者是一些好的理念，就应该立刻把它记下来。

了解了时间的定义和分类之后，最重要的是要学会管理时间。正如麦金西[②]所言："时间是世界上一切成就的土壤。时间给空想者痛苦，给创造者幸福。"空想者和创造者的最大区别就在于：前者是时间的奴隶，后者是时间的主人。

二、时间的管理

1. 理论

时间是最公平的。时间不可重来、不可储蓄、不可延伸、不可替代，但是却可以管理。对时间的不同管理方式，就造就了不同的人生。人与人之间的差异，很大程度上就是由于对时间的处理方式不同造成的。

---

　　① 刘敏兴. 时间管理：高效职业人士必备技能［M/OL］. 北京：北京大学出版社，2002. http://www.longjk.com.［OL］

　　② 麦金西（James O. McKinsey，1889-1937）

因此，许多学者十分关注时间管理，他们的探索也推动了时间管理理论的发展。具体来说，时间管理理论迄今为止，经过了 4 个发展阶段[①]。

(1) 第一代时间管理理论

第一代时间管理理论十分注重便条与备忘录的运用。这种管理方式可以将目标细化，并且具有提醒、督促计划执行的作用。

但是，这种理论的缺点在于：没有"优先"的观念。虽然每做完备忘录上的一件事，会给人带来成就感，但是这些成就未必符合人生的远大目标。

(2) 第二代时间管理理论

第二代时间管理理论强调运用计划与日程表。这种改变反映出人们已经开始意识到计划未来的重要性。

虽然这一理论使人的自制力和效率都有所提高，但是仍然没有注意到事情的轻重缓急。

(3) 第三代时间管理理论

第三代时间管理理论是目前最流行的观念，它强调优先顺序，也就是依照轻、重、缓、急制定短、中、长期目标，再逐日订立实现目标的计划。

但是也有人提出异议，认为这种方法把每天的时间安排都填满了，会产生副作用，使人每天纠缠于急务之中，拘泥于计划，会造成视野不够开阔，降低生活品质。

(4) 第四代时间管理理论

第四代时间管理在前三者的基础上，以原则为中心，配合个人的使命感；兼顾重要性与紧迫性；注重生命因素的均衡发展；始终把个人精力的焦点放在"重要"的事务上。

第四代时间管理理论强调：判断"重要"的标准就是目标。凡是有利于实现目标的事务均属重要，越有利于实现核心目标就越重要。该理论将事情按照紧迫和重要程度的不同，分为 ABCD 四类（图 5-1）。

重要	
B 重要而不紧迫	A 重要而紧迫
D 既不紧迫又不重要	C 紧迫而不重要

图 5-1　第四代时间管理理论的分类法

先做 A，后做 B，少做 C，不做 D。这样一来，方向重于细节，策略胜于技巧。始终抓住"重要"的事，才是最有效的时间管理、最好的节约时间的方法。

[①] 李践. 做自己想做的人 [M]. 北京：中信出版社，2000：169.

2. 运用

(1) 设定目标

创建系统性的整体目标是时间管理的首要条件。在目标明确后，可做有效的时间规划——舍弃不重要的工作，专注处理与完成目标有关的工作。

1) 制定人生目标　理想的生活到底应该具备哪些特征？其实，理想的生活就是人生目标。尽管个体的人生目标各不相同，但是合理可行的目标应该具有以下几个特征：完整，人生目标需要涵盖生活的各个层面；清楚，尽量具体化；合理，否则不实际的目标只会造成自己不必要的压力和挫折

2) 划分目标　一个大目标往往令人却步不前，或是在追求目标的过程中丧失冲劲而无法坚持到底，因此可以将目标分为长期、中期、短期，以及每天应达到的目标，然后逐一去实现。

当目标确定后，第一步是在纸上列出完成目标所要具备的能力、技术或条件等，第二步是规划获得这些能力、技术或完成条件所需的时间；然后将第二步骤的结果安排在长期、中期、短期及每日的计划中；那么今后每天仅需要完成当天的工作，而不必担心是否能完成终极的目标。

此外，对整体目标进行阶段划分之后，还要注意各阶段目标应该明确、可评估，并且有时间限制。列出目标时需要包含动词，如提高、降低、增进、加强等；目标还要有量的陈述，例如数字、百分比等；目标还需要有时限，否则就很容易被遗忘。

将目标分为若干阶段，就可以减轻开始着手实现目标时的压力，也可以把完成每个阶段的工作当作对自己的一次鼓励与反馈，促使自己向下一个目标迈进。

(2) 时间规划

每个人每天都有 24 小时，然而运用的方法不同，结果也会相差迥异。一天睡眠 4 小时的人可能比一天睡眠 8 小时的人完成更多的工作，但并不代表他达成了目标，因为他可能把这些时间用来处理与目标无关的琐事。所以如何规划好自己的时间非常重要。规划好了，可以达到事半功倍的效果；规划不好，只能落得事倍功半。

1) 评估目标　太多的目标会分散有限的时间、精力，最终将会一事无成。然而面对众多目标，又该如何取舍呢？

2) 帕雷托法则[①]（Pareto Principle）　又称为犹太法则、二八法则、80/20 法则或最省力法则。该法则主张只要控制具有重要性的少数因子就能控制全局。"团体中的重要项目，是由全体中的小部分人来完成的"[②]。举例说明：

---

① 帕雷托（Vilfredo Pareto，1848-1923），意大利经济学家，社会学家。
② 黑川康正. 吴穗稹译. 追求效率的赢家［M］. 台北：台湾英文杂志社，1989.

> 80%的考题来自考试范围的20%;
> 80%的销售额是源自20%的顾客;
> 80%的电话都是来自20%的朋友;
> ……

帕雷托法则给我们的一个重要启示便是:避免将时间花在琐碎的多数问题上,因为就算你花了80%的时间,你也只能取得20%的成效;你应该将时间花在重要的少数问题上,因为掌握了这些重要的少数问题,你只花20%的时间,即可取得80%的成效。即小部分的工作决定大部分的工作成效。

3)A、B、C分类法 拉肯恩(Lakein,1973)提出A、B、C分类法,把工作根据其重要性订出工作优先序列表。[①]首先在纸上列出所有的工作,然后逐一评估各项工作,在最重要的工作前标上A,次重要的工作前标上B,最不重要的工作前标上C。其中A类工作最为重要,因此应先处理A类工作。当完成目标分类的工作后,再将A群中的工作依照其重要性进行排序,因为所有的工作不会具有同等的价值,至于B、C类的工作则暂时搁置。当然,有一点需要注意:A、B、C三类工作的优先性也可能改变,今天的A类可能是昨天的B类,今天的C类亦可能是明天的B类。譬如下星期要举办迎新露营活动,而场地一直未定,于是今天一定要去勘察场地,但早上气象预报说下星期会有猛烈的台风,因此露营势必要延期;现在最重要的工作已不是勘察场地,而是要把延期的信息传达出去。所以要经常地评估与调整目标的优先性。

4)有效规划每天的时间 要做到有效规划每天的时间,可以用以下的方式方法:

①在适当的时段做适当的工作和事情

②合理安排零星时间

③根据个人特性规划时间

④预定计划

5)学会授权与放弃 每天可利用的时间毕竟是有限的,当发现自己有太多的事情需要处理时,你就要重新考虑是否每件事情都必须亲自处理,是否每件事都必须做?授权是时间合理安排的最佳方式,而放弃可以有效利用时间做最重要的事情。其实大多数的事情都可请他人代劳,处理过多的事情会导致工作品质的下降。有效地授权不但有利于任务的完成,而且对部属来说,承担了责任就意味着他们拥有了学习与磨炼的机会。所以,里欧纳德·查雪尔(Leonard Cashel)说:"授权,是一个事业的成功之途。它使每个人感到受重视、被信任,进而使他们有责任心、有参与感,这样整个团队同心合作,人人能发挥所

---

① Hall, Douglas T., Bowen, Donald D., Lewicki, Doy J. Expeciences in Management and Oganizational Behavior [M]. John Wiley and Sons. Inc. New York, 1982:323-325.

长，组织才有新鲜的活力，事业蒸蒸日上。无论在任何时代，一个杰出的领导者必定是一个高明的授权人。充分授权是领导群体的最佳手段。"领导者把处理事情的责任交给属下的同时，也需要赋予权力给属下。

（3）执行计划

将计划付诸实施时，难免会遇到内在（自己）及外在（环境）的阻力。除了克服自己本身的问题外，还要善于利用外在环境来帮助目标的完成。

1）态度积极 主要表现在：计划是要在执行中逐渐完美的；养成快速的节奏感；随时鼓励一下自己。

2）适当调整进度 计划执行时，通常会因为某些因素而不能完全按照原计划进行，因此适当地调整进度是必要的，但在修改进度时需要配合各阶段的目标。

3）适当的工作环境 工作的物理环境，如灯光、音乐、温度、湿度等都会影响工作绩效。比如：工作环境中的噪音会使个体紧张、兴奋，当个体处于95-110分贝噪音环境下，会发生血压上升、心跳加快、瞳孔扩张，即使在噪音停止后的一段时间内，血管仍处于紧张状态。长期在噪音的环境中，血压会变高，肌肉会紧张，甚至会出现心脏病。因此，我们要想有效地提高工作效率，就应该选择适合当前工作要求的环境。

4）工作空间的规划 工作空间的规划以方便、实用为原则，当然也要考虑受干扰的因素。工作空间中要配齐工作必需的设备，如书桌、档案柜、书架、文具等。

5）善用利器 科技的进步，给人类带来了许多可以节省时间与精力的工具。电脑、网络、传真机等都是现代人的宠物，电脑的效率高出人类好几倍，一部传真机可以缩短信息传达的时间。因此，只要确定这件工具对你的工作有益，就应该投资。记事本虽非"文明"产物，但其功能不亚于任何利器。有时在脑海中突然浮现出来的一些想法，任其消逝是很可惜的，要学会随手记录，以后再翻阅时可能会获得很好的灵感。除此之外，随手记下该做的事，不但可以备忘，也能减轻大脑工作的负荷。

6）养成有条理的习惯 据统计，一般公司职员每年要把6周的时间浪费在寻找乱推乱放的东西上面。这意味着，每年因不整洁和无条理的习惯，就要损失近20%的时间。[①]因此，要节约时间就应该养成有条理的习惯，把同类的文件或者物品归类，减少用于翻找物品的时间。

7）寻找自己的生理节奏 生理节奏因人而异，有的人适合白天工作，而有的人在晚上的工作效率更高。因此，时间的恰当运用，还在于掌握自己的生理节奏，从而安排适合身体节奏的工作。具体来说，就是在精力最充沛的时候去做最重大的事情；精力不济的时候，则可以去做一些较不重要的事情。能将生理节奏与工作的轻、重、缓、急紧密结合，就会事半功倍，相反，就会事倍功半。

---

① 李践. 做自己想做的人［M］. 北京：中信出版社，2000：182.

本节内容图表解说

见图 5-2。

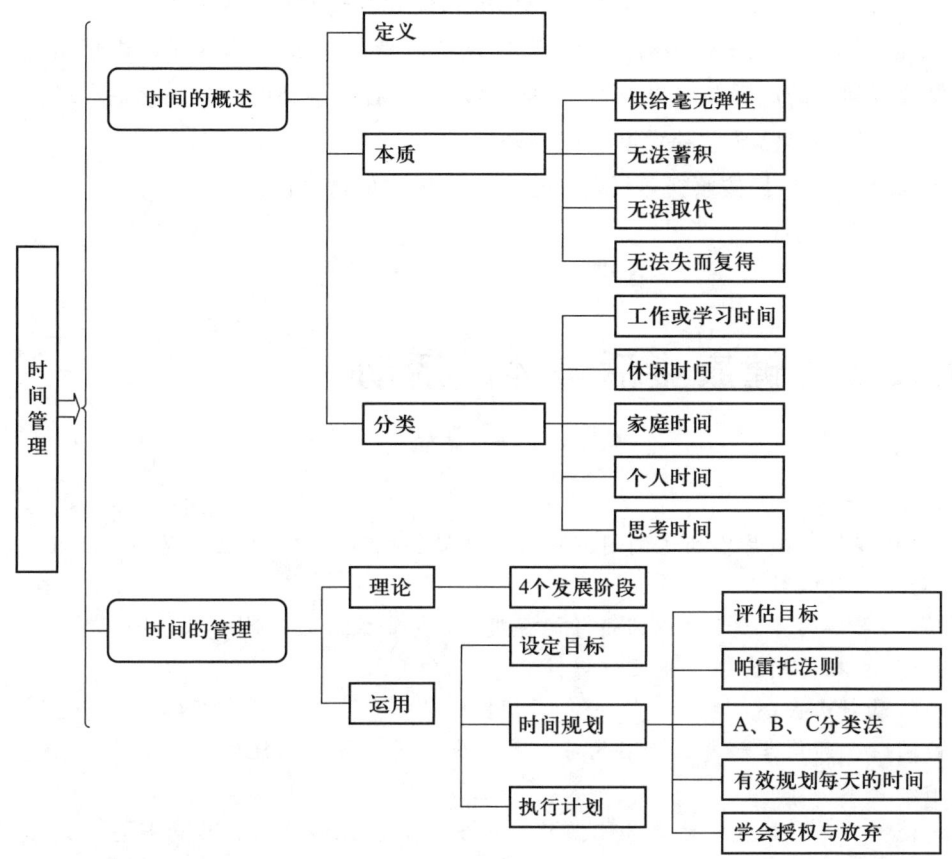

图 5-2　第五章第一节内容图表解说

动动脑

- 除了以上提到的有关时间的谚语，请自己再搜集相关的资料，并写下来与大家分享。
- 请参看斯蒂芬·霍金（Stephen W. Hawking）所著《时间简史》，再谈谈你对时间的认识。
- 为什么不同的人对时间的感觉不同，有的觉得快，有的觉得慢？同一个人在不同的年龄、不同的环境也会对时间感觉不同，小时候觉得时间很慢，长大后会觉得很快；在黑暗和等待的时候觉得时间很慢，在游玩和与恋人在一起时又觉得时间太快，为什么呢？
- 有人说：浪费别人的时间等于谋财害命，浪费自己的时间等于慢性自杀。你认同吗？为什么？

体验活动

找出纸笔，静下心来，写出以下内容：

1. 用两个小时的时间思考并将自己以前的目标和现在的目标写下来。

2. 以前的目标实现了吗？有些为何未实现呢？请在未实现的目标左边写出导致你迟迟不开始处理问题的原因及结果，右边列出目标完成后可得到的好处。然后，夸大右边列出来的好处，鼓励自己马上着手追求"好处"。

3. 将未实现的目标按照轻重缓急标出，并写出为何这样区分。

第二节　健康生活与休闲活动

徒弟去见师傅：

"师傅！我练习射箭已经达到超越前人的境界，就算后羿①再生，恐怕也不及我。"

"你的臂力强吗？"

"当然！七石的弓（古时以石论弓的强度），我常拉满几个时辰不放松。"

"好极了！把箭射出去，越远越好！"

徒弟将箭射出去。

与此同时，师傅拿起自己六石的弓，也射出一箭，结果比徒弟要远很多。

徒弟十分不解。

师傅说："强弓要虚的时候多，满的时候少，才能维持弹性，成为强弓。总是拉紧的弦，不可能射出有力的箭。"②

从这个故事可以看出，除了努力坚持之外，有效的放松同样重要。

现在，休闲活动已经成为人们生活的重要组成部分，也逐渐成为衡量生活品质的重要指标。有学者指出：争取有闲是生产的根本目的之一，闲暇时间的长短与人类文明的发展是同步的。做好休闲规划，是健康生活的一种方式。

一、休闲的定义和功能

1. 定义

对于"休闲"这一概念的一般观点是：休闲，相对来说是指由自己决定的，根据可随意支配的收入、时间和社会行为而开展的现实可行的活动和取得的经验；这些活动可以是

---

① 中国古代神话故事中的神箭手，有神话故事《后羿射日》。
② 改编自：刘墉. 成长不设防 [M]. 武汉：长江文艺出版社，2005：42-43.

身体的、智力的、自愿的、创造性的或以上四项的结合。本书认为，可从三个角度来定义休闲（Leisure），即时间、活动及心理状态。

（1）从时间定义休闲

休闲是指生活领域中除去工作及必要的生理时间以外剩余的那段时间，是人们在履行社会职责及各种生活时间支出后，由个人自由支配的时间。在这段时间内，人们不受制于任何外界加诸自身的义务。

（2）从活动定义休闲

休闲指的是完全不受外来压力所迫，从个人谋生、社会责任摆脱出来，而从事自己喜欢的活动。休闲纯粹是为了内在的满足，而不是把它当作赚钱、谋生、竞争等其他外在目标的手段和途径。

（3）从心理状态定义休闲

休闲是指不急躁的、平和、愉悦的心理状态。由于从个人谋生的外在压力下摆脱出来，在精神上具有升华、超脱的一面。

从休闲的定义里，我们可以了解到休闲所强调的核心是自由，包括时间上的自由与精神上的自由，不存在任何强制性，而且休闲活动本身就是目的。因此，休闲的消极特性是脱离开社会责任，是个人自由选择的结果，其动机不在于获得，也不存在某种功利的目的；而休闲的积极特性是个人在休闲时自我实现的完成。

（4）休闲的扩展内涵

与"休闲"相近的名词有"休息"、"游憩"、"旅游"、"观光"等，这些都扩展了"休闲"的内涵。

2. 功能

现代学者对休闲多抱着正面与肯定的看法。普通民众在现代社会的巨大压力下，也越来越认识到休闲的重要意义。一般而言，休闲的功能可以归结如下：

（1）促进身体健康

生物体本身具有生物钟（Biological O'clock），因此人类生活有其自然的节奏（Rhythm），人不可能处于无休止的工作和创造之中。古人讲"张弛有度"，我们在学习或工作一段时间后，必须要有休闲活动，来维持身体的正常功能。这样才能为投入下一轮的学习或工作储备足够的能量，更好地进行创造活动。可以说，休闲是人类身体的自然需求。过去有人把有假不休、超负荷工作当作美德，这导致一些优秀人才，比如知识分子和企业家身心俱疲、甚至英年早逝。

（2）促进人际交流

借助多样有益的休闲活动，我们可以扩大自己的社交圈，增进人际交往的技巧，认识各行各业的朋友，甚至找到志同道合者。而且，休闲中的人际交流比较随意、自由、多样，可以拉近人与人之间的距离，促进情感交流，消除相互之间心灵的隔阂。其乐融融的人际交流有助人的心理健康。

（3）缓解学业或工作压力

学习或工作在时间和内容上总是有一定的限制，容易让人产生厌倦感，而休闲活动让我们从重复、单调的学业或工作中解放出来，获得喘息的机会，可自由地支配自己的身体，放飞心灵，从而享受无拘无束的轻松。

（4）启发智慧、激发创造力

由于休闲中解除了压力，人们有更多机会接触新事物、新思想，从容自由地进行冥想和各种探索，这常使人心智变得清明，涌现许多新奇的灵感。历史上有不少科学家、思想家、艺术家的发现和创造不是在工作时得来的，而是在休闲中峰回路转、茅塞顿开。

（5）拓展学业或工作的资源

人们可以通过休息重新获得充沛的体力，更加精神饱满地参加工作和学习。在此基础上，人们还能利用闲暇时间接受新知识、新技巧、新文化，不断学习，为自己进行各方面的"充电"，促进原有及未来工作或学业的进展。

（6）完善自我

在自由支配的时间里，人们可以腾出更多的时间去探索更广阔的领域，进行心理、文化素养、智商、情商、享受能力等方面的新投资，由此提升人的价值，激发人的全面才能。这正是借休闲以完善自我。

（7）促进自我实现

有了充裕的闲暇，就等于拥有了自由，可充分发挥自己一切爱好、兴趣、才能。在这个自由的天地里，人们可以不再为谋取生活资料而操劳奔波，个人在艺术、科学、思想方面的才能获得发展，潜能获得发挥，个人理想得到实现。马斯洛的心理需求理论告诉我们，人最高的需求就是"自我实现"，休闲恰恰是人实现自我的一个重要途径。

（8）增进社会福利

近些年来，有人还从人文关怀的角度丰富闲暇时间的内涵和外延，比如参加志愿者活动、慈善捐助、社会救助、宣传环保等，鼓励人们把自我发展和承担社会责任联系在一起，以此营造充满温馨的、友善的、公益的、互助的社会氛围，增强社会的凝聚力、亲和力，增强人与社会的和谐发展、人与文化的共生共荣。

二、休闲活动的分类

休闲活动项目繁多、种类不一，学者们用来分类的方法与角度也不尽相同。目前美国常用的分类法，是按性质将休闲活动分为9大类，下面分别举例说明并解释其价值：

（1）运动与游戏

举例：射击、跑步、跳绳、划船、骑马。

价值：参与这些活动，首先是锻炼了身体，促进身体健康；此外，也增加了参与者的社交机会、安全感以及团体的归属感。这类活动对身与心的健康都是有好处的。

（2）音乐

举例：听合唱团唱片、作曲、管弦乐、现场演唱。

价值：音乐可以安抚情绪、温暖心灵，对人们的情感有很好的激发和引导作用，会升华精神，由此改变一个人对生活的感受，甚至行为。

（3）户外活动

举例：露营、生态保护研究、攀岩、钓鱼、星象观察。

价值：通过活动亲近与了解大自然，学习户外生活技能，既增进生活体验，又能获取有关大自然的知识。

（4）社交性活动

举例：派对、俱乐部、聚餐、访友、会议。

价值：参与者在社交活动中可互相建立友谊，增进与人打交道的能力，培养人际交往的健全的感受。这样的休闲可使参与者不只限于家人或亲友的老社交圈，而有机会结交各种新朋友，使生活更充实丰富。今天的社会里，与别人交往以获得友谊、获得别人的认同和尊敬，也是个人心理需要的重要方面。

（5）艺术与手工艺

举例：绘画与书法、雕塑、皮革、烹饪、纸艺。

价值：人类天生具有创作的欲望，艺术与手工艺活动就能满足这样的表现欲，能培养人的动手能力，进而培养心、手的协调感。而且，艺术创作更能表达个人的情感、风格、文化修养，使个人在创作过程中获得自信与认同。

（6）舞蹈

举例：民族舞蹈、社交流行舞、芭蕾舞、健身操、交际舞。

价值：舞蹈可自由表达人的情感，使肌肉强健，仪表姿态优美，此外，能增进社交社会与文化交流。可借助舞蹈与他人交流情感，也可通过舞蹈训练而增加自己身体的表现力。

（7）戏剧

举例：实验剧场、歌剧、木偶戏、讲故事、朗诵。

价值：每个人与生俱来都拥有两件可以随时表达自己的工具，那就是声音与躯体，戏剧就是为这两件工具的运用而产生的。参与演戏或者当众朗诵诗词、文学作品，可以让人获得难得的体验，学习在公众面前表现自我、调控场面的能力。同时这也是让他人认可自我的最直接方式之一。

（8）智力、文艺活动

举例：阅读、写作、拼图、演讲、通信。

价值：这类活动能培养创造性的思维，能增进智能的运用。每人的经验总是有限的，改变这种状况的最有效方式就是阅读。阅读就是在与历史上伟大的作者进行对话，可提升自己的思想境界，增进对于世界的理解。这其实是分享人类中那些优秀人物的智慧和经验。而要让自己的经验为别人所分享，写作、演讲、通信就是很好的方式。这些都是自我表达的手段，用语言、文字的形式把个人的体验凝固下来，传递给他人。与人分享自己的思想乃至情感，这是一件愉悦他人也愉悦自己的好事。

（9）特殊嗜好与兴趣的活动

举例：集邮、养宠物、上馆子、聊天。

价值：嗜好指一个人特殊的爱好，它往往可为一个人带来深刻且长久延续的兴趣。这会使人感觉生活充实，常可满足自己心理上的需求而不太需要外界的刺激。借助良性的嗜好，个人能获得新的知识及技能，有可能因此涉足另一职业，甚至可使之成为终身有益于生活的艺术。

随着现代科技的发展，休闲活动变得更加丰富多彩。这种变化也为休闲活动的选择提供更加广阔的空间。比如，轮滑，蹦极，徒步旅行，陶艺等。

三、休闲的管理

人们平均每天可自由支配的休闲时间，即使保守估算，也占去了每天生活的 1/5 强，且这样的时间正逐年增加。从全社会公众的休闲时间总量来看，每天所花的时间总量是惊人的，如果妥善加以利用，可以成就伟大的工程，创造难以计数的物质和精神产品；若只以个人来看，每天将近 5 小时的自由时间，一年就是 1800 多小时，一个 20 岁的年轻小伙子，算到 60 岁，他将拥有超过 72 000 小时的自由时间。

很显然，如何度过数量如此巨大的休闲时间是一个需要慎重对待、认真管理的问题。在规划之前，我们还需要考察一些影响休闲活动的因素，这将对我们选择适合自己的休闲活动大有帮助。

1. 影响休闲活动内容的因素

个人参与休闲活动，会受到某些特定因素的影响。这些因素可分为个人、社会与生态环境三类，了解影响个人休闲选择的各项因素，将有助于个人评估与选择适合的休闲活动。

1）个人因素　主要包括性别、年龄、个人特质、个人对休闲状况的了解等。

2）社会因素　主要包括所从事职业类别、收入、受教育程度等。

3）生态环境因素　个人居住地区、居住环境与自然资源的不同，所呈现的休闲类型会随之不同。例如，居住在海边的人，游泳的比例比居住在山区的人自然要高；而住在公园附近的人就常有散步的习惯。

2. 休闲活动的管理实务

根据个人的喜好以及现实条件（时间、经济、场地等方面），包括社会因素和生态环境因素，每个人都可以规划自己的休闲活动，以有效、合理、充分地利用闲暇时间，促进自身的全面发展。

在从事某项休闲活动之前，做好前期的准备工作非常重要。这是休闲得好、休闲得有质量的保证。

以登山露营为休闲活动为例，前期准备需要注意的工作如下：

1）寻找参与人员　登山露营活动是属于一种团队的活动，有志同道合的伙伴共同参与，将使整个活动更为圆满、出色。最便利寻找伙伴的方式是参加社团或相关组织，此外，三两好友若体力上皆能负荷，共同组队也不错。可以根据需要来控制人数，一般来讲，人员不宜太多，太多的话在组织和管理上会费去很大精力，而玩起来又不一定能尽兴。关键是要找志同道合的伙伴来参与，使活动变成相互交流的平台。

2）时间安排　登山露营活动短则一天一夜，长则十几天。除非有长假，对于天数多的活动经常无法进行。故在规划时，要先根据个人假期的时间，估算活动的时间与天数，当然要选择同伴皆能配合的时间。活动前应尽量完成原来的学习或工作任务，不要让自己旅游过程中分心。

3）地点的选择　登山与露营的地点相当多，为使活动尽兴，可配合活动时间选择一个最适当的地点。考虑地点时需加以注意的问题包括交通、食宿、安全以及是否须事先申请等事宜。

4）经费来源　就登山露营活动而言，最主要的花费是交通与饮食，其余项目所费不多。活动的花费须事先预估，若花费太高，短时间无法负担，个人可以在活动前先行储蓄，积少成多。

5）与家人沟通　由于登山露营一般被视为危险性较高的活动，特别是要在荒郊野地过夜，家人多半持反对态度。在此情况下，如何与家人沟通就非常重要。在沟通时，需要举出安全的说明，如事前的计划、登山露营地的介绍、安全应变措施以及同行伙伴等等，还要把相关人员的联系方式告知家人。

6）其他　在出发之前，还需要特定的准备，如帐篷、背包、地图……

这里只是以登山露营活动为例，来说明实施某种休闲活动之前应有的准备。当然不同的休闲活动需要不同的准备，这要视具体情况而定。但是无论是何种活动，实施前做好准备都是十分必要的，这直接关系到活动的质量。

3. 休闲活动的未来展望

有人提出："21世纪是由休闲所主导的世纪。"到目前为止，我们的生活以及社会价值观，仍是以工作为重心，休闲是调剂；一个人的休闲方式，深深受到工作性质、地位、收入、经验所影响。未来的休闲方式，会更朝向完整的全面规划、深层的内心体验方向发展，人们不再只强调休闲的次数或频率，品质和满意度才是最重要的考虑。在这里，我们针对几个未来发展的趋势来做一探讨。

（1）未来是休闲细化的时代

目前我们所接触到的休闲主流，大部分是经过商业包装的产物，以及通俗化的大众传播。在这样的"大众化休闲"下，人们所寻求到的只是"流行的休闲"，未能真正根据个人的需要和兴趣，安排出不同的休闲方式。随着时代的发展，"分隔休闲人口"将成为休闲的未来主流。在这样的主流之下，不同的性别、年龄、收入、教育程度等都成为分众的一个指标，各组人口会依据自己的特点进行不同的休闲设计。因此，休闲将告别过去分散、个人式的方式，逐渐走向休闲团体的形式。

（2）休闲辅导及教育将更受重视

当休闲在我们的生活越来越重要的时候，"休闲辅导"也将在未来成为一门普遍被重视的课程。在小学、中学、大学以及成人教育里，如何形成休闲的能力和正确的态度，将成为一门学科。在休闲辅导教育中，首要的是激发休闲的兴趣和能力。

休闲规划是生涯规划中一个重要的组成部分，个人要依据自己的性向、兴趣，找出适合自己的休闲方式。而随着休闲观念的推广和深入，休闲将越来越多地被用于应对心理压力以及各类调适性的辅导工作。

本节内容图表解说

见图5-3。

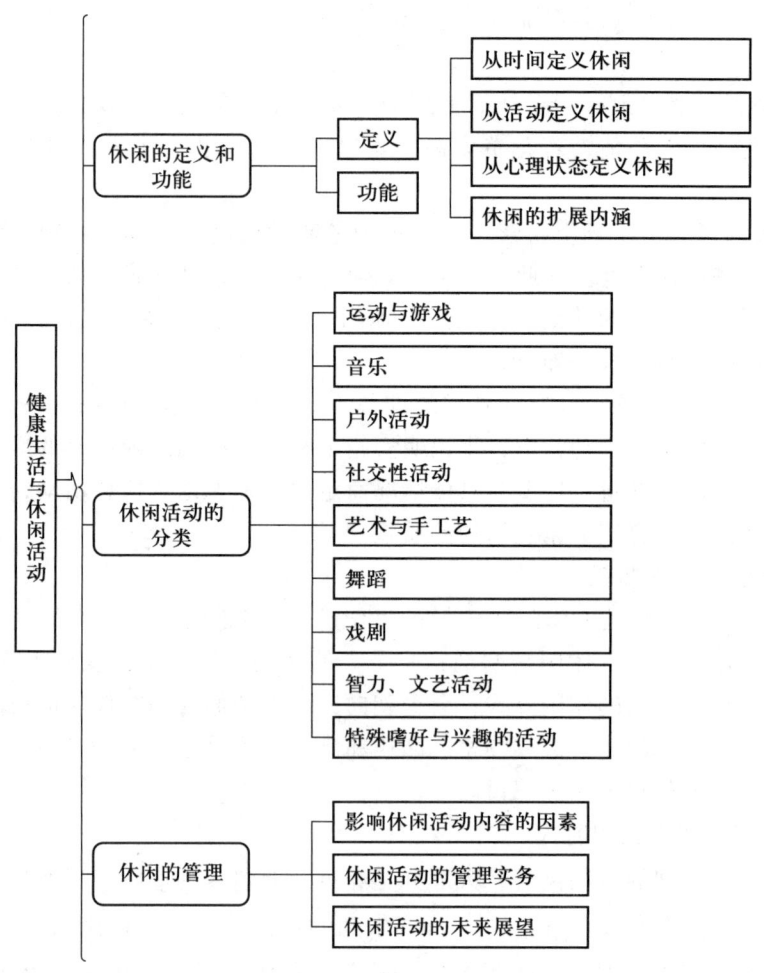

图5-3 第五章第二节内容图表解说

动动脑

• 根据你个人的观察和对有关信息的了解，中国居民目前主要从事哪些休闲活动？你认为该如何休闲得更合理？

• 通过你个人对休闲现况的观察，请以一个你很感兴趣却很少从事的活动为例，评估你无法从事此活动的原因，并针对各个原因提出你的改善方法。要求：需列出活动项目，无法从事原因及改善方法。

• 除了书中列出的休闲的定义外，请你再查查其他对休闲的诠释；并请写下你自己对休闲的理解。

• 除了书中列出的休闲的功能，你还知道哪些休闲的功能？休闲对你个人来说最大的功能又是什么？

• 请根据你的观察，列举两个新型休闲活动项目，比如：瑜伽、太极拳等，并对这些休闲项目进行简要介绍。

体验活动

试以两天一夜的 20 人旅游为例，制定一个计划书。

第三节　压力管理

加拿大魁北克有一条南北走向的山谷。山谷没有什么特别之处，唯一能引人注意的是它的西坡长满松、柏等树，而东坡却只有雪松。

这一奇异景色之谜，许多人不知所以。揭开这个谜的是一对夫妇。有一年冬天，这对夫妇来到这个山谷时，下起了大雪，于是，他们支起帐篷，望着满天飞舞的大雪，他们发现，由于特殊的风向，东坡的雪总比西坡的大且密。不一会儿，雪松上就落满了厚厚的一层雪。不过当雪积到一定程度，雪松那富有弹性的树枝就会向下弯曲，直到雪从枝上滑落。这样反复地积，反复地弯，反复地落，雪松才能完好无损。但是其他的树却因没有这个本领，因此树枝被压断了。

妻子发现了这一现象，对丈夫说："我想东坡肯定也长过其他的树，只是因为不会弯曲才被大雪压坏摧毁了。"

生活中我们承受着来自各方面的压力，压力积累着终将让我们难以承受。这时候，我们需要像雪松那样弯下身来，释下重负，才能够重新挺立，避免压断的结局。弯曲，并不是低头或失败，而是一种弹性的生存方式，是一种生活的艺术。

达尔文（Darwin）曾经说过："能够生存下来的，既不是最健壮的，也不是最聪明的，而是最能够适应变化的物种"，这句话其实就凸现了压力管理在生存中的重要作用。从以上引述的故事中我们可以知道：对压力的有效管理是"生活的艺术"。

一、压力的本质

1. 压力的定义

不同的心理学派对压力有其不同的解释。行为心理学派认为压力是由刺激而引起的某种经过学习的反应；精神分析学派认为压力是人生早期时的矛盾冲突；社会心理学派认为是社会及文化的因素造成压力；认知心理学派认为压力起因于个人对事情的想法。基本上，这些解释都能说明压力的性质。

华赫特（Warheit，1972）综合以上数种学派，对压力下了一个定义："压力是因为心理的、社会的、文化的和生理的环境改变而引起的"，而"这些改变的情形会造成生理和（或）心理的负面影响。"[①] 还有一种定义比较接近行为心理学派的刺激反应理论："压力是个体预期未来可能发生的不安，或对威胁有所知觉，因而对有机体产生刺激、警告或使其活动。"[②]

而杰瑞德·科里（Gerald Corey，1990）的解释较易被一般人接受："压力是单一或连续引起身体及心理紧张的事件"。[③]

2. 压力的性质

压力自身所表现出来的性质，与压力的严重程度（Level of Severity）密切相关。这些性质包括：压力的重要性、压力的持久性、压力的多样性、压力的紧迫性以及压力的强烈性。

所谓压力的重要性，是指事件对个人有重要的意义及影响，例如：亲人死亡、离婚、失业，或生重病等事件，对个人的意义越重大，则压力越大。反之，如果是普通朋友或同事生病，则压力就不会太严重。

所谓压力的持久性，是指压力存在的时间愈久，其影响程度也愈严重，不但体能耗尽，且心理的负担也加重。

所谓压力的多样性，是指许多不同的压力在同一时间发生，对个人造成的影响远比这些压力分开来单独发生严重。

[①] Belkin, G. S. Introduction to Counseling [M]. 3rd ed. Debuque, LA: Wm. C. Brown Publishers, 1988.
[②] 石启瑶译. 免除压力的生活哲学 [M]. 台北：允晨生活用书，1985.
[③] Corey, G. & Corcy, M. S. I Never Knew I Had a Choice [M]. 4th ed. C. A.: Brooks / Cole Publishing Company, 1990.

所谓压力的急迫性,是指当压力逼近时,其影响程度将增加。

压力的强烈性,是指压力愈强烈,则个人会愈有困难去处理它。不过因为个人对压力强烈程度的认定是主观性的,所以多半人依据过去的经验及目前的感觉来判定压力的强弱。

3. 压力的来源

压力是如何产生的?一般来说,导致压力产生的因素有两个:心理因素和环境因素。

(1) 心理因素造成的压力

压力是一种主观的现象,取决于当事人如何想、如何解释与如何应付。在论及心理压力来源时,柯乐门、摩里斯和葛拉罗斯(Conleman, Morris, Glaros, 1987)曾提出了3种心理因素能带给个人压力,分别是:挫折(Frustration)、冲突(Conflict)及压迫(Pressure)[1]。当这些心理因素产生时,压力也随之而生。

(2) 环境因素造成的压力

事实上,在现实生活中还有许多压力来自于生活事件的改变,亦即外在环境的改变。许多研究证明,积极的社会和家庭关系能够缓和或减低压力对个人的影响;反之,没有人际关系的支持,或是缺乏外来资源的补助,会使得压力更加尖锐,同时削弱个人处理压力的能力[2]。因此,处在离婚或丧偶状态的人,因为孤立无援,其压力要大于那些被家人关心支持的人。

对于生活事件即外在环境改变带来的压力,最重要的一点是:不同的人对同一事件的反应可能会截然不同,但是压力的作用仍然不可忽视。在一项研究中,研究者有意让人接触到一种能引起普通感冒的病毒,结果毋庸置疑的证明:压力分数越高的人越容易被传染。

4. 压力的影响

我们一提到压力,常常会联想到紧张、痛苦、不安等消极的字眼。其实,压力并不总是负面的,也包括积极正面的。

(1) 压力的负面因素

压力对人体的负面影响是很大的,可以从轻微的不适到严重的疾病。"身"与"心"是连带的,心理的压力可以引发身体的疾病;而生理的问题也会带来心理的困扰。

研究证实,多数的身心疾病与压力有关。例如:胃溃疡、偏头痛、紧张性头疼、气喘、高血压、皮肤病、关节炎、消化不良、睡眠困扰、循环不良、中风及心脏病等,都很有可能是因为情绪因素及长期压力所造成的生理疾病。

---

[1] Corey, G. & Corcy, M. S. I Never Knew I Had a Choice [M]. 4th ed. C. A.: Brooks/Cole Publishing Company, 1990: 153-154.

[2] Carson, R. C., Butcher, J. N., & Coleman, J. C. Abnormal Psychology and Modern Life [M]. 8th ed. Scott, Foresman and Company, 1988: 141-142.

此外，压力也会带来工作效率和人际关系的退步，这是因为压力带来的焦虑情绪会影响我们在工作和生活中的行为表现。

压力也可能带来个人适应力的降低。因为压力会损耗过多的精神和体力，从而导致个人对周围环境的适应能力。

（2）压力的正面影响

事实上"没有压力就没有动力"。具体来说，压力给我们带来的好处有三：其一，有助于解决问题。只有在感知压力后，我们才会集中全部的精力来解决眼前的问题，也才能收到最大的成效。其二，可以满足人类寻求刺激的需要。人类天生具有寻求刺激的需要。尽管随着年龄的增长，这种需求会有所减退。但这种需求往往会在克服压力之后得到满足，因为没有任何压力的事件是不具备刺激性质的。其三：可以增强调适能力。在我们承受压力的同时，我们也在探寻解决压力的方法。当我们克服压力时，就会得到新的成长：增加自信，提高应对压力的能力，减少面临新压力时的恐慌等等。

因此，完全没有压力并不是件好事，同样压力也不是越大越好。一般而言，当压力可以促使个体集中注意力积极解决问题时，其影响就是正面的；一旦超过这个限度，成为个体的沉重负担，并且妨碍个体做出正确的判断和有效的行为时，其影响就是负面的。

（3）压力的容受度

个人忍受压力的能力也称作"压力容受"（Stress Tolerance）。这样的能力可以说是因人而异的，许多心理学家认为基因及天生的特质，会影响个人处理压力的能力。不过，一般学说也同意，我们从早期的家庭经验中可以学习如何处理压力。我们从小学习父母亲处理压力的模式，也在父母亲的教导中学习如何去思考及分析事情。[①] 因此，假如父母亲从小教导孩子乐观地去看待挫折，鼓励孩子有"天下无难事，只怕有心人"的想法，孩子便有自信去处理困境；长大后，也较有信心去克服及承受压力。同理，早期的创伤经验可能会导致个人在面对某种压力时，特别脆弱和不堪一击。

个人对压力和自己处理事件的能力的看法，影响着他（她）处理压力的方式。如果我们不确定自己有能力处理某种压力，我们就可能经历较多的威胁。再者，如果我们面临的新的改变是未曾预料的，例如：意外车祸，则在缺乏准备的情况下，我们会有极大的压力。但是，如果某种压力是我们自愿选择的，那么我们就有信心去处理和克服它。[②]

正如毕淑敏所说："其实，适当的压力是保持活性的重要条件。如果空气没有了压力，

---

① Corey, G. & Corcy, M. S. I Never Knew I Had a Choice [M]. 4th ed. C. A.：Brooks/Cole Publishing Company, 1990：412.

② Carson, R. C., Butcher, J. N., & Coleman, J. C. Abnormal Psychology and Modern Life [M]. 8th ed. Scott, Foresman and company, 1988：141-142.

我们的呼吸就会衰竭；如果血液没有了压力，我们的四肢就会瘫痪……"20世纪的石油英雄王铁人也说过——"井无压力不出油，人无压力不进步"的豪言壮语。

只是压力需要适度。比如冬日里柔柔的阳光照在身上，这是一种轻松的压力，让我们温暖和振奋。设想这压力增加10倍，那基本上就成了吐鲁番酷热的夏季，大伙只有躲到地窖里才能过活。假如这压力继续增加，到了100倍、1000倍的强度，结果就是焦炭一堆了。"①

二、压力的反应

1. 不同层面的压力反应

个体面对压力时的反应，一般可以分为：生物层面的反应、心理层面的反应和社会文化层面的反应。在生物层面，个体遇到压力时，免疫系统会抵抗疾病；在心理层面，个体会学习适应的模式、产生自我防御的心理并寻求亲友的支援；在社会文化层面，可以利用团体的模式来共同面对压力，如工会及其他组织。

2. 处理压力的模式

在处理压力时，个人会有两种挑战：第一是要达成压力源的要求；第二是要保护自己的心理不受到损害。所以人们在这两个挑战间努力，既要解除压力，又要保护自己。通常有任务取向（Task-Oriented）和防御取向（Defense-Oriented）两种处理模式。②

（1）任务取向

当个人觉得有把握处理压力时，通常的反应倾向于任务取向，也就是以直接行动去解决并达到压力源的要求。基本上，这表示个人同意并接受这一压力，而且采取行动去找出最好的解决方式。任务取向的反应可能包括改变自己或外在环境，或二者同时进行。例如：职业女性最常碰到家庭与事业无法兼顾的压力，其反应可能是改变家务调适方式，请丈夫多帮忙或请佣人等，这是改变外在环境；另一种方式则是降低自己对事业的要求，慢慢以家庭为重心，这是改变自己。

（2）防御取向

当个人感觉无法处理压力且深受威胁时，会倾向于防御取向，也就是保护自己不受到伤害，而不是采取行动来解决压力。一种类似"心理损害复原机能"（Psychological Damage-Repair Mechanism），以哭泣、反复诉说及悲伤等过程来应付压力。另一种是以弗洛伊德的心理防御机制（Psychological Defense Mechanism）来应付压力，但这种方式较易造成不良的适应行为。所谓心理防御机制，指的是任何一种用以回避、否认或消除那些引起焦虑或威胁感的因素的技术。下面是一些常见的心理防御技术。

---

① 毕淑敏. 休息，休息一下. http://www.xishu.com.cn/haoshu/2004-1/47.asp [OL].
② Carson, R. C., Butcher, J. N. & Coleman, J. C. Abnormal Psychology and Modern Life [M]. 8th ed. Scott, Foresman and company, 1988：145-147.

1）否认（Denial）　　这是心理防御机制最基本的表现方式之一。通过拒绝接受或拒绝相信那些引起焦虑和压力的信息而把自己从不愉快的现实中解救出来。这种防御机构的功能在于保护个人不在瞬间被极具威胁的事实打倒。

> 假如你被告知有个朋友或亲人突然死亡，你会说："不可能，你们搞错了！我不信！"或者你被告知得了绝症，只有三个月的生命，你会想：不可能吧，肯定是医生把别人的检查结果和我的弄混了。

在有关死亡、疾病和类似的痛苦经验中，人们常常会运用否认。

2）投射（Projection）　　是通过夸大别人的问题而转移个体对自己的问题的注意，从而减轻焦虑。如果一个人看到了自己的失败和缺点，就会感到焦虑。但是如果他通过无意识的活动把自己的邪念、缺点或罪恶的冲动投射到别人身上，就可能使自己从焦虑中解脱出来。比如：没有通过考试的同学，一想到还有同学比自己"挂掉"的科目更多，就会减轻压力。

3）合理化（Rationalization）　　是指为了给自己的行为提供解释而编造某些合理的、但不真实的理由的做法。

我们几乎常常自动、习惯地运用上述这些心理防御机制，却自己不知觉。虽然防御机制的确有积极的作用，它可以保护个人在严重的情况下不至于受到伤害，从而使人有机会学习和寻找更为有效地解决问题的方法。但是其消极性质却十分明显：一方面，为了控制焦虑，人需要花费大量的精力来维持一个虚假的自我形象，从而扭曲事实、自我欺骗；另一方面，这种方式也可能会严重阻碍个人采取行动来解决问题，从而使人变得缺乏适应能力。

3. 压力反应的效应

压力的反应也可看作是，从无效适应到有效适应的连续过程。有很多反应不一定是完全无效或完全有效，而是介于二者之间。在此，只讨论无效和有效的适应行为。

（1）无效的压力反应

如果个人应付压力的行为是无效的，又长久持续下去，对生理和心理都会造成伤害。无效的压力调适方式有：自我防御行为、药物滥用及酗酒，最后导致的结果是个人身心俱竭（Burnout）。

（2）有效的压力反应

为了有效地调适压力，首先要做的事就是面对自己的问题。韦顿（Weiten，1986）提出：具有建设性的压力调适方式应该包括以下几个特点：

① 有效的调适方式是直接面对问题的；

② 有效的调适方式是不离开现实世界的；
③ 有效的调适方式是准确和真实评量压力情况，而不是扭曲事实；
④ 有效的调适方式是学习认识压力，并拒绝用有伤害力的情绪反应去处理压力；
⑤ 有效的调适方式是意识清楚，且理性地去评估选择可行的行动；
⑥ 有效的调适方式是不采用不实际的想法，也就是不异想天开。

三、压力的调适

1. 压力缓冲盾

首先我们来看图 5-4，你看到的是一个盾型的图案，这个盾的内部被划分为 5 个区域，这就是压力缓冲盾（Stress Buffer Shield）。它代表的意义是，如果我们能运用这 5 个区域中的资源来调适压力，就好像我们手拿了一个盾来保护自己不受到压力的伤害。

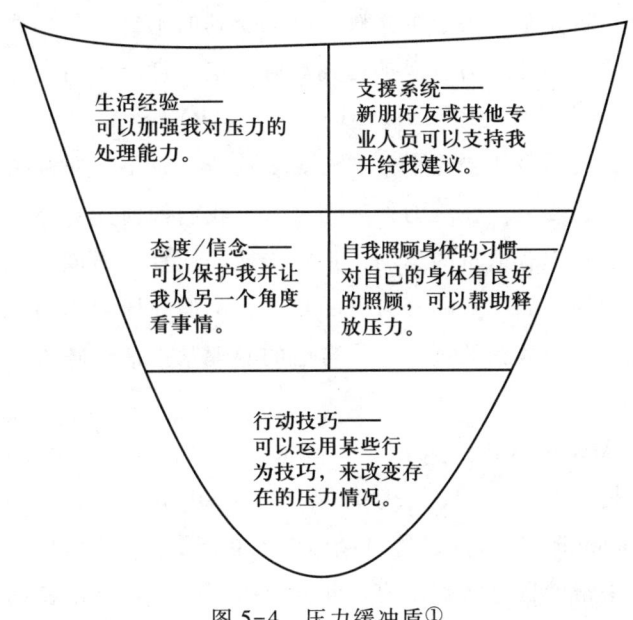

图 5-4　压力缓冲盾①

（1）生活经验（Life Experience）

我们可以由生活中学到很多经验。当个人的年龄越大、接触到的社会与世界层面越广、经历的事情越多并且越复杂时，生活经验也就变得越丰富。这些生活经验可以使得我们在面临压力时有多种解决方式可供选择，从而缓冲心理压力。因此，要抱着开放的心胸和积极的生活态度，允许自己接纳与自己不同的人、事、物，这是一种很好地增加自己生活经验和见闻的方法。

---

① Bruno & Leonard. Structure Exercises in stress Management [M]. Vol. 1. MN: Whole Person Press, 1983: 72.

(2) 支持系统（Support System）

个人与社会是一体两面、相互依存的，个人无法离开社会而独存，社会也不能没有个人而存在。我们从小在家庭、学校和社会三大系统中获得社会化和成长，我们必须要与他人互动才能生存。因此，个人周围的支持系统，如：亲人、朋友、同事、团体和组织等，都能在自己处于压力时给予帮助，不论是心理支持还是物质资助，多少能缓解一些压力。其他如社工人员、心理咨询人员或专业研究人员，都是个人支持系统中的资源，可以加以利用。

(3) 态度/信念（Attitudes/Belief）

态度和信念是属于认知（Cognitive）层面。美国理性情绪治疗（Rational–Emotive Therapy）大师阿尔特·艾利斯（Albert Ellis）[①] 认为，人先有思考、再有行为、再产生情绪。人之所以变得不愉快，是因为他们有错误的或不现实的信念。为什么同一件事，不同的人会产生不同的反应，那就是因为他们对这件事的解释不一样。从认知心理学派的角度来看，压力情绪持续与否完全取决于个体对自身感受到的不舒适作何解释。所以，正面的信念、积极的态度对缓冲心理压力、保护自我具有一定的肯定作用。

(4) 自我照顾身体的习惯（Physical Self-Care Habit）

在面临压力时，我们的身体要比平常支付更多的体力，不但肌肉紧张，身体某些部位也因为持续的使用而倍感疲乏。在压力处理完之后，我们如何让身体恢复过来？平常生活中我们又如何照顾自己？你有适量的运动、正常均衡的饮食、适度的睡眠、定期的健康检查和休息吗？如果我们知道如何照顾好自己的身体，不但在压力期间个人可以拥有充沛的体力去应付，而且也会运用放松的技巧，使自己的心理紧张情绪随着身体的放松，逐渐抒发出去。

(5) 行动技巧（Action Skill）

有效的适应技巧是需要学习的，一般像冥想（Meditation）、放松（Relaxation）、静坐及治疗性按摩（Therapeutic Massage）等可经由专家指导，自己反复练习。在面临压力时，就可以运用这些技巧来帮助自己缓解压力。此外，也可改变自己不良的适应方式，学习更有效率的方法来做事，例如：不断学习新知识，以帮助自己下判断、做决策；学习实用的管理技巧，以协助工作管理及自己生活上的管理。其他如：散步、听音乐、赏花等活动，是因人而异的休息方式，也能减轻压力。

以上说的压力缓冲盾中的5个区域，是个人可运用于缓冲心理压力时的5个方向。有压力时，个人便可从过去的生活经验中寻找有用的资料，协助认清压力情况；周围亲人、朋友可以分担部分责任或提供相关的支持和援助；应思索这些压力事件带给自己的意义及正面的挑战；在疲惫时可运用某些方式使自己恢复体力，并用某些行动技巧使自己能够达

---

① 阿尔伯特·艾利斯：美国临床心理学家，理性情绪疗法的创始人。

到事半功倍的效果。

2. 放松身体压力

使用放松技巧（Relaxation）的目的在于通过身体肌肉的松弛及神经系统的舒缓，渐进地达到心理平衡，从而能更有效地处理压力情况，而并非手忙脚乱和精疲力竭。梅森（Mason，L. J. 1985）认为学习放松的优点是："每天20分钟的深度放松可以帮助你的心理成长、改善你的健康情形、使你情绪稳定，甚至可以增加精神上的觉察（Awareness）。你将更有效地运用自己的精力，也将更有时间与家人和朋友相处……"[1] 正如梅森所述，只要我们能认真地学习放松，并且好好地照顾自己，这将有益于我们自己和家人的健康。

每个人可能有不同的放松方式，但应有技巧地通过肌肉的松弛和神经的舒缓来达到放松的目的。有两种方法：其一是运用默数并配合想象来放松；其二是运用吸气、吐气渐进地放松身体的肌肉。最好选择在一个安静的房间，平躺在床上或坐在沙发上进行。运用这两种放松的技巧来处理压力，是有效又实用的方法。你可以在许多场合练习放松。每天大约花20到30分钟的时间做放松运动，经过一段时间的练习，便能察觉到自己身体每一部位的紧张，并且可以随时放松身体的任一部位。放松运动能帮助我们在紧张时平静下来，而后有稳定的情绪来处理压力。因此，这种放松运动的最终目的在于帮助个人控制紧张，最终要达到的效果是：在短时间内能进入全然的放松状态，并让紧张很快随之而去。不过，这需要多次练习才能达到。

3. 压力处理方式

（1）人格特质

依据弗里德和阿摩（Friedman and Ulmer，1985）的研究，可以得出这样的结论：不同人格特质面对压力时的反应也大不相同。人格特质分为A型人格特质和B型人格特质。需要指出的是：这里所说的A、B划分，不是依据血型，而是性格。

A型人格特质（Type A Personality）的人雄心勃勃，勇于竞争，追求成功并富有奋斗精神。时常处于严重的压力之中，倾向产生敌意和攻击力。

B型人格特质（Type B Personality）的人不是时间的奴隶，也不是满脑子的成就和竞争；他们可以从容地工作、轻松地享受生活而不感到罪恶[2]。

因为A型人格特质容易造成工作及生活上的压力，故导致心脏病的发生比例大为增高。反过来说，B型人格特质不会有太大的压力，因此，得心脏病的比例少。

（2）建立良好的人际关系

---

[1] Corey, G. & Corcy, M. S. I Never Knew I Had a Choice [M]. 4th ed. C. A.: Brooks / Cole Publishing Company, 1990: 166.

[2] Corey, G. & Corcy, M. S. I Never Knew I Had a Choice [M]. 4th ed. C. A.: Brooks / Cole Publishing Company, 1990: 163.

社会需求是人的重要需求之一。从与人的良性互动中，我们可以获得认同、解除寂寞、相互保护、共同成长。因此良好的人际关系是生活、工作、自我成长的助力。而不良的人际关系不但会使人沮丧，甚至会打击或摧毁一个人。

因此，人际关系既可以成为压力源，也可以成为疏解压力的重要途径。这中间的区分就在于你能否拥有良好的人际关系。

（3）适当的运动

运动不仅可以促进身体健康，也有益心理健康。有规律的运动可以减低压力和焦虑。

在生理上，运动促进脑啡（Endorphins）①的分泌使个体有舒适的感觉，而规律的运动可使胆固醇的储量增加，使身体能对抗压力。

在心理上，运动可使个人从焦虑的思想中抽离，甚至使人产生意识状态的改变。而且，经常运动的人会较经常地与他人接触，这也有利于缓解压力。

（4）接纳不完善的自己

压力有时来自于对自己的不满。自己期望值过高，或者是太过自卑，都会带来压力。事实上，没有人是完美的，只有自己接纳自己、肯定自己，才能使别人接纳并喜欢上你，也才能使自己活得自在轻松。

（5）学会倾诉

心中有"块垒"，不吐不快，是许多人在压力来临时的共同感觉。的确，过分压抑自己的情绪，并不是一件好事情。如果真的感觉压力难以承受时，不妨向你信赖的朋友吐吐苦水。这种方式可以使你的情绪得到缓解，也会得到朋友的分担和帮助。因此，倾诉也是调适压力的一种有效方式。

（6）音乐纾解

音乐在现代人生活中扮演的角色，已经由被欣赏的角色转变为一种功能了。音乐可以减轻生活中的压力，甚至许多负面的情绪也因而被纾解了。

有几种基本的音乐治疗法，比如创造性音乐治疗、自由即兴的治疗训练、分析式的音乐治疗、半口语式治疗、与其他表现治疗法配合等。

---

① 一种天然体内镇静剂。

本节内容图表解说

见图 5-5。

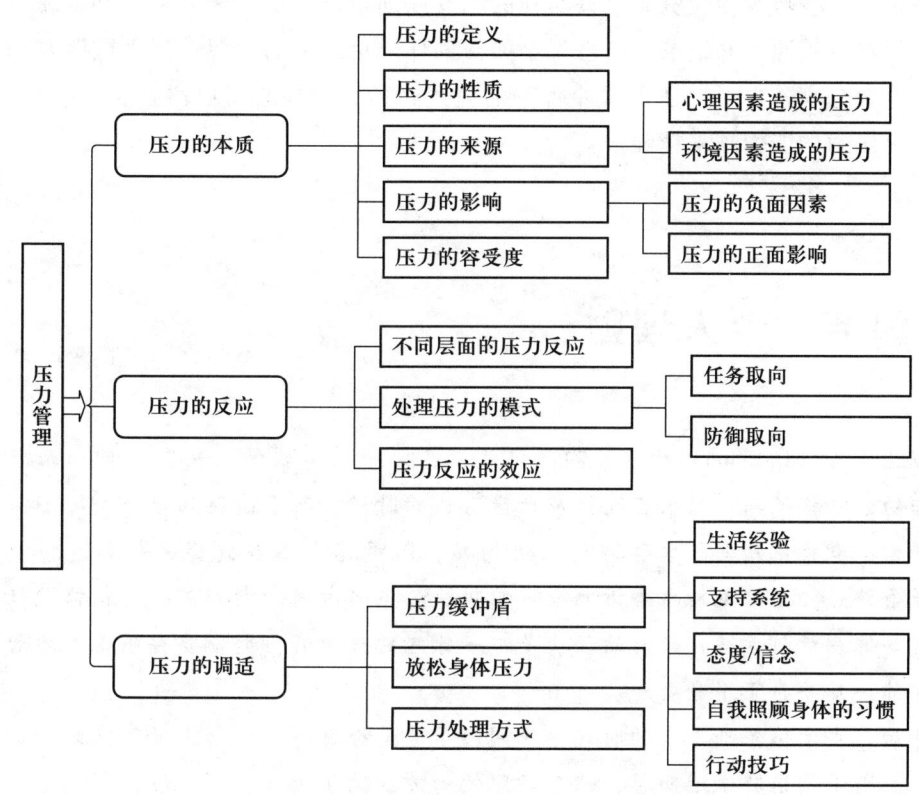

图 5-5 第五章第三节内容图表解说

动动脑

• 搜集压力正面影响和负面影响的寓言、故事或真实案例,并与大家一起分享。

• 面对雾霾和厄尔尼诺现象产生的压力,请分别列出不同的人对"压力的重要性、压力的持久性、压力的多样性、压力的紧迫性,以及压力的强烈性"的区别。

• 在文中我们知道个人面对压力时,有"生物层面的反应、心理层面的反应和社会文化层面的反应",请根据自己的亲身体会或者他人的案例举例说明之。

• 试着放慢节奏,把要做的事情做个计划,维持平衡,承认自己能力有限。遇到压力的时候,把自己的感觉写下来。找一件自己一直因为害怕和担心而没有去做的事情,试着做出一份适合自己的应对陈述清单。

体验活动

前面讲到的"压力缓冲盾"的构造，包括生活经验、支援系统、态度/信仰、照顾身体的习惯及行动技巧等5大资源。请与你的朋友或同学们一块讨论某种压力情境，反省自己周围所拥有的资源，并记录下自己每个能帮助你应付压力的资源。同学或朋友们可以组成小组，一块分享各自对"压力缓冲盾"的应用经验，交换心得以增强自己脆弱的部分，让自己抵抗压力的能力越来越强。

第四节　个人理财

根据巴比伦（Babylon）出土的陶砖记载，巴比伦最有钱的人叫阿卡德，而阿卡德的富有要归功于欧格尼斯。原来在欧格尼斯很有钱的时候，阿卡德还只是一个雕刻陶砖的工匠。有一天，欧格尼斯向阿卡德订购一块陶砖，阿卡德表示愿意连夜赶制，到天亮时完工，但是条件是：欧格尼斯要告诉他致富的秘诀。当阿卡德如期完工时，欧格尼斯实践了他的诺言。他告诉阿卡德：致富的秘诀是——你赚的钱中有一部分要存下来。不管你赚得多么少，你一定要存下十分之一。

一年后，当欧格尼斯再来的时候，他问阿卡德是否有照他的话去做，把赚来的钱省下十分之一。阿卡德很骄傲地回答，他确实照他的方法做了。

欧格尼斯就问：那存下来的钱，如何使用呢？阿卡德回答：我把存下来的钱借给了铁匠去买青铜原料，然后他每4个月付我一次租金。

欧格尼斯说：很好，那么你如何使用赚来的租金呢？你是否达到梦想中的财富？阿卡德说：还没有，但是我已存下了一些钱，然后钱生钱，钱又生钱。

欧格尼斯又问：那你是否向砖匠请教事情？阿卡德说：有关造砖的工作，请教他们能得到很好的建议。

欧格尼斯说：你已学会了致富的秘诀。首先你学会了从赚来的钱里省下钱；其次你学会了向内行的人请教意见；最后你学会了如何让钱为你工作，使钱赚钱。关键是要学会如何获得财富，保持财富，运用财富。

于是，阿卡德最终成为巴比伦最有钱的人……①

通过这则故事，我们可以清楚地看到阿卡德通过欧格尼斯学到的赚钱的门道，而这些

---

① 万庆.古巴比伦人理财五大金科定律！[J/OL].

门道其实就是我们今天所说的"理财"。由此可见,"理财"并不是什么高深莫测的新鲜事物。只是在今天这个瞬息巨变的时代,有效合理地运度财富已经成为一种时尚和必须,所以"理财"成为人们普遍关注的话题。

个人理财的时代已经到来。

什么是理财?理财与我们的生活有着怎样的关系?什么样的理财方式才能给我们带来更大的收益?

一、个人理财的重要性

1. 理财的定义

就个人支配、管理财富的角度而言,《四川经济日报》对"个人理财"的定义十分具有借鉴作用:"什么叫理财?就是对个人、家庭财富进行科学、有计划和系统地管理、安排。简单说,是关于赚钱、花钱和省钱的学问。"[①]

因此,个人理财可以诠释为研究个人资金如何筹措、分配、运用与管理的学问。简单地说,个人理财就是研究个人钱财的处理。只要有一丁点儿钱财,我们做了运用与处理,就是理财;即使目前暂时缺钱购房,可以申请银行贷款,这种活动也是理财。所以,凡是跟个人有关的财务管理都是个人理财。

2. 个人理财的意义

理财与每个人的日常生活息息相关,理财已经成为每个人生活的一部分。因为每个人从小到老,天天有"钱进钱出"的理财行为。只是,每个人的理财方式不同而已,有的人合理运度,有的人却随兴而为;有的人善于以钱生钱,有的人却习惯选择存储。不同方式的理财活动往往会导致差异的产生。

常听人说:"苏先生苏太太,两个人只不过是中学教员而已,收入不算丰裕,可是,人家现在不仅儿女长进,家庭生活美满,而且也有车子、更在市区拥有一套100平房子……家里设备应有尽有……夫妻俩也经常出国旅游……"

又听人这么说:"林先生林太太,两人也是中学教员,收入与苏先生夫妻差不多,可是不知怎么搞的,已经四十多岁了,到现在连房子都没有,还是跟人家租屋住,每到月底总显得捉襟见肘,钱不够用,还向人家告贷……"

以上两个实例,是真有其人其事,由实例对比中凸显出会理财与不会理财的结果。由此可见,是否具有个人理财的正确方法,攸关个人的一生。善于理财的人,不仅懂得去开源也懂得节流,因而改善生活,也提升了生活品质,且因此致富创业,成功地回馈社会、

---

① 转引自:人民网 [OL] http://finance.people.com.cn/GB/42877/42886/4325501.html

贡献社会。不会理财的人，终其一生，总是在为生活打拼，穷困潦倒，甚或妻离子散，家庭生活破碎，愁云惨雾，更可能因此铤而走险，身陷囹圄。

3. 个人理财的目的

总的来说，理财应能达到下列目的，方称得上好的理财之道。

1）增加财富，累积资金。

2）减少不必要的开销。

3）丰富物质精神生活。

4）免除后顾之忧。

4. 个人理财的一般原则

不同投资者的投资预期、财富多少和风险承受能力肯定不同。因此也要采用相应不同的投资策略。但在一些大的方面，绝大多数投资者的行动会大致相同。这些原则包括：

（1）量入为出。

这是投资成功的关键。要根据收入情况，合理安排各种支出，同时注意节省，进行储蓄并为将来的不时之需做准备。一个家庭不能将全部资金用于投资，而必须认真计算家庭未来的收入情况和投资产生的效益，以及会对家庭正常消费和生活质量产生何种影响。

（2）考虑自己的职业特征、知识结构与兴趣爱好

投资理财方式的选择应做到"三结合"，即结合自己的职业特征，选择业务熟悉又有把握的投资方式，并抓住时机，准确投资，减少或避免失误；结合自己的知识结构，以有利于增长知识，促进业务长进和事业发展；结合自己的兴趣爱好，从拓宽知识面和充实、丰富8小时以外的业余生活出发，使业余生活更充实。

（3）采用投资组合和注重投资的整体效益。

投资最好不要单一化，而应当选择几种投资方式，这样可防止一种投资出现风险时导致"全军覆没"而造成重大损失。

（4）有一定的应急储备。

个人的所有收入不应该全部用于投资之中，应该在银行里存上一笔钱，除用来支付所需的小额预算开支外，还要用来应付诸如房屋大修、看病等所需的大笔费用。一般个人的"易变现资产"的总和应调整到足以应付四至六个月的生活各项支出，这样在面临任何收入突然中断的危机时，仍有较充裕的时间面对困难。

二、正确的理财观

理财的目的在于学会使用钱财，使个人的财务处于最佳的运行状态，从而提高生活的质量和品位。从此种意义上说，理财应该伴随人的一生，每个人在开始获得收入和独立支出的时候就应该开始学习理财，从而使自己的收入更完美、支出更合理、回报更丰厚。怎样去理财？可以肯定，守财不叫理财，显财也不叫理财。要想能够真正深入彻底地领会理

财精髓，有必要在此澄清一些错误的理财认识。

1. 理财不是有钱人的专利

理财是有钱人的专利吗？答案当然是否定的。大多数人误认为只有"有钱人"才够资格谈理财，没钱人怎会有钱可理呢？其实不然，有钱人固然有钱可以理财，但没钱人更应该要设法理财。实际上，穷人比富人更需要理财。因为资金的减少对富人来说影响不是很大，而对穷人来说则恰恰相反，俗话说："吃不穷，穿不穷，算计不到一世穷。"

2. 理财的目的也为了享受生活

有人认为理财就是发财，是吗？不完全是，为什么？理财绝不是现代人所想象一夕之间即能成为暴发户，或是立即可以获得暴利的事情。如何有效地利用每一分钱，如何及时地把握每一个投资机会，便是理财所要解决的。理财不只是为了发财，而是为了丰富生活内涵。发财是个人理财其中的一个目的，有效、妥善地管理钱财，享受生活，丰富生活，并同步提升道德、文化与社会责任观念才是个人理财的重要目的。

3. 理财要有风险意识

人生旅途总难免会遇上各种风险，从个人投资理财角度看，要投资就不可能不冒风险；要避免投资风险，就难以获得投资的风险报酬。要根据自己对风险的承受能力，对风险和风险可能产生的报酬进行衡量以决定取舍。将风险可能形成的损害限制在可以承受的范围。

4. 理财要善于合作

一个成功的投资者要注意借用他人的智慧、资金来为自己生财。要善于利用别人的智慧和专长来为自己服务。美国人大多都有家庭投资计划，而这些投资计划都是聘请专业理财人士为其制定的。有关专业金融投资顾问的帮助，可使个人财产更好地保值、增值。所以利用咨询管理机构及专业人士的特长为自己打理钱财，会取得更稳健的效果。个人金融理财在西方发达国家十分普遍。包括个人理财服务和对私人贷款，其比重一般都占银行业务员的30%以上。

5. 理财要理智为先

勤俭节约是中国人的传统美德，但一味地穷攒也不是办法。在积累个人资产的初始阶段，应当选择一个基本没有风险的投资机构或方式，最好是采取储蓄的方式。但是经过了初始阶段，攒钱的理财方式是非常不可行的。理财不是要做苦行僧，当花的钱（包括娱乐）还是应当花。投资人在管好自己的口袋时，时刻得注意，任何投资行为都不应建立在省吃俭用的基础上。钱只有使用了才能体会到它的价值。所以，不能为了要进行投资而舍弃基本的生活需要。

三、个人理财计划

个人理财就是通过对财务资源的适当管理来实现个人生活目标的一个过程，是一个为实现整体理财目标设计的统一的、互相协调的计划。这个计划非常长，将贯穿人的一生。

个人理财规划包含了三层意思：首先要清楚自己有哪些财务资源；其次要对自己的生活目标有清醒的认识；第三，要有一系列统一、协调的计划。用现金流的管理把所有的计划综合在一起，协调所有的计划，并让所有的计划都能够满足自己的现金流，这就是个人理财的核心内容。

科学合理的投资理财前提必须具备两个条件：一是明确理财收益目标，并了解这些目标对于每个家庭的重要性或迫切程度；二是对现有的资金做计划投入，使目标的实现更具可操作性和现实性。究竟应该选择哪些理财工具，则与每个人的个性、心态、习惯、年龄、宗教信仰、所得、知识背景等有关，当然也与民族性、习俗、当时之社会风气、经济状况及相关法令规定有密切关系。

1. 设定理财目标

管好你口袋里的钱财，说起来容易，做起来却着实不易。首先要做的就是确定自己的目标。理财有目标，计划才会落实，付诸行动才有效。从另一角度来看，理财事实上也是设立并达成财务目标的过程。在美国，已有专业的财务规划师（Financial Planner）专门为有需要的个人做财务设计与规划。不过，只要个人愿意多花些精神，投入时间与心力，一样可以自己来设计一套理财计划流程，协助自己达成预期的理财目标。

理财目标的设定一般要求有以下几点可遵循：①清晰明确；②具体量化；③有主有次。

2. 制定个人收支情况表

要完成自己雄心勃勃的理财目标，你所面对的最大问题不是节流程序的烦琐，而是你不情愿改变原有的支出习惯。具体做法可以是首先写出家庭开支中需要削减的项目。节支应当从大的支出项目入手，例如度假计划、不必要的保险、慷慨的礼物以及购买新车。然后，再转向小一些的支出项目。一旦列出需要削减的项目，不妨打打小算盘，看看你每月到底可以节约多少钱。一段时间下来，你的经济状况已经大为改观。

除了以上所列的简单的预算收支表外，你可能需要做一些个人财产管理明细表，对你的各种存单、固定资产、保险单等进行明细登记，以做到心中有数，防止财产的无端流失。这些表格无固定格式，完全可以视个人喜好而定。

3. 理财计划的阶段划分

人的一生虽只有短短的几十年，但这几十年还是可以分成多个不同的阶段。人生的不同阶段所面临的境况是各不相同的，不同的阶段有不同的需要，因而理财重点在各个阶段也不尽相同。可以将人生分为7个阶段来定理财计划，7个阶段简单区分如下：

1）阶段一：筑巢期　通常指三十岁以下，这段时期的主要财务目标是购置房屋、结婚成家。

2）阶段二：家庭诞生期　第一个小孩出生，开始组成一般观念中的家庭。

3）阶段三：家庭成长期　家庭成员不再增加，整个家庭成员的年龄都在增长，一直到小孩上大学或专科学校，才结束这个阶段。

4）阶段四：子女教育期　子女上大学或读专科学校，父母则穷于筹措学费。如果上大学的不止一个人，财务的负担颇重。

5）阶段五：累积期　孩子差不多已独立，父母债务已逐渐减轻。而由于工作年资的增长，收入大增，快速累积财富。

6）阶段六：保守期　届于退休的前几年，投资和花费有必要更为保守，保守在本阶段特别重要。

7）阶段七：退休期　生活花费来自于退休金或过去的储蓄，已经不再靠工作赚取收入。最好把子女的奉养当作"额外的收获"，自己应有所准备。

以上各阶段的划分，因每个人尤其差异性的存在，不一定会一致。各阶段拟定计划与目标时，应该配合自己的生活内容和重心作调整，使计划容易达成。

美国权威理财专家马里·亚当（Mari Adam）说，"不要把预算看作怎么样才能不花钱的计划，而是看作让你了解你的钱花在什么地方的方法。这样，你就能做出选择。"计划就是要合理安排你的花费。有钱可以买衣服，可以出去吃饭、游山玩水。但一般拥有的钱不可能满足想做的所有事情，充分的计划才能使你的钱花在最该花的地方。

四、个人理财策略

个人理财主要是告诉你如何生财有道，使个人过得更好。如何赚钱，各有各的方式：有些人把钱存入银行；有些人拿去买股票、债券或投资基金；有些人投资房地产；有些人则投资邮市古玩等，不一而同。但其共同的目标都是想借此获得利益，使财富快速累积。不管以哪种方式进行投资，都必须对所运用的理财工具有所了解。

理财工具在今天社会里愈来愈五花八门。想要有胜算，就必须了解各种工具的内涵，所谓"知己知彼，百战不殆"。以下分述一些常用的理财工具。

1. 储蓄

将钱存入银行等金融机构赚取利息是个人最常见的储蓄方式。虽然银行存款的利率随通货紧缩会产生降息甚至征税，储蓄获利的空间相对比较。但目前储蓄仍是中国老百姓的首选。

储蓄具有风险小、方式期限灵活多样、简单方便、收益相对较低等特点。人民币储蓄按存款期限不同通常分为活期储蓄和定期储蓄两大类，定期储蓄可分为以下几种类型：整存整取、零存整取、整存零取、存本取息、定活两便和通知存款。

现在，银行卡已经成为我们日常生活中必不可少的金融工具。银行卡的功能涵盖了存取款、消费、投资理财、增值服务四大领域。除去存取款、消费两项基本功能，银行卡不但能炒股、买基金、买国债、炒外汇、自助贷款，还可以代缴水、电、煤气、手机、固定电话等费用，甚至还"管"起了不像是银行管的事，比如在各类消费场所，银行卡还能当作打折卡享受折扣优惠。该如何选择适合的银行卡呢？手续费、网点分布和功能等性价比无疑是借记卡和贷记卡含金量的最佳衡量标准。比如同为异地本行取款1万元，不同银行的取款手续费用差距会达百元。这意味着，如果可以巧妙使用银行卡取款，将能为自己省下不少不必要的花费。

2. 借贷

对于很多人而言，欠债是最令人头痛的事情，因此有格言："无债一身轻"、"无债即富裕"。所以，把借贷看作理财的一种方式，许多人恐怕难以接受。但事实上，借贷已经在理财中占据着越来越重要的地位。借贷可以缓解暂时的财务紧张，以实现购买行为和投资行为。只要这种行为的收益大于借贷的利息，可以带来现实的利润，借贷就不失为一种好的理财方式。

（1）借贷的目的

1）满足消费需求　如果暂时资金紧张，可以通过借贷来实现消费需求。时下流行的借贷购房，就是典型的例子。

2）协助个人投资　在日常生活中，我们经常会遇到巨大的商机，但是却往往苦于资金短缺。这时面临的就是两种选择：一是通过借贷，抓住商机，当然借贷必然意味着风险；二是放弃借贷，放弃风险，然后错失良机。这样，借贷就成为个人投资过程中的一种选择。

（2）借贷需要注意的问题

1）合理估计成本　借贷无论是帮助我们实现购买力、处理意外事件还是协助我们投资营利，都存在着一定的风险。因为借贷是和一定的利息联系在一起的。用于个人投资的借贷，风险系数就更大，因为投资方向的失误，将带来沉重的债务负担。因此在借贷之前，需要估算失败之后的偿还能力。

2）选择合适的借贷机构　一般而言，个人借贷大多在银行办理。那么通过成本核算，我们就需要选择适合我们的银行借贷业务。

3）讲信用　在借贷理财的过程中，个人的信用额度十分重要。在借贷过程中，借贷双方都面临着风险。借贷者面临着还贷的风险，而金融机构则面临着借贷人的信用风险。因此，金融机构在处理借贷业务时，首先会考察借贷人的信用额度。因此，借贷人一定要十分重视自己的信用记录。

3. 投资

（1）股票投资

股票是股份公司发行的一种企业所有权证书，其主要特性在于可以随时转让。股票有自己的价格，股票价格处于不断变化之中；股票一经购买，便不能退还本金，只能通过二级市场的交易转让，将股票兑现。股东所获的股息收入，完全取决于企业的盈利情况。

股票市场是一个风险较大的市场，有"一赚九赔"之说。个人资金进入股市，一定要保持良好的心态，要充分考虑自己的承受能力。同时对于证券知识，也要多加了解，多关注经济形势、行业状况等大的经济环境。

（2）债券投资

债券包括国债（中国称为国库券）、企业债券和金融债券。国债由各级政府发行，主要用于弥补赤字或扩大投资等；企业债券由一般股份有限公司发行，以筹措公司发展所需资金；金融债券则由银行发行。

国债信用风险极低，目前票面利率高于银行储蓄存款利率，又不征收利息所得税，收益率相对较高。工薪阶层大多忙于工作，很少有时间来进行市场投资分析和风险评估，投资购买国债及金融债券是一种普遍的安全的选择。

企业债券利率普遍较高，目前也无征税规定，收益较高，也是工薪阶层比较妥当的选择。

（3）投资基金

投资基金意指汇集小额投资人的钱，把小钱变大钱，交给专家去操作管理，使资金不断成长，收益则归原来投资人所有的一种理财工具。挑选基金时，要考虑收益率、评级、风险和支出比率4个因素。

（4）投资房产

在所有的理财工具中，最适合做中长期投资的是房地产。

住房可以说既是一种消费，也是一种投资。中国福利分房政策取消后，房屋已不再作为一种福利，而需要由个人花钱购买。"居者有其屋"一直是中国人和中国政府努力的目标，舒适的住房也是生活质量提高的重要标志。投资购买住宅一个比较好的策略方式是：设法了解城市的规划，选择那些规划规范较小、各项基础设施完善、正处在开发之中的项目进行投资。这类社区一旦开发建成之后，房屋的价值肯定要比当初所购买时的价格有增长。除此之外，房地产将来还是自己的重要资产，在出现不测时可以用于抵押。

置业就是投资。无论你是用来自住或用来出租，你所买的物业能否保值、升值，是确定此物业是否理想的决定性因素。买房一定要强化产权意识、合同意识、品牌意识。具体选房时需要关注以下一些因素：价格、地理位置、配套设施、房屋质量、户型、物业管理等。

（5）购买保险

生活中充满了各种风险，我们不可能预知一切。自然灾害、交通事故、疾病感染、人为破坏等都会影响我们的正常生活，损害我们的生命财产。保险的目的就是为了减少这些灾害对我们的危害。

参加保险是居民安排好收入与支出的一种方式。但与其说投资保险为获利，还不如说花钱保平安。在投资计划里，保险的主要用途是用来照顾家庭。一般来说，人寿保险、医疗保险、家庭财产保险是每个投资人需要多加考虑的险种。

因为保险商品比较复杂，所以有必要掌握一些基本的原则，以供投保参考之用。第一，确定保险需要；第二，重视高额损失；第三，合理搭配险种。

保险并非包保一切风险，事实上也不可能保一切风险，要保的只是会严重影响你的工作、生活和前途的风险。一般来说，每年用于寿险、医疗保险、财产保险等的保费总额以不超过投保人收入的10%为宜。

（6）收藏品投资

收藏是时下投资理财的一个热点。目前收藏门类、品种已经是五花八门。收藏最好是有自己的独到见解，一切以历史价值、艺术价值、市场价值为准则。最重要的是，收藏离不开兴趣，只要兴趣所至，心态平和，即便收藏了一个冷门品种，也能获得一份好心情。

一个高明的收藏家，并不是死抱藏品不放，而是根据实际情况随机应变，该换钱时就换钱。收藏需要藏品流动起来，以赚取实际的收益。

除了上述理财工具之外，尚有黄金、纪念币、艺术品及珠宝等的投资。有人基于嗜好，有人为了赏玩，有人为了保值，有人为了增值，无论如何，借此大发利市者，仍大有人在。

本节内容图表解说

见图5-6。

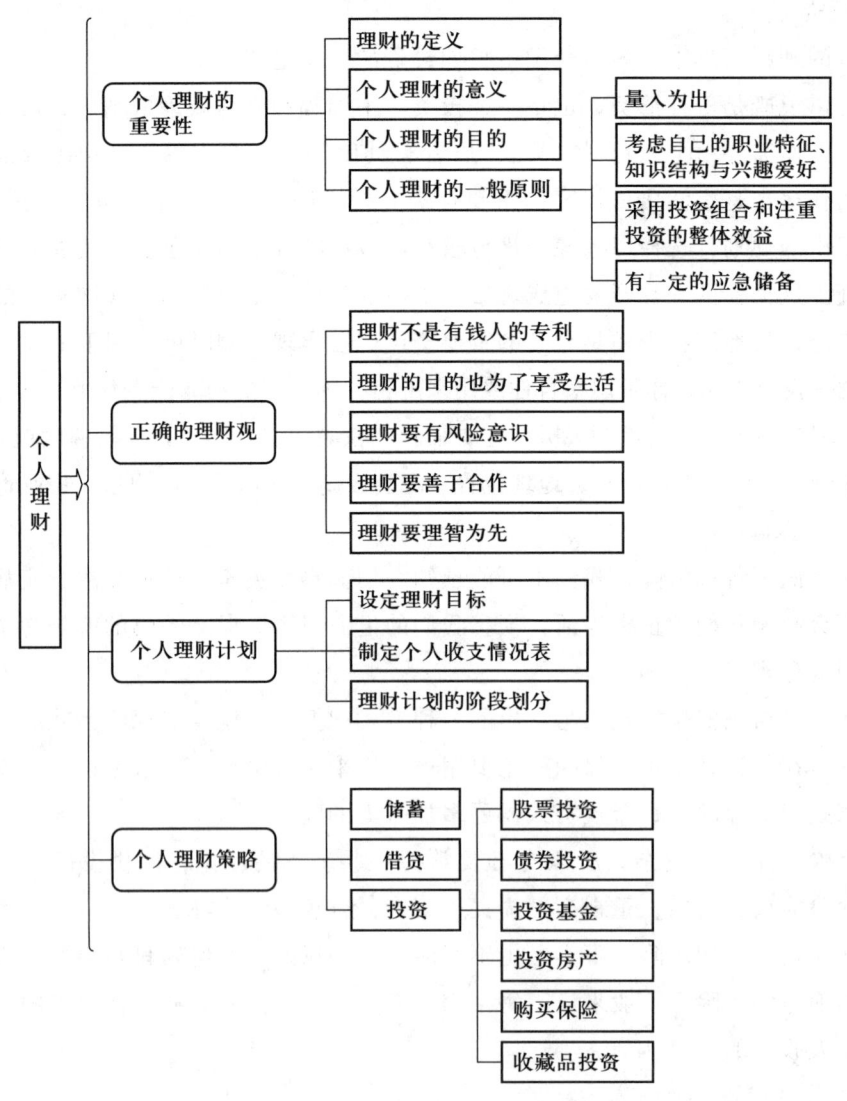

图5-6 第五章第四节内容图表解说

动动脑

- 你如何理解"个人理财"呢？除了个人理财，还有其他种类的理财吗？
- 你觉得个人理财除了书中提到的原则外，还有没有其他的？请列举。
- 对于正确的理财观，除了书中提到的5点，你觉得还有哪些？
- 有人说：会花钱的人才会赚钱！你如何理解呢？
- 对书中提到的"理财目标"需要注意的3点，你认同吗？为什么？你个人还有哪些你认为需要注意而书中没有提到的？请列举。
- 有人说：计划永远赶不上变化，所以有理财计划也没什么用处，还浪费时间！你如何理解呢？
- 理财策略，除了储蓄、借贷、投资，就你了解还有其他方式吗？
- 在投资中，书中列举了6种，请收集相关信息，再试着列举3种并进行简单说明。

体验活动

作为大学生的你，对于书中提到的理财阶段的划分有何看法？请分别采访不同阶段的人，看看他们是如何理财的，并记录下来。作为你，有何建议或计划吗？

第五节 感情账户的建立

我们每个人可能都有不同的观念、态度，所以每个人对做人、做事都有不同的方式、方法，有不同的习惯和行为。现在，我们一起来看一下这两个小故事，让我们一起来思考。

第一个故事是：

一位老人静静地坐在一个小镇郊外的马路边。

一个陌生人开车来到这个小镇，看见老人，停下车打开车门，向老人问道："老先生，请问这个城镇叫什么名字？住在这里的人属于哪类人？我正在寻找新的居住地！"

老人抬头看了一眼陌生人，回答说："你能告诉我，你原来居住的那个小镇上的人是什么样的吗？"

陌生人说："他们都是一些毫无礼貌、自私自利的人。住在那里简直无法忍受，根本无快乐可言，这正是我想搬离的原因。"

听了这话后，老人说："先生，恐怕你又要失望了，这个镇上的人和他们完全一样。"陌生人快快地离开了。

过了一段时间，另外一个陌生人来到这个镇上，向老人提出了同样的问题，老人也用同样的问题来反问他。

陌生人回答："哦！住在那里的人非常友好，非常善良。我和家人在那里过得很幸福快乐。但是，我因为工作的原因而不得不离开那里，希望能找到一个和以前一样好的小镇。"

老人说："你很幸运，年轻人，居住在这里的人都是跟你们那里完全一样的人，你将会喜欢他们的，他们也会喜欢你的。"①

现在我们来看第二个故事，这第二个故事中的情况是否曾经出现在你或者你身边人的身上呢？

刚入学的新生常常会出现一些问题，特别是在宿舍，由于彼此的生活习惯不同而相互误解，致使生活在这一团体中的人感觉特别别扭。有的同学被室友孤立感到很苦恼："也不知是怎么了，可能是我不大注意自己的说话方式。我感到大家开始用讽刺的口吻跟我说话。我若无意说了哪位同学，大家就一起帮她。我感到很苦闷，觉得回宿舍也没什么意思，怕说错话引起更大的麻烦。所以每天很早起床，背着书包到教室看书，晚上很晚才回宿舍，有时即使看不进书，也不愿回宿舍，就顺着操场逛，一圈又一圈，估计快要熄灯了才回宿舍。"而那些生活在对立面的同学也难过："我们宿舍的一位同学很过分，不过她现在已经被孤立了，但我现在也感到很压抑，因为宿舍气氛不好，形成对立局面。其实，我觉得那位同学也不是一无是处，也很想和她说话，但大家都不理睬她，我若主动与她好，势必也造成那样的结果，不被大家所理睬。"还有一部分新生，即使没有这种情况，也觉得在宿舍不是很开心："我们宿舍关系还可以，没有争吵，但大家都很客气，没有什么话好说，觉得挺闷的。"

这两则故事反映了生活中不可避免地与人相处的问题。人是一种社会性动物，从呱呱坠地开始，便无法躲避世人而离群索居。因此如何才能在由人组成的社会中求得生存，并且生存得有意义、有价值，便成为生命中的一个重要的课题。而如何在人的社会中生存的问题，其实就是人际关系问题，就是感情账户的建立。人际关系是每个人都无法回避的问题，也是生涯规划必须重视的问题。所以在本章中，我们试图从生涯规划的角度来探讨人际关系的问题，即是感情账户的建立问题。

人际关系，从狭隘的角度，可能有人把它仅仅界定为个人与朋友之间的关系。但是，生涯规划对此却有着独到的理解，它包含着两层意思：

1）讲求人际关系的全面性　生涯规划是注重生命整个历程的。因此从生涯规划的角

---

① 彭玮歆. 简单道理［M］. 台北：灵活文化事业有限公司，2003：161.

度来谈人际关系，就是从生命整体历程的角度来探讨个体从出生就已经开始的、所有与人相处的社会性历程，是一种顾及全面的探讨方式。

2）兼顾人际关系的理论性与实用性　如前所述，生涯规划的前身是职业辅导。虽然目前对生涯规划的范围界定地十分宽泛，但是辅导精神依旧是其重心之一。在这种精神的指导下，从生涯规划的角度来看人际关系，就一定要兼顾理论性和实用性。

我们几乎都知道"赚钱就是要赚人心"，而如何赚到人心？实际上就是感情账户的建立。

一、亲子关系

有一位著名的心理学家为了研究母亲对一个人一生的影响，在全美选出50位成功人士，他们都在各自的行业中获得了卓越的成就。同时又选出50位有犯罪记录的人，他们都是罪恶累累。他分别写信给他们，请他们谈谈母亲对他们的影响。

不久，他便收到了来自不同环境的回信，其中有两封回信给他的印象最深。一封来自白宫一位著名人士，一封来自监狱一位服刑的犯人。他们谈的都是同一件事：小时候母亲给他们分苹果。

那位来自监狱的犯人在信中这样写道：

"小时候，有一天妈妈拿来几个苹果，红红的，大小各不同。我一眼看见中间一个又红又大的苹果，十分喜欢，非常想要。这时，妈妈把苹果放在桌上，问我和弟弟：'你们想要哪个？'我刚想说想要最大、最红的一个，这时弟弟抢先说出了我想说的话。妈妈听了，瞪了他一眼，责备他说：'好孩子要学会把好东西让给别人，不能总想着自己。'

于是，我灵机一动，改口说：'妈妈，我想要那个最小的，把大的留给弟弟吧。'

妈妈听了，非常高兴，在我的脸上亲了一下，夸奖我是一个乖巧懂事的好孩子，并把那个又红又大的苹果奖励给了我。我得到了我想要的东西。但是从此，我学会了说谎。以后，我又学会了打架、偷、抢，为了得到想要得到的东西，我不择手段，犯下不可饶恕的罪行，直到现在，我被送进了监狱。

此刻，我在这里给你写信，回忆母亲对我的影响，让我印象最深刻的就是妈妈分苹果的事。"

那位来自白宫的著名人士是这样写的：

"小时候，有一天妈妈拿来几个苹果，红红的，大小各不同。

我和弟弟们都争着要大的，妈妈把那个最大、最红的苹果举在手中，对我们说：'这个苹果最大、最红、最好吃，谁都想要得到它。很好，现在，让我们来做个比赛，我把门前的草坪分成三块，你们三个人一人一块，负责修剪好，谁做得最快、最好，谁就有权得到它！'

我们三人比赛锄草。为了得到最好的苹果，我尽我最大的力量去工作，力争比弟弟做得更好，结果，我赢得了那个最大的苹果。

我非常感谢母亲，她让我明白了一个最简单、也最重要的道理：想要得到最好的，就必须做好事情，努力争第一。①"

母亲是孩子的第一任老师，你可以引导他说第一句谎话，也可以引导他做一个诚实、永远努力争第一的人。

父母与孩子的关系是人一生中最早接触到的人际关系，当前一般称这种关系为亲子关系。亲子关系如何，不但影响个体人际关系的发展，也影响着个体人格与情绪的发展②。良好的亲子关系是指孩子与父母之间相互信任，有情感交流和友谊性交往；亲子关系不良是指孩子感到父母缺乏慈爱，或者与父母间的摩擦、冲突较多，在这种关系中得不到满足与支持。

亲子关系从婴儿一出生就开始形成，直到入学之前，亲子关系几乎是个体人际关系的重心。入学之后，随着个体人际关系的扩张，亲子关系随之成为辅助个体发展其他人际关系的重要支柱。

1. 学龄前的亲子关系

人类的依恋行为是指婴儿对其主要照顾者（通常是母亲）的强烈依赖。这种依恋行为的发展主要是由于婴儿早期与照顾者接触，从照顾者身上获得生理上的满足和心理上的安全感所造成的。分离焦虑与陌生人焦虑都是伴随依附行为产生的一种情绪反应。

个体的依恋行为最早在出生后4个月时就已出现，最晚也会出现在12个月大时。到大约两岁左右，依恋行为会达到最高点。以后则随着生活圈的扩大、认识事物的多样化而逐渐减弱。研究发现，在孤儿院中成长的孩子，由于缺乏一对一的照顾，无法在适当的时期对某个特定对象产生依恋行为，因此不但容易有智能不足的现象，也较倾向于冲动、攻击性和反社会行为③。另一个研究也发现：与母亲有良好依恋关系的孩子，日后倾向于成为社交领袖，他们在各种活动中较为主动，而且也常是其他孩子寻找的对象；反之，没有良好依恋关系的孩子在社交活动中倾向于退缩和犹豫不决，对新事物的好奇心较少，而在目标的追求上也较不卖力④。可见，依恋行为的发展对日后成长过程中的心理适应有着举足轻重的作用。

由于依恋行为在婴儿时期即已出现，而且对学龄前儿童的各方面发展有显著和直接的影响，因此它几乎成了学龄前儿童发展良好亲子关系的一个关键。如何才能让孩子与父母有良好的依恋关系呢？可以从三方面着手：

（1）温柔的照顾和亲密的接触

最初，心理学家以为依附行为是由于照顾者提供食物、满足婴儿最基本的需求发展出

---

① 彭玮歆.简单道理［M］.台北：灵活文化事业有限公司，2003：63.
② 黄春枝.青少年亲子适应关系与父母管教态度之研究［J］.政大教育与心理研究，1986（9）.
③ 林彦好，郭利百加译.心理卫生——现代生活的心理适应［M］.台北：桂冠图书公司，1991.
④ Waters, E., Wippman, J. & Sroufe, L. A. Attachment, Positive Affect, and Competence in the Peer Group: Two Studies in Construct Validation [J]. Child Development, 1979, 50: 821-829.

来的，后来哈洛①等学者用小猴子在实验室做了一系列的相关研究，发现依恋行为不仅是因为抚养者提供食物。在实验中有哺育功能的"铁丝妈妈"无法引起小猴子的拥抱行为，而无法提供食物但可以提供温柔的触感的"绒布妈妈"却成为小猴子依恋的对象。②

由此我们推测，婴儿与母亲之间的依附行为不只是因为食物的提供，舒适的接触、温暖的感受也占有很重要的地位。因此，如果能够在孩子一出生就持续地给予细心、温柔的照顾，并经常与孩子亲密地拥抱、依偎，让孩子有充分的安全感，对世界产生信任的态度，将是良好的亲子关系的开端。

(2) 正向的支持与无尽的爱

当孩子逐渐成长，探索环境的行为逐渐增多，也就需要父母给予更多适当的反馈。罗杰斯认为，婴儿也能感受到自己是否被爱。当被拥抱且听到父母说"我爱你"时，孩子可以感受到父母亲表达的是一种喜欢和爱。如果这种正向的表达频繁，小孩会渐渐觉得自己是有价值的，是值得爱的。相反，则容易觉得自己没有价值，没人爱自己，对以后的发展有诸多不良的影响。

罗杰斯上述看法的关键之处在于：父母应该对孩子时常表达爱和接纳。父母能坦然接纳孩子的一切优点与缺点，并且在孩子做错事受到处罚时，也仍旧让孩子知道，错误行为虽不被接受，但自己还是深受父母喜爱的。发展良好亲子关系的不二法门就是——永不停息的爱。

(3) 父亲与母亲一起投入

虽然父亲在照顾孩子的时间上一般比母亲少很多，但并不表示父亲的投入与否对孩子不重要。研究发现，父亲主动投入照顾工作的孩子与陌生人独处时，比大部分时间由母亲照顾的孩子显得放松③。事实上父亲与母亲对孩子是有不同方面的贡献的，学者研究发现父亲与孩子的互动大多数是在游戏的时候，父亲给孩子的是兴奋和乐趣。因此如果让孩子自由选择游戏对象时，孩子大多会选择父亲；但如果在面对压力时，母亲便成为孩子寻求依偎的对象了④。

因此在父亲与母亲具有不同功能的情况下，良好的亲子关系当然需要父亲与母亲的一起投入，让孩子能在均衡的互动中快乐地成长，以培育其日后健全的人格，为以后的人际关系发展打下良好的基础。

2. 学龄期的亲子关系

当个体正式开始学校生活之后，生活重心也逐渐从家庭转向学校。当个体生活重心转

---

① 美国比较心理学家，早期研究灵长类动物的问题解决和辨别反应学习，其后用学习定势的训练方法比较灵长类和其他动物的智力水平。曾荣获国家科学奖，1951年当选为美国国家科学院院士，1958年当选为美国心理学会主席，1960年获美国心理学会颁发的杰出科学贡献奖。

② Harlow, H. F & Suomi, S. J. Nature of Love-Simplified. American Psychologist [J]. 1970: 25.

③ Kotelchuck, M. The Infant's Relationship to the Father: Experimental Evidence. In Lamb, M. (ed.), The Role of the Father in Child Development. New York: John Wiley & Sons, Inc., 1976.

④ Clarke-Stewart, K. A. Interactions between Mothers and Their Young Children: Characteristics and Consequences. Monographs of the Society for Research in Child Development. [J]. 1973, 38.

变之时，亲子关系在本质和功能上也随之而变，由注重"子"成为注重"亲"。

首先，孩子入学后由于接触的人、事、物都比以往复杂，因此个体的反应表达能力会逐渐加强。这种变化带给亲子关系的冲击是：孩子不再是一个被动的接受者，一味地接受父母给予的爱和关怀；孩子在此时也开始学习对父母表达自己的感情，包括：爱、关怀、信任与对立等。简单地说，此时的亲子关系已经从父母单向付出转变成亲子之间的相互付出，更注重彼此交流。

其次，由于生活范围扩大，生活经验日趋丰富，孩子对亲子关系内涵的期望也趋于多元化。在以往，父母的爱可以满足孩子的各种心理需要，而此时以父母的角色与方式给予孩子爱，似乎已经无法完全满足孩子的需要，孩子不但需要父母关爱，也需要父母给予应有的信任，甚者可能更需要父母像朋友一样，给予友谊式的支持。因此，父母的角色已经不能单纯只为父母了，有时父母需要像师长、像朋友的角色一样，才能在孩子面临不同状况时给予适当的支持。

上述的观点，我们可以从学者斯科特（L. H. Scott）的研究中得到印证。斯科特的研究发现，如果亲子间是以一种相互信任、有情感交流和友谊的方式相处的话，则孩子的人格适应比没有这种相处方式家庭的孩子要好。因此，斯科特编制的、用以衡量亲子关系良好与否的指标——"亲子关系适应量表"（Parent-Adolescence Adjustment Scale），就以相互信任（Mutual Confidence）、情感交流（Affection Communion）与友谊（Friendship）为指标[1]。

亲子关系的内涵与本质在孩子入学之后，由单向付出转向双向交流，由单纯情感转变为多元需求，因此如何才能使亲子之间关系更好？学者建议，"充分地沟通"是改善亲子关系的不二法门。并且强调，在亲子关系冲突的家庭中亲子不和谐的主要原因，是由于彼此没有把感受到的爱和自己的爱善意适当地表达出来。其他研究也发现，亲子间的沟通形态不但会直接影响亲子关系，更会影响青少年身心的成熟度[2]、自我认同的形成和角色扮演能力[3]以及道德发展[4][5]。换句话说，良好的沟通是良好亲子关系的基础，同时也是个体在其他方面正向发展的一个关键因素。

如何才能建立亲子间良好的沟通方式，从而形成良好的亲子关系呢？教育学者黄春枝曾针对亲子间的沟通做过广泛的研究，并提出了以下改善沟通的原则[6]：

---

[1] 黄春枝. 青少年亲子适应关系与父母管教态度之研究［J］. 政大教育与心理研究，1986（9）：85.

[2] Steinberg, L. D. & Hill, J. P. Developmental Psychology. Patterns of family Interaction as A Function of Age, the Onset of Puberty, and Formal Thinking［J］. 1978, 14（6）：683-684.

[3] Cooper, C. R., Grotevant, H. D., Moore, M. S. & Condon, S. M. Paper Presented at the Meeting of the American Psychological Association. Family Support and Conflict: Both Foster Adolescent Identity and Role Taking［J］. Washington, D. C. 1982, 8.

[4] Holstein, C. The Relation of Children's Moral Judgment Level to That of Their Parents and to Communication Patterns in the Family［M］. In. R. Smart & M. Smart（eds.）: Reading in Child Development. New York: MacMillan, 1972.

[5] Stanley's. Journal of Counseling Psychology. Family Education: A Means of Enhancing the Moral Atmospheres of the Family and the Moral Development of Adolescents［J］. 1978, 25: 110-118.

[6] 黄春枝. 青年期亲子沟通之研究［M］. 台北：桂冠图书公司，1988.

（1）尊重子女的独立性

当子女进入青少年时期,"成为我自己"是个体成熟的重要发展方向,因此子女在此时会非常重视自己是否拥有独立能力以取悦成人。父母对子女从事的活动应表示出尊重、关心并感兴趣的态度,子女也会乐于凡事跟父母分享,并感受到父母对自己的关爱。当然尊重并不是放任,因此为人父母者在子女的成长过程中,也要在尊重的原则上,协助子女建立正确的人生观与价值观。

（2）以"成人对成人"的方式与子女沟通

随着子女年龄的增长,子女对自己角色的认定也会有所不同。但进入青春期后,他们会认为自己已经是大人。这时父母应该以"成人对成人"的沟通原则对待,凡事重视思考过程的沟通,并让子女体会真正的成年人做事的原则和思考方式。

（3）自己与子女一起成长

在成长的过程中,最好的方式是父母与孩子一起成长,父母与子女一起学习如何自我肯定,如何勇于承认过错。双方在"你好,我也好"的基本信念上进行沟通,协助子女肯定自己的作为,并愿意发掘他人的长处,形成与人合作、和谐的人际关系取向。

3. 子女与父母的关系

随着孩子从学校的学习者角色成长为社会的工作者,并逐步建立自己的家庭,"亲子关系"就转化为作为成人的"子女"与步入中老年的父母之间的关系。成年子女与中老年父母的关系从古至今一直是不衰的话题,特别是中华文化的孝道以及婆媳关系等。伴随着中国社会老龄化的趋势,老年人的比例越来越大,尤其是独生子女成家后的421现象的出现,如此种种因素使得子女与父母的关系显得尤为重要。良好的子女与父母关系的建立,需要注意以下几个方面：

1）从子女的角度来看　要充分了解父母作为老年人的心理和生理特征。有两点需要特别注意：第一,父母此时基本已退休,且身体机能减退,他们会觉得自己成为"没用"的人,所以要关心老人,让他们做力所能及的事,切勿让他们觉得"一无用处"；第二,随着年龄增长和生活圈的变化,老人比较容易感到孤独,所以尽量多跟父母沟通,并鼓励他们寻找相仿的团体一起活动等。

2）从父母的角度来看　要充分理解子女对工作和家庭的护持。父母可以把自己的经验、观点、建议等提供给子女参考,但不要替子女做决定,也不要过度干涉子女的事务。

二、师生关系

最使我难忘的,是我小学时候的女教师蔡芸芝先生。

现在回想起来,她那时有十八九岁。右嘴角边有榆钱大小一块黑痣。在我的记忆里,她是一个温柔和美丽的人。

她从来不打骂我们。仅仅有一次，她的教鞭好像要落下来，我用石板一迎，教鞭轻轻地敲在石板边上，大伙笑了，她也笑了。我用儿童的狡猾的眼光察觉，她爱我们，并没有存心要打的意思。孩子们是多么善于观察这一点啊。

……

只是宋老师的算术课一响起铃声，就带来一阵隐隐的恐惧。上课往往先发算术本子。每喊一个名字，下面有人应一声"到！——"，然后到前面把本子领回来。可是一喊到我，我刚刚从座位上立起，那个算术本就像瓦片一样向我脸上飞来，有时就落到别人的椅子底下，我连忙爬着去拾。也许宋老师以为一个孩子不懂得什么叫作羞惭！

从这时起，我就开始抄别人的算术。也是从这时起，我认为算术是一门最没有味道的也是最难的学科，像我这样的智力是不能学到的。一直到高小和后来的师范，我都以这一门功课为最糟。

……①

这是作家魏巍《我的老师》文章中的节选。师生关系对个人成长的影响至为关键，从幼儿园、小学到中学、大学，十多年的时间而且是个人成长最重要的时期，教师是不可或缺的角色。在我们的一生中，"学校"基本上是我们每个人要经历的，所以师生关系也是我们人际关系中很重要的一个。尊师重教是中华民族的传统美德，而"教学相长"②又道出了教与学互相影响与促进从而共同提高的关系。

1. 从学生角度看与教师的相处

首先要尊重教师。古语云：一日为师，终身为父，就是要对教师尊敬。教师传授知识，教导我们做人做事。有人说教师是"灵魂的工程师"，是"春蚕到死丝方尽，蜡炬成灰泪始干"，是"放飞希望，留下自己"，是……所以我们尊重教师，上课要认真听讲积极思考，主动且创新的完成教师的学习任务；对教师要礼貌。

其次要理解教师。随着中国进入"独生子女"时代，父母对子女宠爱和保护更加"到位"。作为教师，肩负着的不只是教书育人，还需负责学生的安全等；所以作为学生要理解教师的"用心良苦"，配合教师的工作，主动与教师进行沟通，增进教师对你的了解。

2. 从教师角度看与学生的相处

首先，要做学生的良师。教师要有精深的学问、友好的态度、高尚的人格、浓厚的教学兴趣、适当的情绪表现以及合理的言行，所谓"学高为师，身正为范"。教师不仅仅是知识的传授者，而且应是一个能影响他人、指导学生领悟学习过程的引导者；教师不只是

---

① 节选自：魏巍. 我的老师. 教师报，1956.09.

② 源自：礼记·学记："是故学然后知不足，教然后知困。知不足然后能自反也，知困然后能自强也。故曰教学相长也。"

教科书的执行者,而是创造性地运用教材与学生一起交流的合作者;教师不只是知道教书的匠人,而是拥有正确的教育理念并付诸实践的研究者。

其次,要做学生的益友。教师与学生是"共存"、"共生"、"共长"、"共创"、"共乐"的关系,所以教师也应该是学生的"益友"。教师要尊重学生的个别差异,尊重学生的人格,平等、合作、友好的相待学生。对学生多一份爱心,多一分宽容,多鼓励支持学生,成为学生说"知心话"的朋友。

三、同伴关系

有一个仗义的人喜欢结识天下豪杰。他临终前告诉儿子,他生平结交的人不计其数,其实这一生中就交了一个半朋友。儿子不明白,父亲就贴着他的耳朵交代一番,然后对他说,你按我说的去见见我的这一个半朋友,你自然就会懂得什么是朋友。

儿子先去了他父亲认定的"一个朋友"那里,对他说明身份,然后说:"我现在正被人追杀,情急之下投身你处,希望予以搭救!"这人一听,赶忙叫来自己的儿子,喝令儿子将衣服换下,欲让自己儿子成为替罪羔羊,以救朋友之子。

此时儿子明白了:在生死攸关时刻,那个能为你肝胆相照、甚至不惜割舍自己亲生骨肉搭救你的人,可以称作是你的一个朋友。

儿子又去了他父亲说的"半个朋友"那里,把同样的话说了一遍。这"半个朋友"听了说:"孩子,这等大事我可救不了你,我这里给你足够的钱,你远走高飞快快逃命,我保证不会告发……"[①]

生活中面临着无数的困难,人生中暗藏着无尽的风险,我们每一个人都需要这一个半朋友来帮助我们走出困境。对于一个人来说,最美好的东西之一就是拥有真正了解自己、帮助自己的朋友。了解友谊的本质以及与朋友的相处之道,能使我们拥有真正的朋友,生活得更快乐、更充实。

1. 友谊形成的原因

这个问题如果从"人为什么需要朋友?"、"人有何需要是从朋友那儿得到满足?"这个角度来思考,可以发现以下几个方面:[②]

(1) 生存上的需要

很多方面的研究结果证实,人类和动物都通过聚集在一起得到安全。虽然现代社会人们很少担心生理上的生存问题,但在心理上仍然需要与他人在一起才能获得安全感。

美国心理学家沙赫特(Schachter,1959)研究了人们在高焦虑和低焦虑两种情况下交

---

① 李木子. 简单做人,成熟处世 [M]. 北京:中国长安出版社,2005:16.
② 林彦好,郭利百加译. 心理卫生——现代生活的心理适应 [M]. 台北:桂冠图书公司,1991.

往动机的变化。结果发现,高焦虑的情况下,约三分之二的人选择了跟他人在一起;低焦虑情况下只有三分之一的人选择跟别人在一起。可见当人们遭受重大压力和威胁时,会增加人们共处的需要。

我们日常生活中,也经常面临许多有形、无形的压力和威胁,经常与朋友在一起,可以降低这些威胁给我们带来的焦虑。因此出于心理层面的生存考虑,我们需要经常和朋友来往。

(2) 避免寂寞

寂寞是不愉快的经验,但却又是一种难以抗拒的事实。库托纳(Cutrona,1982)针对大学生的一项调查显示,75%的大一学生在入学后有时候会感到寂寞,而40%的人则表示有较严重的寂寞感。

但是光靠接近人群是无法消除寂寞感的。寂寞并不是因为独处而引起的,而是因为需要朋友,或是友谊深度太浅、不能满足需要而引起的。

学者认为,社会关系的品质才是寂寞与否的关键。因此"广交朋友"不如结交几个"知心朋友"更能避免寂寞感。

(3) 被赞同的需要

人本心理学家罗杰斯认为,被赞同的需要(Need for Approval)是人类所有需要中最强有力的一种。被赞同的需要可以在我们与人交往的过程中得到满足,因为如果有人喜欢并愿意与我们交往,我们会因此感到被别人赞同而提高自尊与价值感;反之,如果有人不愿意与我们交往,我们便会感到失败与挫折。

(4) 降低不确定性的需要

可以通过与朋友的交往获得更多信息,作为处理事务的参考。费斯汀格(Festinger,1950)提出的"社会比较理论"(Theory of Social Comparison)认为:人们为了获得反馈而结交朋友,并且因此降低令人不知所措的不确定感(Uncertainty),尤其是当我们面临模糊情境不知如何反应时,通常希望通过"社会比较"了解别人的处境、感受和应对策略,来降低这种不确定的感觉。

在人的一生中,几乎所有的事情,大到上学、工作、婚姻,小到每天等公车、购物等很多事都有着高度的不确定性,因此根据社会比较理论的观点,寻找同伴或朋友是人生中任何阶段都十分重要并且必需的,因为朋友可以帮助我们更了解自己目前的处境,并顺利地做出适当的反应。

2. 形成友谊的因素

我们都需要朋友,但并非所有人都可以与任何人成为朋友,到底有哪些因素会影响我们与他人成为朋友呢?一般认为有以下3个:

(1) "近水楼台先得月"——接近因素

结交朋友最重要的因素是彼此物理距离上的接近。人与人之间越接近,相遇并且彼此喜欢的可能性也就越大。

(2)"漂亮就是好的"——外在因素

虽然每个人的审美标准不同,但人们都会被"自己认为美好"的事物吸引,选择朋友也是如此。我们会喜欢"外表具吸引力的人",是因为人们倾向"漂亮就是好的"的基本假设。当一个人的外表姣好,我们也容易将一些好的特质,如聪明、文静、有礼貌等也归到他身上,从较容易喜欢他而希望与他成为朋友。

(3)"物以类聚"——相似因素

个人特质如能力、兴趣、个性及态度等相似,也是形成友谊的一项重要因素。因为特质相似的人,彼此容易了解对方的感受,容易互相了解,因此容易彼此喜欢。

当然我们有时也会喜欢与我们不同的人。在结交朋友时,"互补原则"(Complementarity)也占有相当重要的地位;但是与我们完全不同的人相处,也会伴随着一些风险,因此"相似"又"互补"是友谊稳固的重要法则。

3. 友谊形成的过程

关于友谊由浅入深的过程这个问题,学者列文格(Levinger,1972)曾提出友谊三阶段进展模式,颇能说明人们不同的相处方式。这三阶段是:

(1)知晓(Awareness)

这是友谊形成的最初阶段,彼此可能都尚未交谈,但在心里都彼此知道对方,并且开始从对方的基本资料,如性别、年龄、外貌等评估彼此成为朋友的可能性。

(2)表面接触(Surface Contact)

双方开始一些表面的接触,例如:点头、寒暄、简单问候及谈一些事不关己的话题,在这个阶段,彼此间的自我揭露很少,但双方已经开始根据对方与自己的交流方式及内容来评估对方对自己的反应如何。

(3)相互倾诉(Mutuality)

此时,交友的双方已经开始揭露个人的情感,并且彼此关心。真正的友谊从这个阶段开始,人们也只有在这个阶段的友谊中才能获得深层的满足。

此外,友谊的进展程度可以由双方自我揭露(Self-Disclosure)的程度来判断。朋友双方自我揭露程度会随着友谊进展的程度发展。如像倒三角一样,当双方的友谊由浅入深时,其谈论的话题也会同时在广度与深度上扩大(图5-7)。

4. 与朋友相处之道

当我们对友谊的本质有个大略的了解之后,最重要的事就是如何将这些理念转化为实际的行动,来改善我们与朋友之间的关系,并增进友谊。与朋友相处,关键是得到朋友的承认和重视。罗杰斯曾经提出四点原则,值得我们与朋友相处时参考。[①]

---

① 林彦妤,郭利百如等译.心理卫生——现代生活的心理适应[M].桂冠图书公司,1991.

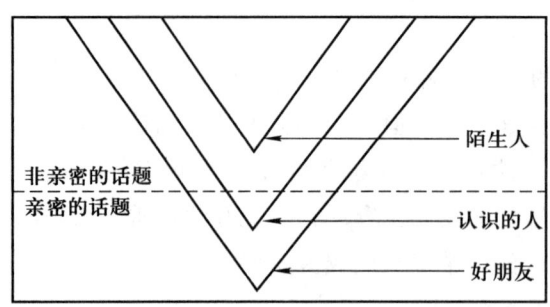

图 5-7　不同人际阶段中自我揭露的深度与广度①

（1）真诚（Genuineness）

在与朋友交往的过程中，首先要忠于自己的感受，并且勇于面对这些感受。罗杰斯建议，唯有基于真诚，双方才能将彼此的关系向更深的层面推进。

（2）温暖（Warmth）

在友谊形成的过程中，不断地以温暖接纳对方所有好与坏的特质，是友谊进展的第二个原则。罗杰斯称这种温暖的接纳为无条件的正向关怀。

（3）同理心（Empathy）

所谓同理心，是指细心地去倾听对方说些什么，体会对方感受到些什么。而友谊是通过相互倾诉、彼此了解而成长的。因此要有健全的友谊关系，必须要能进入朋友的内心世界，与他同喜同悲、同忧同乐。也只有基于同理心的交往，朋友之间才能够通过了解对方的情绪和经验来彼此帮助。

（4）自我揭露（Self-Disclosure）

如前所述，自我揭露是友谊深浅的一项指标。一个不能够坦诚表达内心深处思维的人，终究无法与他人建立深层的友谊。愿意向值得信赖的朋友坦陈内心世界的人，比较能拥有知心的朋友。

友谊是伴随我们一生的重要人际关系之一，上述罗杰斯建议的四项交友之道正是提升我们与朋友之间互动品质的要诀。

四、两性关系

请你想象"男人来自火星，女人来自金星"的景象——很久很久以前的一天，火星人摆弄着"射电望远镜"，突然发现了美丽的金星人。虽然只是惊鸿一瞥，他还是浑身战栗。金星人唤醒了他的爱，唤醒了他从未有过的绝妙感觉！金星人同样如此，他们一见钟情，彼此爱上了对方。于是，火星人兴致勃勃地发明了空间旅行器，风驰电掣般地飞向金星。

---

① 林彦好，郭利百如等译.心理卫生——现代生活的心理适应［M］.桂冠图书公司，1991.

金星人张开双臂，热情地欢迎来自另一个星球的精灵。这是他们的第一次约会。他们本能地意识到，神奇的一刻到来了！他们脉脉含情，彼此注视。他们紧紧地拥抱在一起，品味着前所未有的爱的滋味。

他们的爱情，是不可思议的。他们因相识而喜悦，因共处而鼓舞，因分享而幸福。当然，他们存在显著的差异，因为来自不同的星球。这又有什么不好的呢？彼此的差异，使他们新奇，让他们狂喜。他们用了几个月的时间彼此了解。他们想看看，对方和自己究竟有什么不同。果不其然，他们的需要、喜好、言行举止都不相同。种种差异，带给他们的是神秘感，是美的诱惑。他们尊重彼此的差异，顺理成章地生活在一起，而且充满爱与和谐。

后来，他们突发奇想，一齐飞到了地球上。他们把这个星球作为永远的家园。一开始，他们生活得稳稳当当，无牵无挂，一切还是那样美好，有着梦幻般的色彩。不过，地球上的气体是特殊的，慢慢地改变着他们的感觉。一天早晨，他们从睡梦中醒来，不约而同地患上了一种"健忘症"，医学上称之为"选择性健忘"，他们忘了当初选择对方时都是心甘情愿的决定，忘了彼此来自不同的星球，有不同的特征和属性。

于是，从那天早晨开始，彼此存在差异这个事实，从他们的记忆力消失了。从那一刻起，火星人和金星人——也就是男人和女人——陷入了永远的矛盾和冲突当中。[①]

以上是著名的畅销书《男人来自火星 女人来自金星》的开场白。

两性关系使人类得以绵延不绝，人类丰富的社会文化遗产，也借此承继下来。因此，两性关系是人类社会生生不息、世代相传的重要因素。

另一方面，人从降生于世的那一刻起，就面临着由两性组成的社会。而且在迈入成年之后，两性关系将在今后的人生中占据着十分重要的地位。有没有良好的两性关系，将直接影响到个人的生活质量和快乐指数。

此外，两性除了生理构造的不同外，其各自扮演的性别角色和担负的社会责任也是不同的。传统的两性关系较为单纯，女性主要附属于男性的权威之下，"男主外、女主内"是很普遍的家庭模式。20世纪以来，随着女权运动的兴起，女性受教育的机会普遍增加，两性关系呈现出多元化的情形。

正因为两性关系的重要性，生涯规划必须关注两性关系问题。而两性关系的复杂性则需要找出处理两性关系的合理方法，那么在此之前，我们应该首先了解两性的相关知识以及自己对"性"的态度。

需要指出的是，长期以来，中国人在"性"问题上避而不谈，反而形成了大家对"性"这个字眼的误解。事实上，本书所说的"性"除了其基本意思：有关生殖或性欲之外，更多的是在"性别"意义上来使用的。例如接下来要谈到的两性的性心理，并不是局

---

① John Gary. 于海生译. 男人来自火星，女人来自金星[M]. 吉林文史出版社，2005.

限于与生殖、性欲直接相关的内容，而是包括人对自己是男是女的心理认知、作为男性或者女性一般具有的性格特征、男女两性因为性别不同而在社会中担任不同的角色等问题。

1. 两性心理的发展过程

两性关系建立的前提，是个体对自己性别的认知。简单来说，就是我们是从什么时候开始知道自己性别的。

（1）弗洛伊德的性心理发展阶段[1]

弗洛伊德可能是心理学界最为大众所熟悉的一个人了，他所发展出的"心理分析理论"（Psychological Analysis Theory）一直为后人所抨击。一个很重要的原因在于他非常强调"性"的发展对人的影响，甚至提出婴儿也有性欲，所以很多人难以接受他的观点。事实上，他把所有人类对于感官快乐的追求都称为"性欲"，跟广泛意义上所使用的"性欲"并不相同。他用性心理发展将人类的成长分为 5 个阶段，分别是：

1）口唇期（Oral Stage） 刚出生到一岁的婴儿，口唇部分是最主要的满足来源。换句话说，婴儿由吸吮的过程获得满足。婴儿可以在吮吸乳汁的过程中，得到生理和性心理需求的满足。同时他们对其他口唇活动也很感兴趣，他们经常从吹泡泡、咯咯发声、咀嚼东西等活动中取乐，还喜欢吮吸手指、把手头能拿到的东西放在嘴里。

2）肛门期（Anal Stage） 1 岁到 3 岁是开始训练幼儿大、小便的时期。这时幼儿可从排便与控制大便潴留中获得快感，即肛欲满足。

3）性器期（Phallic Stage） 3 岁到 6 岁的儿童开始发展性别角色的认同（Sex-Role Identity），并对性器官与其他有关性的事物，产生好奇心及兴趣。此阶段还有一个特殊的现象，就是恋父情结或恋母情结的出现。个人对性的态度也于此时期慢慢地形成。

4）潜伏期（Latency Stage） 6 岁到 12 岁的儿童，其注意力暂时从身体转移到周围环境的探索和人际沟通的发展。他们有新的兴趣产生，如运动、书籍、玩伴等，并且基本上都是男孩跟男孩玩，女孩跟女孩玩，性的欲望在此阶段可说是暂时潜伏的。

5）生殖期（Genital Stage） 弗洛伊德将青春期及以后的阶段都归为生殖期，包括青春期、青年期、成年中期和成年晚期。这个阶段包括从对异性有爱慕的心理到有交往行为，再到有性接触和性需要的满足，最后到达生儿育女的人生阶段。

从弗洛伊德的性心理发展阶段论中，可以看到生理的发展对人类的心理产生了很大的影响。

（2）两性性心理发展阶段[2]

1）初生期 从出生到 2-3 岁间，此时仅有模糊的性别意识，主要注重于自我需求的满足。

2）外界探索期 自 3 岁到 5 岁，进入此阶段，小孩开始注重两性外表的差异，有模

---

[1] Corey, G. & Corey, M. S. I Never Knew I had a Choice [M]. 4th ed. C. A.: Brooks/Cole Publishing Company, 1990.
[2] 张老师. 美的人生 [M]. 台北：张老师出版社，1987：73-78.

糊的性别意识。

3）性好奇期　自6岁到10岁，此时，孩子对两性的外在生理结构感到好奇，会脱光衣服互相探知彼此的差异，或通过游戏的方式，模仿成人世界中两性的交往模式。

4）性疑惑期　约10岁到12岁，此时，对异性产生抗拒、不安。男孩因女孩突然长得高大而不安；女孩则因生理的变化而感害羞和不安。在学校活动中，男女孩也会刻意避免接触，否则会受周围同龄人的嘲笑。

5）性探索期　12岁到16岁，此阶段男女反应有很大的不同，男孩偏向积极地探索。

6）异性交往初期　此阶段男性重在满足"我已长大"的欲望，喜欢追求成长。女性仍然停留在幻想唯美式的爱情中。由于这个阶段是初次尝试异性交往的感觉，所以，此时也是开始学习如何与异性相处的重要阶段。

7）异性期　大专/大学或成年以后，两性的交往为一般社会规范和价值观所接受，两性也正式展开追求、恋爱、结婚、生子及养育后代的人生工作。

从我们开始意识到自己性别的那一刻开始，我们总是希望做符合自己性别的事情。在现实中，男女两性的差别如此明显，这种差别除了表现在生理特征方面，还表现在行为处事方面。男人总是大大咧咧、豪迈爽朗；女人往往心思细腻、周到体贴……为什么会有如此大的区别，这种区别是天生的吗？

这些都是我们在面对异性时，经常思考的问题。大量的研究证明：两性之间的行为举止、思维模式差异，主要是社会化的结果。

2. 两性社会化的过程

两性社会化过程，就是个体认同社会的价值规范，逐渐形成符合性别角色的心理态势和行动习惯。例如，社会期望男性要坚强，男孩小的时候和女孩并没有太大区别，也会经常哭哭啼啼，但是一旦长大，意识到自己是男性的时候，就会养成不在公共场合轻易流泪的习惯。这种转变，就是两性社会化的过程。

哪些机构或组织是个人接受社会化的主要场所呢？大致包括家庭、同伴团体（Peer Group）、大众传媒、学校及工作环境等。

（1）家庭对两性角色和两性关系的影响

家庭是每个人最初的成长地点，而父母是个人成长过程中的"重要他人"（Significant Others）。所谓重要他人，表示父母不但是孩子的主要照顾者，也是孩子模仿和学习的主要对象。在此，所谓"性别认同"（Sex Identity）是指个人对身为男性或女性的意识，通常包括对个人性别的发觉和接受。[①] 而性别认同（Gender Identity）是指个人接受男性或女性的行为，这些行为已经被社会的价值规范和文化习惯界定为属于男性或女性的适当行为。

特柏（Tauber, M. A., 1979）曾归纳出三方面来说明父母对子女的差别待遇：其一，

---

① Zimbardo, P. G. 游恒山译. 心理学［M］. 台北：五南图书出版公司，1991：162.

父母对男孩、女孩的不同反应，致使男孩和女孩在生命早期便有不同的行为出现；其二，父母基于自己所认为的"男（或女）孩该如何表现"的信念而塑造儿童的适性行为（Sex-Appropriate Behavior）；其三，父母按照自己的生物性别和社会经验，表现出固定的性别化行为模式，而这些模式限制了他们和子女互动时的形态。幼儿则通过对同性父母的模仿，形成性别化的行为模式。

根据特柏的分类，父母对儿童的性别角色塑造和两性互动模式的影响很大，具体如下：

1）父母对男孩、女孩不同的反应　通常在孩子尚未认识到有两种不同性别的存在以前，他们就很可能因为性别的差异，而得到不同的待遇。例如：女婴常穿粉红色系列的衣服，男婴常穿着蓝色系列的衣服，等等。经由这些日常生活中的实际经验和观察，儿童对于性别差异和适合性别的行为，会形成特定的信念和规范。

2）父母对男女两性角色期望的不同　父母会根据自己所扮演的角色经验和社会对男女两性的角色期望来教导小孩。父母对初生子女在知觉上的差异，将会不知不觉地影响他们对待子女的方式。

3）父母固定的性别化行为模式影响子女对两性关系的处理　父母是儿童学习和模仿的主要对象，所以父母在家庭中所执行的工作角色及互动方式，都会影响儿童将这样的行为模式内化成为自己的行为模式。儿童通过奖励和惩罚来学得自己的性别角色，他们发现如果做出符合自己性别的行为，则容易得到赞美或某些正面的反馈（Positive Feed Back）；反之，则可能受到惩罚或某些负面的反馈。

（2）同伴团体对性别角色和两性关系的影响

同伴团体是指年龄和阶级相仿的同伴团体。当儿童进入学校时，会结识朋友形成小团体，年龄越长，同伴团体的重要性越强，并在青少年时期到达高峰。同时，年轻人也正尝试获得独立，逐渐想摆脱父母和家庭对个人的影响。

在同伴团体中，社会化主要是集中于儿童自己的兴趣和活动。由于同伴之间的平等性质，儿童可以从互动当中学习交换与合作的意义，分享某些大家都有兴趣的信息，譬如：性方面的信息，或逃避教师和家长的权威控制等。[①] 青少年可由相互交往中涉及很多问题：自己的仪表、衣着款式、音乐喜好、娱乐方式、约会的对象、与异性的关系等，这些都会成为性别认同的经验。

（3）大众传媒对性别角色和两性关系的影响

大众传媒包括报纸、电视、广播、网络和杂志等。由于信息产业的发展和进步，这些媒体的影响更是深入到了每家每户。试想一下，我们每个人都会看报、听广播、看电视或阅览杂志。所以当我们重复暴露在某些信息之中，久而久之，也不自觉地吸取某些信息，受到它的影响。

---

① Keller, S. Sociology [M]. 3rd ed. MO: Von Hoffman Press, Inc, 1982.

就电视媒体而言，有研究指出，在电视节目中，男性出现在冒险情境下的表演要比女性出现的次数高出 6 倍。[1] 麦克阿瑟和瑞斯可（McArthur & Resko，1977）分析了大约 200 个电视商业广告，发现如果是男性用品的广告，广告所提出的诱因是社会地位的提高与事业的成功；如果是女性用品的广告，则以获得家人、丈夫与朋友的赞赏为主要的诱因。

（4）学校和工作环境对两性角色和两性关系的影响

儿童在 6 岁以后就开始进入学校，一直持续到 20 岁左右。毫无疑问，学校教育对两性角色和两性关系的影响是很大的。学校教育让学生了解自己和异性的生理构造，解释两性的交往到生儿育女的过程，并提供了一个让两性有正常社交活动的场所。如何通过学校教育，让学生对性知识有正确的认识及学习健康的两性互动模式，进而建立良好的两性关系等，都是目前学校应具备的功能。

萧文（1989）在《社会价值观与性教育的冲突》一文中，提到性教育应该是一种全人的教育，它至少应包含下列重要内容[2]：

- 认识我们的身体，生殖系统的介绍；
- 性别角色的认同和发展；
- 青春期的异性关系；
- 爱与合作的两性关系；
- 怀孕和分娩的知识；
- 对恋爱、婚姻的抉择和建立健康、圆满的家庭生活；
- 性生理卫生；
- 什么是偏差的性行为。

萧文认为性教育其实是探讨人成长的全部历程，完整的性教育应是从出生到如何为人父母，即整个人生的教育。因此，学校教育应该引导学生树立正确的性别观念、形成对性知识的正确了解

就工作环境而言，工作性质、工作待遇和工作升迁均与性别有一定关系。除了工作待遇的差别外，职业女性在职位上常感到困扰的是人际关系。

以上分别就不同的社会化因素，探讨了个人在不同环境接受社会化的过程，但是事实上每阶段的社会化经验均是连续和相互影响的过程。个人先由家庭的社会化，进入到学校的社会化，再到工作环境的社会化，而大众传媒和同伴团体的社会化则一直持续着，只是影响层面不同和程度深浅不同。

---

[1] Keller, S. Sociology [M]. 3rd ed. MO: Von Hoffman Press, Inc., 1982.
[2] 萧文. 社会价值观与性教育的冲突 [J]. 学生辅导通讯. 1989 (9): 22-24.

差异成为两性之间相互吸引的重要原因。因此成年男女往往都会经历恋爱、结婚的过程。但是这种差异，也会引起两性相处时的障碍。因此，两性关系往往需要用心经营和调适。

3. 两性关系的调适

哈维甲斯特（Havighurst, R., 1953）针对成人生命发展的任务（Adult Development Task），提出了基本的构架。通过这个架构，我们可以发现，18到35岁之间的成年人，他们的两性关系主要集中于择偶、结婚、成家及养育下一代等（请参阅表5-1）。35岁到60岁之间的中年人，他们的两性关系有一部分是培养与配偶之间视如己出的感觉。60岁以后的老年人，他们的两性关系则是适应丧偶、孤独的生活及情绪调适。① 由此可知，两性关系随着个人的年龄和人生发展阶段的不同，有阶段性的演变，然而最重要的两性关系发展都在18岁到35岁之间形成。因此，本部分将就此阶段的两性关系的交往、结婚、到婚后适应作介绍。

表5-1　成人生命发展的工作②

成年早期（18岁至35岁）	
择偶	经营一个家庭
学习在婚姻中与配偶共同生活	开始从事某一行业或职业
建立自己的家庭	承担成年人应有的公民责任
养育小孩	寻找一个志趣相合的社交团体
成年中期（35岁至60岁）	
达成成年人的公民和社会责任	建立和维持生活的经济基准
协助青少年期的孩子成为有责任和快乐的成年人	发展自己的休闲活动
	培养与配偶之间视如己出的感觉
适应自己年老的父母	接受并适应中年期的卫生机能改变
成年晚期（60岁以后）	
调适自己健康的衰退	调适配偶的死亡
调适退休生活及收入的减少	加入与自己年龄相仿的团体
负起社会的及公民的应尽义务	建立某种能满足生理需求的生活方式

---

① McCubbin, H. I. & Figley, C. R. Stress and the Family——Coping with Normative Transitions [M]. (eds.). New york: Brunner / Mazel. Inc. P. xxiii, 1983.

② (1) Hacighurst, R. Human Development and Education [M]. London: Longmans, Green. 1953: 757. (2) McCubin, H. I. & Figley, C. R. Stress and the Family-coping with NormativeTransitions [M]. (eds). N. Y.: Brunner / Mazel, Inc. P. xxiii, 1983.

(1) 两性关系中的情感

1) 喜欢与爱情　喜欢（Liking）与爱情（Love）很相像，且常被人混淆。从社会心理学家鲁宾（Rubin，1970）编制的爱情量表（Love Scale）和喜欢量表（Liking Scale）来看，其中的区别：

① 爱情量表包含三个主要因素[①]：亲近与依赖的需求；有帮助对方的倾向；独占性与排他性。其中第一个因素可称为依附因素；第二个因素可称为关心因素；第三个因素可称为亲密因素。换言之，依附、关心与亲密的表现就是爱情。

② 喜欢量表有两个主要因素：一是对方与自己相似的感觉；二是对对方有利的评价与尊重。从喜欢的这两个因素来看，喜欢的情感普遍存在于朋友之间和亲人之间，与爱情不同。两者的差别，除了内容的不同之外，研究还发现喜欢的程度会随着二人互动机会的增加而加强，而爱情则会随着时间久远而逐渐褪色。

2) 友情与爱情　以上讲了爱情与喜欢的区别，其实也就是爱情和友情的区别。事实上，友情和爱情这两者在层次上是不一样的。在友情的阶段，我们比较能够冷静地考虑该怎么做，到底我和这个人交往的时候我获得了些什么？这个人是否非常合适我？可是发展到爱情阶段时，则往往不能理智地去考虑很多事情。而且爱情与友情的最大不同在于：爱情含带着对性的需求。这种需求导致人陷入巨大的兴奋和狂热的憧憬之中，最终缺乏理智的态度去冷静地观察对方是否适合自己。爱情常常使我们失去理智，而友情则使我们保有冷静。

3) 爱情与婚姻　有人因为恋爱而结婚，有人奉父母之命结婚，而有人只是不想孤零零地一个人生活而结婚。不管结婚的理由是什么，婚姻与爱情是不同的。结婚中所要面对的问题不会因结婚的理由不同而有不同。一对夫妇要共度漫长的岁月，他们可能要一起打扫屋子、洗衣煮饭，一起被新生的孩子吵得晚上无法安眠，一起送孩子上学，一起面对丧失亲人的痛苦，一起计划经济大计。

艾里克森（Erik H. Erikson，1902-1994）认为，婚姻关系是人生中亲密关系的主要组成部分，而亲密关系的美满包括性关系的满足、相互信任和彼此分享。因此在婚姻关系中首要的感情基础是爱情。婚姻中的爱情基础，使夫妻双方有独占相属的满足，并且愿意竭尽所能地彼此扶持。

但是过分情调浪漫的爱情容易使婚姻处于不稳定的状态。因为爱情虽然强烈，却容易随时日而流逝。因此婚姻辅导专家常向人们发出警告：虽然强烈的爱情常是婚姻的前导，但夫妻之间如果没有具备相互喜欢的因素，则其婚姻如果不至于破裂，也会是一种勉强的结合。所以，喜欢成为婚姻之中的第二个感情基础。

在婚姻关系中，喜欢的感情基础能使夫妻双方彼此欣赏且相互尊重，并且随着相处时

---

① 李美枝. 社会心理学 [M]. 台北：大洋出版社，1982：156-158.

日的增加而历久弥坚,因此是婚姻关系稳定的重要基础。

(2) 两性关系中的婚姻

婚姻可以界定为:两个身心成熟的个体,彼此了解、相爱,经过慎重决定后结合一起,并努力地创造共同的生命。

1) 婚姻的圆满因素　婚姻中应当具备哪些因素才可以走向成功和圆满? 根据多位学者的经验和建议,这些因素综合整理如下:

① 必须是两个身心成熟的个体。

② 两个人必须相爱。

③ 婚前必须坦诚相识,并且学习接纳对方的真面目。

④ 互相尊重、包容与沟通。

⑤ 要有共同的人生理想及目标。

⑥ 背景相似。

⑦ 有良好的婚前心理准备。

2) 婚姻的生命周期

结婚后,婚姻开始它的生命周期。由婚姻生命曲线(参阅图5-8)可以看到,新婚期是你侬我侬的"钟爱期(梦幻)",大概维持数月到第一个孩子出生。而后,因为孩子相继出生以及忙碌生计和生活之事,婚姻生命线向下滑落,意味着婚姻满意度降至谷底(幻灭期—忧苦期),此时大概是结婚6到10年的时间。直至孩子长大,对婚姻的满意度稍微提升,要一直到孩子上大学或离家,夫妻双方重新感到相伴的重要,而到达"觉醒期"和老而弥坚的"钟爱期(成熟)"。

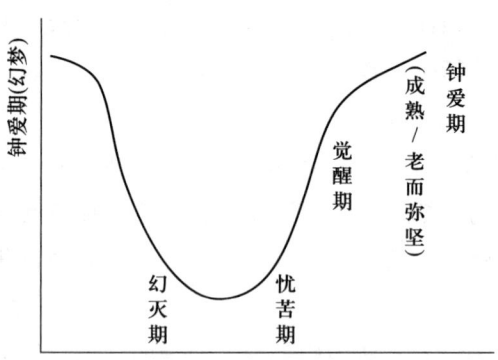

图5-8　婚姻生命曲线图

婚姻的生命周期,大约可以分为三个时期:婚姻初期——新婚到第一个孩子出生约为1年至5年;婚姻中期——第一个孩子出生后到成长为青少年阶段,约为15年至20年的时间;婚姻晚期——孩子离家求学或工作,夫妻再度为伴,约为结婚25年之后。以下分别就各个阶段的婚姻调适作简略的叙述:

① 结婚初期　男女双方在结婚初期需要共同调适的有：

a. 对性生活的调适。

b. 对彼此扮演的角色的调适。

c. 对彼此事业状况的了解与配合。

d. 彼此对金钱管理的一致性。

② 结婚中期　由于此阶段是以子女的教养和个人事业发展为主，难免对彼此失去注意力，而且两人相处的时间不够，导致婚姻的品质下降。此时，就是婚姻波线中的谷底时期。这时对婚姻的调适可以是：

a. 尽量找出时间，让全家人可以一块做休闲的活动。

b. 保持和谐的性关系。

c. 找出两人可以单独聊天、讨论家事、分享感觉的地方和时间，尽量维持两人的顺利沟通。

d. 维持两人的共同喜好和兴趣，如果没有，要尽早一块培养。

e. 澄清双方对事业和家庭的期望。

③ 结婚后期　在这个阶段，孩子离家，夫妻又恢复到彼此做伴、相依相爱的情况。此时可能要面临的调适有：

a. 孩子离家带来寂寞感，需要靠两人对生活作重新调整和安排。

b. 面临身体机能衰退或身体某部位不适的情况，甚至可能会有生病的情形发生。

c. 如果不幸要面临失去配偶的情况，个人则需要整个家庭其他成员的支持与协助，不论是在精神、物质或在生活照料方面。

d. 此时，也会面临退休的情况，因此，夫妻二人可以预先计划如何运用退休金、如何安排退休后的生活等。

3）婚姻后的两性角色

"中性化"的性别角色是一个相对于女性化和男性化的角色概念。中性化特质的人，具有适应环境变化的弹性[1]，以便在当今复杂的环境中具有所需要的弹性。[2]

① 中性化可以适应现代家庭的需要。目前社会，有越来越多的女性加入就业市场，双生涯家庭的数目在增加，家庭成员都需要作一些调整。传统的男性特质与女性特质的两极化，不适用于现代的双生涯家庭。假若丈夫具备温和、关怀等女性特质，他可以分担家务，做饭洗衣或照顾孩子；同样地，妻子若具备某些男性特质，例如：坚强、独立、胆大，则可以修理家中的损坏物件、可以骑车或开车去买菜或接送小孩。如此，夫妻在现代忙碌的生活中可以搭配得更为和谐。

② 中性化在适应未来婚姻中不可预期的困难时较有帮助。例如：配偶死亡、离婚、

---

[1] Ellenson, A. 郑美芳译. 自我概念与人际关系 [M]. 台北：骏马文化事业社有限公司, 1987.

[2] 吴真真译. 中性化是理想的性别角色吗？[J]. 咨询与辅导. 986（2）：34-36.

单亲家庭等情况出现之后,具中性化特质的男性或女性,比较能够成功地适应新角色。例如:电影《克拉玛对克拉玛》一片中,父亲初尝离婚适应期,他必须开始学习如何去照顾他的儿子,怎么去煎蛋,怎么去应付单亲家庭与事业之间的冲突。慢慢地,他学习了女性特质,扮演一部分属于妈妈的角色,然后,孩子才进入生活有序的情况。中性化除了以上的好处之外,最后孩子也可以经由性别角色的认同和学习,很早就具备中性化的特质,对下一代的教育有正面的功能。

(3) 改善婚姻关系的原则

在婚姻关系之中最重要的问题是,如何在每天开门七件事"柴米油盐酱醋茶"的琐事中仍能维持深厚的感情。因此我们需要探讨夫妻相处的原则,当然这些简单的原则在执行上可能依个人的情况而有不同的效果。

婚姻幸福不是偶然,也不是理所当然,而是夫妻双方共同努力的结果。为获美满的婚姻,夫妻双方可以①:

1) 讨论"婚姻合约"(Marriage Contract)内容　在中国,正式的"婚姻合约"是罕见的,但是如果结婚的双方能够开诚布公地讨论彼此对婚姻的期望,如:家务活的分工、生育孩子的数目、对配偶在日常生活上的期望、甚至共有财产的分配问题等,通过讨论,可以在日后的婚姻生活中避免因对配偶不确实的期望而带来对婚姻生活的失望。婚姻合约的内容愈详尽,夫妻双方彼此了解也就愈深刻与正确,当然这必须以双方"诚恳"、"真实"为基础,唯有如此,才能确实地交换彼此对婚姻的期望。

2) 有效地沟通　婚姻满意程度可由夫妻双方的沟通来预测。马克曼(Markman,1979)发现不良的沟通(即负面的社会互动)是使婚姻不快乐的主因,而正向的互动关系则可为婚姻带来快乐。夫妻间有效地沟通包括两个要素:第一,夫妻彼此必须愿意告诉对方真实的感受。第二,夫妻也应愿意倾听对方的心声。这两个沟通的要诀其实就在于"良性互动",彼此你来我往地分享感受并接纳对方。

3) 学习正确的吵架方式　巴奇和魏登(Bach & Wyden,1968)指出,"争吵的夫妻才能继续在一起,但是必须教他们正确的吵架方式"。巴奇在从前来咨询的夫妻个案中发现有80%是从不向对方表达怒气的。事实上在婚姻生活中,夫妻双方不可能完全没有分歧,而分歧也不可能完全以温和的方式解决。因此学习适当地表达怒气对自己的情绪有净化作用,对婚姻生活反而可以带来正面的影响;反之,将给婚姻带来极为严重的伤害。到底什么才是"正确"的吵架方式,这种尺度实在很难拿捏,巴奇建议:当怒气发生时如立刻表达,可以避免怒气的累积。此外,争吵永远要具有建设性,也就是让配偶知道你为什么生气,以及如何改善才能平息你愤愤不平的情绪。而表达怒气的一方也应反省自己是不是可以不这么生气,以及自己能否帮助对方改善情况。最重要的一点:夫妻争吵应该避免

---

① 林彦好,郭利百加译. 心理卫生——现代生活的心理适应. [M]. 台北:桂冠图书公司,1991:187-194.

使用肢体上的攻击，因为暴力会像滚雪球般地带来更多的暴力，并且暴力会使夫妻之间的身心都受到严重的创伤。

本节内容图表解说

见图 5-9。

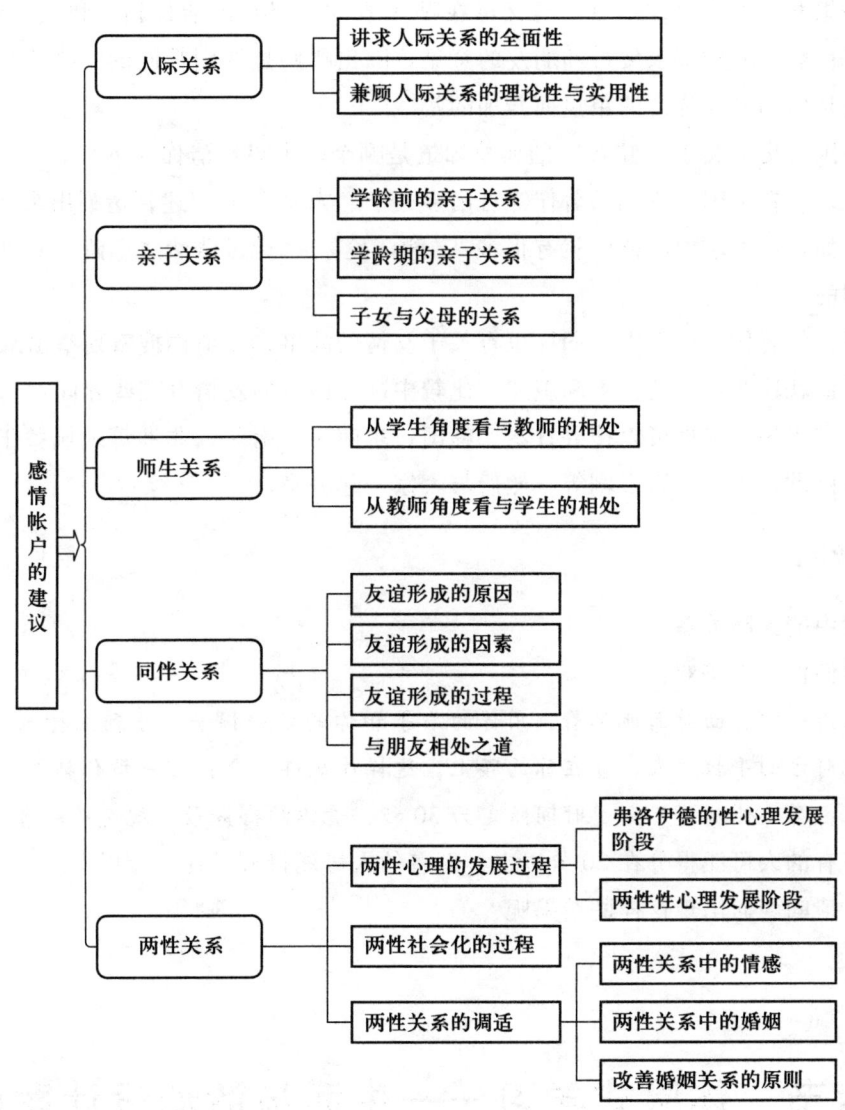

图 5-9　第五章第五节内容图表解说

动动脑

• 经常会听到有人说:"跟某某人无法沟通!"你遇到过类似的情况、类似的人吗?请问出现此问题的关键在哪里呢?如何可以顺畅地沟通呢?请可以根据自己或他人的经历进行实际说明。

• 想一想并列出清单,你自己与父母在哪些地方相似?包括长相、脾气、说话语气、口头禅等等;然后分别征求父母和朋友的意见,圈出哪些是他们赞同的?哪些是他们不赞同的?哪些是他们又在你的清单里面新加的?

• 在中国历史上关于"知音"的典故知道是哪个故事吗?请你写下来。

除此之外,在中国古诗词、著作等有诸多关于"友情"的记述,请列出来,看谁列得最全面。比如在诗人李白的诗中就有很多,《赠汪伦》、《送孟浩然之广陵》这两首即是讲述友人送别的。

• 在西方的著作和历史中,同样也有关于友情的故事,也请你搜索列举出来。

• 然后请就这些友情的故事和叙述,比较中国和西方的友情有哪些异同?

• 如果有兴趣,你也可以搜寻日本、韩国、东南亚、南亚、非洲等地域关于友情的描述,可以是诗歌、小说、影视剧等,然后与大家一起分享。

体验活动

小游戏中的人际关系

请同学们做以下游戏:

以两人为一组,面对面地站着,用你的右手和你的搭档握手,等到主持人说"开始"时,你就把对方的手拉过来,靠在你的腰上,这样你就得1分;万一被你搭档拉过去,靠在他的腰上,那么他就得1分。时间限定为30秒,看谁的得分最多就是获胜者。

结果:有的人可能得分在20分以上,而有的人可能得分只在5分以下。

思考:请问为何出现这样的结果呢?

第六节 体验式学习——生活与活动设计案例

说明:

生活与活动设计案例仅作为参考(表5-2、表5-3),教师、学生完全可自由自主地发展出完全不一样的体验式学习模块。

每个体验由多个体验活动组成,总学时不得少于规定完成的各体验学时。

表 5-2　体验式学习活动设计案例 1

活动主题	人际关系：宿舍真心话大冒险
活动学时	10 小时（可不定期举行几次）
如下为举例说明	
活动前期准备	• 邀请每位室友参与此主题活动； • 准备活动中所需物品； • 了解真心话大冒险的游戏规则。
活动过程要求	• 可以在聚餐或某位室友生日的时候进行，可增进彼此了解； • 过程中问题围绕宿舍成员的切身问题进行，问题的设定有度； • 每位成员的回答必须真心，利于敞开心扉，有心结或有意见的可借此提出，打开心结。
活动预期效果	• 能够很好地处理寝室内部的人际关系； • 提高学生的人际沟通能力，改善学生的交流方式，提高人际交往技能，懂得如何与他人相处； • 通过团体活动、沟通、交流、分享，促进同学们之间的了解，让同学们正确地认识自己，看待自己； • 同学们在活动中共同分享，达成共识，学会人际关系的处理，改善人际关系。
活动中的感悟是什么？	• 真诚待人最重要，同一个宿舍的同学待在一起的时间相对更多些，大家在相处中会发现彼此的许多优点和缺点，要学着站在别人的角度思考问题； • 承认每个人有各自的生活习惯和价值观念，并接受和理解其他同学的生活方式，学会换位思考； • 宿舍是每个成员的家外之家，应该珍惜这难得的缘分。
活动中的成长是什么？	• 宿舍人际关系对大学生发展非常重要，宿舍成员之间的交往和交流是大学生必须面对也是直接交往时间最长的人际关系，很多观念的形成和变化在很大程度上受宿舍氛围和宿舍人际关系的影响，搞好宿舍人际关系有利于搞好人生中的人际关系。 • 对待舍友宽容大度，不把自己的观点强加给别人，也不试图改变别人，调整自己的心态积极适应。
活动中可能存在的问题	• 成员参与的积极性、配合度不高； • 对问题的设定没有底线； • 回答的答案没有出于真心。

表 5-3　体验式学习活动设计案例 2

活动主题	高效地利用时间——制定每周计划：你真的很忙吗？
活动学时	10 小时（可不定期计划）
	如下为举例说明
活动前期准备	• 花一星期时间真实地记录每天使用的时间，并对自己浪费时间的行为进行自我反省，找出自己浪费时间的关键所在。这样有助于自己制定下周的计划。 • 充分了解时间管理相关知识为下周的计划做准备。
活动过程要求	• 这周要制订出下周的工作计划。合理安排每一天，让自己不再那么紧张。也许有时候会发生意外的事情，那就根据自己的计划做出适当的调整。 • 制定出高效利用时间的方法。比如说一次可以买完的东西，就没有必要买第二次，这样也是在省下自己的时间。提前把下周的菜单列出来，不仅能节省自己的时间，同时也会注意合理的安排家里的饮食。 • 高效地利用你每天"浪费掉的时间"。现在就是制定一个计划，就是你平时没有时间做的事情，有价值的事情就安排在你剩余的时间中，这样效果会很好的，看起来你没有做什么事情，其实你已经比平时多做很多了。 • 充分利用现代化的高效办法。如果自己花一上午的时间去逛街买回来的东西在网上或者是一个电话就可以买到的，那么我们就是在浪费时间。想去购物的时候顺手拿点要参加活动的东西，或者是店里的小册子，这样都可以给自己节省时间。 • 当你需要全神贯注地工作时，要尽量避免不必要的打扰。要是有经验的就在工作中不予理会别的事情。要让同事、朋友知道你在哪个时间点电话打进来你会接。没有必要见面的人就不要亲自见，除非指名是要找你的。
活动预期效果	• 规划好自己的时间，提高白天工作的效率，提高成就感，减轻压力； • 有意识地进行自我心理调适，按规划轻松办事； • 了解并应用时间管理技巧，如事情的轻重缓急来排事件的优先处理顺序。
活动中的感悟是什么？	• 原来的自己整天忙忙碌碌的，总觉得时间不够用，但细想起来又不知自己在瞎忙什么，其实都是一些琐碎的事情，制定时间计划后每天都有重点而且会主动去完成。
活动中的成长是什么？	• 原来的自己没有有效去管理时间，制定行程计划后，我会主动去做事、生活，而不是被动地回应外界环境； • 保证生活不可或缺的部分每一部分都有充足的时间，如健康、家庭、金钱、知识、社交、事业、精神。
活动中可能存在的问题	• 不能长期坚持养成习惯； • 遇到突发事件不知如何调整； • 制定了周计划却还总是紧张不安有压力，不能进行自我调适。

第六章 生涯

本章纲要
- 生涯与自我了解
- 生涯与个人素养
- 生涯探索与生涯抉择
- 生涯发展与生涯管理
- 体验式学习——生活与活动设计案例

8种双胜双赢的习惯

● 经营健康	● 相信自己
● 充满热情	● 乐于倾听
● 积极选择	● 轻重缓急
● 知彼解己	● 团队合作

活出自我：做自己想做的，并从中得到快乐。

生涯中要接触各种各样的人，我们人类基本上大部分都是在生涯中获得的成就感，而社会也是因人在生涯中的成就而认可之。如何经营好我们自己的生涯呢？那就是习惯，当我们养成了8种双胜双赢的习惯，我们的生涯就会"无往而不利"了！在生活中、我们是个体的、代表本人的；而在生涯中，我们都代表着一个团队、一个集体、一个单位，甚至一个国家、一个民族。所以我们不是"单枪匹马"，也并非战胜"敌人"就能得到一定的利益，我们的立足点要站在"双胜双赢"，彼此得到自己想得到的部分。

生涯最重要的是做到"胜任愉快"。

第一节 生涯与自我了解

曾经有一个有趣的童话故事书，书名叫《我是谁》。书里面有一个不知道自己是什么动物的小地鼠，不断寻找自己是谁。它首先跟松鼠学爬树，因为她很羡慕松鼠可以爬在高高的树枝上，看远处的风景。但不管它怎么努力，总是没有办法像松鼠一样爬得又快又高，好几次摔跤，还差点跌断腿。

后来它又跟小狗学赛跑，还没跑多远，就累得要命。甚至最后它又跟夜莺学唱歌，但是它一开口，动物就会都跑光。它很难过，觉得自己是森林王国里最很没用的动物，只好挖个洞躲起来。

直到有一天，浣熊妈妈家里失火了，但是浣熊宝宝逃生不及还困在屋里。由于火势太大，没人可以靠近救援。就在千钧一发之际，小地鼠发现自己挖的洞与浣熊妈妈家不远，灵机一动，就挖地洞穿透浣熊家的地板，救出了浣熊宝宝。从浣熊妈妈感激的眼神中，小地鼠发现了自己的价值，也找到了自己。①

看完这则小故事，你不妨问问自己：有没有出现过小地鼠这样的情形呢？事实上，在现实生活中，我们的不快乐常常源于对别人的羡慕、对自己的抱怨。要是我有张曼玉那么漂亮就好了，要是我像比尔·盖茨（Bill Gates）那么有钱就好了，要是我……就好了……

而盲目羡慕、妄自菲薄则源于我们对自己不了解。我们都熟悉这样一句话：世界上没有完全相同的两片树叶。个体差异是这个世界的基本特征，我就是我自己，不是别人，这注定了我的生活方式是这个世界上独一无二的。所以，没有两个人可以过完全相同的生活。既然如此，我们与其去羡慕别人，还不如像小地鼠一样去寻找最适合自己的生活方式。

这就是本书最重要的观点——个体差异。你可能无法在考试中取得高分，无法在演讲中口若悬河，无法在人群中左右逢源……这都没有关系，因为你必定有自己擅长或者喜爱的东西，只是自己还没有发现而已。因此，本书就建议你先了解自己，然后进行抉择，给自己量身定做一个独一无二、最适合自己的生涯规划。

一、自我概念的特性

自我概念（Self Concept）就是自己对自己的看法。有学者认为，自我概念是指我们反观自己性格和身体的一些方式。② 而艾莉森（Ann Ellenson）提供了更细微的描述性定义："自我概念乃是个人所持有的特殊角度——是个人筛选与过滤事件，使结果听起来、看起来都能符合自我经验的参考架构。"③ 她曾提出自我概念具有下述几个特性，而了解这些特性将有助于我们去发展一个健康而适切的自我概念。④

---

① 彭思舟. 把自己卖个好价钱 [M]. 哈尔滨：哈尔滨出版社，2002：20.
② Hilgard, E. R., Atkinson, R. L., & Atkinson, R. C. Introduction to Psychology [M]. New York：Harcourt Brace Jovanovich, Inc., 1979：389-397.
③ 郑美芳. 自我概念与人际关系 [M]. 台北：骏马文化事业有限公司，1988：2.
④ 郑美芳. 自我概念与人际关系 [M]. 台北：骏马文化事业有限公司，1988：3-6.

1. 自我概念是必要的

自我概念是生命的核心所在,也是生涯发展的凭借。对于任何一个想要有所成就的人而言,了解自己的需要、能力条件并且能坦然面对"自己"非常重要。否则,就会如同许多失败的案例一样,常跟自己玩游戏,既不能知道自我的各个构面,又不能接受自我,于是就陷入自欺欺人的恶性漩涡里,最终导致失败。

人当然并非一出生就有"我"的观念。但是随着感觉、动作、技能等伴随生理成熟而来的行为变化,婴儿会逐渐区分出自己和外部世界来,例如立皮斯特和律斯(Lipsitt & Reese, 1979)就曾经以婴儿为观察对象,来探讨动作的发展规律。他们发现,就平均水平而言,婴儿要到4个月大时才会发现自己的手,并且逐渐发现手的功能,而通过手眼协调,能指挥手去拿想拿的物件[①],则此时一个完整的"自我"正开始形成,婴儿会逐渐发觉自己的行为对环境所产生的意义,例如他能拿到桌上的糖果,他能让玩具咚咚发出声音来,他能让身旁的大人发笑等,其"自我"的意识会越来越强;及至学龄前后阶段(2-6岁),小朋友就会发展出皮亚杰[②]"自我中心"(Ego-Centrism)的认知(Cognition)倾向来。[③]

由上述可知:发展自我概念是必要的。因为透过自我概念,人们会更加了解外界的"事实"(Reality),也能在变幻莫测的环境中,为自己的行为定下最适合的发展模式(Model)。

2. 自我概念常会及于自身以外

人们常会将自我概念扩大到某些外界的具体或抽象的事物上,如人们会加入某些特殊宗旨的社会团体(如社团、协会等),或某种活动(如登山、网球及赏鸟等),并进而对这些事物产生认同(Identification),体会到"大我"(We-ness)的感觉。例如:喜欢赏鸟的人会有相同的经验和感觉,都认为赏鸟是好的休闲方式。

3. 自我概念使"个别差异"更加明显

所谓个别差异(Individual Difference),是指人与人之间基于遗传、环境等先天、后天因素的不同而形成的身心功能上的差异。这种差异可以表现在生理特征上,如血型、肤色、头发颜色及各种物理性特征等,也可以表现在心理功能上,如人格(Personality)、知觉(Perception)、情绪(Emotion)、态度(Attitude)、认知等。这种心理性的差异会通过自我概念的差异,使人与人之间的不同愈来愈明显。心理学研究的法则之一即为"刺激—有机体—反应(Stimulus-Organism-Response/S-O-R)",运用这个法则,可以说明为何自我概念使得个体差异明显表现出来。在这个法则中,"刺激"代表环境中所产生或发生

---

① 游恒山. 心理学[M]. 台北:五南图书出版公司, 1989:48.
② 让·皮亚杰(Jean Piaget, 1896—1980),瑞士心理学家,发生认识论创始人,当代教育心理学巨匠,当代著名的儿童心理学家。
③ Hetherington, E. M. & Parke, R. D. Child Psychology: A Contemporary Viewpoint [M]. New York: McGraw-Hill Book Company, 1979.

的一种条件,而"有机体"指的是人或动物。不同的有机体面对相同的刺激,会产生不同的"反应"。

4. 自我概念会自我增强或减弱

在生活中,我们会发觉自我概念会自行产生循环的现象,也就是说:有积极的自我概念的人,由于信心足、自我期望高,因此表现也比较优异;而优异的结果往往又会"增强"(Reinforce)他的自我概念,使他相信自己的确是好的、优异的。自我概念因此变得更积极,如此良性循环下去,导致这个人很能适应环境,并且获得比较高的成就。

反之,一个与上述获得成功的人能力相当的人,如果具有消极的自我概念,常常认为自己不够好、不行,则可能因为信心不够,自我期望又低,而导致比较差的表现;结果表现不佳的结果常会成为他看自己的"参考架构"(Frame of Reference),进而认为自己的确不好,于是自我概念越来越消极,周而复始、恶性循环,导致这个人适应能力差,成就也每况愈下。

既然自我概念会自行增强或减弱,那么拥有积极的自我概念是极其重要的,因为它会使强者愈强、弱者变弱;反之持有消极的自我概念,将会使强者变弱,弱者愈弱。在实施生涯规划时,实在应该谨慎小心,深切明白自我概念和生涯是否成功之间存在十分紧密的关系。

5. 从不同角度对"我"的诠释

(1) 从全人教育角度来看

在本书中,全人教育强调"我"个人整体的协调发展,即身、心、灵的教育,其目的是使个人的身体(Body)、心灵(Soul)和心智(Mind)达到均衡。身体、心灵和心智三者之间的联系见图6-1。

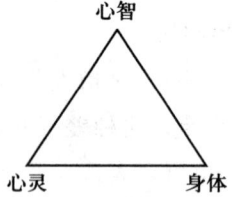

图6-1 全人教育之身体、心灵、心智

"身体"是人体的各个器官、系统,有细胞、血液,有生殖系统、排泄系统、消化系统、呼吸系统……

"心灵"是感性的、抽象的、无意识的、欲望的、哲学的……

"心智"是理性的、科学的、有意识的,是可以量化的、有秩序和条理的……

(2) 从弗洛伊德角度来看

19世纪末精神分析学派(Psychoanalysis Approach)大师弗洛伊德在探讨人格时提出

了构成人格的三个主要部分:"本我"(Id)、"自我"(Ego)及"超我"(Superego),通过这三种人格结构的交互作用,人类能在面对环境时表现出某种适应行为来(见图6-2)。

图6-2 弗洛伊德提出的本我、超我、自我

弗洛伊德把"本我"视为像孩童般趋乐避苦、仅做原始历程思维(Primary Process Thinking)的状态;指原始的自己包含生存所需的基本欲望、冲动和生命力;是无意识的,不被个体所觉察。

而"超我"则是像修道士一样以良心(Conscience)、道德原则及理想中的自我理想(Ego Ideal)为标准的状态;是个体在成长过程中通过内化道德规范、内化社会及文化环境的价值观念而形成,其机能主要在监督、批判及管束自己的行为。

"自我"是自己可意识到的执行思考、感觉、判断或记忆的部分。自我的机能是寻求"本我"冲动得以满足,而同时保护整个机体不受伤害,它遵循的是"现实原则"。由于本我、超我这两种极端分歧的状态同时存在,所以会引发某种冲突和矛盾。于是,体察现实、寻求理性思考、逻辑运作的"自我"就扮演居中协调的角色,好让个体能做出适切的行为反应,兼顾身心需求和道德规范。弗洛伊德认为:自我结构功能健全且能充分协调本我、超我的人,将是健康、适应良好、并且能表现出统合行为的人。

(3)从东方思维角度来看

从东方思维的角度来看,"我"是感性(Sensibility)、理性(Rationality)和悟性(Enlightenment)的结合体。"我"集感性、理性、悟性于一身,缺一不可,这才是完善的人,但三者又有不同之处,互相补充,见图6-3和表6-1。

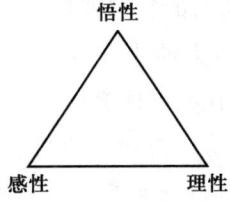

图6-3 东方思维的感性、理性、悟性

表 6-1　感性、理性、悟性①

思维方式	认知和处理对象	领域	沟通与认同方式	思维特征	价值标准	气质特征
感性	情感世界	艺术	感觉与形象 ——动之以情	具象，朦朦胧胧，但凭感觉	美	激情
理性	客观世界	科学	事实与逻辑 ——晓之以理	抽象，清清楚楚，并需求证	真	理智
悟性	心灵世界	信仰	心灵约定 ——抚之以心	感悟，玄机重重，无须证明	善	虔诚
三性皆有	人与人、人与社会的关系	人文	三者皆有，分别运用，不可混乱		爱	真诚

虽有不同的"我"，但从以上三种诠释中，我们看到共同点，即都是三方互相制衡、互相支持，这就是"平衡"的"我"。

（4）全方位的"我"

以上是从"我"个人来看的，实际上，全方位的"我"包括：从微观层面来说，我个人，就是现在的我＝生命＋生活＋生涯（就业、职业、事业、志业［创业］）；从中观层面来说，我的家庭、我的亲人，我的好友；从宏观层面来说：我的国家、我的地球。这整个是"我"的世界，所以对"我"的诠释和自我认识的开始，首先从深度和广度上了解"我"，然后再深入自我认识。

二、影响自我概念的因素

既然自我概念在生涯发展之中举足轻重，那么自我概念究竟是如何形成的？有哪些因素会影响到自我概念呢？下述是几点学者们研究出来的结果。

1. 早期的生活经验

当我们还小的时候，"我"的观念非常模糊，很多价值取向都处在一种摸索未定的状况。因此这个时候生活中的经验对我们的影响就显得非常重大，一些重要人物的影响尤其如此。试问如果有人老把你当成长不大的小孩，处处限制你，告诉你或暗示你说"你不好、你还不能独立自主"，你会陷入什么样的窘境？发展出什么样的自我概念来呢？

学者库柏·史密斯（Cooper Smith）曾指出，自我概念在生命早期即已成型，大约在儿童中期（即 10 岁左右），一个人对自己的看法已经相当稳定，而环境的变化只会导致自我评价的短暂改变，很快一切还是会回到原来的自我概念。② 因此自己对自己的看法永远是最重要的。

---

① 源自：袁正光. 生命关怀，更需要悟性. 生命关怀协会 2008 年灵山论坛资料.
② 林彦妤, 郭利百加译. 心理卫生——现代生活的心理调适［M］. 台北：桂冠图书公司，1991：68.

2. 年龄与成熟

许多研究告诉我们，当一个人年龄越大、越成熟，他的自我概念就会越正确、越良好。菲利浦斯（Phillips，1963）曾以小学三年级和六年级学生作比较研究，结果发现六年级学生的自我评价比较接近老师所做的或同学所提供的。换言之，年龄越高者，越能"自我知觉"（Self-Perception），对环境越具有主导性与客观性判别，而不致随波逐流，莫衷一是。[①]

莫森与琼斯（Mussen & Jones，1957）也通过实验发现，早熟的男孩比成熟较迟的男孩更有自信，适应能力也更好，更能博得同龄人的好感与正面评价[②]。这说明生理、心理上的成熟，使得一个人在自我概念的发展上较容易有正向的突破，进而帮助个人成长。

3. 文化背景与社会经济地位

莫斯（Morse，1964）曾以实证研究，证实来自不同环境的文化水准会明显影响到一个人对自己的评价。来自文化水准较高区域的人们，通常"水涨船高"，表现出一种"安全、自信乃至优越"的自我评价，如发达国家的人民、大都市的居民。反之，居住于乡村或不发达国家的人民，则多倾向于自觉"不如人"，对所处环境抱有一种"不安、劣势"的自我评价。

上述概念与发展心理学（Development Psychology）中，有关"环境"丰富或诸多"环境"被剥夺对一个人身心的影响所做的研究结论可谓相近。许多研究都显示，环境越丰富，一个人身心各方面发展得越好，因此一个人越常接受"刺激"，将是越有利的（这里的"刺激"是指环境中的事物，而非俗语的刺激）。所以，在整个生涯探索的过程中，让自己有机会接受一些尝试（如工读或主动接受某项工作挑战等），对自我概念的形成和生涯抉择会有正面的意义。

社会经济地位高低与自我概念间呈成向关系。通过财富与地位在社会资源交换系统的巧妙运作，人们来提升自己的社会地位、形成较好的自我概念。这也是人们经常以财富和地位作为判断人的重要指标，并为此竞相追逐的原因。

4. 性别

在漫长的人类历史发展中，男性常常被视为力量和智慧的象征，因此"重男轻女"的现象在多数视男性为主要生产者的社会中是天经地义、理所当然的。这就自然导致一个人的性别会影响到自我概念的发展。学者荷伦得（Hollender，1972）曾以大学生为研究对象，结果发现男大学生显著比女大学生有较好的自我概念或自尊。荷伦得认为这种差异是社会文化对男女两性的要求不同所致：一般文化都期望男性有高一点的成就，外在成就（地位、财富、学问）要越高越好，因此常给予较多的重视与鼓励；相反地，女性则被期

---

① Philips, B. N. Age Changes in Accuracy of Self-Perceptions [J]. Child Development, 1963, 34: 1041-1046.
② Mussen, P. H. & Jones, M. C. Self-Perceptions, Motivation, and International Attitude of Late and Early Maturing Boys [J]. Child Development, 1957, 28: 243-256.

望扮演一种配合的角色，内在成就（修养、道德）越高越好，外在成就不用、也不可太高，因此所寄予的期望较低，鼓励也较少。这两种不同的对待方式使得男性必须以较佳的自我概念来面对挑战，而女性则以一般或稍逊一筹的自我概念来适应环境，甚至有时还得刻意回避成功的降临（心理学家称作"害怕成功"的倾向），以符合社会文化的规范要求。

三、认识自我

德国哲学家恩斯特·卡西尔（Ernst Cassirer）曾指出："从人类意识最初萌发之时起，我们就发现一种对生活的内向观察伴随着并补充着另一种外向观察。人类的文化越往后发展，这种内向观察就变得越加显著。"即使是在人类文化发展的早期，"在对宇宙的最早的神话学解释中，我们总是可以发现一个原始的人类学与一个原始的宇宙学比肩而立；世界的起源问题与人的起源问题难分难解地交织在一起。"[①] 所以，我们看到在宗教、哲学的发展中，乃至在人的一般意识的普遍发展中，认识自我不仅是一个始终未曾动摇过的目标，而且是一个越来越明确、越来越突出的目标。

四、了解自我

从生涯规划的角度来看，举凡个人的人格、性向、兴趣、价值观、生涯成熟及自我概念等，都是自我了解的重点项目。在此将介绍几种了解自我的方法，但首先将澄清的观念是"人常常都不了解自己"。

1. 人都不了解自己

心理学家鲁夫特和英格汉（Joseph Luft & Harrington Ingham，1970）针对这点提出质疑，并且以一个周哈里窗模式来强调：事实上，人们常有许多自己都不了解的地方。

周哈里窗根据我们对自己的了解程度与别人对我们的了解程度，把每一个人的资料分割成4个部分，如图6-4所示。由图中可以发现，左上角那一扇窗称为"开放我（Open Self）"，这个部分指的是我们自己知道而别人也知道的部分。例如我们的长相、身高、体重及某些属于公开性的人口统计资料（Demographics），如性别、籍贯等；当然有些资料虽然比较个人性，但有的人很喜欢大吹大擂，也可能让别人知道，例如类似"想当年，我……"之类的故事即是一例。

右上角那一扇窗称为"盲目我（Blind Self）"，这个部分指的是我们自己不知道而别人却知道的部分。例如每个人可能都有一些口头禅，有一些习惯动作或有一些特定的做事方法，而这是自己平常不自觉的，除非别人告诉我们。盲目我的大小与一个人自我观察、自我省察的能力有关，有些人的内省特质（Intrapersonal Trait）比较强烈，他的盲目我就

[①] 恩斯特·卡西尔. 甘阳译. 人论. 上海：上海译文出版社，2004：5.

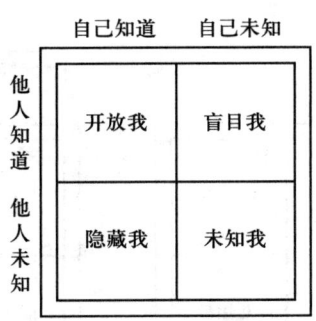

图 6-4 周哈里窗

会比较小一点。

左下角那一扇窗称为"隐藏我（Hidden Self）"，这个部分指的是我们自己知道而别人不知道的部分。例如很多童年往事、痛苦辛酸的经验、身体上的隐疾、此时此刻心中的某些不快等，可能我们都不愿让别人知道，而成为"隐藏我"。要缩小"隐藏我"乃是一件很不容易的事，因为一个人可能会因此丧失自己原本拥有的自尊、荣誉或原本呈现给人的美好印象。

右下角那一扇窗称为"未知我"（Unknown Self），这个部分指的是我们自己不知道而别人也不知道的部分。例如我们若从来没有经过某种因缘而得以聚会的经验，可能从来也不知道自己会演说，口才是一级棒的。因此这一部分通常指的是某些尚待开发的能力、特性，当然如果将弗洛伊德潜意识的观念带进来，则"未知我"里面也可能藏有许多不为意识层面所接受的欲望、痛苦、罪恶。

周哈里窗这个概念提出的目的是，希望人们能清楚掌握自己的 4 个部分，并且通过某些刻意的做法，使"开放我"越来越大，其他 3 部分越来越小。例如透过自我坦诚，可以使"隐藏我"减少。

当我们从别人那里得到某些回馈时，我们会更了解自己；并且在这种人际互动之下，友谊快速增长，我们会更愿意对我们的朋友述说自己的"隐藏我"，于是一个彼此分享、信任的关系网就逐渐展开来，而这对个人而言是非常有利的。图 6-5 就显示出各扇窗户的面积在自我坦诚与回馈作用下彼此消长的情形。

至于"未知我"应如何加以减少呢？一般可从下述途径着手，即：

增加尝试的机会。

凭借自我省察所获得的顿悟（Insight）。

凭借自我观察所获得的新了解（Understanding）。

当然一般说来，顿悟在减少"未知我"方面扮演了重要的角色，可以用图 6-6 来表示。

2. 通过学习有关人类行为的学科了解自我

当我们看到或听到关于"人"的知识或事实时，我们将会对"自我"有一些新的体

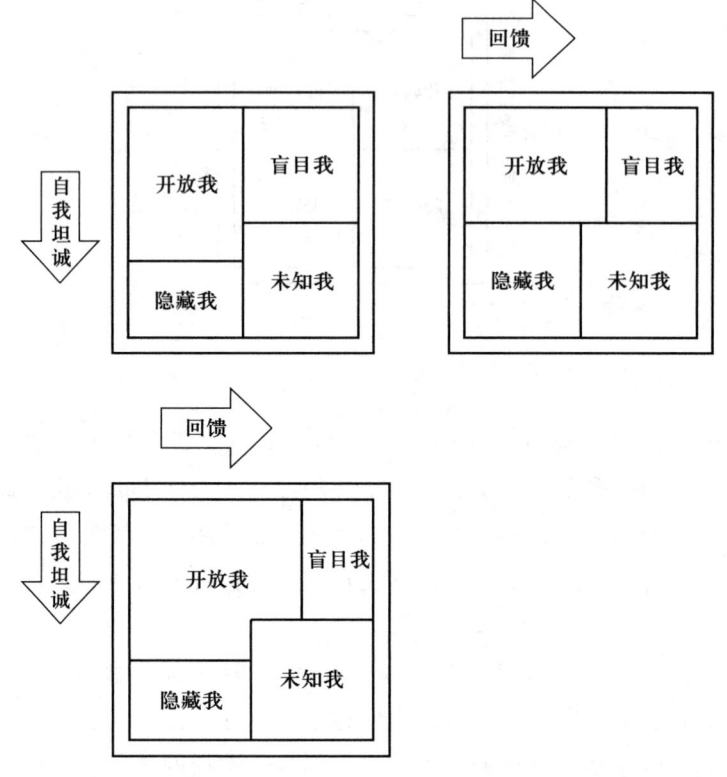

图 6-5　自我坦诚与回馈情况

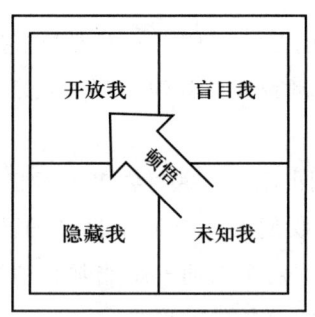

图 6-6　顿悟的作用

认。例如在本书中就讨论了一些和人们切身有关的概念。本书通常会告诉你如何将这些概念运用到自己身上，但有时候必须根据实际情况稍微作一些调整而加以应用。例如在本书中谈到了人际关系，清楚地说明在人生不同的阶段，人所要注意的重点也会因阶段的不同而有所不同；而整个人际关系发展得好坏，是否能得到有利的结果，都将深刻影响到生涯的品质。有些学科，如心理学、文化人类学、管理学等领域，都会提供有关人类行为的资讯。而阅读这方面的书籍，在潜移默化中自然就会帮助你掌握人性、了解自己。

3. 通过标准化测验与问卷了解自我

了解自己性向、兴趣和人格等的方法有许多种。第二次世界大战以来，许多人凭借性向测验，发现了自己具有从事某种职业的潜能，因此事业走向成功。这样的例子不胜枚举，他们得以成功的原因在于通过这些测验，实现了自我了解，从而选择了适合自己的职业。因此，借助标准化测验和问卷来认识自己，是个不错的选择。然而，要牢记的是：测验结果只是一个参考而不是真理。特别是当我们已经非常清楚地知道自己的个性或行事风格时，如果测验结果有所不同，则对测试持怀疑的态度是必要的。

除了标准化测验之外，我们也可以从其他标准化的自省量表工具得到自我了解。这些，可以使我们通过一些客观的数据来了解自我，并且可以与他人比较，进一步明白自己在芸芸众生中的"地位"或"水准"，从而有发展或努力的方向。科学化、比较化这两项功能，是其他自我了解方法所没有的，也是测验、问卷的可贵之处。

4. 通过他人的回馈了解自我

了解自我的另一个常用方法，就是知道生活中重要的人对自己的看法。这种回馈有时候会令人十分伤心或觉得很不舒服，因为自尊或面子可能在这个过程中受到伤害，但是如同前面曾提过的"他人回馈"是减少"盲目我"非常重要的方法。特别是当别人对你的印象都很一致时，那这个回馈意见是很值得你去重视的，因为它应该是十分正确的。

5. 通过咨询师的反馈了解自我

一般人的回馈虽然很容易取得，但由于一般人缺乏心理学或辅导咨询的训练，因此所提供的回馈意见可能不太周全，甚至可能是错误的。而通过与具有专业素养的咨询师协谈咨询，这些发生错误的可能性将会大幅降低。

综上所述，以上 4 种了解自我的方法都是最基本也是最常用的，当然透过自我的观察、省思，也能获得某些有助于自我了解的顿悟。此外，参加某些由专家所带领的成长团体，在团体动力的驱策下，人们也能对自己产生某种新的了解。如果有兴趣的话，可以进一步参考有关团体咨询的书籍，或实际参与一个成长团体。

五、自我对生涯过程的适应

1. 自我肯定的作用

理性情绪治疗理论之父阿尔伯特·艾利斯认为：不正确的自我认识，会使人陷入一种"自我谴责"（Self Blame）的自我挫败感中而无法自拔。也就是说，人们常将许多不合理的情绪、认知及行为"灌输"给自己，以致最后形成了根深蒂固的错误的自我概念。

当一个人有错误的自我概念时，常会萌发一种一般人所熟知的"自卑情结"（Inferiority Complex）。当一个人有自卑情结时，其特征通常对外界批评极端敏感，对赞美不太能欣然接受，带有批判性，常抱指责态度，常有被迫害的想法，讨厌竞争，表现出害羞、退缩、离群索居等行动。

换句话说，一个有自卑情结的人就是不能自我肯定的人，这种人因为敏感而认定大家都是有敌意的。也因为他不能自我肯定，有时表现得六神无主，不善于处理人际问题，不太会拒绝或为自己争取应有的权利。

心理学家相信一个自我肯定的人，他拥有比自我否定者（自卑者）较宽广的选择空间，较能自尊、自重，不伤害或批判别人，既能直接而清楚地表达自己的需求，也能适切尊重对方的权益与尊严。总而言之，自我肯定者有4大特点：

1）能坚持而自信地表达自己的需求与看法。
2）能委婉、有效地拒绝别人的需求。
3）能坚持肯定自己的权利。
4）能主动、积极地关心自己。

在生涯发展的过程中，我们随时会面临环境的挑战，并且必须随时与别人发生互动关系，也需要随时做决策（Decision Making）。因此持有一个正向、肯定的自我概念，对生涯适应是最关键的。

2. 自我预言的实现

自我预言的实现（Self-Fulfilling Prophecy），是指当一个人持有某种自我认定的看法时，不自主地透过"自我暗示"（Self-Suggestion）的效应，驱使自己的行为表现出预期的结果进而验证原先的判断是正确的。可以看出，一个人欲获得成功，最重要也是最基本的，便是替自己塑造一个正向、肯定的自我概念，并且设定远大的理想，积极获取环境中他人的支持与鼓励。通过这样一个条件或基础，人们将会不断自我激励、自我增强，导致行为和自我概念间的良性循环，最终达到目标。

3. 自我意象的功能

在有关自我的理论中，近年来有一种新的主张为"自我意象"（Self-Image）治疗法，正广泛地应用于心理学界和临床心理与精神医学、运动心理学、美容、整形外科等领域。这种主张认为：

1）人的行动、情感、行为永远与自我意象相吻合。
2）自我意象是可以改变的。

因此，如果一个人可以为自己塑造一幅正向的"视觉心像"（Visual Image），则"相由心生"，这个人将会展露出与过去抱有负向心像完全不同的神奇效果，他可能更快乐、更有能力、更迷人，甚至看起来更年轻、潇洒。

运动心理学家喜欢用"心像技术"（Imagery Techniques）来帮助运动员从事运动竞赛，许多企业顾问也建议采用"心像预演法"，让自己事先掌握谈判或会议的要点而制胜。莫尔茨（Maltz）则认为，心像技术的好处是可以更深刻地改变个人的能力、情绪、行为等。例如让原本被视为低能的男孩变成机灵的小伙子，让害羞的人变得擅长公共关系，甚至让一个无可救药的惯犯，一夜之间变成模范犯人而获得保释。

事实上，自我意象的运用与前面"自我预言的实现"在原理上是一致的，只是其论点更深刻而已。它们的共同点在于：都与自我概念有关，都强调塑造一个健康、适切的自我概念。这是迈向成功的最根本条件，并且将会持续不断地产生无比神奇的效果。

本节内容图表解说

见图6-7。

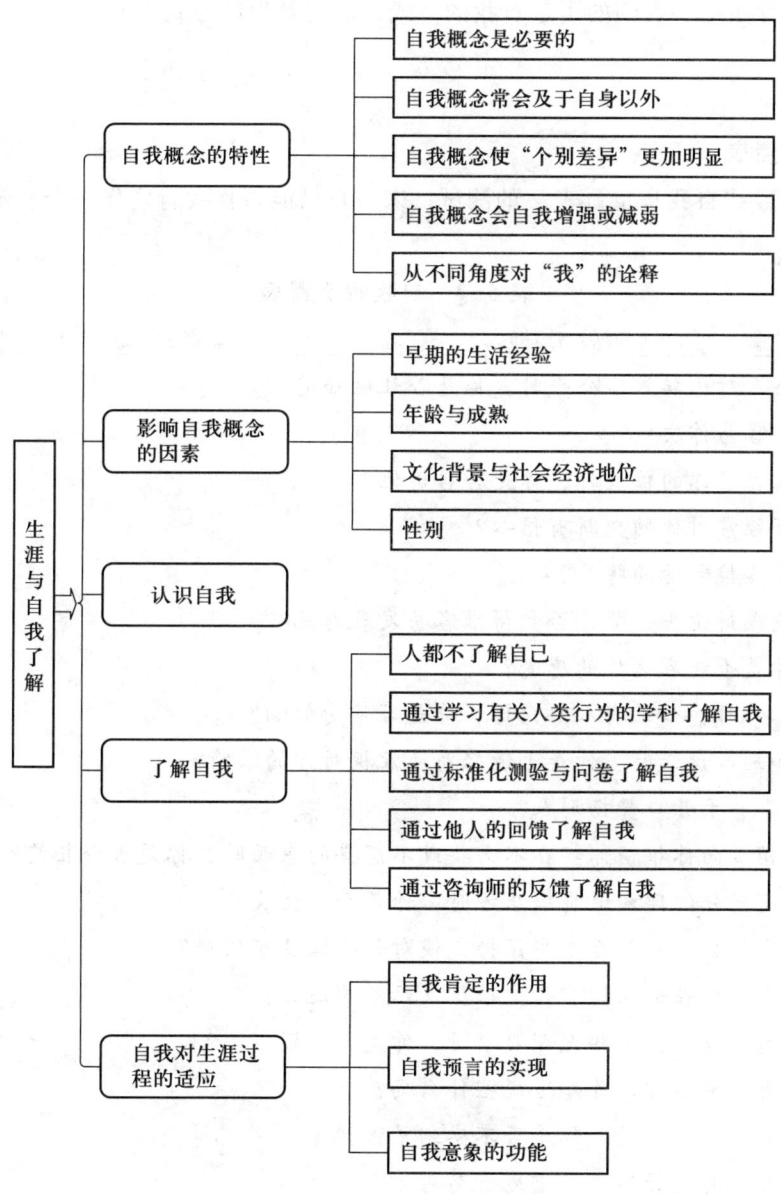

图6-7 第六章第一节内容图表解说

动动脑

• 除了书中关于自我概念的特性外,你认为自我概念是否还有其他特性?是什么?并请举例说明,自我概念如何使个体有差异?

• 请回忆并总结一下,早期生活经验如何影响你自己的自我概念?并与同学或同组成员一起分享。

• 想一想除了书中提到的了解自我的方式,还有其他的方式么?

体验活动

自我肯定量表

你不妨通过"自我肯定量表"的测试,来对自己能否自我肯定作一个初步的判断。

表 6-2　自我肯定量表

姓名:_____　性别:_____　日期:_____

1. 当一个人对你非常不公平时,你是否让他知道?　　　　　　　　　　　　　(　)
2. 你是否容易作决定?　　　　　　　　　　　　　　　　　　　　　　　　　(　)
3. 当别人占了你的位置时,你是否告诉他?　　　　　　　　　　　　　　　　(　)
4. 你是否经常对你的判断有信心?　　　　　　　　　　　　　　　　　　　　(　)
5. 你是否能控制你的脾气?　　　　　　　　　　　　　　　　　　　　　　　(　)
6. 在讨论或辩论中,你是否觉得很容易发表意见?　　　　　　　　　　　　　(　)
7. 通常你是否能表达你的感受?　　　　　　　　　　　　　　　　　　　　　(　)
8. 当你工作时,如果有人注意你,你是否不受影响?　　　　　　　　　　　　(　)
9. 当你和别人说话时,你是否能轻易地注视对方的眼睛?　　　　　　　　　　(　)
10. 你是否易于开口赞扬别人?　　　　　　　　　　　　　　　　　　　　　 (　)
11. 当推销员向你推销你实在不需要或不想要的东西时,你是否会拒绝?　　　 (　)
12. 当你有充分的理由退货给店方时,你是否很坚决?　　　　　　　　　　　 (　)
13. 在社交场合,你是否觉得保持交谈对你而言没有困难?　　　　　　　　　 (　)
14. 你是否觉得在别人的言行中很少表示不欢迎你?　　　　　　　　　　　　(　)
15. 如果有朋友提出一些无理要求时,你是否迟疑不决?　　　　　　　　　　(　)
16. 如果有人恭维你,你知道说些什么吗?　　　　　　　　　　　　　　　　(　)
17. 当你和异性谈话时,你是否不感到紧张?　　　　　　　　　　　　　　　(　)
18. 当你生气时是否不会严重地责骂对方?　　　　　　　　　　　　　　　　(　)

填表及计分规则：

1. 在每个选项后面填入相应的数字：

（1）从来没有；（2）很少；（3）偶尔；（4）大多是（5）经常是

2. 所填的数字，就是该项的得分。

例如：对问题 2 回答，你的选项就是（3）偶尔，那你的得分就是 3 分。

3. 将每项得分相加，就是你最后的得分。

结果：

1. 得分在 77 分以上：非常能自我肯定，经常能适时、适当地表露自己的意见与感受。

2. 得分在 52-76 之间：大多数时候能表露自己的意见与感受，但偶尔做不到。

3. 得分在 27-51 之间：偶尔能自我肯定，但大多数时候不能表达自己的意见与感受。

4. 得分在 26 分以下：非常不能自我肯定，经常不能表露自己的意见与感受。

第二节　生涯与个人素养

有一批应届毕业生 22 个人，实习时被导师带到国家某部委实验室里参观。全体学生坐在会议室里等待部长的到来。这时，秘书给大家倒水，同学们表情木然地看着她忙活，其中一个还说："有绿茶吗？天太热了。"秘书回答说："抱歉，刚刚用完了。"

有一个名叫林同的学生看着有点别扭，心里嘀咕："人家给你倒水，还挑三拣四的。"轮到他时，他轻声说："谢谢，大热天的，辛苦了。"

秘书抬头看他一眼，满含着惊奇，虽然这是很普通的客气话，却是她今天唯一听到的一句。门开了，部长走进来和大家打招呼，不知怎么回事静悄悄的，没有一个人回应。林同左右看了看，犹犹豫豫地鼓了几下掌，同学们这才稀稀落落地跟着拍手，由于掌声不齐，越发显得零乱。部长挥了挥手："欢迎同学们到这里参观！平时，这些事一般都是由办公室负责接待，因为我和你们的导师是老同学，非常要好，所以这次我亲自来给大家讲一些有关情况。我看同学们好像都没有带笔记本，这样吧，白秘书，请你去拿一些我们部里印的纪念手册，送给同学们做纪念。"

接下来，更尴尬的事情发生了，大家都坐在那里，很随意地用一只手接过部长双手递过来的手册。部长脸色越来越难看，走到林同面前时，已经没有耐心了。就在这时，林同礼貌地站起来，身体微倾，双手接过手册，恭敬地说："谢谢你！"

部长闻听此言，不觉眼睛一亮，伸手拍了拍林同的肩膀："你叫什么名字？"林同照实回答，部长微笑着点头回到自己的座位上。早已汗颜的导师看到此景，微微松了一口气。

三个月后，毕业分配表上，林同的去向栏里赫然写着该部委实验室。

有几位颇感不满的同学找到导师："林同的学习成绩最多算是中等，凭什么选他而没选我们？"

导师看了看这几张尚属稚嫩的脸，笑道："是人家点名来要的，其实你们的机会是完全一样的，你们的成绩甚至比林同还要好。但是除了学习之外，你们需要学的东西太多，修养是第一课。"①

素养是我们生涯规划必不可少的一课。素养是一个人平日的修养②。那么什么是修养呢？修养是指理论、知识、艺术、思想等方面的一定水平，也同时指养成的正确待人处世的态度。所以素养也就是一个人平日里的由内而外的待人处世的态度。素养是一个人的知识、文化、气质、修养、精神、意志等的总和，虽然看不见、摸不着，但它可以通过人的言谈举止表现出来。

一、人文素养

1. 人文素养的含义

我们了解了素养的含义，只要再理解了人文的含义，就是人文素养的大致意思了。那么什么是人文呢？从词典中的解释来看，人文③指人类社会的各种文化现象，第二个含义是强调以人为主体，尊重人的价值，关心人的利益的思想观念。而人文精神指的是一种主张以人为本，重视人的价值，尊重人的尊严和权利，关怀人的现实生活，追求人的自由、平等和解放的思想和行为。

综合以上引述可以说，人文素养就是个人具备的以人为本的具文化气息的待人处世的态度。

2. 人文素养的几种表现形式

从以上含义中我们可以看出，人文素养的范围可谓广之又广。实际上人文素养与礼仪有很大关系，礼仪基本上是外在的，而人文素养更强调内在。另外，古今中外一般社会所公认的人文素养，其中又有很多相同的和不同的。所以本部分只介绍几种较为普遍的人文素养表现形式。

1) 同理心　即处处站在对方的立场考虑，也可以说是换位思考。具有同理心的人，就像前面的案例中提到的，想到别人为自己倒茶的辛苦。

2) 人文知识　具备一定的文学、历史、艺术知识也是人文素养的一种表现形式，当

---

① 转引自《故事中国》[OL]．http：//www.storychina.cn/main2.asp?id=4746&tablename=sitesearch．
② 中国社会科学院语言研究所词典编辑室编．现代汉语词典．北京：商务印书馆，2005：1302．
③ 中国社会科学院语言研究所词典编辑室编．现代汉语词典．北京：商务印书馆，2005：1147．

然不要"过犹不及"而成为"书呆子"。具有一定人文底蕴的人，由内而外散发的气质和儒雅是人文素养一个很重要的表现。

3）宽容大度　即不必斤斤计较于一时一事，于理直时仍然气和，在轻松，幽默的谈吐和潇洒身姿中给人以宽以待人的气势和气魄。

4）尊严　不仅是维护自己个人的尊严，也要维护国家的尊严，还要维护他人的尊严。"士可杀不可辱"即是尊严的体现。当然在维护自己尊严的同时，也要考虑到他人的尊严，所以为人处世中一定要注意这点。

3. 人文素养的培养

人文素养不是一天两天可以养成的，也不是多读读书就可以培养出来的。我们在前面的案例中可以看到，成绩学问只是其中的一个方面而已，关键在于从小到大或者说从细微处开始一点一点地累积而来。在学校里，我们学习专业知识也同时学习教师的"身教"；在家里，父母家人不只是我们的"衣食父母"，也是我们行为规范的教师，我们可以从他们身上学习，同时也从他们身上开始戒掉已经存在的不合时宜的习惯；我们还可以从社会其他人身上寻找闪光点，慢慢地培养自己的人文底蕴。人文素养就是这样日积月累逐渐形成的。

二、职业素养

我们了解了人文素养，那么在对于生涯规划至为关键的职业生涯阶段，除了需要人文素养外，更要有专门的职业素养。

顾名思义，职业素养就是在职业中为人处世的态度，当然这里的职业指的是职业生涯，也就是包括了就业、职业、创业、事业、志业。

职业素养包括职业技能、职业道德和职业心理素质。

1. 职业技能

（1）一般技能

尽管不同的职业对人才素质的要求不尽相同。但是有一些基本技能却是所有从业人员需要普遍具有的，这就是一般技能。一般技能可以说是进入相关行业的敲门砖，只有具有这些基本的素养，才能顺利地进入工作世界，从而在相关专业一展拳脚。尽管目前有关工作中的一般技能还没有统一的标准。但是，诸如沟通能力、交际能力、敬业精神、终身学习精神、计算机和英语能力等，都已经是许多行业对人才素质的共同要求。因此，要想顺利进入工作世界，就应该通过学习，具备这些基本技能。

（2）专业技能

如果说一般技能是进入工作世界的敲门砖，那么专业技能就是能否在专业领域深入发展的瓶颈。不同领域往往需要不同的专业能力。其中的道理不言而喻。

因此，想要进入某个工作领域，一定要具备该领域的专业知识。例如美容师，就需要对人类皮肤的基础知识有深入了解、能够区分不同肤质,并且能够提供肌肤保养的专业指导和服务。

(3) 证照

证照是专业技能的一种实力证明。目前,证照考试属于工作世界中的新兴趋势,而且还有不断深入的趋势。但是我们要清楚,证照只是一种证明,真正的实力和适应要靠自己的基本技能和专业技能。

2. 职业道德[①]

所谓职业道德,就是同人们的职业活动紧密联系的符合职业特点所要求的道德准则、道德情操与道德品质的总和。每个人不论从事哪种职业,在职业活动中都要遵守道德,例如教师为人师表、医生救死扶伤等等。

中国有专门的"全国职工职业道德建设指导协调小组办公室"负责"推动职工职业道德建设",可见其重要性和重视性。有四点需要了解的:

1)在内容方面 职业道德总是要鲜明地表达职业义务、职业责任以及职业行为上的道德准则。职业道德是在特定的职业实践的基础上形成的,因而它往往表现为某一职业特有的道德传统和道德习惯,表现为从事某一职业的人们所特有的道德心理和道德品质,甚至造成从事不同职业的人们在道德品貌上的差异。如人们常说,某人有"军人作风"、"工人性格"、"农民意识"、"学究气"、"商人习气"等。

2)在表现形式方面 职业道德往往比较具体、灵活、多样,它总是从本职业的交流活动的实际出发,采用制度、守则、公约、承诺、誓言、条例,以至标语口号之类的形式,这些灵活的形式既易于为从业人员所接受和实行,而且易于形成一种职业的道德习惯。

3)从调节的范围方面 职业道德一方面是用来调节从业人员内部关系,加强职业、行业内部人员的凝聚力;另一方面,它也是用来调节从业人员与其服务对象之间的关系,用来塑造本职业从业人员的形象。

4)从产生的效果方面 职业道德与各种职业要求和职业生活相结合,可形成比较稳定的职业心理和职业习惯。

3. 职业心理素质[①]

职业心理素质也就是职业心理健康,其基本要求主要有:热爱工作、积极上进、良好定位、立足本职、张弛有度等。职业心理健康有如下标准:

①了解自我,接纳自我;②接受他人,善与人处;③正视现实,接受现实;④接受生活,乐于工作;⑤能协调和控制情绪,心境良好;⑥人格完整和谐。

---

① 参考:孙天祥主编. 大学生职业发展与就业指导读本. 北京:高等教育出版社,2008.

三、情商培育

曾经有这样一个实验:让一群儿童分别走进一个空荡荡的大厅,在大厅最显著的位置为每个孩子准备了一块软糖。测试老师对每一个将要走进去的孩子说:"如果你能坚持到老师回来时还没有把那块软糖吃掉的话,将会得到一个奖励——再给你一块软糖,也就是说你将得到两块软糖。但是,如果你没等到我回来就把糖吃掉的话,那么你只能得到一块。"实验结果发现:有些孩子缺乏自制力,把糖吃掉了;另外一些孩子则牢牢记住老师的话,为了抵御软糖的诱惑,他们尽量转移自己的注意力,有的唱歌,有的跳舞,有的干脆趴在桌子上睡觉,一直等到老师回来,最后得到了两块软糖。专家们依据结果,把孩子们分成两组,并对他们进行长期的跟踪调查。结果发现,在他们长大之后,那些只得到一块糖的孩子普遍没有得到两块糖的孩子获得的成就大。[①]

这个实验使人们发现:在决定人生的成败方面,非智力因素的作用常常超过智力因素。因此,许多心理学家转向对非智力因素的研究,"情绪"、"情商"成为他们研究的重要课题。而情商是个人素养一个非常关键的因素,所以在这里我们单独来介绍。

长期以来,人们普遍认为一个人的事业成功与否主要取决于自身的智力水平,于是在我们的周围就有很多这样的人:他们不断地改善知识结构,机械地记忆一些最新的发现成果,拼命地提高与智力有关的"学历"、"分数"和"技能"。可是,他们却可能"怀才不遇",可能总感觉"英雄无用武之地",于是常常精神郁闷、情绪压抑,甚至有可能做出伤人害己的过激行为。相反,在我们的周围还有另外一些人:他们智商平平,考试成绩一般,但他们却"如鱼得水",事业稳定、生活充实,他们感受着生命的快乐,精神饱满地学习、工作、生活。

为什么会有如此大的差别?近些年来,人们把这种差异存在的原因归结为情绪智力,也称为情商。越来越多的研究证明,人们的智商对其事业成功只能起到20%的作用,而情商则在其中起到了80%的作用。甚至有人这样评价:"智商使人就业,情商使人升迁"。美国总统布什(Bush)也说:"你能调动情绪,就能调动一切。"

情商简单来说就是情绪智力,因此要了解情商,必须要先弄清楚什么是情绪。

1. 了解情绪

情绪是指个体受到某种刺激所产生的一种激动状态,这种激动的状态虽然可被个体的自我所经验,但并不会被其所控制。

---

① 改编自:宿春礼. 给你插上梦的翅膀 [M]. 北京:经济管理出版社,2005:1.

（1）情绪的特点

一般而言，情绪包括了以下几种特点：

① 一种主观的经验：正如俗话所说"如人饮水、冷暖自知"，只有个人自己才能真正感受到喜、怒、哀、乐各种不同的情绪；② 个体内在的反应，如自主神经系统的反应；③ 对特定事物的信念或认知评估，这种信念或认知评估会使个体产生正面或负面的情绪，例如当你看到有人将垃圾丢在你家门口，你的认知会评估此事为极不道德之事，而产生嫌弃、气愤之情绪；④ 情绪会借由脸部表情来表现；⑤ 对于知觉到的情绪可表现出反应来，如行为上之反应。

（2）常见的情绪类型：愤怒、悲伤、焦虑与恐惧、快乐。

良好的人际关系与个人的健康以及对情绪的调节有密切的关系。负面情绪可能产生包含财物危机、工作影响、离职、离婚等等；但是，对于有紧密人际关系的人而言，情绪波动的影响力就会降低。俄亥俄大学（Ohio University）心理学家西柏（Silber）提到，对健康影响力最大的人是你每天所见到的人。此外，只要有人可以倾诉或谈心里话，寻找慰藉、协助或提供建议，生活或工作上的挫折将不易造成致命的威胁。

（3）情绪智能

当我们接收到一个刺激（眼睛看见的或身体感受到的）时，我们的小脑会自动地产生一种生物生理化学反应，这就是情绪。

> 比如，当我们漫步在一个风景优美、空气清新的森林公园里时，我们会自然而然感到心情愉悦舒畅，这样的情绪令我们脚步平稳、悠闲，身体动作自然放松。而如果此时你突然听见一声狼的嗥声，或一头凶猛的野兽突然出现在你面前，你的情绪就会立刻转为恐惧紧张，而所采取的行动则有可能发出恐惧的惊叫，转身逃跑。

上述的这两种情绪及行动的发生状况其实就是我们的小脑自发反应而形成的，所以，情绪的产生是源自于小脑的一种完全自发自动的生物生理化学反应，这是属于我们生理上的一种自我保护的原始机制，是比我们的理性思维、智力，也就是我们的大脑，速度快上8000倍的反应模式。

由小脑产生的情绪所引发的行动，并没有经过我们数理逻辑的分析中心——大脑的思考，因而由此所采取的行动是被动的、非理性的反应，我们通常称其为"条件反射"。从"条件反射"到经过大脑分析后采取理性行动，就是情绪智能的反应。这个过程的时间差约6秒钟，也就是说，当小脑自发产生情绪后的6秒左右的时间，才能将信息传递到大脑，进而由大脑进行逻辑分析，做出理性判断，采取理性行动。由大脑对小脑的情绪进行理性分析后，选择采取行动的能力就是情绪智能。

> 例如，卓别林在深夜回家的途中遇到了携带手枪的歹徒，他的第一个念头就是转身就跑。但是，在迟疑片刻之后，他把自己的钱包交出来，并且可怜兮兮地请求劫匪："你在我的帽子上打两枪吧，我好向我的老板交差。"歹徒二话不说，拿起他的帽子就打了两枪。卓别林又请求到："这样不够惨，你在我的裤腿上再打两枪吧！"歹徒不耐烦地对着卓别林的裤腿又开了两枪。卓别林脱下外套，又接着请求："你好人做到底，在我的外套上再打两枪吧！"歹徒恼怒地对着卓别林的外套开枪，却发现子弹已经用完了。卓别林于是拔腿就跑，成功脱险。

在这个例子中，卓别林转身就跑的冲动就是未经理性控制的情绪，而后交钱以求自保、诱使歹徒用完子弹从而成功脱险的心理活动，就是情绪的智能处理过程。

1990年，美国耶鲁大学心理学院（Yale University, Department of Psychology）院长及教授彼得·沙洛维（Peter Salovey）和新罕布什尔大学（University of New Hampshire）教授约翰·梅耶（John Mayer）最早研究并定义了情绪智能：情绪智能是识别、面对和运用情绪来引导思考的一种能力。1995年，《纽约时报》第一次将情绪智能的学术概念用"情商"来简化。

2. 情商概述

情商，即情绪智商（Emotional Quotient），简称EQ，也称为情绪智力EI（Emotional Intelligence），是与智商（Intelligence Quotient，简称IQ）相对的一个心理学概念。情商是一项评价人的情绪智力发展水平高低的指标，是与个人成才和事业成功有关的一种全新的概念。

戈尔曼（Daniel Gdeman，1946-）认为：情商是个体最重要的生存能力，它指的是个体能认识自己和他人的感觉，通过自我激励以及很好地控制自己在人际交往中的情绪的能力。情商主要由如下5部分组成：

1）自我认知　当某种情绪一出现便能觉察到的能力，它是情商的核心。监控情绪时时刻刻变化的能力是自我理解与心理领悟力的基础，没有能力认识自身的真实情绪，就只好听凭这些情绪的摆布。对自我情绪有更大的把握，就能更好地指导自己的人生，更好地做出婚姻上的抉择和生涯决定。

2）自我管理　在自我认识的基础上，通过调控自我情绪，使之适时、适地、适度。它主要是指如何自我安慰，如何摆脱焦虑、沮丧、愤怒、烦恼等因失败而产生的消极情绪侵袭的能力。

3）自我激励　指服从于某目标而调动、指挥情绪的能力。能够通过自我激励、积极热情地投入工作，具备这种能力的人，无论从事什么行业都更有效率，更富于成效。

4）识别他人的情绪　指能通过细微的社会信号，敏锐地感受到他人的需求与欲望。

它是在情感自我认识的基础上发展起来的又一种能力,是最基本的人际关系能力。这一能力更能满足如照料、教育、公关、销售或管理职业类的要求。

5) 人际关系的管理　即管理他人情绪的艺术,一个人的人缘、领导能力、人际和谐程度都与这种能力有关。人际关系的艺术就是调控与他人的情绪反应的技巧。人际关系能力可强化一个人的受社会欢迎程度、领导权威、人际互动的效能等。擅长处理人际关系者,凭借与他人的和谐关系即可事事顺利。

情商通过经验和训练会得到明显的提高。正如戈尔曼所说:"情绪潜能可以说是一种中介能力,决定了我们怎样才能充分而又完美地发挥我们所拥有的各种能力,包括我们的天赋智力。"

3. 情商评估

既然情商在个人发展事业成功中如此重要,那么培育情商就显得十分必要。在培育情商之前,我们首先要对自己的情商有一个理性的认识和了解,就是情商评估。

通过客观评估、学习和实践可以改善情商沟通技巧,这与改善数学、语言、体育和音乐技巧是相同的。可以运用下述4个步骤来提升你的情商技巧:

(1) 做好准备

回答下列所列问题,你需诚实而客观,该怎么样就怎么样。请在诸如"在工作中"、"与家人在一起"和"学生团体组织的管理层中"中选择一个重点,或者由另一个人依据他对你的观察填完此表。选择一个对你十分了解、你又很信任的人给你一个客观而有帮助的反馈,此人可以是你的老师、同学、朋友或同一团队成员。如果你希望在个人生活中提升你的情商,请选择你的家人或亲密的朋友帮你完成此表。

(2) 完成评估

在你回答下述问题时,请尽可能保持真实和客观。下列陈述是否在75%以上与你的情况相符?如果是,请在"是"上画圈。

1) 在开始生气或冒犯他人时,我头脑清醒。　　　　　　　　　　　　　　是
2) 当面对他人的火气时,我能保持放松而且目标明确。　　　　　　　　　是
3) 我一直保持快乐,并乐于为新主意付出劳动。　　　　　　　　　　　　是
4) 我以遵循计划、支持他人、建立互信的原则工作。　　　　　　　　　　是
5) 除了出现挫折或问题,我会一直默默无闻地工作。　　　　　　　　　　是
6) 处于冲突和困难的情况下,我仍能积极思考。　　　　　　　　　　　　是
7) 我可以从他人的角度感受和观察事情。　　　　　　　　　　　　　　　是
8) 在做出决定或采取行动前,我会听听他人的意见。　　　　　　　　　　是
9) 在与他人沟通时,我会让他感觉良好。　　　　　　　　　　　　　　　是
10) 为了解决冲突,我鼓励公平和互相尊重的讨论。　　　　　　　　　　　是
11) 我会帮助意见不同的人达成一致。　　　　　　　　　　　　　　　　　是

12) 当进行变革时，我会考虑到他人的感受。　　是

13) 当使用否定的想法时，我能保持头脑清醒。　　是

14) 我能冷静和健康地面对学业上的压力。　　是

15) 我有良好的幽默感。　　是

（3）为评估打分

你选择了多少个"是"：_____

你现在的情商总体得分如下：_____

结果：13~15=非常高

　　　10~12=高

　　　7~9=平均

　　　4~6=低于平均

　　　1~3=远低于平均

（4）评估你现在的优势和弱点

步骤二列出的 15 个评估选项中的每一个均反映了你在 5 类情商技巧中的某一类水平。这 5 种分类是：自我认知、社交技巧、乐观态度、情感控制和灵活性。为了说明你在每一类中的得分，请将步骤二中的每一个画"是"的问题编号填入表 6-3 中相对应的问题编号中，然后确定每一个问题的得分。

例如，如果你在第一个问题上划"是"，说明你在自我认知上得一分，如果在第一个问题上你没有画"是"，则没有得分。

表 6-3　5 类情商技巧

问题编号	自我认知	自我管理	自我激励	识别他人的情绪	人际关系的管理
1	是				
2	是	是		是	是
3		是	是		
4	是		是		是
5	是	是	是	是	
6	是	是	是	是	
7					是
8		是	是		
9			是		
10	是	是		是	是
11		是		是	是

表 6-3（续）

问题编号	自我认知	自我管理	自我激励	识别他人的情绪	人际关系的管理
12	是				是
13	是		是	是	
14		是			
15			是		
技巧总数					
综合分					

检查每一类情商技巧的结果。例如，自我认知的得分是 8 分，则你的综合得分是非常高的。请在最后一行的每一个技巧下面写下你的综合分。

注释：8=非常高　6~7=高　4~5=平均　2~3=低于平均　0~1=远低于平均

4. 情商培育

情商是人的情感发展水平的指标和通用数，先天性的遗传因素对其影响和作用并不太明显，主要通过后天的学习、培养和熏陶而逐渐提高。因此，我们可以通过如下方法来培育自身的情商。

（1）改善自我认知的技巧

在古希腊德尔菲城的帕拉苏斯山坡上的阿波罗（Apollo）神庙里，镌刻着苏格拉底（Socrates）[①] 的一句至理名言：认识你自己。

自我认知就是了解自己的想法和情感，有了自己正确的认识，才会有做出更好选择的能力。可以通过下面的途径来改善自我认知的技巧：第一，聆听自己的想法；第二，阻止本能的反应。

（2）提高自我管理的技巧

情绪是一种由客观事物与人的需要相互作用而产生的包含体验、生理和表情的整合性心理过程。

情绪自我管理存在两个阶段。阶段一：在对别人生气作出反应之前，重要的是设法控制自己的情绪；阶段二：当别人恼怒、沮丧并开始向你发难时，你自己应准备好恰当的应对措施。

（3）掌握自我激励的技巧

一个人若是没有受到激励，仅能发挥自己能力的 10%-30%，若受到正确而充分的激励，就能发挥自身能力的 80%-90%。最经常、最廉价、最可靠的激励来自于自我激

[①] 苏格拉底（公元前 470-399 年），古希腊哲学家和教育家，出生于雅典一个平民家庭。苏格拉底的学说具有神秘色彩，他一生虽然未留下任何著作，但却对后人产生了巨大影响。

励。自我激励是行动的催化剂和兴奋剂,掌握了自我激励,就把主动权掌握在自己的手里。

一个善于自我激励的人往往是一个乐观的人。乐观就是以宽容、接纳、愉悦和积极的心态去看待周边的现实世界,它能很好地促进人的身心健康。因此培养自己的情商,还要注重乐观技巧的学习,营造良好的心境。

如何使自己乐观起来?美国两位心理学家米勒(Miller)和戴尔纳(Delena)通过认真调查研究认为:乐观的人多数是自爱、自信的,自我控制能力强,且性格外向,易与他人交往。鉴此,你可以通过下列方法来提高乐观主义的方法。

1)以不同的方式与自己对话 通过逐渐改变自己的信仰来让自己变得更乐观。

2)发现工作的意义 相信自己工作很重要的人比认为自己工作没有价值的人积极性更高。一些人通过帮助别人、开发出新产品、激发自己的创意、为家庭挣更多的钱、学习新的技巧等方式,发现自己工作的重要性。

(4) 提升识别他人情绪的技巧

善于识别他人情绪的人能觉察他人的所思、所想、所感,能理解他人的态度,能对他人的情绪做出准确地辨别和评价。这种能力对人类的生存和发展是很重要的,它使人们之间能相互理解,使人与人之间能和谐相处,有助于建立良好的人际关系。

学会了解他人情绪的最好方式不是观察,而是实践。

1)向他人发问,但发问时不可冒失 正确地提出问题,应该尽你所能,清楚、明了地表达自己的真实意图。

2)有效地倾听 就是用心聆听另一个人的思维与心声,这是设身处地、尝试以他人的双眼来探究世界的倾听方式,是一种能够真正深入了解他人情绪的方式。

(5) 修炼人际关系管理的技巧

一个善于管理人际关系的人通常是一个能掌握自己和他人的情感、对情感收放自如、并感染他人、让人乐于与之为伍的人。因此,人际关系处理能力是在生涯发展过程中,需要不断提高的一种能力。

本节内容图表解说

见图 6-8。

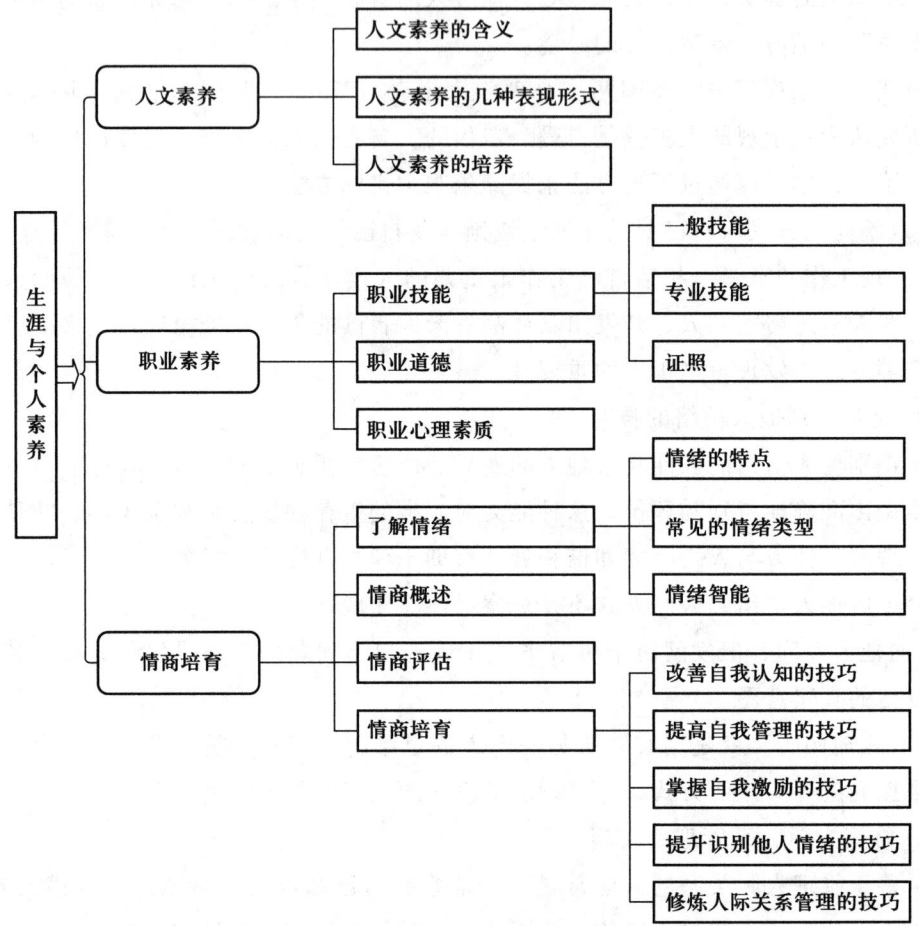

图 6-8　第六章第二节内容图表解说

动动脑

- 你觉得自己具备哪些人文素养？哪些职业素养？请写下来，并请问自己的朋友和亲人，是否如此？
- 使用 UART① 方法，设想一个工作中的场景，某人正在对你发脾气。根据 UART 方法，写出应对此人的一个行动计划。描述你将怎样：

理解

---

①　UART 原意指的是电脑硬件中接受信息、转换信息，然后再发送出去。这里指的是人在接受一些情绪信号后，经过本人的情绪转换，形成更好的沟通情绪传递给对方。

_____

道歉
_____
_____

解决问题
_____
_____

休息一会
_____
_____

● 同一问题不同表达

同样一个问题可以用不同的方式进行表达，那些一眼看去完全相同或者相类似的问题，你经过仔细审视与思考以后，往往可以发现它们会对他人产生不同的效果，更有助于你了解对方。设想自己置身于下面的场景中，感受下面这些简单的问题：

——咖啡？
——要不要喝一杯咖啡让自己清醒一下？
——要不要喝一杯咖啡？
——你愿意和我一起去喝一杯咖啡吗？
——现在你想不想来一杯咖啡吗？
——你觉得现在喝一杯咖啡对你会不会有好处呢？
——你给我一种印象，好像你现在需要喝一些东西，来杯咖啡怎么样？

这些问题相互之间只有很细微的差别，所表达的意思几乎一样。但是你的语气、态度、语速等不一样，其发挥的效果可能就大不一样了。他人可以通过你不同角度、不同方式的提问，了解你的意图或者愿望，再决定如何向你显示自己的情绪和心理。

体验活动

4 种了解自己的技巧

技巧 1：放松

放松能够使你的大脑处于更平和的状态，有助于你冷静地思考。当你感到心情平静时，就会清楚自己的感情、身体和大脑在做什么。人在危机和恐惧的束缚下，很难做到头脑清楚。

深呼吸几次，让你绷紧的肌肉松弛下来，使你了解自己的感觉、想法和反应。

在放松状态下，重新审视令你烦躁不安的原因，它可能是来自同学的抱怨、考试成绩差、受到处分，或者是一个朋友对你撒谎等。

我真正的苦恼是（描述情景和事件）＿＿＿＿＿＿＿＿＿＿＿＿＿＿＿＿＿＿
＿＿＿＿＿＿＿＿＿＿＿＿＿＿＿＿＿＿＿＿＿＿＿＿＿＿＿＿＿＿＿＿＿＿＿＿

技巧2：了解你的思考方式

现在，请记住事件发生时你的感觉和想法，在全面分析了你的情感之后，你能够把你的想法引向明智的行动。

问你自己"在感受方面，我的身体告诉我什么？我什么地方感到紧张？是手、胳膊、后背、颈还是肠胃？我是否头痛？反抗和溜走哪个是我应做的反应？想到与那个人共事，我非常生气吗？"

当我看到这些情景时，我的感受是＿＿＿＿＿＿＿＿＿＿＿＿＿＿＿＿＿＿＿＿
＿＿＿＿＿＿＿＿＿＿＿＿＿＿＿＿＿＿＿＿＿＿＿＿＿＿＿＿＿＿＿＿＿＿＿。

在那时，我的想法是＿＿＿＿＿＿＿＿＿＿＿＿＿＿＿＿＿＿＿＿＿＿＿＿＿＿
＿＿＿＿＿＿＿＿＿＿＿＿＿＿＿＿＿＿＿＿＿＿＿＿＿＿＿＿＿＿＿＿＿＿＿。

技巧3：发现原因

引起你强烈反应（如生气、复仇、恐惧、悲伤、疲倦等）的真正原因可能并不明显。认真地研究隐藏在背后的真相，用提问（谁、什么、为什么、何时、怎样等）的方式剥开层层外衣，发现隐藏其中的真正原因。

你为什么生气或害怕？你的困惑是由于一些人或一些事阻碍你实现目标？孩提时代或以前的社会实践带给你哪些情感体验？你的信仰与价值观什么时候会妥协？为什么你觉得他人的言行冒犯了你？什么时候你常感到心烦意乱？更深地探究你的困境，以发现深藏其中的原因。多问自己几个"为什么"：

"为什么当＿＿＿＿＿＿＿＿＿＿＿＿＿＿＿＿＿＿＿＿＿发生的时候，我感到烦乱？"

持续提问并回答，直到你确信找到了你的真实情感。

技巧4：明白什么东西能够激励你

激励是人们做事的动力。激励像燃料，使汽车工作。激励是影响你如何做决定及如何处理各种事务的力量源泉。一旦你知道是什么力量驱使着你，你就能够改善自己的思维方式并做出更好的选择。你知道是什么在激励着你吗？

第三节　生涯探索与生涯抉择

记得在几年前的某个座谈会上，曾听一位前辈讲述一只小黄狗过马路的故事。某天清晨，该前辈与往常一样开着车上班。那时正好是交通最繁忙的上班高峰期，四通八达的马路上已是车水马龙,各种车辆川流不息。就在这位前辈驾驶的车辆正前方20米的十字路口旁,突然从巷子里跑出一只小黄狗,横冲直撞地想穿越马路到对街去。小黄狗当然不能识别道路上的交通标志,更搞不懂警察的指挥是怎么回事。就在众多混杂的喇叭声中,小黄狗凭借其敏锐的直觉左躲右闪来自各方呼啸而过的车辆。在几经波折之后,它始终无法到达目的地,最后只有无奈地退回原地,拖着疲惫的身心而望街兴叹。

这个小故事不禁让我们联想到自己在行走人生每个阶段时,是否也曾出现过类似小黄狗过马路的情景:只是一味莽撞地想冲到另一个彼岸,却忽略了运用智慧估量自己的能力、观察周围的环境,以致最后像一只无头苍蝇似的到处乱飞,却一直找不着方向。

本节将引导你进一步认识自己,认识职业世界,认识周围环境,从而帮助你尝试为自己描绘一张生涯发展的蓝图。整个过程可以形象地描述为知己→知彼→解己。解己的意思就是在充分知己、知彼的前提下,使自己的兴趣、爱好、愿景付诸实施,最终实现自己的追求。因此解己涵盖了抉择和行动双重含义。

一、自我探索

本书强调的是个人的差异性,寻找适合自己的东西。因此,合理的生涯规划,首先要进行自我探索,找出自己的优势和不足,做到"知己"。"知己"包括能力、兴趣、价值观、人格特质、生活形态5个方面,所以自我探索即包括对这5个方面的认识了解和掌握。

1. 能力的探索[①]

所谓"能力",是指能导致价值目标完成的具体行为能力[②]。它是在遗传素质的基础上,经过培训教育,并在实践活动中吸取集体智慧和经验而形成发展起来的。

能力分为一般能力和特殊能力。一般能力是完成各种活动都必须具备的某种能力,就是人们常说的智力(其核心是逻辑思维能力),主要包括观察力、注意力、记忆能力、想象能力、思维能力等。特殊能力是指从事某种专业领域活动所必需的专门能力或几种专门能力的结合体。任何一种专门活动都要求与该专业内容相符合的几种能力的集合。比如,从事音乐工作的人必须具备曲调感、节奏感、音色辨别、听觉记忆等能力。

不知你注意到没有:有些事我们可以在极短的时间内能很轻松地做好;而有些事无论我们怎么努力,其结果却往往差强人意,这到底是怎么回事呢?这是由于每个人的天赋本来就不同,再加上个人的社会背景及受教育的机会又不相同,所以每个人各方面能力的发展和表现就会有所差别。因此,假如我们能够早日了解自己各方面的能力发展状况,在拟订未来生涯发展目标时考虑到这方面的因素,将有助于充分发挥个人的潜能,提高生涯成

[①] 此部分的活动,主要取材于:侯月瑞. 生计发展课程对高中(职)学生生计成熟与自我概念之辅导结果研究[D]. 台北:台湾师范大学,1986:150.

[②] 黄惠惠. 转变生机——如何有效安排成人的新局面[M]. 台北:张老师出版社,1985:56.

功的机会。

> 泰格·伍兹（Tiger Woods）在高尔夫球场上战无不胜，但他曾经有一个致命的缺点，就是在沙地时表现不佳。他为了克服这个缺点，于是拼命地练习，想要扭转乾坤，但是缺点如同性格，难以全盘改善。因此，后来伍兹跟教练决定改变策略，把以往密集的沙地练习，改成普通次数的练习，不要让这个致命伤太过离谱即可。并将从前沙地练习的时间，用来练习优势，结果他的打球优势更显突出，在比赛时就更加战无不克了。①

所以，没有人是全知全能的。个人发展最重要的就是扬长避短，做自己胜任的事情，做自己擅长的事情，比勉为其难要明智得多。

能力因人而异，因此不同的人适合不同的工作，但是这绝不是说个体在能力面前毫无作为。相反，正是因为个体的能力有限，所以才需要不断学习，不断巩固自己的优势，改善自己的劣势。能力不是天生的，是不断训练和提高的过程。对能力的评估，只是告诉我们：在哪些方面我们可以得到更好的发展，在哪些方面我们只能做到平均水平，在哪些方面我们可能在平均水平之下。因此，能力的评估其实是给你提供了前进的方向，决不应该成为接受现状的理由。

因此，在对自己的能力有所了解之后，应该做的是通过学习不断提高自己的能力，使强者更强，弱者改善。能力的加强可以从以下几个方面进行：①强化专业能力；②充实基本技能；③提高其他能力。

2. 兴趣的探索

首先，从"兴趣"的英文单词 interest 来看，interest 是由"inter"和"est"组成。"inter"强调的是投入和参与，而"est"我们知道是英文中"最高级"的表示。这样你是否能理解兴趣的含义了呢？兴趣强调的是你的最高投入，是持续的、舒适的、被尊重的接触。

在词典中，兴趣是：喜好的情绪②。"兴趣"是指所偏爱的活动或事物③，也就是指对个人具有吸引力且喜欢做的事。假如我们所从事的活动是自己喜欢且乐意去做的，那将是一种非常愉悦的体验，从活动过程中也容易获得较多的成就感、满足感。任何人的任何兴

---

① 彭思舟. 把自己卖个好价钱 [M]. 哈尔滨：哈尔滨出版社，2002：43.
② 中国社会科学院编. 现代汉语词典，2005 年版：1527.
③ 侯月瑞. 生计发展课程对高中（职）学生生计成熟与自我概念之辅导结果研究 [D]. 台北：台湾师范大学，1986：150.

趣都不是与生俱来的，都可以从后天的生活实践中培养起来；同样的，它也可能随着环境的变迁或个人自身的成长、成熟而发生改变。

兴趣发自人的内心，是一种心理活动。因为兴趣，人的潜能可以释放，能力会得到发挥。在这种情境下，人不仅充满活力、潇洒自如、其乐无穷，而且得心应手、如虎添翼。有学者说"兴趣是一种发自内心的情感倾向，需要调动眼睛、耳朵、鼻子等感觉器官搜集相关的信息，为之添砖加瓦；并通过大脑对这些信息进行加工，不间断地产生思想火花，为之推波助澜"[①]。

兴趣是以认识和探索某种事物的需要为基础，所以兴趣可以推动人们在学习、工作、生活中去探究钻研，从而具有创造性。有了对某项事物的兴趣，就有了热情，就能在行为中产生极大的积极性。

具体来说，兴趣的作用有3种：

1）兴趣具有驱动力的作用　兴趣是推动人进行所有活动的重要的心理因素，它能使人集中精力，积极愉快地从事某种活动。

2）兴趣的开发作用　兴趣是开发潜能的钥匙，可以激发个体进行创造活动的内部动机，充分发挥潜能的作用，使其感知力敏锐，创造性思维活跃，想象丰富；同时兴趣能激发个体强烈的创造热情，增强克服困难的信心和决心。

3）兴趣具有集中注意力的作用　兴趣可以使人屏除杂念，消除紧张、畏惧等心理状态，使个体心力集中，摆脱烦恼，克服阻力，攻克"问题"和"难关"。

近代思想家、学者梁启超对兴趣的重要作用曾有过精辟的阐述，他说："总而言之，趣味是活动的源泉，趣味干竭，活动便跟着停止，好像机器房里没有原料，发不出蒸汽，任凭你多大的机器，总要停摆。……人类若到把趣味完全丧失掉的时候，老实说，便是生活得不耐烦，那人虽然勉强留在世间，也不过是行尸走肉。"[②]

同样地，在工作世界里也有所谓的"职业兴趣"。这是指个人对某项职业或工作的喜好与投入程度。如果你所选择的职业符合自己的兴趣，那么你的内心深处将会产生许多源源不绝的动力，这将会使你全身心地投入到工作当中；即使面临一些挫折或困境，你也将会有更强的耐挫力以及处理问题的决心和勇气。更重要的是，我们除了能随时享受到工作所带来的乐趣外，个人潜能也会不知不觉地被激发出来。努力做好自己感兴趣的职业，虽然不能保证你一定会得到很高的成就，但至少会促使你获得起码的成功。

因此，我们将与你一起来寻找个人感兴趣的活动或事物，并评估它们对你的重要程度，进一步思考培养或发展个人兴趣的可能途径。

---

① 科学网. 张诗忠. http：//www. sciencenet. cn/blog/user_ content. aspx? id = 20239.
② 转引自：人民教育出版社［OL］. http：//www. pep. com. cn/xgjy/xlyj/xlshuku/shuku13/shuku17/200310/t20031029_ 61325. htm.

3. 价值观的探索①

"价值观"是指一个人对周围事物的是非、善恶和重要性的评价。事实上,每个人对各种事物都有自己的见解、看法,或有自己的信仰体系,这是人们为人处事的行为准绳。价值观的形成与许多因素有关,这些因素包括个人的成长背景(如家庭的社会经济地位、父母的管教方式)、学习经验(如所读专业、参加社团或公益活动的经验),社会环境(如社会风气、大众传媒的导向),以及民族与文化传统等。正因为每个人的价值观不一样,所以表现出来的性格类型、生活方式、为人处事态度、人际交往模式也各不相同。另外,价值观还在人们确立生涯目标或选择职业中起着非常重要的主导作用。

与职业有关的价值观,我们称为"工作价值观"。这是指人们衡量社会上某种职业优劣和重要性的内心尺度,是个人对待职业的一种信念,并为其进行职业选择、努力实现工作目标提供充分的理由。不同工作价值观反映了个人事业心的强弱及人生处世哲学(如重视个人的成就、地位,或追求一个恬淡寡欲的生活方式)的差异。

实际上,不管人们对事物持什么样的看法,其价值取向都是有意义的,也应该被尊重。以下我们将带领你去探索自己所重视的价值观,然后再分析个人的工作价值观,接着分别对每个指标进行最合适的评估,并考虑未来可能从事的职业,最后则进一步思考自己理想中的职业生活形态。

在下面表格中,一共列出 15 个工作价值项目,假设你有 500 个生命单位(即一生当中可以投入到工作中的时间与精力的总和),请将你愿意出价的单位写在所竞拍的工作价值项目后面的"出价单位"方格内,见表 6-4。出价时请注意以下原则:

1)不必对每个项目都出价(若你觉得该项目不重要,可以不出价)。
2)每一项目的出价单位不得低于 10 单位。
3)出价总数不得超过 500 单位。

表 6-4 工作价值出价表

工作价值项目	出价单位	出价顺序
(1) 我的工作能增进他人福利		
(2) 通过我的工作能使这个世界变得更美好,更有艺术气氛		
(3) 我想从事发明新事物、设计新产品、倡导新观念的工作		
(4) 在工作中我可以独立思考、学习与分析事理		
(5) 我能够用自己的方式来做事,不太受外界的牵制		

---

① 本部分的活动,主要来源于 (1) 白秀玲. 职业辅导对高中男生职业决策及职业成熟之影响研究 [DJ]. 彰化:彰化教育学院,1985:120. (2) 侯月瑞. 生计发展课程对高中(职)学生生计成熟与自我概念之辅导结果研究 [D]. 台北:台湾师范大学,1986:163-166. (3) 青辅会. 工作价值观量表指导手册 [M]. 测验学会编制,1988:5-6.

表6-4(续)

工作价值项目	出价单位	出价顺序
(6) 我能全力以赴地把工作做好,并看到具体成果		
(7) 我能受到别人的推崇与尊重		
(8) 我欲从事策划并能管理别人的工作		
(9) 我想从事高收入的工作,这样我就能买自己想要的东西		
(10) 我想要一份稳定的工作		
(11) 我想要良好舒适的工作环境		
(12) 我希望能同上司和谐相处		
(13) 我希望能与志同道合的同事一起愉快地工作		
(14) 我想多尝试不同的工作		
(15) 我想选择自己喜欢的生活方式,并能实现自己的理想		

请找出5个出价单位最多的项目,并将它们的大小顺序写在"出价顺序"栏内。

4. 人格特质的探索

所谓"人格特质",是指个人身心方面多种特质的综合,包括生理特征、情绪、需要、气质、性格、动机、社会态度等[①]。简单来说,就是指一个人的"个性",是个人对自己的看法[②]。例如:我们说小华很活泼、很能干、很有责任心和善解人意等,从这些形容词的描述中,我们可以大致明白小华在某些性格方面的倾向。

要进一步了解自己的人格特质,必须先知道自我概念形成的缘由。一个人自我的形成主要是通过学习以及生命初期有关自己和世界资料的累积[③]。因此,你之所以会成为今日的你,实际上跟你过去的成长经历、学习经验有关;而未来你将成为什么样的人,也会受到你现在的态度、观念及生活经验的影响。生命的历程,本来就是一个绵延不断的累积过程。当我们能够坦诚地面对自己的优劣得失,能够接受自己、肯定自己,愿意修正或改变自身缺点,并能基于对自身的全面认识,妥善规划未来生涯方向,就意味着我们已成为自己生命的掌舵者。

人格特质有哪些呢?以下这份"性格倾向测试表"[④](表6-5),让你了解自己大概的"人格特质"。

---

① 高桂足. 青年性向测验指导手册[M]. 测验学会编制,1983:4-5.
② 侯月瑞. 生计发展课程对高中(职)学生生计成熟与自我概念之辅导结果研究[D]. 台北:台湾师范大学,1986:150.
③ 吕胜瑛. 增进自我概念[M]. 台北:远流出版社,1984:3.
④ 玺璺. 择业心理自测[M]. 广州:广州出版社,2004:3-11

表 6-5 性格倾向测试表

1）与观点不同的人也能友好往来。（   ）
2）读书较慢，力求看懂。（   ）
3）做事较快，但较粗糙。（   ）
4）经常分析自己，研究自己。（   ）
5）生气时，总不加抑制地把怒气发泄出来。（   ）
6）在人多的时候，总是力求不引人注意。（   ）
7）不喜欢写日记。（   ）
8）待人总是很小心。（   ）
9）是个不拘小节的人。（   ）
10）不敢在众人面前发表演说。（   ）
11）能够做好领导团体的工作。（   ）
12）常会猜疑别人。（   ）
13）受到表扬后会更加努力工作。（   ）
14）希望过平静、轻松的生活。（   ）
15）从不考虑自己几年以后的事。（   ）
16）常会一个人想入非非。（   ）
17）喜欢经常变化工作。（   ）
18）常常回忆自己过去的生活。（   ）
19）很喜欢参加集体娱乐活动。（   ）
20）总是三思而后行。（   ）
21）使用金钱时从不精打细算。（   ）
22）讨厌工作时有人在旁边观看。（   ）
23）始终以乐观的态度对待人生。（   ）
24）总是独立思考回答问题。（   ）
25）不怕应付麻烦的事情。（   ）
26）对陌生人从不轻易相信。（   ）
27）几乎从不主动制订学习或工作计划。（   ）
28）不善于结交朋友。（   ）
29）自己的意见和观点经常改变。（   ）
30）很注意交通安全。（   ）
31）肚里有话藏不住，总想对人说。（   ）
32）常有自卑感。（   ）

表 6-5（续）

33）不大会注意自己的服装是否整洁。（　）
34）很关心别人对自己有什么看法。（　）
35）和别人在一起，话总是比别人多。（　）
36）喜欢独自一个人在房内休息。（　）
37）情绪容易波动。（　）
38）看到房间里杂乱无章，就静不下心来。（　）
39）遇到不懂的问题就去问别人。（　）
40）旁边若有说话声或广播声，总是无法静下心来学习。（　）
41）口头表达能力还不错。（　）
42）是一个沉默寡言的人。（　）
43）在一个新的环境里很快就能熟悉。（　）
44）要同陌生人打交道，常感到为难。（　）
45）常过高地估计自己的能力。（　）
46）遇到失败后总是忘不了。（　）
47）感到脚踏实地干比探索理论更重要。（　）
48）很注意同伴们的工作或学习成绩。（　）
49）比起看小说或电影来，更喜欢郊游或跳舞。（　）
50）买东西时，常常犹豫不决。（　）

规则：

（1）请在每个项目后面，填上相应的字母。A：符合；B：难以回答；C：不符合

（2）计分规则：

奇数题目（如1，3，5……），选A得2分，选B得1分，选C得0分。

偶数题目（如2，4，6……），选A得0分，选B得1分，选C得2分。

（3）性向指数在0与100之间。由性向指数的数值就可以了解一个人内向或外向的程度。

性向指数	0-19	20-39	40-59	60-79	80-100
性格倾向	内向	偏内向	中间型	偏外向	外向

（4）不同的性格特质会有各自不同的优缺点，与其性格相适应的职业也各不相同，典型范例请见表6-6。

表 6-6　性格类型的基本特征及常见的从业者[①]

性格类型	优点及可能引发的批评	常见的从业者
外向型	优点：能运用外在环境资源，乐意与他人来往，开放式态度，行动派，易为他人所了解。	导游 公关人员 民意代表
外向型	批评：不够独立，需要与他人共事，喜欢变化，行动派，讨厌规范约束。	导游 公关人员 民意代表
内向型	优点：独立自主，埋首工作，勤勉奋发，沉思的，依自己的理想行事，不轻易以一概全，不冲动行事。	钢琴师 诗人 心理学家
内向型	批评：对外在环境了解不多，逃避他人，掩饰自己，易为他人误解，不喜欢工作被打断。	钢琴师 诗人 心理学家

5. 生活形态的探索

你是否思考过自己目前过的是一种什么样的生活？是否期待过自己会拥有一种什么样的生活方式？

"生活方式"是个人或群体维持日常生活和进行社会交往方式、模式所集合的一种独特形态。每个人有不同的成长环境、生活经验、兴趣、性格、价值观，也就塑造了属于自己的独特生活形态。不同的职业类别，其整个生活作息的安排也会有差别。如朝九晚五的上班族与经常熬夜、过夜生活的艺人，就存在不同的生活方式。

生活方式并不存在对、错或好、坏之分，而关键在于它是否适合自己。因此，每个人都有权利决定自己的生活方式，都要主动地去创造、安排自己的生活方式，因为你就是自己生活重心的主宰。虽然有时我们心目中理想的生活方式，会因为外在的现实环境（如结婚生子、职业转换等）或个人成长、成熟后价值观发生转变等情况，致使原先拥有或期待的生活方式必须作适当的调整或改变。但无论如何，拥有一个适合自己的生活形态是很重要的人生目标，也是值得我们努力去追求的。

一般而言，我们可以将生活方式分成以下几种：

1）社会取向的生活方式　拥有参与社区活动的机会来对社会做贡献。
2）家庭取向的生活方式　能够为家庭提供充分的经济保障，积极参与家庭活动。
3）休闲取向的生活方式　把休闲活动作为个人生活当中的重要组成部分。
4）流动取向的生活方式　因业务的关系而拥有很多到各地旅行的机会。
5）领导取向的生活方式　有机会独立行动（如弹性的工作安排），并担任领导的角色。
6）教育取向的生活方式　可以凭借学历层次的提高来获得成就和晋升。
7）经济取向的生活方式　拥有相当多的财物和社会知名度。

[①] 林清文. 大学生生涯发展与规划手册［M］. 台北：心理出版社，2000：100.

8) 无压力取向的生活方式　工作压力小，工作时间固定，有足够的时间参与家庭活动。

9) 利他取向的生活方式　帮助他人，并对社会有所贡献。

10) 独立、创造取向的生活方式　具有面对挑战和创造的机会。

11) 宗教、社区服务取向的生活方式　有足够的机会参与宗教、社区事务和社会服务。

12) 财务、成就需求取向的生活方式　获得财务上的安全感及财务、社会、教育上的成就感。

13) 世界主义取向的生活方式　所受的限制较少，并能成为工作上的领导人物。

14) 传统取向的生活方式　获得家庭经济上的安全感和社会的赞许。

二、职业资料探索

只有了解职业世界的信息，才能找到与自己个性匹配的工作，也才知道今后前进的方向。因此，职业资料的探索对生涯发展与规划十分重要。

1. 职业资料的获得[①]

（1）获得职业资料的途径

对于各种职业资料和生涯角色，我们可以从各种书籍、媒体取得静态、客观的一般性资料；也可以从与资深从业人员访谈之中，得到个别单一的主观经验；更可以从职场的实地参观之中，形成个人的第一手体验。最后，可行的是综合上述 3 种职业资料搜集途径，完整获得职业的主、客观资料。

（2）职业资料探索的步骤

1) 职业资料的获得　前文已经阐述了职业资料获得途径，但是在使用这些途径之前，首先需要确定资料搜集的重点和方向。资料与信息在当前社会中处于"爆炸"状态，非常庞杂、也非常之多，未免要花费大量精力和时间。所以需要先将资料搜集的重点与方向确定，然后可以参考以上 3 种途径获得职业资料。

2) 职业资料的分析　职业资料的探索更重要的是对职业资料的分析。先要明确搜集到的资料"是什么？"，更要进一步的思考"与我有什么关系？"、"适合我的特质和条件吗？"以及"我为什么要搜集这样的职业资料？"等问题。通过逐一地回答与确认，筛选出适合自己的职业资料，并进一步分析这些职业资料对自己的职业具有怎样的影响以及对职业未来发展有何借鉴。

2. 了解职业世界

（1）不同的职业形态

贯穿本书的一个基本观点，就是承认并尊重个体的差异性。因此，不同的人会选择不

---

① 此部分内容参考：林清文. 大学生生涯发展与规划手册［M］. 台北：心理出版社，2000：161-169.

同的生涯形态。下面就介绍日本职业生涯专家高桥宪行划分的 18 种生涯形态[①]，希望能给学习者提供一定的参考。

1）超级巨星型　知名度极高，一举一动常常在无形之中牵动许多人的利益，乃是众所周知的知名人士。

2）卓越精英型　品行端正，知识丰富，具有敏锐的观察力，常常适时化险为夷，扭转乾坤。

3）劳碌命型　安分守己，过着朝九晚五的安定生活。

4）得过且过型　缺乏理想、抱负，很少为工作奋斗和拼搏，凡事只求生活过得去即可。

5）捉襟见肘型　机会来了不知把握，机会走了又怨天尤人，自暴自弃。

6）祸从口出型　喜欢批评，常在言谈中将过错推卸给别人；喜欢标新立异，又常常提出一些根本无法实现的计划。

7）中兴二代型　继承可观家产，又能兢兢业业发扬光大。

8）出外磨炼型　从基层做起，靠自己的能力、关系发展自己，磨炼成长。

9）家道中落型　面对困境时，常常束手无策，欲振乏力。

10）游龙翻身型　能充分运用人生的蛰伏期，深刻思考自己的未来，并重新规划自己，终至飞跃。

11）转业成功型　面对生涯困境，能迈开步伐，解脱束缚，另谋出路，闯出一番天地。

12）一飞冲天型　智能与经营才华出众，又有冲劲，遇有赏识者提供必要的资源，就能一跃而起。

13）强力搭档型　在幸遇知音、知趣相投、能力互补的强力搭档配合下，开创成功的生涯。

14）福星高照型　相当幸运，往往随着时势的推移，在风云际会中成就美好的事业前程。

15）暴起暴落型　人生多舛，起伏不定，崛起、衰败往往均在一夕之间。

16）随波逐流型　目标不够明确，策略不够坚定，行动也常三心二意，因此只有随波逐流，难有创建。

17）强者落日型　能够呼风唤雨，才能出众，但常因人生的际遇，虎落平阳，以至了度残生。

18）一技在身型　专精于某一领域，专心钻研，始终不懈，显得特别踏实。

---

① 职业生涯规划的含义及其形态［OL］：http：//www.km73.com/article/html/2005-12-9/2005129164231.htm.

（2）职业世界里的新趋势

职业世界除了包括各种不同的职业种类外，还包括行业。职业是个人在社会中所从事的作为主要生活来源的工作；而行业是工商业中的类别。从社会的角度来说，职业是个体的集合，行业是企业的集合。

随着社会的发展，工作世界与以往相比已经有了巨大的变化，其中突出的表现就是出现了许多新兴的职业和行业。需要指出的是：当前社会中新兴的工作以未来化的观点来看，已有的一些工作形态退出市场、新兴的工作形态不断出现是一个必然趋势。本书的真正目的在于：通过提供相关信息，让你明白变化时刻都在发生，因此应该密切关注信息的动态发展，并且具有前瞻性的视角。

三、环境资源探索

在生涯发展与规划中所指的环境资源，主要包括家庭、社会、国家、世界等不同范围的信息、资源。环境资源对影响一个人生涯发展具有非常重要的作用，对于不同的个体，我们可能具有相似的环境资源，也可能具有天差地别的环境资源。不管如何，进行生涯探索与生涯规划，首先需要对环境资源进行充分的了解，才能使自己的生涯计划适合自己，从而可以取得一定的成就。

1. 社会环境资源探索

社会环境包括政治、经济、法律、科技、文化在内的宏观因素。通过分析社会环境，可以把握社会发展的整体趋势，从而找到工作世界的新机遇。

（1）社会环境探索与职业分析相结合

职业分析，简单来说就是要了解职业的过去、现在和未来，即明白该职业的发展历史、目前在社会中的地位、未来的发展趋势。其中未来发展趋势最为重要，因为这一点决定了该职业是否具有广阔的发展前景和长久的生命力。

（2）社会环境探索与行业环境分析相结合

行业环境分析就是对整个行业形势的分析，主要包括影响行业生存发展的外在环境、行业的发展现状、优势与问题以及发展前景。

（3）社会环境探索与企业环境分析相结合

企业环境分析主要包括企业在本行业中的地位和发展前景，以及企业产品在市场上的发展前景。个人从事一定的行业，一般是以具体的企业为依托。因此，对个人而言，企业环境的分析还包括对企业实力、企业价值观、自己在企业中的晋升空间的分析。通过这种分析，可以确定自己在该企业中的发展前景。

2. 了解环境资源的新视角

瞬息巨变是今日世界的基本特征，也使得我们探索、把握世界变得更加困难。因此，在了解环境资源时，一定要运用全新的视野。

(1) 全球化

1997年英国王妃黛安娜不幸在车祸中丧生，这一消息很快传到了世界各地，一个青年在得知消息后发出了这样的感叹：

> 一位英国王妃和她的埃及朋友在法国的隧道发生撞车事故，被撞的车子是荷兰工程师设计的德国轿车，司机是比利时人，事故原因据说是他喝了苏格兰出产的威士忌。整起车祸被意大利的自由摄影师骑着一辆日本摩托跟踪拍摄下来。后来，一位美国医生进行了急救，用的是巴西生产的药物。我的中国朋友使用比尔·盖茨的产品，把消息告诉我。我用一台IBM的电脑读取这条信息。这台电脑是孟加拉国的工人在新加坡的工厂组装的，由一个印度司机开货车送到码头，卖给了印尼人。印尼人将之转手给西西里岛人，最后，我是从一个以色列人那里买到了它。

这个青年对戴安娜王妃不幸丧生以及这个消息的获知过程的以上解释，可以说是"全球化"的最好注解。

的确，今天的世界与以往相比，已经发生了巨大的变化，全球化是这种变化最突出的特质。"牵一发而动全身"的世界新格局正在不断推进。发生在世界上任何一个角落的事件，都有可能产生影响，引发全球性的反应。①

全球化带来的是"一个机遇和威胁并存的时代"。机遇和威胁何者占据上风，这个问题的答案只有一个——实力。当信息获取和施展才能的空间空前拓展，地域变得不再重要的时候，有实力，可以在本土生存，也可以走出国门；反之，因为受到外来资源（人才、资本等）的挑战，在本土的生存也将遭受巨大的威胁。

因此，看待今日世界时，应该具有全球化的观点。所以，不论你想走出国门，还是坚守本土；不论你对此已经有了清醒认识，还是毫无知觉，全球化趋势都将势不可挡地对你的生活产生影响，而且程度会越来越甚。因此，你不妨问问自己：全球化来了，我做好准备了吗？

(2) 信息化

今日社会的信息传播方式与过去相比，已经发生了前人难以想象的巨大变化。电视、电话、手机、电脑等信息传播工具的发明和应用，大大缩短了信息传播的时间。尤其是网络的普及，更是引发了信息传播历史中的深刻革命。世界上任何一个角落发生的事件，都会在极短的时间里通过互联网，使得"地球人都知道"。

信息传输速度之快、范围之广、容量之大已经远远超过了人类的想象。整个世界充斥

---

① 伊拉克战争与全球经济 [OL]. http：//news.xinhuanet.com/fortune/2003-04-23/content_846193.htm

着形形色色的资讯，信息传播无时不在，无处不有。"信息时代已经全面到来"这句话，毫不夸张。信息时代的到来，就使得信息的竞争成为实力竞争中的重要组成部分：快速、全面地掌握信息成为取胜的重要因素。因此，探索环境资源时，就应该有信息化的视角。这种视角包括：迅速全面地掌握信息的动态；理性地分析判断信息。

（3）未来化

"不是我不明白，世界变化太快"是目前十分流行的一句口头禅。比如，当你填报高考志愿的时候，选择了当时最紧俏的专业，可是毕业之后，你却发现这个专业的人才爆满，就业变得十分困难。为什么会这样？原因在于：随潮流而动，只会永远落后于潮流。

世界变化如此之快，就决定了用未来化的视角来观察世界的重要性。试想一下，如果你现在还在大学念书，你们4年之后，世界将发生多大的变化？你的思路和行为如果还停留在与现实相切合的阶段，那么可以肯定：4年之后，你一定会为社会出现的新变化弄得焦头烂额。既然已经知道世界不停在变，为什么不用未来化的观点来看待这个世界，并预做准备呢？

3. 分析环境资源的助力与阻力

在生涯发展上，环境资源的影响是相当大的，甚至有着决定性的影响。所以，与其感慨人家"关系好，有门路"，为何不分析自己环境资源的助力和阻力？然后思考如何减少阻力，使助力最大化。例如：有位学新闻的同学想在毕业后到电视台工作，而自己舅舅的朋友在电视台某栏目作编导，这是不是这位同学环境资源的助力呢？回答是：可能是，也可能不是。如果他与舅舅的朋友有联系，这可以作为自己职业开始一个助力；如果他与舅舅这位朋友根本不认识，甚至不知道，那么就构不成助力。

四、生涯抉择

"希望情况变成什么样"→理想目标→行动，就是实施生涯规划的过程。在生涯探索过程中，首先是了解自我，做到知己；其次是探索职业资料和环境资源，做到知彼；最后也是最关键的是——解己：进行抉择、订立目标、采取行动。

1. 生涯抉择的方法、原则及步骤

了解了自己和职业资料、环境资源的特征之后，需要进行生涯抉择，也就是回答一个简单的问题：你希望情况变成什么样子？但事实上，我们常用的抉择方法，并不是从自我特性出发。

（1）常用的生涯抉择方法

长期以来，人们倾向于采取便捷的生涯抉择方法：

1）自然发生法　最常见的情形是：学生在高考后填报志愿时，并未仔细思考自己的性向、志趣，只要找到自己的分数所能录取的学校、科系，便草草地签下了自己的一生。

2）目前趋势法　跟随着市场的趋势，盲目地投入新兴的热门行业。

3）最少努力法　选择最容易的科系或技术，但企求最好的结果。

4）拜金主义法　选择待遇最好的行业。

5）刻板印象法　以性别、年龄、社会地位等刻板印象来选择，例如女性较适合从事服务行业。

6）橱窗游走法　到各种工作场所走马观花一番，再选择顺眼的工作。

7）假手他人法　由他人代替自己决定和选择。这些人包括：父母或家人，朋友或同僚，老师或辅导员，社会。

这些方法之所以被广泛采用，在于其具有以下优点：省时、省力、不用花费太多心神、在短期内的效率较好。但是，其缺点也是十分明显的：无法根据个人的能力、性格做长远的规划。

因此，本书并不主张上述的生涯抉择方法，理由很简单：尽管征求别人的意见十分重要，可以帮助你更清楚地做到"知己知彼"；但是你最想要什么，最能做什么，只有你自己最清楚。最适合你的才是最好的，因此，只有自己才有抉择的权利，任何人无法替代。

但是，在抉择之前，你不妨参考一下相关信息和建议，也许可以有所启发。

（2）生涯抉择的原则①

尽管生涯抉择的具体内容会因人而异，但是合理有效的抉择方式在原则上还是存有共同之处的。一般而言，选择适合自己的生涯应该遵循以下原则：

1）个性化原则　唯有符合自己的能力、兴趣、愿景的生涯设计，才具有持续性，也才能使自己有所成就的时刻更早地降临。因此，适合你的就是最好的，盲目的攀比和羡慕只会迷失自我，事倍功半。

2）群体无害原则　尽管生涯发展与规划以适合自己的个性为首要原则，但是绝不意味着个体的生涯选择可以毫无禁忌。在群体社会中，共同的社会规范是所有人行为处事的基本原则。因此，在最大限度地实现自己价值的同时，一定要遵循群体无害的原则，要以遵守社会规范为前提。

3）目标可操作性原则　生涯抉择的最终目的是为了使个体过上自己向往的生活，如果目标过大、过空，没有实现的可能，只会违背初衷，而且会因目标无法实现而徒增烦恼。所以目标一定要切实可行，具有可操作性。

（3）生涯抉择的步骤

根据自己的个性特征来进行生涯抉择，看似十分简单，但是真正操作起来，却存在困难。例如，你希望过两种完全不同的生活，或者你的兴趣和能力之间存在很大的距离：喜欢的并不胜任，胜任的却未必喜欢。这就需要在各种选择之间做出决定。

---

① 参见：蒋建荣，詹启生. 大学生生涯规划导论［M］. 天津：南开大学出版社，2005：382.

"做决定"就是指一个人从两个或两个以上抉择方案中，加以选择的过程。"生涯决定"，即指个人在面临生涯发展方向究竟该何去何从而犹豫不决时，能谨慎地思考与问题有关的事项，仔细地分析研究收集到的资料，客观地评价、预测每一种可能解决方法的利弊得失，最后做出选择的历程。

整个决定的过程可分成以下几个步骤：

1）界定明确、具体的问题。
2）澄清自己的价值。
3）收集有关的资料或向他人询问。
4）权衡各个可能选择方案的利弊，包括可能的助力和阻力。
5）依照前面分析结果，选择适宜的方案。
6）做决定，并拟订行动计划。
7）将计划付诸实施。
8）评估计划实施结果，必要时并作适当的修改。

（4）生涯决定

一般来说，我们依照事情的重要性与困难程度及个人处事方式不同，可将做决定的过程划分成以下 6 个层次：①由别人做决定，自己不能控制；②自动地或例行公事地进行，不必思考，已成一种习惯；③做决定前偶尔思考；④只需思考，而不必进一步分析或调查；⑤稍加分析探讨或向他人询问；⑥仔细深入地分析探讨、思考，并搜集有关资料或向他人询问。

在人生众多决定当中，每个决定对个人的重要程度不同，所以决定者在面对决定及其后果时的态度或反应方式也会存在差别，这就形成了决定者不同的反应类型。总共可归纳为 8 种类别：①冲动式；②宿命式；③顺从式；④延迟式；⑤直觉式；⑥痛苦式；⑦无力式；⑧计划式。

2. 订立计划

前面我们曾花了许多功夫去了解自己，探索职业资源与环境资源，并了解了做决定的整个过程和考虑因素。接着，我们将利用前面搜集到的资料，为自己的生涯订立计划。

这种安排能使个人依据各个计划要点，在短期内充分发挥自我潜能，运用环境资源，以达到各阶段的生涯成熟，最终实现既定的生涯目标。[1] 换句话说，个人在对自己过去的成长背景、目前的资源条件及未来可能的行进路线等都有了相当程度的认知以后，就应该依照时间的先后顺序及对个人的重要性情况，予以妥善的安排。

事实上，每种抉择本身都会有利弊得失；不同的生涯决定，就会出现不同的未来生涯发展路径及结果。另外，在整个生命过程中，因为年龄、成长阶段的不同，我们所扮演的

---

[1] 杨朝祥. 生计辅导——终生的辅导历程 [M]. 台湾青辅会，1989：165-166.

角色及担负的任务也会随之改变。因此，在制定生涯计划时，必须谨慎、周延地考虑每个阶段的状况与需要，尽可能地使所订的计划有足够的弹性。具体来说：制定计划要尽量做到：①清晰明确；②分解目标；③预留弹性。

3. 采取行动

奥格·曼狄诺（Auger Mandinuo，1924-1996）是美国一位成功的作家，他常常告诫自己："我要采取行动，我要采取行动……从今以后，我要一遍又一遍、每一小时、每一天都要重复这句话，一直等到这句话成为像我的呼吸习惯一样。而跟在它后面的行动，要像我眨眼睛那种本能一样。有了这句话，我就能够实现我成功的每一个行动，有了这句话，我就能够制约我的精神，迎接失败者躲避的每一次挑战。"

太多的理由可以证明行动的意义和拖延的危害。因此，要避免生涯规划流于形式，最好的办法就是采取行动，在行动中将规划付诸实施。具体来说，行动可以从以下几个方面进行：

（1）养成习惯

美国心理学家威廉·詹姆士（William James）有一句名言："播下一个行动，收获一种习惯；播下一种习惯，收获一种性格；播下一种性格，收获一种命运。"巴尔扎克（Honoré de Balzac，1779-1850）也曾说："要断送一个人，只消叫他染上一种嗜好。"由此可见，习惯对于人的重要影响。因此，要想成功，必须先从戒掉不良习惯、养成良好习惯入手。

科学家研究发现，一个习惯养成需要 21 天，这 21 天是个平均数，但习惯一旦养成就将影响终身。好的习惯和坏的习惯都是如此。因此，不妨给自己订立一个为期 21 天的计划，来积极推行良好习惯的形成。有两个习惯尽量养成，其一决不拖延，其二终身学习。

（2）培养能力

养成良好的习惯最终是为了提高个体的能力。这些能力简单来说，主要包括：①企划力，即为实现某一目标或者解决某一问题进行的规划；②执行力，唯有将切合适宜的规划与坚持到底的执行有机结合，才能实现梦想；③竞争力，竞争避无可避，为什么要等待裁决而不是主动出击呢？④领导力，正如刘峰博士在《领导力》一书的序言中指出的那样：[①]"在 21 世纪，领导是一种积极互动、目的明确的人际影响力，它存在于政府、企业、学校、医院、军队、社会团体的各个层次和各个角落，存在于芸芸众生之中，存在于你我之间。所谓领导力，就是一种特殊的人际影响力。现实生活中的每一个人都会去影响别人，也要接受别人的影响。因此，每个人身上都具有影响力，每个人身上也都具有潜在和现实的领导力。"

---

① 詹姆斯·库泽斯，巴里·波斯纳. 李丽林，杨振东译. 领导力 [M]. 北京：电子工业出版社，2005.

本节内容图表解说

见图 6-9。

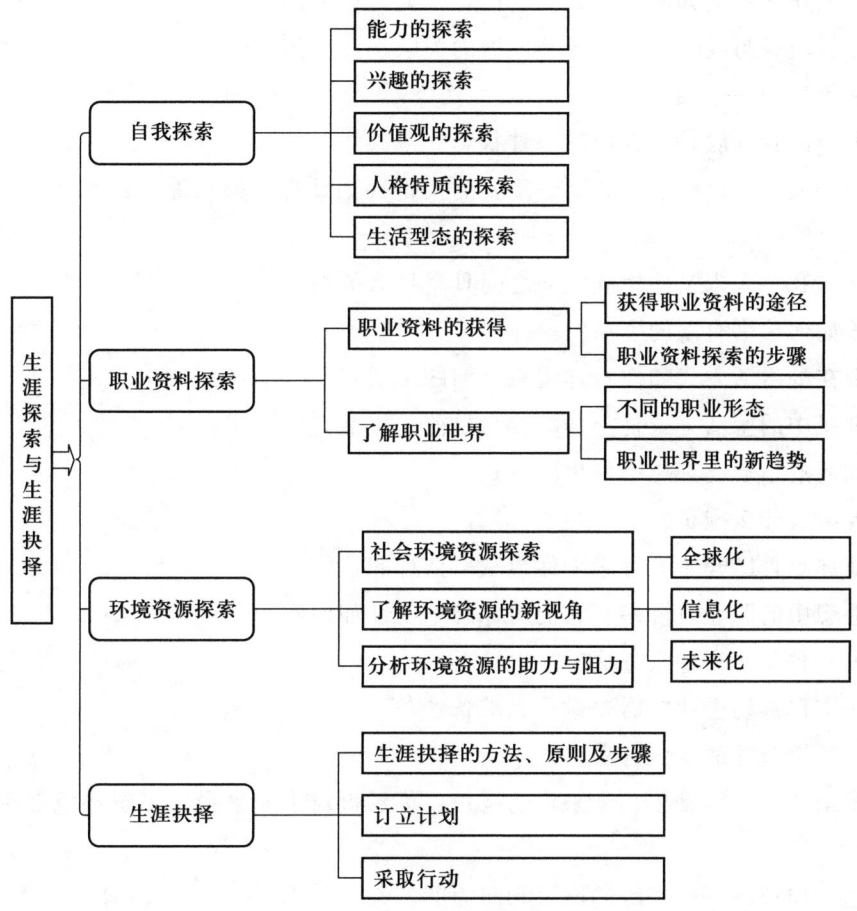

图 6-9　第六章第三节内容图表解说

动动脑

- 我有哪些能力？我是如何运用自己的能力的？
- 有哪些能力是我所欠缺而有待充实的？我是否还有哪些能力尚未被发掘、启发？
- 我能力的强弱与自己未来生涯的发展有什么样的关系？与我自己能力有关的职业有哪些？
- 我有哪些兴趣？
- 我最感兴趣、最愿积极地去从事的活动有哪些？
- 我如何培养或进一步发展自己的兴趣？
- 兴趣与我个人未来的生涯发展有何关系？

- 与我个人兴趣有关的职业有哪些？
- 我的价值观是如何形成的？
- 有哪些价值观是我所重视的？有哪些价值观对我个人而言并不是很重要？
- 我对工作的看法如何？有哪些目标是我努力追求的？
- 工作价值观与我个人未来生涯发展的关联程度如何？
- 我是怎样的一个人？
- 理想中的我到底是什么样的一种状态？
- 在我个人成长过程中，有哪些重要的人物（如父母、师长等）或事件，曾深深地影响着我？
- 性格与我个人未来的生涯发展之间具有什么关系？
- 我该如何珍惜有限的生命？
- 你现在的生活方式如何？你满意目前的生活吗？
- 你理想中的生活方式是怎样的？与目前的生活有何不同？
- 你如何规划自己理想中的生活方式？
- 你曾经有什么抱负？
- 目前你是否已开始思考未来你想从事何种职业？
- 你理想中的职业有哪些？它们对你的重要性如何？
- 认识一种职业有什么方法？
- 如何实地拜访企业？需要做什么准备？
- 你对环境资源的认识有哪些？
- 除了全球化、信息化、未来化的视角，你觉得对个人来说，了解环境资源还需要哪些视角？
- 你是如何理解环境资源的助力和阻力的？
- 在整个成长过程中，你曾做过哪些重大的决定？做决定的过程中，你通常采取什么样的行动？在面临两难的抉择情境时，你会怎么办？
- 你愿为你自己所做的决定全力以赴吗？你愿意承担所有决定的后果吗？
- 我如何订计划？在制定生涯规划时，我该考虑哪些因素？
- 生涯规划对我个人一生的发展，具有什么样的影响？

体验活动

职业访谈

如何了解职业呢？我们知道其中一个方法就是可以从从业人员的访谈中获得。所以请组织访谈活动：以下是有关工作生涯访问的主题，可供你访问时参考。你也可以多设问题。

有关工作生涯访问的问题：
(1) 需要哪些个人基本资料（含学历、工作经验）？
(2) 从事该行业的人主要做些什么？
(3) 工作地点在哪里？
(4) 他们使用哪些工具？
(5) 工作场所性质有何特征？
(6) 有哪些相关行业？
(7) 需要接受哪些训练？
(8) 需要某些特殊的执照或训练吗？
(9) 需要哪些个人的特质？
(10) 学校中的哪些课程会有帮助？
(11) 该行业薪水范围是怎样的？
(12) 从事该行业的人们对其从事的工作有何满意及不满意之处？
(13) 人才供需状况如何？
(14) 科技或任何变动对该行业有何影响？
(15) 该行业是否有任何季节性或地理位置的限制？
(16) 该行业的有何困难、展望？

另外，在访谈过程中，在征得机构负责人同意后，不妨进行"现场观察"。

将这些资料全部记录下来，然后进行分析，你发现了什么？与你之前了解的有何区别？对你未来的职业选择有帮助吗？

第四节 生涯发展与生涯管理

前文已经简单介绍了生涯和生涯发展与规划相关的名词和理论，这节单独将生涯发展和生涯管理特别介绍，是因目前生涯发展、生涯规划、生涯管理这三个词有所混淆。

一、生涯发展

1. 生涯发展教育

生涯发展论以舒伯为代表，前文已详细介绍。生涯发展的重点是发展，即是动态的，是人一生各种事态的连续演进。

生涯发展教育（Career Development Education）能够促使学生将学业和职业的发展相结合，促进其从"在校学生"顺利转变为"职场人士"，进而对学生的终身发展产生重要的影响。

生涯发展教育旨在帮助一个人具备工作所需的适应技巧，使他们能在社会变迁当中所从事的工作（包括有酬和无酬）成为个人整体生活形态的一部分，并能在其中展现其意义和收获。这些所谓的"适应的技巧"包括：

1）基础的读、说、写、算等能力
2）在工作场所中具生产性的工作习惯
3）使一个人想要工作的正确工作价值观
4）生涯发展决策技巧
5）了解自我、教育及职业机会的技巧
6）谋职、受雇及继续工作的技巧
7）充分自由选择教育与职业的技巧
8）在工作场所展现个人人性化自我的技巧
9）有效运用休闲时间以显现工作意义的技巧

2. 生涯规划与生涯发展

生涯规划与生涯发展都是旨在为人一生经历做准备，生涯规划偏重于"知己"、"知彼"后的"解己"的规划；而生涯发展偏重于将人作为发展来看，然后提供信息、资源、工具等，可以借鉴为自己的。

所以，如果说生涯发展讲述了事实，那么生涯规划是将这些事实作为准备进行规划。当然这是从两者字面上的意思。实际上生涯规划与生涯发展的内涵是接近并且相互融合的。

二、生涯管理

1. 生涯管理与职业生涯管理

"生涯管理"，主要是对个人生涯过程的计划、组织、领导和控制。从这个意义上讲，生涯管理的管理者是个人，管理的对象是个人的整个生涯过程。生涯管理实质上就是一种自我的管理，就是个体对自己本身，对自己的目标、思想、心理和行为等等表现进行的管理，自己把自己组织起来，自己经营自己，自己约束自己，自己激励自己，自己管理自己的事务，最终实现自我奋斗目标的一个过程。

根据目前已出版的书籍和发表的相关论文，绝大部分"生涯管理"都限定在"职业生涯管理"。职业生涯管理是现代企业人力资源管理的重要内容之一，职业生涯管理主要包括两种：一是组织职业生涯管理（Organizational Career Management），是指由组织实施的、旨在开发员工的潜力、留住员工、使员工能自我实现的一系列管理方法；二是个人职业生涯管理（Individual Career Management），是指社会行动者在职业生命周期（从进入劳动力市场到退出劳动力市场）的全程中，由职业发展计划、职业策略、职业进入、职业变动和职业位置的一系列变量构成。职业生涯管理主要是满足管理者、员工、企业三者需要的一个动态过程。个人最终要对自己的职业发展计划负责，这就需要每个人都清楚地了解自己所掌握的知识、技能、能力、兴趣、价值观等；而且，还必须对职业选择有较深了解，以便制定目标、完善职业计划。管理者则必须鼓励员工对自己的职业生涯负责，在进行个人工作反馈时提供帮助，并提供员工感兴趣的有关组织工作、职业发展机会等信息；企业则必须为员工提供自身的发展目标、政策、计划等，还必须帮助员工作好自我评价、培训、发展等。当个人目标与组织目标有机结合起来时，职业生涯管理就会意义重大。因此，职业生涯管理就是从企业出发的职业生涯规划和职业生涯发展。

2. 生涯规划与生涯管理

无论是生涯管理还是职业生涯管理都偏重"管理"。而生涯规划，是一个人尽可能地规划未来生涯发展的历程，在考虑个人的智能、性向、价值以及阻力、助力的前提下，做好妥善的安排，并借此调整、摆正自己在人生中的位置，以帮助自己能适得其所。所以，生涯规划是具有连贯性和整体性的，涵盖了生命的开始到生命的结束。而职业生涯，是作为整个"生涯规划"的一个阶段，是整个生涯很重要的组成部分，职业生涯具体来讲就是人在一生当中所从事的工作，具体指的是就业、职业、创业、事业、志业。

生涯规划与生涯管理实际上内容是有一致的地方，只是表达方式不同。但最大的区别在于，生涯管理更偏重于职业生涯，另外，除了个人的生涯还包括组织、企业的生涯。而生涯规划主要是针对个人的，而且是分布于个人完整一生的。

本节内容图表解说

见图 6-10。

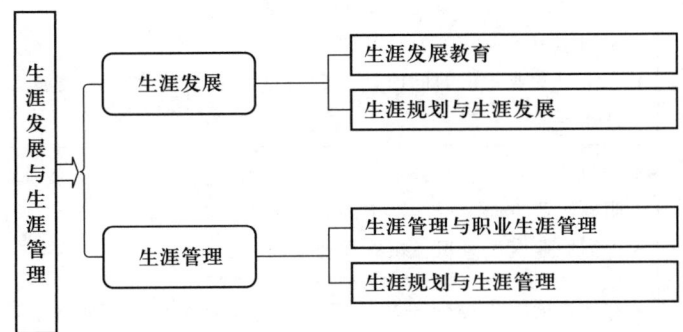

图 6-10 第六章第四节内容图表解说

动动脑

- 你是如何理解生涯发展的？请简述。
- 生涯管理包括个人的，也包括企业、组织的，请试着举例说明。

体验活动

请就一家外企、一家私人企业、一所大学等组织,查找相关资料并深入分析研究其中的生涯管理是如何进行的?并做出简报。

第五节 体验式学习——生涯与活动设计案例

说明:

生涯与活动设计案例(表6-6、表6-7)仅作为参考,教师、学生完全可自由自主地发展出完全不一样的体验式学习模块。

每个体验由多个体验活动组成,总学时不得少于规定完成的各体验学时。

表 6-6 体验式学习活动设计案例 1

活动主题	职业素养:职业素养提升计划(表格式)
活动学时	24 学时
如下为举例说明	
活动前期准备	• 制定合理的专业学习计划,学好专业基础知识; • 了解就业形势,认识社会形势,提早制定职业规划。
活动过程要求	• 对自己希望从事专业的知识和技能精益求精,并深入了解相关涉及学科,建立自己的核心竞争力,如每半年或每个月学习一门与产品相关的学科书籍,每周学习专业相关的公开课; • 在学习专业知识的同时,培养自己的自学能力、实践能力、人际交往和团队合作等能力。
活动预期效果	• 用与社会接轨之心,了解社会、认识社会,在求职、就业的道路上未雨绸缪,明确职业方向,做出一定的职业规划; • 提高职业素质意识,拓展职业能力。
活动中的感悟是什么?	• 有意识地在学校学习和生活中主动培养独立性很重要,要学会感恩、惜福、分享; • 明白职业素养是现在求职场上必不可少的,可以正确摆正自己的位置,懂得去适应这个社会。
活动中的成长是什么?	• 职业素养是一个积累的过程,是大学整个阶段蓄足能量的过程; • 能够做到自我了解,客观的自我评价,对未来有一定的计划。

表6-6(续)

活动中可能存在的问题	• 此计划持续的时间长，不能坚持执行； • 遇到职业素养问题不会及时地提出并获得解决办法。

表 6-7　体验式学习活动设计案例 2

活动主题	我是谁？——观看成龙主演的电影《我是谁》
活动学时	16 学时
如下为举例说明	
活动前期准备	• 观影前，对这部电影进行概括了解； • 学习自我了解要从哪些方面进行，提前学习相关的理论知识。
活动过程要求	• 观影时，想想"为什么他老在问我是谁？"； • 我们没有失忆，我们应该知道自己是谁，那么我们真的知道"我是谁"吗？； • 观影后，用 5 分钟的时间在记录本上写出 20 个"我是一个……的人"可以从外貌特征、性格特点、兴趣爱好等方面来描述自己； • 学习周哈里窗理论，将记录本中的自我认识列入"公开我、盲目我、隐藏我、潜能我"。
活动预期效果	• 通过自我评价的方式来学习正确了解自己，清醒地认识自己、调整自己的行为，促进自身的成长； • 将自我评价与他人评价进行整合，这种能力需要在生活中不断体验和学习。
活动中的感悟是什么？	• 了解自己在自己眼中是怎样一个人，平时不会对此问题进行深入思考，是一个奇特的体验； • 通过自我认识，明确自己的优缺点，调整自己的努力方向。
活动中的成长是什么？	• 用实事求是的态度进行自我评价，是对自己的一个客观认识，可以促进自身的成长； • 学会自我思考，进入自我思考的状态，对自己做全面、深入的了解，经常进行这样的思考对以后的成长、成功肯定是一大关键。
活动中可能存在的问题	• 观影时过于投入电影情节，没有思考观影目的。

第三篇　生涯体验之五业篇

> 五业：就业生涯、职业生涯、创业生涯、事业生涯、志业生涯。

五业，即职业生涯发展规划的基本脉络，可以依据人本主义心理学家马斯洛的需求层次模型来看。马斯洛在研究人的需求时，曾提出需求层次模型。他指出，需求层次包括生理需求、安全需求、爱与隶属的需求、自尊需求、自我实现需求等5个层次。

第一层次是生理需求（Physiological Needs）。作为一个独立的个体在社会上生存，首先要满足了自己的衣食住行之后，才有可能谈理想、谈精神。所以，在马斯洛的金字塔的最底端是生理需求，这就意味着生理需求是一切需求的根基。只有根基牢固了，上层的建筑才能稳当。

第二个层次是安全需求（Safety Needs），不仅包括对工作环境的安全需求，还有对工作稳定性的需求。当你在一幢年久失修的办公楼里工作时，当你从事着一份随时会被"炒鱿鱼"的工作时，安全性就不能保证。这时候你会想办法充实自己或是想要换掉工作。

第三个层次是爱与隶属的需求（Belongingness & Love Needs）。当你在一个办公室里，与同事们一起吃饭、一起娱乐，大家相处和谐，像一个大家庭。你就会对办公室产生爱与隶属感。这个时候，如果有一家薪水更高、但人际关系冷漠的公司来聘请你，你一定不会考虑到那家公司去，因为你的爱与隶属的需求在那里不会得到满足。

第四个层次是自尊的需求（Esteem Needs）。有了前三个层次的需求，你还需要在工作中被肯定，你需要知道：我喜欢现在的工作并以我的工作为荣。我可以发挥自己的价值，我的价值不仅可以为公司带来效益，也可以为我自身带来满足。

第五个层次就是自我实现（Self-Actualization）。这时候，你的心胸不再是狭隘的，不会再为了收入的多少而头疼。你所关心的是：我在做我喜欢的事，我正在过着我想要的生活，我善待了自己，也帮助了别人，我的存在是对自我的一种实现。

在这5个层次之外，马斯洛后来增加一个是"超越自我"（Transcendence），亦即前文也提到的，到了自我超越，人就达到了志业的阶段，会乐在工作，会"牺牲享受，而享受牺牲"。

马斯洛的需求层次理论可通过下图来解释。

了解了就业、职业、创业、事业和志业的基本职业生涯发展脉络，我们就要开始依据现实制定目标，当然并不是要求每一个人都能有事业，都能创业，都能在人生中实现自我，甚至超越自我。只是希望你能了解这些，关键是能做到快快乐乐地工作，从而快快乐乐地生活。

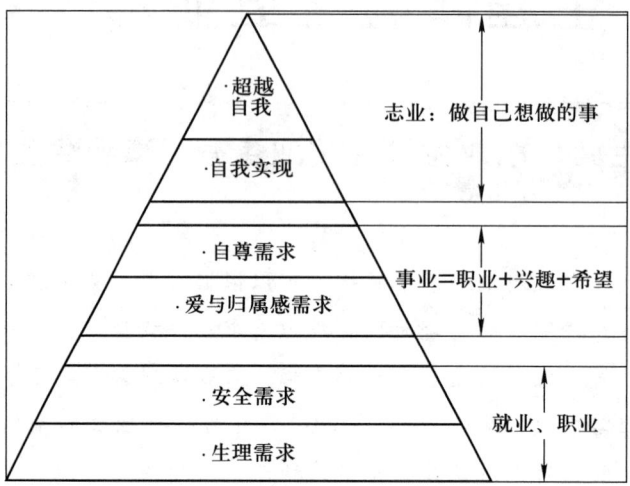

马斯洛需求层次图与职业生涯

第七章　就业生涯

本章纲要
● 就业概述
● 就业准备
● 面试准备
● 体验式学习——就业生涯与活动设计案例

我们来看一下从 2001 年到 2015 年中国高校毕业生人数表（图 7-1）：

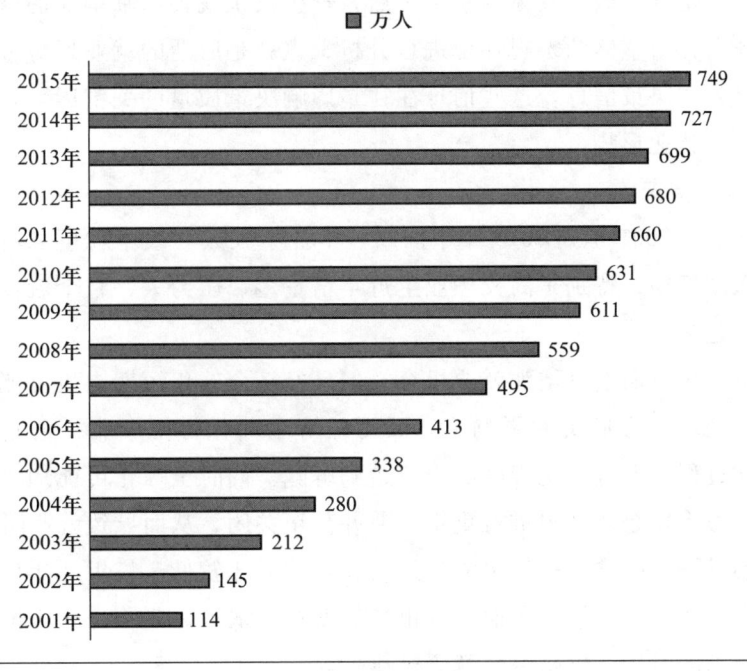

图 7-1　2001 年到 2015 年中国高校毕业生人数

根据中国教育在线数据，2015 年全国高校毕业生总数将达到 749 万人，比 2014 年再增加 22 万人，创下历史新高，大学生就业面临新的挑战，广大毕业生应选择多条出路，为自己制造就业机会。

第一节 就业概述

就业是学生迈向社会的第一步。随着世界经济的推动，全球人才市场的竞争也更加激烈，每年都有数以百万计的学生离开校园，投入到新的环境。有的时候，影响学生求职成功的关键因素，往往不是学业成绩是否优异或实践经历是否欠缺，而是充分的准备和有目标的行动。

一、大学生就业形势

在规划好职业生涯、做好具体的准备之后，学生很快就要面临毕业的就业决定。在做决策之前，首先要先对整体的宏观环境进行分析，也就是所谓的就业形势分析，这样有助于为自己提供有效的决策信息。这些信息往往是影响决策质量的关键因素。现在，让我们来看看大学生整体就业形势。

1. 大学生就业情况

在本章开始的"2001年到2015年中国高校毕业生人数"表中就可以看出，每年新成长劳动力已进入高峰期，特别是高校毕业生近年增量多、压力大，整个就业市场需求岗位的总体状况相对趋紧。

虽然经济全球化表面上是增加就业机会，但是经济全球化短期内更可能使就业问题更严峻，特别是在全球金融危机的影响下。因为经济全球化将使产业、企业的机构进行调整、整合，在此过程中会有一定程度的岗位遭到解除。同时全球化可能加大对国内企业的冲击，竞争的压力将使企业被迫进行重组、兼并甚至关闭，从而导致就业岗位减少。

就业环境的另一个问题是提供给大学生的薪资相对比较低。最近几年就业市场已经是供过于求，大学毕业生不断涌入，而买方市场的就业空缺远远赶不上卖方的增加比率。当物品出现供过于求的时候，价格当然就会被压低。

2. 大学生该如何做？

（1）面对现实，正确对待就业形势，正确对待自己。

就业和择业，是初出校门的学生在人生道路上一个重要转折点。对于学生应具备的正确择业和就业思想，可以归纳为4句话，这就是：认清形势闯市场，从容自信显特长，广开渠道看信息，实事求是快上岗。

认清形势包括3个方面：一是国家的就业政策；二是全国的就业形势；三是本地区的就业信息。就业严峻，这是摆在大学生面前的客观事实。面对矛盾重重又竞争激烈的人才市场，基本观点是树立一个"闯"字，积极参与竞争，而不是"坐等"，更不能消极对待。

关键是要把握好自己的择业方向和竞争技巧，敢于竞争，善于竞争，并在竞争中获胜。

大学生在人才市场中的唯一可比优势，就是要具备并适时地发挥自己的特长，扬其长而避其短，在供求市场中找准自己的位置。在竞争与机遇同时存在的环境下，如何具备和发挥自己的特长，能说会道、能歌善舞和具备某种操作技能，这固然是特长，但思维敏捷、从容善对、幽默机灵、吃苦耐劳也是一种特长。每个人各有所长、各有所短，问题在于你如何正确地认识自己，善于扬长避短，在关键时刻和重要场合发挥一技之长，获得用人单位的支持和信赖，这是择业和就业工作中的一个不可忽视的技巧。

同时，单靠一个人的智慧和信息是不够的。学生本身要努力利用各种媒体，包括学校、教师和家长、亲朋好友和同学，广搜就业信息，建立有效的人际关系网络，创造就业机会，这是就业者一个重要的手段和方法。人是社会人，也是现实人，没有广泛的人际交往和收集信息的渠道，就等于是守株待兔。

（2）充分做好就业和择业之前的心理准备。

心理准备是思想准备的具体体现，也是一个人综合素质的反映。大学生的就业心理准备应该实现以下4种转换，克服不良心态。其一，应克服"听天由命"或等待学校推荐工作的消极心态。学习是为了致用，如果说学习是手段，从事工作是人的本能，也是目的。其二，克服长期依靠家庭提供经济援助的依赖心理，要把"多劳多得、少劳少得和不劳不得"的分配机制落实到自己的行动中。择业和就业，本质就是寻求一个劳动岗位和自食其力的机会。其三，克服懦弱、自卑的被动心态。少数择业不慎者曾把初次遭受的挫折说成是"毕业就是失业"，这是一种极其错误的观念。大学毕业生都是第一次进行择业和就业，原本就没有职业，这和社会上的失业是两码事。经不起挫折，悲伤失望，往往是择业不顺的主要障碍。其四，放下大学生的架子，正确理解自己与用人单位的"双向选择"，不要刻意去抬高自己的价值，而是应该面对现实，不要因为自己是重点大学的毕业生而妄自尊大、好高骛远，也不要因为自己是普通院校的毕业生而妄自菲薄。大学毕业生应该具备主动、积极、从容、自信和百折不挠、面对现实的平和心态。

（3）主动出击，准备简历和面试。

不管单位招不招人，先去毛遂自荐要求试用；写信给单位老总或负责人自荐；直接发送求职信到企业网站招聘信箱。大学毕业生在找工作时，选择主动出击，到用人单位去展示实力，至少得到的机会比等着天上掉馅饼的机会大。机会总是被那些勇于表现、争取的人得到。积极勇敢的心态是大学生找工作脱颖而出的一个制胜法宝。在择业前，要善于推荐自己，有必要准备相应的文字材料，简历要真实可信，文字朴实，言简意赅，页面工整规范。面试中也要大方得体，机灵应对，不卑不亢。总之，主动与自信是万万不可缺少的。

二、就业后可能面临的问题

1. 初入职场

初入职场,要实现角色转变。角色转变就会面临着新旧角色的冲突。尤其是学生刚刚从学校走入社会,这种冲突会更加激烈。那么如何转变角色呢?我们向你提供一些建议:

(1) 树立良好的形象

在刚刚进入职场的时候,第一印象是非常重要的。一个人给别人的第一印象有的时候会产生深远的影响。好的第一印象要注意以下两个方面:

1) 服饰 虽然我们不提倡"以貌取人",但是一个人最先被别人注意到的就是服饰和仪表。个人的个性是要尊重的,但服饰也要和场合相一致。工作时间穿拖鞋、穿过分暴露的衣服、浓妆艳抹、佩戴夸张的首饰等都是不可取的。

2) 仪表 仪表指的是人的容貌、姿态、风度等。中国古话常说"站如松、坐如钟、睡如弓",就是强调的人的仪表。如果你看到一个人在与人说话时,歪着肩膀、浑身扭动、东张西望,你也一定会产生不舒服的感觉。

3) 言谈和举止 人们往往会根据一个人的言谈、举止来判断他的内在修养和品质。随地吐痰、言语粗鲁、随意翻动别人的东西等都会使别人产生厌恶感。

一个良好的形象,不仅是为了能让你的上司和同事对你产生好感,更重要的是要让你的客户产生好感。尤其是在一些服务行业,如:酒店、商场等,良好的形象更为重要。一些企业也会制定规范员工仪表和举止的章程,在进入企业时一定要仔细阅读并遵守。

(2) 处理好竞争与合作

竞争和合作并不是相互对立的。竞争就像是一场比赛,比赛可以有三种结局:一输一赢;双方均输;双方均赢。我们尽量争取最后一种,即双赢。在这种情况下,彼此双方的需要都得到了一定程度的满足。当然,这是我们的理想结局,而要做到这一点,必须在彼此信任、坦诚的前提下,学会放弃,即学会合作。

初入职场者,要做好自我调整。虽然可以强调独立,但有的时候,做好一件事情需要多方面的努力。一个企业要有良好的运作,就需要各部门的相互协作。竞争是为了更好的合作,合作也是为了有力的竞争。

(3) 放弃"精英意识"

有一些人在进入职场之后,由于自身条件比较优秀,总是不能以平常心来看待工作和同事,不愿意听取他人的意见,对自己的缺点视而不见。一个企业看中的是员工能完成多少任务,能做出多少成绩。放弃"精英意识"需要做到:收敛锋芒,虚心求教;承认缺点和不足;愿意从小事做起。

(4) 要有纪律观念

职场如战场,战场需要士兵树立绝对服从的纪律观念,职场也需要有良好的纪律观念。一个团结协作、富有战斗力和进取心的团队，必定是一个有纪律的团队。同样，一个积极主动、忠诚敬业的员工，也必定是一个具有强烈纪律观念的员工。在这里，我们所强调的纪律观念不仅仅是企业内部一些成文的规章制度，还有个人在工作中对职业责任的承诺。而这种责任感恰恰是比规章制度更有效的"纪律"。

（5）尽快进入工作状态

企业招聘员工进来，是要员工为企业创造效益。所以虽然企业会给你一段时间去适应，但是如果你的适应期很久，恐怕企业的"耐心"就不能持续那么久了。要尽快进入工作状态，提醒你做到两点：调整好自己的作息时间，与工作时间要求一致；有条理的做事情，可以准备一个备忘录，把自己要处理的事情和计划写下来，随身携带，这样可以帮助你记住一些重要的小事情，还可以培养做事的条理性。

（6）警惕角色转变中的心理问题

在角色转变中由于心理准备不足，会产生心理问题，往往有如下几种心态需要我们警惕[①]：

1）失望、依恋心理　在职场中遇到了不如意，就会产生心理落差，并且会怀念过去的生活、怀念学校。

2）自卑、怯懦的心理　有这种心理的人群对社会的竞争激烈性估计不足，害怕迎接挑战，对工作不知道从何下手，怕失败，怕被上司责怪。

3）浮躁心理　到了新的企业，心理上不稳定，总是想换一家更如意的企业。整日恍惚不定，工作也总是浮在表面，不能深入。

产生这些心理就一定要正确认识自己，树立自信心，保持良好的心态，脚踏实地，并在实践中锻炼自己。

2. 稳住职业

俗话说：打江山容易，守江山难。当我们已经找到了一份工作，解决了自己最基本的生理需求时，我们凭借什么来守住这份职业，并在这份职业中提升自己呢？

（1）学习能力

经历了在学校里十几年的读书、学习，有人从中找到了读书的乐趣，也有人学到了专业的知识技能。然而，外面更广阔的世界有更多的知识和技能等待我们去学习。社会的高速发展预警着我们，学习能力是多么的重要了。这已经是一个学习型的社会，只要你愿意学习，处处都可以是教室。

当你刚进入企业，所面对的只是一些简单而枯燥的工作时，你要学习控制自己，不要随意地产生抱怨情绪和烦躁心理。要学会：对同事要尊重，对上司的意见要倾听。

当你开始对企业有了一些了解的时候，你就应该明白，要想完成工作任务，你还欠缺

---

① 张玲玲、张芝萍. 大学生就业指导［M］. 北京：科学出版社，2004：190.

哪些专业技能和知识。比如，当你的上司要求你做一件与你的本职工作不相干的事情时，你不能说"我不会，我从来没有接触过这方面的资讯"。一个优秀员工的做法是，迅速对情况作一个整体了解，并对自己的相关知识进行补充。你还可以在多方位了解企业的基础上，尽量多充实自己，多学习一些别的方面的知识。只有不断地学习，才能为你的未来打下一个良好的基础。

（2）执行能力

职业代表着一种责任，而我们既然承担了这个责任，就一定要做好。这就是执行能力。

在工作中执行能力主要体现在这样几个方面：心动了就要行动；要认真履行自己的诺言；要勇于承担责任，不能推卸自己的责任，更不能把自己的责任强加于别人；在做了的同时，还要做好；执行也要积极主动；执行不等于绝对服从。

（3）沟通能力

在职业发展中除了自己的专业技能外，如何在职业中获得上司的赏识、赢得同事的友谊是人生职业发展的关键，因此职业场合中的沟通能力也显得更加重要。

1）与上司沟通　当你进入一家企业开始工作时，你最先面对的就是上司，很可能你们在面试就已经见过面，所以你的上司是你在公司见到的"第一人"。能否与这个"第一人"做好沟通，是你是否能稳住职业的关键。这里要注意两个阶段：

①职业适应阶段　由于你还没有对企业文化和工作内容有一个比较透彻的了解，很可能处于一个被动状态。这个阶段的沟通将以你的上司为主，他会主动为你讲述企业的性质和经营理念。这个时候，你所要做的就是不断就你所不了解的内容提出问题。要记住一个原则：倾听不光是听到文字语言的本身，更重要的是完整地接受一个信息。这是一个很好的机会，这样的沟通会帮助你更快地了解企业和职业。

②职业稳定阶段　这个时候，你对企业已经有了比较深入的了解，也已经适应了从学生到员工的角色转变，并且已经能够在自己的工作上独当一面，你就要主动地与上司沟通。把公司的情况及时汇报给上司，并提出一些改善的建议。这个时候，你处于主动的状态，你要积极地使用自己的本领，使上司能够随时掌握企业的运转情况。

2）与同事沟通　进入企业当中，同事是与你相处时间最长的人，所以与他们相处得是否愉快，直接决定你的工作过程是否快乐。与同事沟通最重要的是要真诚。诚恳的沟通可以减少许多误会，也可以节省很多时间。但是诚恳的沟通并不是说话不讲分寸。有的时候善意的谎言也是必要的。以下一些技巧可供参考：

①要懂得尊重别人　年轻人刚进企业，要多向前辈学习。虚心听取同事的意见，学习他们身上的长处和做事的方法，并在适当的时候，表达自己的想法。

②要多用肯定和赞扬，慎用批评和责怪　沟通的时候肯定他人的优点，会让你赢得别人的好感和尊重。

③肢体语言的使用　沟通不仅要体现在口头语言上，还应该表现在面部语言和肢体语言上。要记住：在别人需要帮助的时候，伸一双援手，在帮助别人的同时，也就是帮助了自己。

④充分尊重文化的多样性　在未来全球化的社会里，与你一起工作的同事很可能来自于不同的民族和国家。这就需要你充分尊重文化的多样性，多与来自不同文化背景的同事沟通。每个人先天的环境不同，受到不同环境的影响，所用的语言表达也有所不同。但语言所要传达的内容，才是真正的精华所在。换句话说，我们不要为语言文化的表象所蒙蔽，而放弃了沟通的真谛。

3）与客户沟通　与客户沟通，你一定要充分尊重客户的权利，要更多地聆听和信任客户。并且决不要用很高的音量与客户讲话，这样他们会认为你对此次谈话有着某种不愉快的情绪。当你与客户沟通时，请不要受其他因素干扰。一定要记住：永远不要与客户争吵，不要为自己的失误找借口，这样只能让你的客户更加反感。一个好的态度不一定能赢得客户的心，但一个不好的态度一定会失去客户的心。

（4）适应能力

每一个学生刚刚走入社会的时候，都会产生心理不适应的感觉，一下子无法从学生的角色转变到员工的角色当中。很多人在刚进入社会时，无法忍受社会的阴暗面，不能适应一个人独立生活，不愿意与人交往。这就是适应力不够强的原因。

在未来的社会里，时时刻刻都在产生着变化，数不清的信息资讯以极快的速度传播着。同样，一个企业也是如此，因为处于不断的变化中，所以也要随之不断变化。当然，也会希望员工能够很快地适应变化。

其实，从根本上来讲，适应能力最大的障碍是自己。你在工作中遇到的种种不良反应，并不是由于那些引起不良反应的事件本身，而是由于你对事情的感受和看法。如果不能客观、积极地对待，就会产生不适应。所以，形成良好适应能力的关键是自己。"世上不如意事十之八九"，只有调整好自己的心态，有一个积极乐观的态度，才能应对自如。

三、就业权益保护[①]

大学生在就业过程中享有权益，而毕业生个人更要有法律意识，在应聘求职过程中注意保护自己的权益，并避免自己做出不符合法律要求的举动。

（1）毕业生享有的权益

1）获取就业信息权　信息公开、及时、全面。

2）接受就业指导权　学生有权从学校接受就业指导权和市场指导。

3）被推荐权　有权享有学校向用人单位推荐毕业生。推荐要如实、公正、择优。

---

① 此部分内容参考自：孙天祥主编. 大学生职业发展与就业指导读本. 北京：高等教育出版社，2008年3月第一版：283-305.

4）选择权 根据国家有关规定，实行招生并轨改革的高校毕业生，在国家就业方针、政策指导下自主择业，任何单位和个人无权干涉。

5）公平待遇权 用人单位录用毕业生的过程中，应公平、公正，一视同仁。

6）违约及求偿权 毕业生、用人单位、学校三方签订协议后，任何一方不得擅自毁约，否则，毁约方须支付违约金。

（2）毕业生的权益保护

1）毕业生就业主管部门的保护。

2）高校的保护。

3）毕业生自我保护。首先，毕业生应了解目前国家关于毕业生就业的有关方针、政策和规范及其之间的关系，熟悉毕业生在就业过程的权利和义务。其次，毕业生应自觉遵循有关就业规范，接受其制约，保证自己的就业行为不违反就业规范，不侵犯其他毕业生的合法权益。第三，在用人单位接收毕业生的过程中，毕业生也应对自身权益进行自我保护。第四，毕业生应学会运用法律手段维护自身的合法权益。

本节内容图表解说

见图7-2。

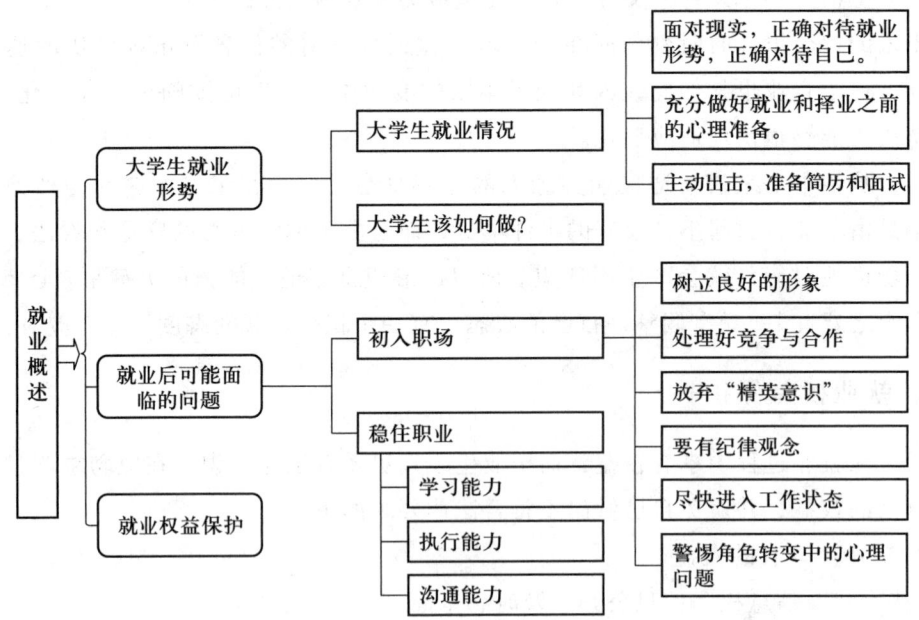

图7-2 第七章第一节图表解说

动动脑

- 有人说先就业再择业；有人说这种观点行不通。你如何看待就业和择业的关系呢？

体验活动

我的就业宣言

根据本部分的内容，一条条检视自己是否正在准备？准备到何种程度？请分别清楚具体的写下来。

还有哪些你觉得需要在"宣言"中说明的吗？请一起与大家分享。

第二节　就业准备

必要和充分的就业准备是求职应聘的基础，是职业选择的关键。

一、及早进行就业准备

"不打无准备之仗"，就业更是如此。

1）在校期间就应该准备好自己的专业能力和非专业能力的培养。也就是努力、认真、踏实地学好专业知识，具备扎实的基本功；另外非专业知识也非常重要，包括在校期间参加本专业之外的讲座，让自己的知识更广博，参加社团等活动，锻炼自己的人际交往和团队合作能力……

2）在低年级时就开始了解就业信息，了解就业途径。在不影响学习的情况下，试着做兼职工作。在兼职工作中先了解工作环境，再逐步了解职业的方方面面。

二、充分的就业信息与自己的实际情况相结合

"知己、知彼、解己"。知己就是要知道自己的实际情况，在就业前先较为客观地评估自己；知彼就是掌握足够充分的就业信息，这些信息包括全球化的信息、国家的政策以及用人单位的招聘信息。

信息来源的渠道有学校、报纸等媒体、网上搜索、同学朋友等。

充分的信息搜集过程中，注意要根据自己的专业、兴趣以及自己计划工作的地域，对搜集来的信息还要进行分类、整理、分析和筛选，要与自己的实际情况相结合。

三、增强自信心，积极把握就业机会

有时候出现"毕业即失业"的情况，致很多同学有思想压力，甚至"畏惧就业"。实际上，在就业过程中一定会遇到一些困难和问题，所以坚强的自信心非常重要，要主动积极，充满热情，实际上有很多单位和岗位也因找不到合适的人而头疼呢。"机会总是留给

准备好的人"。所以只要你都准备好了,有信心,那么勇敢地、准确地把握住机会吧!

四、设立职业生涯目标与计划

1. 什么是职业生涯目标与计划①

尽管俗话说:"计划不如变化快",但事实上,对我们的未来做出合理的计划还是非常重要和必要的。目标设定是一个功能强大的技术,它可以使你的机会和绩效得以最大化。通过设置目标,你可以知晓你现在所处的状态,这将为你职业生涯的成功增加更多的信心和动力。通过制定和评估目标,你就会知道哪些方面需要改进;通过设置你的目标将节省大量的时间和精力,而将注意力集中于最重要的事情上面。职业生涯目标可以分为短期、中期和长期目标。

短期职业生涯的目标是指不到一年的时间就可以达到目标。短期职业规划的重要特征是制定适当的、切合实际的目标和目的,让你可以在不远的将来达到这一目标。短期目标是帮助你实现中期和长期目标的基础。

中期目标一般是指一年以上、三年以下的时间内可以达成的职业生涯目标。中期目标是实现长期目标的基础。

长期的职业目标是指花费三年以上的时间来完成的大目标,它包括你梦想取得的重大成就或职位。

拥有短期、中期、长期的职业生涯目标对于整个职业生涯规划是非常有用的。长期的职业生涯目标需要展望未来,而不是受现在的一些主客观条件的限制。这意味着不要用现在的眼光来看未来,而应该把未来看成我们想象的结果。

我们常常认为生活中的目标是长远的和重大的,其实可以将这种目标分为一些短期管理目标和决策,这样就会给我们一种方向感和成就。

试着问自己以下问题,可以让你专注于短期目标,也将有助你实现更大的目标。

1)为了达到这一目标,我们需要什么技能?
2)为了达到这一目标,我们需要什么样的知识和信息?
3)为了达到这一目标,我们需要什么样的资源支持以及帮助、协助与合作?
4)为了达到这一目标,我们需要克服什么障碍?
5)有没有什么好的方法,可以达成这一目标?

2. 确立有效的职业生涯目标②

确立有效的职业生涯目标可以帮助确保你的事业继续向前迈进。职业目标可以阻止你

---

① 改编译自:Kimberley Pollock. Careers Consultant, Setting Career Goals and Making Sure They Come True [OL]. http://www.workplace.gov.au/workplace/Individual/Jobseeker/Careers/CareerJobSearchTips/All/SettingCareerGoalsandMakingSureTheyComeTrue.htm

② 改编译自:Setting Career Goals Effectively [OL]. http://www.careerchoiceguide.com/setting-career-goals.html

在劳动力市场的漂流中冲动，并确保你对自己的职业生涯的职业选择和目标。

确定你将来要做什么并确定职业生涯之路是你想要从事的方向。确立生涯目标的秘诀有以下几点：①目标要具体；②目标要积极；③短期、中期、长期目标相结合；④目标要一致；⑤目标要有挑战性；⑥价值观的考量。

确立职业生涯目标，可以帮助你集中精力且更积极地朝着自己的职业生涯方向前行。确信自己和自己的目标，你的职业生涯将迈向成功。

3. 实现目标的 10 个注意事项[①]：

1）将目标写下来；
2）制定短期和长期目标；
3）设立精确的目标；
4）列出可获得的利益；
5）将目标告诉别人；
6）确定优先事项；
7）找出障碍；
8）评估和调整；
9）果断执行；
10）庆祝实现自己的目标。

4. 目标确立模型[②]

SMART 模型

"S" = Specific & Significant（明确的）　你的目标应该是明确和具体说明你想要的，而且这些目标的实现对你来说是非常重要的。

"M" = Measurable（可衡量的）　可衡量的目标可以帮助你看到自己的进步，认识到你是朝着正确的方向发展，并看到自己离目标实现还有多远。衡量的主要指标是：有多少要实现的内容以及何时可以达到这一目标。

"A" = Action-Oriented（行动导向）　这意味着你的目标应注重操作与行动。对于每个目标，都必须写下行动计划。行动计划可以是具体日常活动，或是从今天开始到目标实现的步骤。行动计划必须说明你今天将要做什么、什么时间做以及今天如何准确做到这一点。

"R" = Realistic（现实的）　"现实"在某种程度上就是意味着"实现"，但现实并不意味着我们的目标必须是容易的。短期目标的实现概率应该是在 80%。较长期目标的实

---

① 改编译自：Kimberley Pollock. Careers Consultant, Setting Career Goals and Making Sure They Come True [OL]. http://www.workplace.gov.au/workplace/Individual/Jobseeker/Careers/CareerJobSearchTips/All/SettingCareerGoalsandMakingSureTheyComeTrue.htm

② 资料来源于 Ken Johnson. 成功职业生涯自我营销-如何在中国就业市场赢得竞争 [M]，2009：2.

现期限更长，而且实现可能性也较低。

"T" = Timely（及时、适时的）　适时、及时的目标意味着你应该有一个时限或某种形式的时间表，以确保每隔几天、几周或几个月取得进展，并评价你是不是走在正轨上，即：让进展如你预期。如果没有，那么你需要重新评估你的计划，并做出一些调整。

5. 结论

制定目标是帮助你在现在的状态和你想要达到的状态之间架起一座桥梁。设立的目标中，最好短期、中期和长期目标都应该有。如果你设定了目标并始终勤勤恳恳为之努力奋斗，你将可以拥有所有想要的东西，并知道自己在做什么、身在何处。那些制定目标并最终达成目标的人，是知道他们自己想要什么，并且会克服一切前进道路上的困难，坚决地执行目标的人。

五、提前准备简历

简历不是成绩单和奖学金、证书的累积，而是在获取各种各样证书的同时，你的思想里沉淀了什么，因此重点还是在你的简历上列出几项成就以后，自己言语间表达的思想。

（1）简历要有针对性

在招聘过程中，求才者往往不是选择最优秀的求职者，而是选择最合适的。所以你的简历一定要有针对性。针对你所应聘的职位，重点突出你适合这个职位的能力。比如：当你要应聘电脑管理员，那你就应该针对招聘启事的要求，重点突出自己在电脑管理方面的能力。如果你的简历突出的是自己法律方面的能力，求才者一定不会对你投入关注。

（2）写简历一定要认真

在面试之前，简历就是你的"门面"。对待简历的态度，会给求才者这样一个信息：这就是你对待工作的态度。所以简历的撰写一定要认真，不要出现错别字、不整洁的状况。现在，大多数求职者的简历都是打印而成，虽然可以避免出现简历字体不工整的问题，但也应该注意合理安排简历的格式。包括表格的设计，段落的设置等。

（3）简历要简单明了

简单明了的意思并不是说简历一定要越短越好，而是尽量用简洁的话交代出你想要表达的内容。因为求才者要在很多份简历中找到自己需要的人才，平均花在每份简历上的时间和精力就不会太多。

（4）简历的内容

简历主要由个人的基本情况、教育及培训情况、个人能力、在校活动（应届生）、社会活动、工作经历、所获奖励及证明材料等内容构成。但并不是每个人的简历都一定要有这些内容，可以根据自己的情况和求才者的要求酌情增减。

（5）写简历需要注意的问题

1）写简历一定要诚实。

2）手写的简历一定要字迹工整，打印的简历就一定要进行清晰、有条理的排版。

3）简历的封面也很重要。需要体现创新能力。

4）简历的后面可以附上一封简短的求职信，表明你通过何种渠道获得的招聘信息、你的求职意向、你对未来的规划等。切记：求职信不可随便从书本或网络上找一个范本，稍加改动就附在自己的简历当中。

5）写简历的时候不用面面俱到，因这样无法让求才者掌握重点，分清你的特长和优势到底是什么。

6）当企业在招聘启事中注明需要提供英文简历时，你就应该提供一份英文简历。

7）在写简历时，也要注意用词的准确，要使求才者一眼就能看出你具备的技能，以及你的各种经历。

（6）电子视频简历

随着网络化时代的到来，不仅各种招聘活动可以在网上进行，连简历也可以"网络化"，下面就为大家介绍一种网络化时代的新型简历——电子视频简历。

电子视频简历是采用前期以数码摄像拍摄、后期加上计算机软件编辑制作、可以在互联网上发布有关个人经历的动态影音信息及相关文字资料。

电子视频简历是一种新型的简历模式，它将个人简历与多媒体视频技术相结合，运用专业视频技术，以计算机网络为平台，把现代科技与人力资源的开发相结合。

与传统的简历相比，电子视频简历具有以下优势：

1）可以轻松地实现异地面试。

2）全球网络的互联可以让简历以极快的速度投递。

3）相对于传统的文字简历，电子视频简历把求职者的沟通能力、领导能力、个人素质等以更直观、更生动的方式表现出来。

4）电子视频简历拥有传统文字简历不能比拟的信息量。比如，求职者的仪表、性格、气质、修养等是很难通过文字的简历传达的，甚至连照片也无能为力。而电子视频简历却可以轻松解决这个问题。

本节内容图表解说

见图7-3。

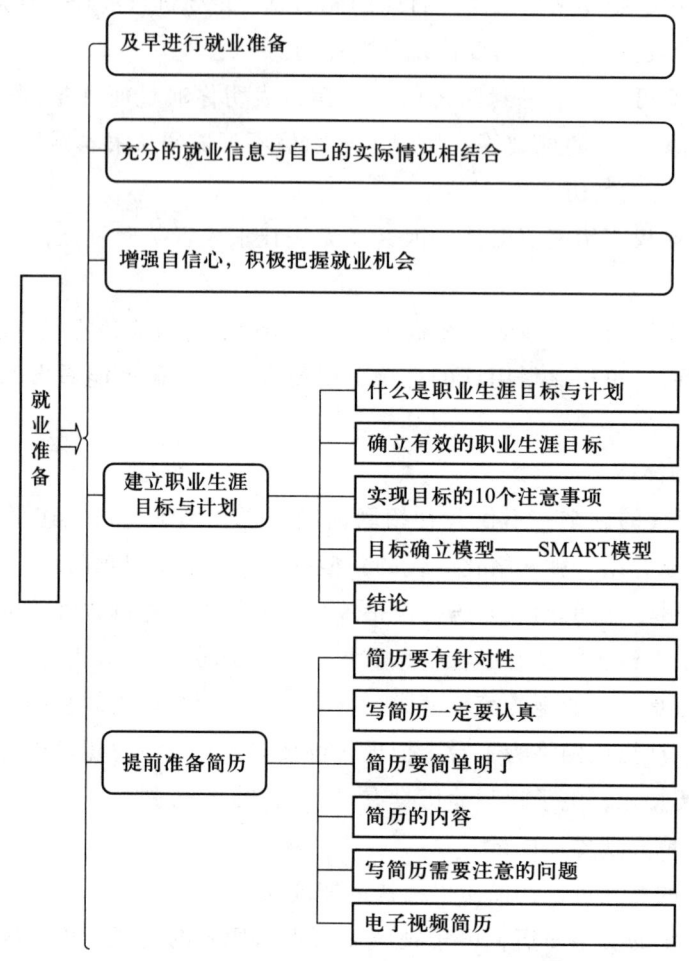

图 7-3 第七章第二节内容图表解说

动动脑

• 对于就业，除了文中提到的这些准备外，你觉得还有那些需要准备的？

体验活动

我的简历

根据本部分的内容，准备自己的简历，一份文字版、一份电子视频简历。

第三节 面试准备

面试是求才者与应聘者通过面对面的交谈,来完成职业的双向选择。这是在招聘过程中最关键的一步。

面试具有很大的灵活性,它不仅能考核一个人的专业能力,而且可以面对面地观察应聘者的表达能力、自信心、应变能力等。对于应聘者来说,面试不仅仅是对自我的挑战,更重要的是通过面试赢得求才者的青睐。

一、面试考察的内容

1)表达能力　拥有良好的表达能力不仅是善于推销自己的表现,还可以让求才者感受到你的自信心。

2)专业技能　对于一些专业技能要求比较高的职业,求才者往往还会在面试过程中对应聘者的专业技能有一个实践性的考察。

3)修养　这里所说的修养不仅包括仪表,还有待人态度、说话方式、行为举止等。

4)工作态度　主要包括两个方面,一是应聘者过去工作或学习的态度,二是应聘者对现在工作的态度和规划。

5)情绪管理　由于面试是一个面对面的过程,所以应聘者难免会产生紧张、焦虑等不良情绪。面试也可以反映出一个人对自我情绪的管理水平。

二、面试的方式[①]

1)模式化方式　求才者预先准备好想要询问的题目和有关细节,在对应聘者进行发问,这种方式主要是从应聘者的谈吐、行为、修养等来对应聘者有一个真实全面的考察。

2)问题式方式　求才者对应聘者提出问题或者工作计划,请应聘者来解答或完成。这种方式主要是为了考察应聘者的应变能力和解决问题的能力。

3)非引导式方式　在这种方式的面试中,求才者与应聘者的交谈一般只是随意的发表议论。通过这种面试,可以了解应聘者的知识面、风度、表达能力等。

4)压力式方式　求才者会针对某一问题做一连串的发问,不仅详细,而且究根问底。这种方式主要是测试应聘者的机智程度和应变能力。

5)综合式方式　这种方式是求才者采用多种方式综合考察应聘者的各方面能力。如:

---

① 参考:广西壮族自治区教育厅组编.大学生就业指导 [M].南宁:广西人民出版社,2002:281.

用英文面试考察应聘者的英语口语能力；要求应聘者现场操作电脑；要求应聘者就某一主题进行一段即兴演讲等。

三、面试前的准备

我们常说：不要打无准备的仗。面试其实也是一场战争，要打一个漂亮仗就要做好准备。

1）形象准备　仪表和形象决定了第一印象的好坏。几点注意事项：①着装要整洁、得体大方；②面试可以化淡妆，但不要化浓妆；③男士的形象设计相对比较简单，西装、白衬衣和西裤是最好的搭配；④服装要与年龄相协调；⑤面试的前一天你需要做一下调整。比如：不要太晚休息，避免第二天精神萎靡不振；为了避免睡过头，最好使用闹钟定时；前一天晚上不要饮酒，以免第二天误了面试的时间。

2）心理准备　首先，要树立自信；其次，自信并不等于自大；最后，要有一颗平常心。

3）资料准备　事先应该广泛搜集与应聘公司相关的资料；假想一下可能会被问到的问题，及如何应对；最后提醒一点的是，最好随身携带笔记本，将面试时可能遇到的问题及你所准备的资料制作备忘录。

4）知识准备　针对你所应聘的职业和岗位，把相关的专业知识、业务技能要提前熟悉一遍。

四、面试技巧[①]

1）应试者语言运用的技巧　①口齿清晰，语言流利，文雅大方；②语气平和，语调恰当，音量适中；③语言要含蓄、机智、幽默。

2）应试者手势运用的技巧　①表示关注的手势：双手交叉、身体前倾；②表示有把握的手势：先将一只手伸向前，掌心向下，然后从左到右作一个大的环绕动作，就好像用手"覆盖"着所要表达的主题；③表示强调的手势：食指和大拇指捏在一起。

3）应试者回答问题的技巧　①把握重点、简洁明了、条理清楚、有理有据；②讲清原委，避免抽象；③确认提问内容，切忌答非所问；④有个人见解，有个人特色；⑤知之为知之，不知为不知。

4）消除过度紧张的技巧　①面试前可翻阅一本轻松活泼、有趣的杂志、书籍；②面试过程中注意控制谈话节奏；③回答问题时，目光可以对准提问者的额头。

---

① 李仁山. 大学生就业指导与范例［M］. 北京：首都经济贸易大学出版社，2004：312-314.

本节内容图表解说

见图 7-4。

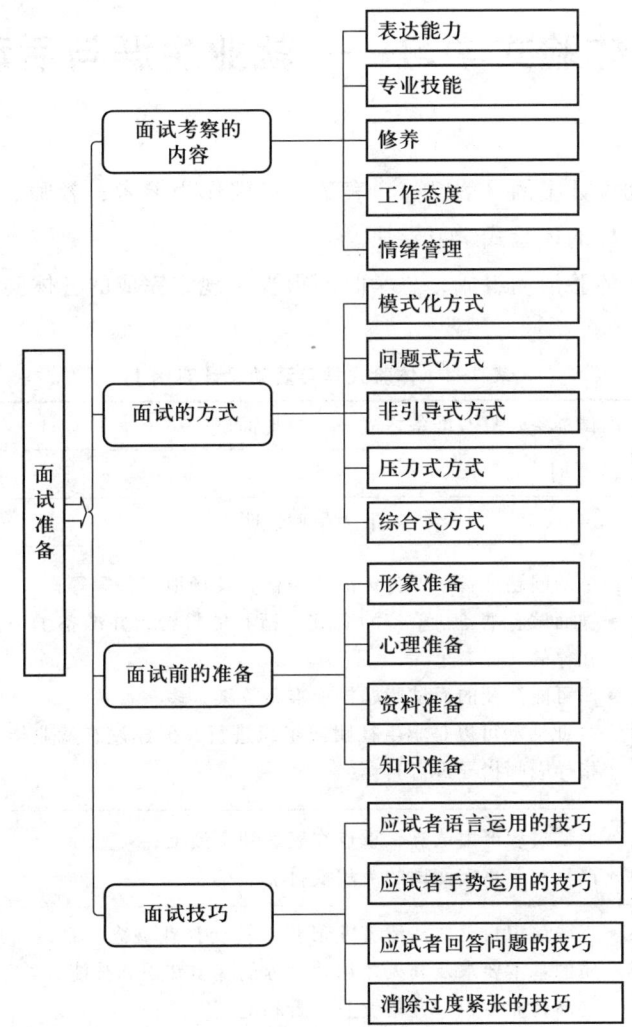

图 7-4　第七章第三节内容图表解说

动动脑

- 除了文中提到的面试方式和技巧外，请你再提出更多此方面的方式和技巧。

体验活动

模拟面试

请班上的同学以 3 人为一小组的方式轮流作为面试官和应聘者，进行角色扮演的模拟面试，然后分别写出你作为面试官的感受以及作为应聘者的感受。

第四节　体验式学习——就业生涯与活动设计案例

说明：

就业生涯与活动设计案例（表7-1、表7-2）仅作为参考，教师、学生完全可自由自主地发展出完全不一样的体验式学习模块。

每个体验由多个体验活动组成，总学时不得少于规定完成的各体验学时。

表7-1　体验式学习活动设计案例1

活动主题	面试准备：打有准备之战——模拟面试
活动学时	24学时
如下为举例说明	
活动前期准备	面试的问题准备、评分标准及表格，及场地准备等等； • 被面试者准备：整齐的套装，精心的打扮，并准备了一份备用简历和成绩单在你的文件夹里； • 对可能涉及的面试问题提前准备答案，多多益善。 （此活动可以是学生社团或组织进行，但建议有就业指导中心的老师来作为指导老师指导进行）
活动过程要求	• 面试过程严肃认真，重点在表达和交流上； • 严格按照真实面试的流程安排。
活动预期效果	• 正确认识自己，认清就业形势，转变择业观念，系统了解公司单位对人才素质的基本要求及其人才招聘过程的基本知识和技能； • 提高就业意识，开拓就业视野和就业渠道； • 练习表达和交流，将这种自我表达练成一种习惯。
活动中的感悟是什么？	• 面试现场就是面试现场，后悔没有做充分的准备； • 面试时的任何时间都不能放松，如别人在面试自己是听众时，这时的面试官也在观察，可以说一举一动都是这场面试的答卷。

表7-1(续)

活动中的成长是什么？	• 模拟面试前没有特别的职场概念，经过一轮面试，增加了就业紧张感； • 对面试官的每一个问题都要用心应对，因为每一个问题都可能是他们想深挖的点； • 面试时对自己要应聘的公司与职位要有充分了解，最好对其发展有自己的见解。
活动中可能存在的问题	• 职场概念薄弱，因为知道是模拟面试就没有认真对待，如迟到、回答问题时漫不经心等； • 面试时太过专注自己的专业背景，其他方面的才能没有好好表现出来。

表7-2 体验式学习活动设计案例2

活动主题	我的就业宣言
活动学时	24学时
如下为举例说明	
活动前期准备	• 准备好纸笔； • 找一个安静可以静心思考的场所。
活动过程要求	• 根据本部分的内容，一条条检视自己是否正在做好就业准备？准备到何种程度？请分别清楚地写下来； • 重新规划自己就业生涯，并列出自己所要实施的步骤。
活动预期效果	• 了解就业相关技能，并通过反思自己来找到本身的问题所在； • 让学生对自己的就业更有明确目标，对人生规划更自信。
活动中的感悟是什么？	• 就业宣言并不仅仅是口号，需要真正去做，去实施才会有结果； • 学会了就业相关技巧的同时也要会懂得应用。
活动中的成长是什么？	• 很多时候我们自己并不能很清晰地看清自己的缺点，我们需要一面镜子，而这面镜子就是不断学习。
活动中可能存在的问题	• 不要天马行空，想到什么就写什么，要明白这些宣言之后都是要做的，要有可实施性； • 为自己设立太高的目标，因为做不到后没信心，又变得消极了。

第八章 职业生涯

本章纲要
- 职业概述
- 大学生如何规划职业生涯
- 体验式学习——职业生涯与活动设计案例

我们在童年的时候，或许都曾说过这样的话：

"等我长大了想成为科学家"

"等我长大了想当老师"

"等我长大了想当医生"

……

台湾女作家三毛也曾在自己小时候一篇谈及理想的文章里说自己的理想是捡破烂。

我们都有过这样或那样的梦想，这些梦想等同于职业吗？即使一个已经工作了的人，也会经常把"我在从事着一种……的职业"挂在嘴边上，可是当问到"什么是职业"的时候，大多数人总是会先觉得这个问题很幼稚，要回答时，却又无法确切地给出答案。

第一节 职业概述

职业是为了满足人的生理和安全需求而发展出来的一种社会现象，它不是一成不变的，是不断伴随人类社会的发展与进步而发生变化的。随着经济水平的提高、生活需求的细分，越来越多的新兴职业如雨后春笋般涌现了出来。这些种类繁多、千差万别的职业，对我们来说既熟悉又陌生。

一、职业定义

职业的产生是社会分工的结果，它决定了人在社会中的角色。职业不仅关系到个人，而且关系到我们生活的各个方面。比如，当我们羡慕别人拥有一份好的职业时，经常会说"很有前途"，可见，职业关系着我们的前途。再比如，当拥有一份收入高的职业时，我们可以有更多的钱支付更好的生活资料。也就是说，职业关系到我们的生活质量。

从广义的概念来讲，我们可以这样理解职业：职业就是我们利用自己所学的知识和技能，从事一种可以为社会创造经济价值、精神价值，并从社会中获取物质及精神补偿的活动。在英文里，职业的拼写是 occupation，它是一种不同于 job（工作）的有更广阔的外延的概念。"职"的意思是"责任，职务"[①]，"业"就是"行业"[②]。从这里可以看出，职业不仅反映了个人从事的概念，也反映了个人从事职业作为一种社会性的活动对社会的价值。透过职业，每个人可以发挥潜能，履行社会角色，实现生活理想，享受工作的乐趣，甚至实现自我。

从狭义上来讲，职业在字典中的解释是"个人所从事的作为主要生活来源的工作"[①]。本书中对职业的定义"工作+收入"，即职业的狭义概念。狭义的职业相对单纯，强调了职业作为一种谋生的手段来满足个人基础的需求。如果生理需求没有被满足的话，它们就成了主宰个人的力量。职业可以提供金钱的收入，来满足这些需求。狭义的职业定义其实也就是广义职业的早期阶段。工作的动机是人们需要有效的运用肌肉、体力、智力来完成工作任务。

二、职业分类

职业是一个多层次且复杂的系统，有着成千上万的类别。在实际就业前，要对工作世界有所认识，才不至于对复杂的职业系统感到困惑和彷徨。

除了我们之前介绍过的以霍兰德人职匹配理论为指导的职业分类以外，还有一些以不同标准为指导的职业分类。

从世界的角度看，联合国劳动领域的专业性组织——国际劳工组织（ILO）在 20 世纪 40 年代末，开始组织许多国家的有关专家和国际组织，共同编制职业分类的工具书。1958 年国际劳工组织的工作机构——国际劳工局颁布了第一部《国际标准职业分类》，它成为各国编制职业分类的依据和各国间交流的标准[③]。

此后，世界各国又根据自己国家的经济发展状况和社会结构制定了一些符合本国国情的职业分类标准。

中国大陆在 1949 年后，有关部门就根据中国国情状况，开展了大量的职业分类调查工作，按照工作性质相同性原则，参照国际劳工局的《国际标准职业分类》，制定了有关职业分类的标准与政策。1999 年，中国国家劳动和社会保障部、中国国家质量技术监督局、中国国家统计局又颁布了能全面反映中国现阶段社会的职业结构状况的《中华人民共和国职业分类大典》，把中国的职业分为 8 个大类、66 个中类、413 个小类，包括了国家机关、事业单位、商业企业、农林牧副渔部门等国民生活的各个方面。其中 8 大类见表 8-1。

[①] 中国社会科学院语言研究所词典编辑室. 现代汉语词典（第五版）[M]. 北京：商务印书馆，2005：1750.
[②] 中国社会科学院语言研究所词典编辑室. 现代汉语词典（第五版）[M]. 北京：商务印书馆，2005：1589.
[③] 姚裕群. 职业生涯规划与发展 [M]. 北京：首都经济贸易大学出版社，2003：13.

表 8-1 中华人民共和国职业分类

类别	
第一类	国家机关、党群组织、企业、事业单位负责人
第二类	专业技术人员
第三类	办事人员和有关人员
第四类	商业、服务业人员
第五类	农、林、牧、渔、水利业生产人员
第六类	生产、运输设备操作人员及有关人员
第七类	军人
第八类	不便分类的其他从业人员

三、职业流动

几乎每个人的职业都是流动的，很少有人会一辈子从事一份职业。那么，在职业发展过程中，辞职、跳槽、转职等就不可避免。另外，在职场上也会面对升迁、调离等变动，这些都是职业流动。如何处理好职业的流动也是职业生涯中重要一部分。

1. 什么是职业流动

职业流动，是从事一定的职业劳动的人改变工作岗位、改换职业的行为。①

如果你遇到了以下问题：

1）这份职业薪水太少了，你需要一个薪水更高的职业；

2）你的工作薪水很高，可是每天都要在一幢防火设施严重不合格的办公楼里办公，你每天都提心吊胆的工作；

3）你的薪水已经足够维持日常生活，但是你与办公室里的同事相处得很不愉快，每天上班都要面对很多冷漠的面孔和讽刺的语言；

4）由于各种原因，你被解雇了，你需要再找一份工作。

5）你的上司认为你工作很认真，打算晋升你为他的助理；

6）你的上司认为你工作不努力，打算把你降职。

所有的这些情况，都是职业的流动。职业流动并不是说个体对所从事的职业的不忠诚，我们也不能说终身职业和职业流动哪一种是对的、那一种是错的。如果你从事一份职业并在职业中发挥了很大的效用，还从中得到了快乐，那么你可以并且会愿意为这份职业长期奋斗。而当你的职业不能满足需求时，职业流动也就是必然的。这里的"流动"可以是向上的"流动"，也可以是向下的"流动"；既可以是"横向"的流动，也可以是"纵

---

① 姚裕群. 职业生涯规划与发展 [M]. 北京：首都经济贸易大学出版社，2003：297.

向"的流动；既可以指升迁、降职或被解雇，也可以指跳槽、转职或寻求更大的发展空间。

2. 职业的全球化流动

现在和未来的世界是一个全球化的世界，也需要越来越多的国际化人才。职业流动的全球化会创造越来越多的无国界工作者。也许有一天，站在国际舞台上的人就是你。

也许在你的意识里，职业流动的国际化就是到跨国企业里任职，与外国人谈判，到国外去参加培训，或是公司外派。当然，还有另外一些特殊的职业的全球化流动渠道。[①] 通常的渠道包括：①跨国企业；②中国企业的国际化；③传统企业跻身世界舞台；④其他海外工作渠道：网络与猎头公司、工作移民（比如填补美国的护士荒）、海外工读、非营利组织等。

本节内容图表解说

见图 8-1。

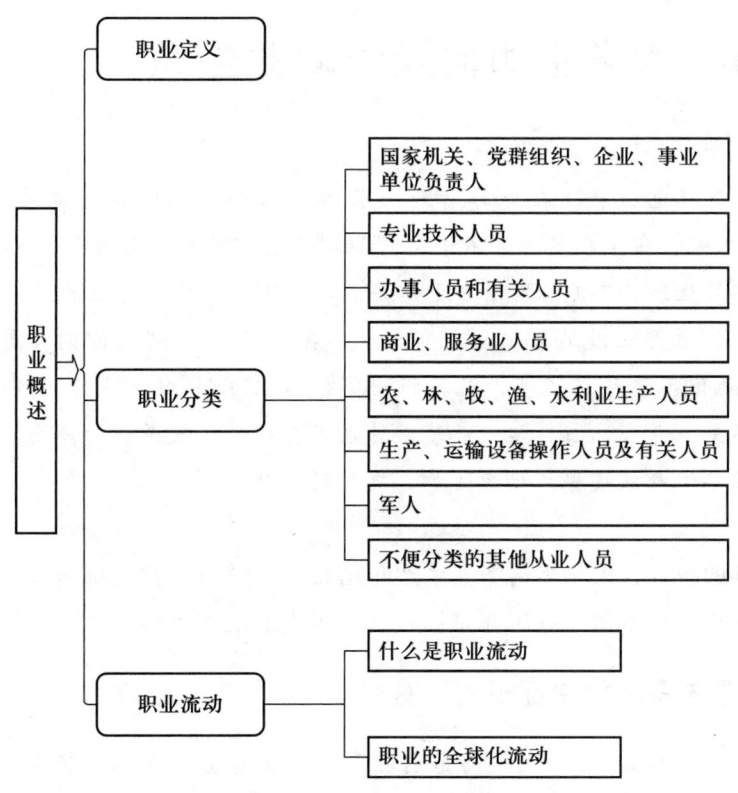

图 8-1 第八章第一节内容图表解说

[①] 参考：吴佳音. 海外工作管道大搜查 [J]. career, 2003（9）：158-162.

动动脑

● 对职业的定义，你还有更好、更贴切的吗？对表 8-1 的职业分类，你认同吗？为什么？

体验活动

我规划中的"职业流动线"

职业流动在百度百科中的解释是："劳动者变换劳动角色的过程[①]"。你是否同意？

如果用纵坐标表示年龄、横坐标表示职业，请先绘出你规划中自己的"职业流动线"，当然也可以与以下篇章的创业、事业、志业联系起来。然后拜访你周围已经有"职业流动"经历的人群，采访他们，并为他们绘出"职业流动线"。

第二节　大学生如何规划职业生涯

有一次我到江苏电视台，在走廊看到一长排坐着的人，像在医院看病似的，我问："这都是些什么人呢，都坐在走廊里不干活？"回答说："都是实习生"。我很惊讶："你们干吗招那么多实习生，又不派活？""没办法，都是托关系硬塞进来的。""那塞进来怎么让人坐走廊上？""在屋里没地方，坐在那里也不会干活。""那叫他们在走廊里干什么？""风凉风凉，等他们不愿待在这了，就另找一家实习去了。"真可怜，他们好多都是大学生，素质都还不差，也有证书，学校成绩估计也不会很差，就是因为不会干活，即使有些门路，到了实习单位都被歧视到如此地步，更别说应聘了。[②]

根据教育部的统计，大学本科毕业生逐年增长，待就业人数也随着增多，越来越多的学生们抱怨着同样一件事情：找工作难，找到理想中的工作更难。

一、大学是未来职业生涯规划的基础

根据调查：①仅有 2.4% 的人很清楚自己专业的就业方向和就业前景，64.5% 的人表示知道一点点，还有 11.5% 的人一点也不知道；②对于是否了解职业生涯理念的问题，仅

---

① 百度百科［OL］：http：//baike.baidu.com/view/133177.htm。
② 杜骏飞．你的大学——谈大学生涯与职业规划［OL］．http：//blog.sina.com.cn/s/blog_475b3b600100aru1.html．2008．09．24．

有 10%的人有些接触；③对于什么时候开始关注就业信息，12%的人表示从大一、34%的人从大二、36%的人从大三、18%的人从大四开始（本次调查兼顾专科和本科生）[①]。可见，这些学生没有明白大学生涯与职业生涯的重要关系，没有以长远的目光来规划自己的大学生涯，为毕业后做好准备。很多大学生在经历了高考之后，都认为只要通过了高考，上了好的大学就可以完全放松，认为高考是最后一道坎，其实事实远远不是这样。进入大学是人生的真正考验，也是让你学会做人做事的地方，更是未来职业生涯规划的基础。

大学职业生涯规划是从你收到大学录取通知书的那一刻起。职业生涯规划是一个4年的过程，每年都需要在定好计划的基础上投入一定的时间和精力。下面所讨论的是大学生在4年的时间中应该如何做，从而最好地利用大学时间，获得最大的机遇，并且开始自己满意的职业生涯。

二、大学职业生涯规划各阶段的内容

（1）大一：适应大学生活，了解自己

1）通过参加学生社团、组织、各项竞赛等等来发现自己的优点、缺点以及兴趣和爱好，并且开始发展自己的能力。

2）通过各种渠道去学习和了解各个行业以及特定的职业要求及特点，特别是每个行业所需的技能。看看哪些行业与自己的性格、特点或者能力、特点不相符合，哪些行业更符合自己理想中的生涯目标。

3）开始建立自己的人际关系网络，扩大自己的交际范围，通过自己的人际关系网络向各种各样的人咨询不同的信息需求，为自己的生涯发展打好基础。因为，人的一生都是在跟人打交道，有效建立好人际关系网络，有利于今后的生涯发展。

举个例子，如果你参加了学校某个社团，而你在社团的职位要求你经常要与外部的人进行沟通。这样，久而久之，你就清楚自己是否擅长与人沟通与人打交道，还是更喜欢与技术的东西打交道。当你发现你并不擅长沟通的话，那么毕业后你找工作时是不是应该考虑不要找那些销售之类的工作。或者当你喜欢销售这类的工作，但是发现自己并不擅长说话，那么你是否应该考虑多参加社团，多主动与人沟通，从而提高自己的沟通能力及自信心。在分析自己的优、缺点同时，也应该思考自己是否专注于"自己想要做"或者"自己适合做"的。通过与人的相处以及人际关系网络的建立，形成自己的价值观。同时，大一暑假可以去做点兼职工作，与现实商业世界中的人打交道，真正去接触真实世界的东西。通常暑假兼职的时候也是你尝试去交际去拓展人际关系网络的时候。

---

① 数据来源于：白杨跃海. 大学生涯的自我规划 [OL]. http：//bbs.zhaopin.com/viewthread.php? tid=242837

（2）大二：做好知识理论基础准备

当大学第一年过去的时候，你也差不多已经知道自己大概想做什么了。那么这个时候你就要开始加深对想要从事的行业的知识学习。知识是肯定要先学习的，这是做好每一份工作的理论基础。特别是当你想要从事的行业与你的大学专业联系不上的时候，你更应该提前做好知识理论基础准备。

1）如果所选行业真的是你的目标行业，那么你应该根据行业特点加深学习目标行业基本的理论知识和专业知识，深刻理解行业特点，让自己提前进入行业境界，这对毕业后的求职是很有帮助的。特别是当面试的时候，你所表现出的对企业所在行业的"内行"，能讲行业的行话，或者能与面试官深入探讨行业问题及趋势或者自己对行业的独特的看法，那么你给面试官留下的印象绝对是其他竞争者无法达到的。当然，对行业的独特看法来源于你平时对行业的学习和研究。

2）当你暑假做兼职工作或者实习的时候，你应该尽可能地与行业中的人交际，向他们咨询一些行业里的信息，同时你也可以通过这些人认识行业里更多的人，从而拓展自己的人际关系网络。

3）了解与该行业相关的信息。如果说以上两点是对行业纵向深入的了解，则此点是对行业横向广博的了解。此如国际或国家政治、经济、文化背景、人们的风俗习惯以及该行业的相关行业的发展等。具有这方面的知识，让你在表述自己看法时更具高度和前瞻性。

例如，如果你不是金融专业的学生，但是你很喜欢这个行业，那么这个时候你就应该主动去学习有关金融行业的知识，了解行业的主要话题和重大事件，并且选择这一行业的一个或两个话题进行深入学习和研究，形成你独特的理解。如果你很喜欢投资银行的世界，那么在掌握了基本的金融市场的知识之后，你应该选择投行里的几个话题进行深入研究，比如你可以深入研究学习企业上市的知识以及财务分析，或者你可以选择研究企业兼并与收购这个话题进行深入研究。当你求职面试的时候，即使你是非金融专业的学生，你已经掌握了非常专业的知识并且形成自己的看法，那么你会有效地将这些看法沟通给雇主，相信你会从竞争者中脱颖而出。

这里要提到的是，大学4年的每个暑假做做实习或者兼职工作将会让你受益匪浅。

（3）大三：选择行业里的目标企业

在大二对目标行业了解透彻的基础上，此阶段是选择行业里的目标企业的最佳时候。具体包括：

1）了解目标企业，对目标企业进行研究和分析，了解企业文化，清楚目标企业对应聘者的要求，包括能力要求和硬件要求，比如行业有关的证书。

2）尽可能在目标企业或者与目标企业类似的组织中获取兼职或者实习的机会。

3）参加相关的培训，获取相关的证书。因为很可能这些证书是你毕业后求职的敲门砖，有的资格证书甚至是行业人员入行的必备要求。例如，如果你选择了行业中的投行——摩根士丹利，那么你应该对该企业进行研究，分析该目标企业需要什么样的人才，自己应如何向该企业的要求靠近。如果你不能在摩根士丹利这样的大公司获得实习的机会，那么至少可以在其他小企业做类似的实习或兼职工作，关键是获取有效的经验。如果你看好金融公司的证券业务，那么就应该考虑去获取证券从业资格证书，这是入行的必备资格证书。全国那么多大学生应聘摩根士丹利，但是如果你拥有了相关的经验和必备的资格证书，或者经历过行业培训，那么你是不是一下子就可以从众多的求职者中脱颖而出了呢？

（4）大四：开始设立自己的职业生涯目标，通过各种渠道了解求职信息，开始校园-职场的转变准备

大四第一学期是大学生活的最后一学期。这个时候学生应该开始设立自己的职业生涯目标，通过各种渠道了解求职信息，开始校园-职场的转变准备。不要忘记记录自己过去大学三年里的成就，因为这些记录是制作简历的基础。当谈到简历的时候，希望同学们不要在求职的前一天甚至前一小时才匆忙准备简历，或者直接去拷贝别人的简历。在大四第一学期的时候就应该着手准备简历，也可以在简历投递高峰期之前开始投递简历，把自己与其他竞争者区分开。同时也应该尽可能全面地获取求职信息，包括网络、现场招聘会以及前面所建立的人际关系网络，都可以获得求职信息。

三、总结

在如此激烈竞争的就业环境下，特别是在金融危机的影响下，人才过剩已经打击了不少毕业生的自信心。但是如果你在大学时候就提前开始自己的职业生涯规划，那么当你走出校园大门的那一刻起，你就已经比其他无所事事过了4年的学生更有分量，更有竞争的优势，你跨出校园的步伐也是更自信有力。当其他人被问起毕业后的求职目标时，他们的回答往往是"先获取一些经验再说"，而你的回答已经完全不一样了。因为经过了4年有效的磨炼，你已经可以自信地回答"我是有准备地开始我的职业生涯"。雇主不会想要这些来企业获取经验的人，他们要的是有职业生涯目标、有计划、有准备、有特定能力的人才。成功属于做好规划准备的人，哈佛商学院曾经做过一项抽样调查，问学生"10年后希望成为什么样的人？"100%的人选择在商场上拥有财富、成就和影响力。但是，他们中只有10%的人写下目标并作了规划。10年后，调查小组追踪发现，那10%为自己订下目标、作好规划的人，他们所拥有的财富是全部受访者的96%。

专家分析认为：世界上一般只有3%的人有自己的目标和计划，并且将它明确地写出来；还有10%的人有目标和计划，但却将它留在自己脑子里；剩余的87%的人都在随波逐流。

著名管理学家彼得·德鲁克（Peter F. Drucker，1909-2005）认为："越来越多的职场人需要学习'经营、管理自己'，他们要懂得将自己放在最能有所贡献的地方，并努力

发挥自己的所长。"无疑，提高生涯规划本领能让你更具有独特眼光、远见和洞察力，能够发现问题、正视问题，并采取积极和有效的方法解决问题，从而不断改进和改善自己的处境。提高规划本领能让你掌握自己的优势并超越你的竞争者。①

本节内容图表解说

见图 8-2。

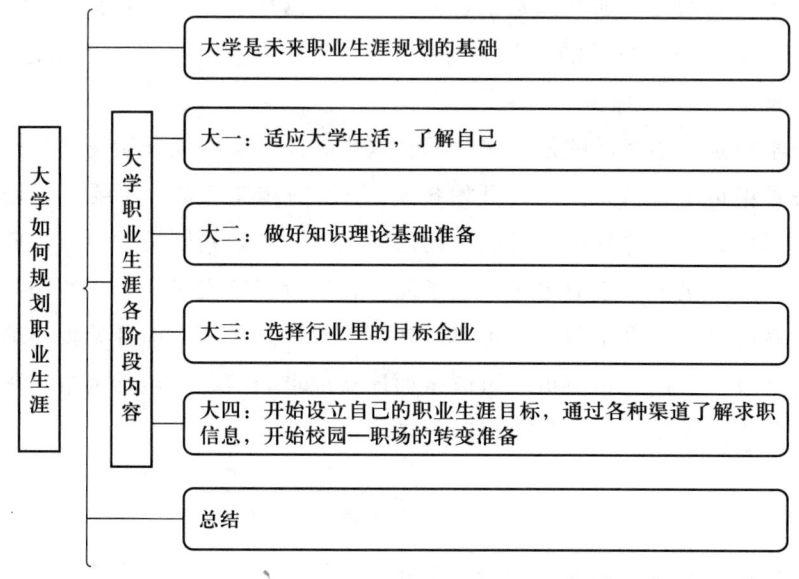

图 8-2　第八章第二节内容图表解说

动动脑

• 有人说，读大学就是为了考研、读博、出国，不用规划职业生涯。请问你认同这种看法吗？为什么？

体验活动

我在大学的职业生涯规划准备

请你确定自己的职业生涯规划，然后列出为了这个职业生涯目标每一年分别已经做了哪些准备？正在做哪些准备？在大学期间，往后的时间计划继续做哪些准备？

---

① 李家华. 从起点看终点：大学新生应注重职业生涯规划［N/OL］. 中国教育报. http：//www. edu. cn/gao_ jiao_ news_ 367/20070919/t20070919_ 255682. shtml

第三节　体验式学习——职业生涯与活动设计案例

说明：

职业生涯与活动设计案例（表8-1、表8-2）仅作为参考，教师、学生完全可自由自主地发展出完全不一样的体验式学习模块。

每个体验由多个体验活动组成，总学时不得少于规定完成的各体验学时。

表8-1　体验式学习活动设计案例1

活动主题	职业流动：体验不同职业的变化——体验父亲的工作
活动学时	12学时
如下为举例说明	
活动前期准备	●8月8日同音"爸爸节"，在这天走进自己父亲的工作岗位； ●与爸爸沟通此活动的可行性，说明活动的目的以及自己的想法； ●了解爸爸每天的工作时间和工作地点； ●在不影响爸爸工作的前提下进行这次体验。
活动过程要求	●用影像、文字或者自行录音叙述的方式记录爸爸的工作过程，要求尽可能的详细； ●不影响、不打扰爸爸的正常工作工作； ●了解爸爸处理工作问题的方式方法、交际方式。
活动预期效果	●以尽可能贴近爸爸工作的方式来体会爸爸每天的工作生活； ●通过亲身体验，了解爸爸工作的辛苦，体会到他为家庭的付出； ●通过跟拍爸爸一天的工作并对工作内容及处理方式的记录，了解爸爸的职业。
活动中的感悟是什么？	●我的意向工作是文职，爸爸的工作是司机，跟着爸爸工作一天，感受了不同工作的不同职责； ●体验父亲平日艰辛的工作，同时也能让忙碌工作的父亲与自己一起过一个愉快的节日； ●通过这种方式，体验到不同职业的职业体验，明确自己真正需要的职业是什么。
活动中的成长是什么？	●在不同职业之间的变动，体验不同劳动角色的过程。 ●在此体验后思考职业流动带来的角色变化及产生的一系列影响，慎重进行。

表8-1(续)

活动中可能存在的问题	• 爸爸供职单位不允许家人的随行; • 在随行的过程中,没有深入体验其他职业。

表8-2　体验式学习活动设计案例2

活动主题	大学生如何规划职业生涯:大学四年职业生涯规划①
活动学时	10学时
如下为举例说明	
活动前期准备	• 准备一个长表格式的4年规划表; • 对自己的专业及大学4年生活安排有一个长足的思考;
活动过程要求	第一年:发现自己 • 通过各种学生组织、体育比赛等课外活动来发展和完善自己的兴趣与爱好。 • 涉足了解学校就业指导中心等相似机构所能提供的关于职业的信息,对不同的职业有一定认识。 • 和家人、朋友、导师等讨论你的职业兴趣,当然也可以是其他能够给你建议的人,尤其是那些已经在工作的人。 • 接受专业的个人定位测试,从而加深对自己的了解,明确自己想要加强的竞争力。同时,努力学习并得到尽可能高的分数。 第二年:拓展你的职业地平线 • 继续发现和收集你欢愉职业发展领域的信息。最好的资源就是那些已经工作的并且对你的职业规划有兴趣的人。 • 暑期兼职、实习以及一些志愿者活动都会使你得到最直观的信息。 • 继续拓展你在职业选择方面的知识,将所有你感兴趣的职位和行业做一个列表。 • 通过各种渠道学习关于职场的信息。 • 研究其他相关信息。 • 有机会的话与那些对你的职业发展有兴趣并且在相关行业工作的人进行交流,或者在这个职位上与一个专业人员共事。 • 积极寻找实习、兼职、暑期工以及志愿者活动来增加自己的工作经验。 • 参加其他与职业相关的活动,从而尽可能多地了解行业以及整个职场。 第三年:细分你可能的选择 • "我在考虑几个不同的职业选择——哪一个是我最优选择呢?" • "我应该为这个职业准备写什么呢?""大一以来,我的兴趣有哪些变化?这将会怎样影响我现在的行动?" • 实习和暑期兼职将帮助你获得新的技术,了解职业信息,并且构建自己的人脉网络。展示自己更好的学术表现,尤其是专业方面。现在是时候回到大一时候的问题:"我是谁?""我想要什么?"

---

① 参考 http://jingyan.baidu.com/article/d2b1d1024800f25c7e37d4da.html

表8-2(续)

活动过程要求	• 细化你的职业选择并且与一个专业人员讨论你的职业规划。你对自己早期的决定满意吗？ • 为读研、考研作准备，如果你的职业规划需要一个更高的学术背景。 • 研究你心仪的公司及其工作环境和企业文化，确定自己最适合的职位。 • 继续寻找并且从事那些能使你获得有用经验的实习以及兼职工作。 第四年：冲刺之时，决战之际 • "什么样的工作对于我是可行并且现实的？" • "我通过什么样的渠道可以找到适合我的工作？" • "我应该现在就读研或者先工作再读研？" • 为你自己提前计划并且设置切实可行的职业目标，现在起你将面对从大学校园到社会或者更高一级学位学习的转变。 • 了解求职的每一点信息，有可能的话可以参加一下专业的求职培训，向专业职业咨询师进行咨询。 • 为你的第一份工作进行准备，就工作的第一年以及你所能遇想到的一切向你的师兄、师姐请教。 • 充分利用你的人脉关系为你的求职历程创造机会。 • 利用一切可以利用的机会拓展你求职的渠道，如网络、招聘会、宣讲会等等。 • 确认自己有关毕业以及签约的一切事宜，以免到最后产生使自己措手不及的麻烦。
活动预期效果	• 确定最佳的职业奋斗目标，并为实现这一目标做出行之有效的安排； • 真正了解自己，为自己筹划未来，拟定一生的发展方向，根据主、客观条件设计出合理且可行的职业生涯发展方向。
活动中的感悟是什么？	• 刚刚开始大学生活时，对自己以后要做什么不清楚； • 如何规划职业生涯可能影响一个人一生的职业发展方向； • 对职业规划必须要慎重，要尽可能多了解现状、社会、自我，在做决定之前考虑好，想全面点，然后再去认真地规划，执行才是最重要的。
活动中的成长是什么？	• 好好利用大学的时间去学习专业能力、人格形成、生活方式以及价值观等，这些信息将帮助你衡量所选择的专业，获得更多的机遇和可能的职业旅途； • 规划的制定比规划的实施容易，但要想达成自己的目标，坚持不懈才是根本。
活动中可能存在的问题	• 缺点职业规划理念的引导，对自己的大学四年职业规划具体要求和如何进行不清楚，有些同学甚至觉得没有意义，不愿进行此规划。

第九章 创业生涯

本章纲要
- 创业概述
- 大学生创业流程、步骤和类型
- 体验式学习——创业生涯与活动设计案例

小玉来自偏远山区，大学毕业后一直没有找到合适的工作。为了能够养活自己，不给本就不富裕的家庭再添困难，小玉决定自己创业。她用自己省下的零用钱，又找同学、朋友东拼西凑了一些，便在一家商场租了一个小摊位，销售毛绒玩具。由于小玉在大学时就喜欢毛绒玩具，对玩具的市场需求也了解得比较多，所以她的玩具总是能够吸引到很多顾客。渐渐地，小玉的摊位由一个变成两个，不仅解决了自己的生活问题，还能有一些钱寄给家里。

阿友是个有很多兴趣的人，他曾经从事过很多职业。比如：在一家电脑公司做过销售专员，在一家工厂做过会计，还在旅行社做过导游。可是他每一次跳槽，都是毫无目的的。慢慢地，他在这么多的工作经历中，终于发现了自己的兴趣是在网站设计上。于是，阿友又一次辞掉了工作。可是这一次，他没有急于去找工作。而是进行了仔细的市场调查，自己注册了一家网站设计公司。现在，阿友经营着自己的公司，每天的生活都很快乐。他觉得自己找到了事业的方向。

从以上两个事例可以看出，创业不分学历与年龄，任何人在任何时候、任何地方都可以创业。当然，如果要使创业有所成就，创业的"人员、时间、地点"都必须做一个全面和深入的考察分析后，逐步进行。

第一节 创业概述

在我们的传统教育理念里，一名大学生从学校毕业以后，如果不继续更高层次的学习，就应该开始找工作。然而，这样的常规道路已经随着大学生就业问题的突出，而变得越来越不平坦。于是在中国出台"支持大学生创业政策"的大背景下，越来越多的年轻人开始创业。

一、创业定义

职业是满足需求的第一个阶段。当我们无法找到一份职业的时候，比如：一些农村劳动力进入城市之后，由于缺乏对职业技能的掌握，就业成了大问题；再比如：大学生毕业时，面对越来越严峻的就业压力，暂时无法找到合适的工作，我们想到了创业。这时候的创业也是为了满足生理和生活需要，只不过是在"找一份职业"这条道路走不通之后的另外一条道路。山穷水尽之时，求生存的本能欲望会迫使我们去创业。当然，更有"踌躇满志"的创业，有实现自己理想和抱负的创业，有从自己的兴趣出发的创业……

细细的研究一下很多创业者的成功案例，我们就会发现，他们中的很多人都是在经历了职业阶段之后才开始创业的，并把创业作为了事业。这类创业者的创业不仅仅是为了满足生存的需要，还是为了满足更高层次的需求。

总而言之，创业与职业、事业并不是相冲突的。相反，它们是互相渗透的。不要简单地以为，创业就是创立一家企业。创业可以作为职业或事业的开始阶段，为我们实现更高的目标打下一个基础；而职业或事业也可以利用创业来实现。

创业，可以让我们在激烈的竞争中求得生存和发展，也可以让我们拥有自己的事业。

二、创业与创意

创意并不代表创业，但是既然"创业"就是不走常规路，那么创意和创意性思考就成了创业的思维基础。

1. 何谓创意

创意本身其实是个非常难以理解的概念，因为不同的事物，对不同的人产生不同反应，便有不同程度的认知。有人认为创意是任何新的主意，但也有人认为要发明出一些新的家电用品才可以称得上创意。很多人认为创意是所谓的第六感官或是天助之想，是属于感觉的，并且是让人无法把握的。其实，我们的逻辑性在创意中扮演了更重要的角色。心血来潮固然是创意；而为了实现一个具体目标，有系统的构思则是更为广义的创意。创意中有些部分的确是依赖与生俱来的天分，不过天才毕竟是少数人。并且，许多创意的发生必须依赖各种各样的触媒，才能使创意源源不断。例如整个社会文化环境的刺激、阅读吸收新知识、对周边事物的观察等。所以，对大多数人来说，创意是可以借助后天的学习与培养而形成的。

在这里，我们摘录了由"日本创造学会"对会员们征求的"创意"的定义，所得到各种不同说法[①]：

创意：是人类智慧行为的一种，透过对贮存的资讯资料做出选择和判别产生新的有价

---

① 陆祖昆译. 创造性心理学 [M]. 台北：五洲出版社，1988.

值的东西。

创意：是解决问题、素材的新组合，使向新理论的发展成为可能，是新观点的发现。

创意：把变化一步一步地"接受"下来，而且把能够接受的东西作为结果而提出的活动。

创意：痛快淋漓地解剖至今抱有的疑问，把具有的特色事物创造出来。

创意：把过去从未有过的体系、物体、方法、机器等全新地研究表现出来。

最高的创意是自我创造——自我实现。

2. 创意性思考

我们知道了什么是创意，还要把创意应用到生活当中。而创意性思考就是创意在生活中的一种应用，也是其他各种应用的基础。

所谓的创意性思考是指将以前互不相关的事物或构想提出其间的关联性。创意性思考经整合扩散后，自然表现于外在行为，就代表了一个人的创意。而表现于行为中，有3项创意性思考特质，会明显地显露出来，它们分别是变通力、原创能力和流畅感。

当我们对创意性思考特质有了深一层的了解后，这里要介绍思考过程的5个主要阶段：准备（Preparation）、努力思考（Effort）、孕育（Incubation）、顿悟（Insight）以及评估（Evaluation）。[①]

1）准备　这是整个思考的第一个阶段，目的在于获得各种与问题有关的资料，以获得足够的情报。而在整个的准备过程中，细心成为绝对必要的条件。因为在各式的情报来源里，必须审慎选好我们所要的方向。从另一个观点来说，准备就是一场热身运动，告诉你已经要投入整个创意思考的过程了。如此一来，在潜意识中你不单是心理上加入，甚至整个生理机能也能来配合。

2）努力思考　在努力思考这个阶段，其主要的任务就是根据准备时所有的资料，认真地将它们与脑中原有的知识加以结合。

3）孕育　在孕育阶段，准备以及努力思考的工作都已完成了。这时最经常的做法是将问题搁在心里面，而去做一些甚至毫无关联的事情。当你处于这个阶段，通常已经在心中储备了足够的资料，只待点燃了火药，蓄势待发。所以在这个阶段最常听到的话就是："我们今天到此为止，大家回去好好休息一下再说吧！"另外，例如一般人常提的充电、度假也多少与创意的孕育阶段有互动关系。

4）顿悟　这是一个创意过程的"啊哈"阶段。我们在经过了前面一系列的辛苦奋斗后，真正发现了可行的解决方案时，发出"啊"以表示我们的喜悦。

5）评估　在整个思考的最后一个阶段就是评估了。所有的构想都经过分析与评估，来求得最后的可行方案。而在这个阶段，人们又会比较偏向分析式的思考了。这是一个相

---

① 林隆仪译. 创造性思考与脑力激荡法［M］. 台北：超越企管顾问公司，1988.

当困难的阶段，因为人们基本上对于创意性思考是倾向保护而往往失去了客观评估的立场。因此这个阶段需要坚忍的耐力，去寻求与最初目标真正相吻合的创意。

3. 创意、创意性思考与创业

前面已经讲过，为了实现一个具体目标，有系统的构思就是更为广义的创意。当创意是为了创业、为了获取利润、为了取得回报，这不就是一种广义的创意吗？

创意就是创造主意，而创业就是有效的运用创意，并让它能够实实在在地在实践中发挥作用。创业包含的是一个"创立基业"的过程。做第一个吃螃蟹的人，首先就是要有"吃螃蟹"的想法。我们也可以发现，创意性思考的阶段发展与创业有着惊人的相似。

当创业者有了创业的想法，一定会希望自己的想法能够付诸实践。最初的阶段也就是准备阶段，包括心理上的准备和技能上的准备。不仅要判断自己的技能能够进行什么方式的创业，还要对创业过程中的风险和失败有一个充分的心理准备。努力思考就是要把我们在准备时所掌握的资料与本身具有的素质和知识相结合，形成一个系统的框架。然后我们就可以开始孕育期。在这时候，我们也许在做一些看似无关紧要的事情，而实际上，是在为那灵光一现的顿悟阶段做准备。

创意性思考也就是打破传统而求变化。具有创新意识才能敏锐地洞察到市场和时代的细微变化，才能不断地发现自己与别人的需要和潜力，才能从平常的事例中透视出新的机会。创业者如果不能进行创意性思考，就会对迅速变化的市场环境和时代趋势视而不见，不能洞察机会和风险。当创业过程陷入僵局时也无法以创造性的思维提出摆脱困境的良策。

创意和创意性思考是停留在脑中的一种思维，而创业就是这种思维在生涯中的应用。换句话说，创意和创意性思考是创业的思维基础，也是创业的动机。

三、创业精神

根据马斯洛的需求理论，职业生涯的根本目的是满足我们的需求。同样，创业作为职业生涯的一部分，也是为了满足我们的需求。需求就是最初的诱因，创意、创意性思考和创新是动机。而创业精神就是支柱。

由于每个创业者的创业历程都是不同的，他们身上所具备的创业精神也是不一样的。但是有一些创业精神是几乎每个创业者都具备的。

（1）决心

决心是首要的创业精神。只有有了创业的意愿，并下定了决定去创业才有可能成功。创业决心的触发点可以是生存需要，也可以是更高层次的精神需求。也就是说，当你找不到合适的工作的时候，生存的欲望可以激发你创业的决心。当你工作了一段时间后，实现自我价值的需求也可以激发你创业的决心。

（2）勇于承担风险

创业的过程是一个机会和风险并存的过程，不仅要学会把握住机会，更要勇于承担风险。

面对创业过程中的风险，我们不仅要勇于承担，还要对风险有一个正确的估计。在创业过程中可能会遇到很多的困难，如资金周转不灵、商品销路不好、员工管理不善等等，在创业之初就要想到这些困难，并提出解决办法。只有做到未雨绸缪，才能不被困难吓倒。

（3）坚韧不拔

中国宋代的文学家苏轼说过：古之成大事者，不唯有超世之才，亦必有坚韧不拔之志。创业就要信念坚定，意志顽强，不可动摇。

创业不可能是一个一帆风顺的过程，没有坚韧不拔的意志，就不可能有创业的成功。在创业之初，要给自己定下一个长远的目标，并制定实现目标的战略计划。然后就要坚持不懈地朝着目标努力。即使在中途遇到困难，也不轻易放弃。

（4）注重积累

创业，既然有"创"，就暗含了一个从无到有、从小到大的积累过程。急功近利的态度是不可取的。上海文峰国际集团的老板是一个叫作陈浩的人。1996年，陈浩来到上海浦东，从一个小小的美容店做起，成长成为一个集美容美发、生物制药、职业培训于一体的大型集团化企业。① 文峰集团的成长就说明了创业过程需要注重积累，"罗马城不是一日建成的"，一夜暴富的传奇毕竟只是少数，慢慢地积累才能有更多的收获。

（5）自信心

自卑的人经常会产生紧张和不安的心理压力。这种心理压力表现在生活中就是：做事情的时候担心自己能力不足，害怕失败，逃避责任。自卑是创业的障碍之一。

树立信心首先要认识自己，不仅要认识自己的能力和优势，也要认识到自己的不足和缺点。要相信我们每个人都是不同的，在我们每个人的身上都一定有一些别人不具备的闪光点，只是并不是每个人都学会发现并利用这些闪光点。阿里巴巴是中国一流的电子商务网站，而它的首席执行官马云却几乎不懂得电脑和网络。如果因为这样他就自卑和退却，也许就不会有今天的阿里巴巴。

（6）关注价值

相对于企业中的员工，创业者更需要关注价值的创造。这种价值不仅仅是追求利润最大化，它有着更丰富的内涵和表现形式。比如：别人对自己的认可、自己对社会的价值等。创业给创业者带来的不仅是经济上的满足，还有精神上的满足。

---

① 总裁简介 [EB/OL]. 文峰集团 http://www.wenfeng.com.cn.

本节内容图表解说

见图 9-1。

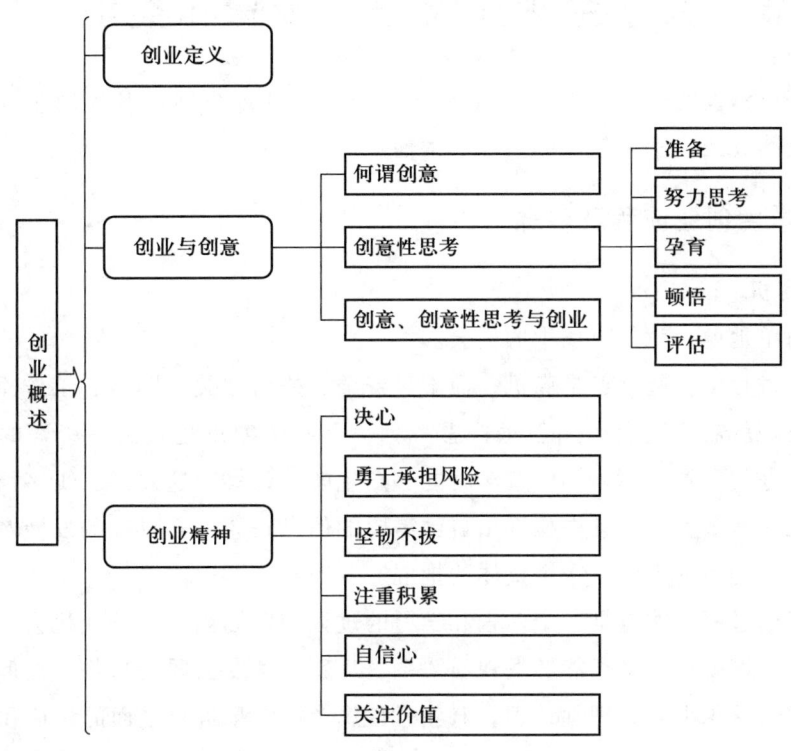

图 9-1　第九章第一节内容图表解说

动动脑

- 回想一下，你有没有在脑子中产生过创意？与大家分享一下？
- 除了书中提到的创业精神，你认为创业者还需要具备其他哪些创业精神？

体验活动

创业精神调查

请你先选出一位较为出名的创业成功人士，然后就其创业精神进行梳理，整理出相关资料；并请调查采访你周围正在创业的人士，对他们的创业精神也整理出来。请两者结合，写出你的调查报告。

第二节 大学生创业流程、步骤和类型

创业过程所涉及的步骤和知识是非常广泛的,并且每个创业者的创业过程都是不同的。本节只大略介绍大学生创业的一些基本信息。

一、大学生创业流程及步骤

1. 发现商机

商机,简单地说,就是市场中的机会。

在创业的过程中,起始点是商机,而不是资金、战略、关系网络、工作团队或创业计划。商机的发现就需要我们运用创意性思考。一个好的创意是找到一个好的商机的第一步。但是一个好的创意并不是闭门造车就能够产生的。请参考这几点:①多留意身边的小事;②善于在一些杂乱的信息中检索出自己需要的信息;③关心时代的发展及身边事物的变化;④对未来趋势的走向有一个整体的把握。

挖掘商机的过程其实也是一个调查和学习的过程。发掘创意和创业机会,是一种学习过程。创意的关键就在于是否能够发现新关系,从新的角度去看待事物。而商机的发现还需要我们把感性认识上升到理性认识,对创意性思考的结果进行全面的评估和调查。

我们列出了市场调查的内容的几个方面,供你参考:①社会的需求;②社会、业界和市场的状况;③所要面对的消费群体的文化习惯;④该产业未来发展的趋势,是"朝阳"产业,还是"夕阳"产业;⑤影响时代发展一些因素,比如科技、网络、战争等;⑥新的创业趋势,比如:银发族、女性用品、网络科技、生物科技等;⑦竞争者的情况。

2. 风险评估

创业中要面对很多风险,所以风险评估就成了一项重要的创业准备。我们建议你进行以下风险的评估。

(1) 机会成本评估

简单地讲,机会成本就是当你做了一件事情而放弃了另外一件事情时,你损失的最大利益。比如,你有一笔钱,如果你用它来投资房地产,你可以赚取3000元;而你用它来买了股票,结果你只赚取了1000元。那么你所损失的最大利益就是3000元,即机会成本是3000元。

创业是要付出代价的,所以风险评估首先就要进行机会成本评估。当你已经有了一份职业,想要进行创业时,要正确评估你选择创业后在职业中所失去的,比如:薪水、福利等。如果你手中有两个好的创业机会,也要进行机会成本评估。

（2）市场风险评估

市场是一个动态的市场，它处于不断的变化当中。比如：三个月前还在盈利的企业，很可能现在已经濒临破产。创业中的市场风险要综合考虑多个方面，我们提供以下几个方面供你参考：市场价格的波动；市场需求量和供给量之间的关系；产品的市场定位；利率、汇率、股票等对市场的影响。

（3）资源风险评估

资源风险就是创业过程中所需要的生产资料的来源风险。比如：你要创办一家电脑销售公司，就要考虑到电脑及其零部件的进货渠道；你要创办一家餐饮店，就要考虑到原材料和固定资产的来源。

这里我们还想向你建议的一点是：创业是一个"由小到大"的过程，在创业初期，最好不要追求奢华。

（4）资金风险评估

资金风险是创业过程中要评估的重要风险。尤其是在创业过程中，流动资金的周转是财务管理的一个很重要的方面。如果创业初期就在固定资产和原材料上投入过多，就会造成创业过程中资金周转不灵。而没有了资金，公司就很难运转下去。

（5）环境风险评估

环境主要指的是创业所处的社会环境、政策、法律，以及人们的意识和文化。这些因素也会对创业产生较大的影响。

3. 撰写创业计划

在创业时最重要的就是制定创业计划，这是对创业者企划能力的一种考验。创业计划是针对创业者的创业活动所做的完整的安排和部署。创业计划要求创业者确定目标并制定行动计划，以这些目标和计划作为判断标准来监控自己的表现。更为重要的是，一份完整而翔实的创业计划可以为你吸引来投资者的投资。

下面我们简单介绍一下创业计划书的内容，作为参考：[①]

（1）标题页

第一印象很重要，标题页能显示出创业者对创业计划的认真程度和重视程度。

（2）目录

由于计划书要分成许多部分，所以目录就是必要的。目录要列出主要内容和页码。

（3）执行摘要

执行摘要简单介绍了创业的项目、创业的方式、创业的目的以及创业项目的独特之处。

[①] 主要参考：彭行荣. 创业教育［M］. 北京：中国科学技术出版社，2003：83-87.

（4）业务概览

包括：创业的短期、中期、长期目标以及时间期限；创业组织的产权结构，组织形式；影响创业成功与否的关键因素。

（5）各项计划

1）经营性计划　介绍企业如何经营的关键性细节。首先要确定企业所属的行业，如生产业、销售业、服务业等，再确定关键因素；

2）营销计划　包括当前的营销状况、营销目标、营销策略、营销活动程序以及反馈等；

3）财务计划　包括资金来源、固定资产和无形资产的情况、流动资金、盈亏预测等。

（6）法律要求

法律问题也是创业的风险之一。所以一定要对有关的法律、法规进行详细的了解，必要时可以作为附件附在计划书的后面。

（7）附录

除了以上的内容，其他的可作为附录附在计划书后面：如创业者的经历、职业技能以及资格证书等；相关的法律法规；银行及保险方面的文件；调查问卷及调查结果。

对于创业计划书的撰写，以上我们仅提供了一个参考形式，还有一些问题需要考虑：

1）计划的阅览者　如果你只需要自己使用，计划书可以尽量简洁，只要自己能看懂就可以。如果你想要寻找一个合作伙伴，计划书就要尽量做得翔实，并且一定要逻辑思维清楚。最重要的一点是要有说服力，这样才能够为你吸引到投资。

2）创业计划书一定要有可操作性　一份创业计划再好，如果不能实际操作，就是失败的。在这一点上，你可以咨询专业人士，也可以自己进行市场调研。

3）创业计划书中最好还能有一些关于创业精神或企业文化的内容　良好的精神和文化可以使创业者产生强大的动力。

4. 编织人际网络

（1）人脉来源

人脉是创业的外部资源，整合并利用好这个外部资源是创业成功的重要保证。人际关系是一个积累的过程，有一些创业者在职业阶段就已经积累了一定的客源。而对于初创业者来说，就要利用自己的交际能力了。

这里我们推荐几种人脉的来源：①曾经或现在的同学；②社会活动和学校的社团活动；③工作时的客户和同事；④一起参加培训班的同学；⑤亲人办的家庭聚会；⑥同乡会；⑦网络社区、网上家园等。

编织一个人际关系网络还要善于发现潜在的人脉。比如：也许有些人现在看来并不重要，但是很可能在不久的将来会对你产生很大的帮助。发现潜在的朋友主要有以下几个步骤：① ①寻找目标，不断努力；②靠近那些可以帮助你、扩展你力量基础的人；③做好备忘录，记下朋友联系方式和各种信息；④推销自己。

（2）竞争对手交流

创业需要一个广阔的人脉，不仅包括与业内人士的交流，还包括与竞争对手的交流。

与竞争对手的交流可以帮助你"知己知彼"，只有了解了对手的情况，才能做出更科学的发展战略计划。

以营销型的创业形式为例，你需要了解竞争对手的主要内容有：

1）对手现有产品定价如何；
2）对手现有产品的型号有哪些，这些型号对手库存多少；
3）市场上对各种型号的产品需求情况是什么样的；
4）对手目前的营销状况，为什么会产生这样的状况；
5）对手未来有什么样的计划；
6）对手目前的优势有哪些；
7）我的优势有哪些。

二、大学生创业类型

下面我们将结合案例介绍几种典型的创业类型。

1. 从新科技的产生中发现创业机会

在中国中央电视台2004年度经济人物的颁奖舞台上，一个俊秀的年轻人在发表得奖感言。他就是"腾讯小企鹅"的创造者——马化腾。

大部分在20世纪80年代以后出生的人都知道腾讯公司的"小企鹅"——OICQ。这是一种以网络为平台的即时聊天工具，截止到2004年底，它的注册用户已经达到了3亿5千万。它的出现，不仅方便了人们之间的联系，还引起了通讯界的一场革命。QQ让天涯海角变成了咫尺之间，营造了一个庞大的网上家园。

马化腾曾就读于深圳大学计算机系，较早接触了计算机和互联网，可以说是中国的第一代"网虫"。毕业后，他进入了润迅公司，开始做软件工程师，专注于寻呼机软件的开发。这些都为他日后的创业打下了基础。

1998年，马化腾创办了腾讯计算机系统有限公司，之后开发了即时通信工具QQ。在短短的7年时间里，腾讯又开发了QQ秀、QQ游戏、QQ个人空间等文化产业，甚至还开发了自己的服饰品牌Q-gen，拥有了一个庞大的QQ用户群体。

---

① 罗斌、王祖珮. 职业长青［M］. 北京：海潮出版社，2003：303.

马化腾和他的腾讯创造了互联网上的一个传奇。①

互联网在中国的起步比较晚，中国互联网服务的发展也比较晚一些。一些创业者，如马化腾，他们开始利用互联网创业的时间基本都是在20个世纪90年代。在中国的互联网服务发展都还不是特别完善的时候，他们做了中国第一个吃螃蟹的人，进入了一个没有竞争对手的行业。

由此可以看出，创业一定要有创新意识，从新科技和新知识的产生中寻找创业机会。

2. 个人工作室

阿梅曾经就读于中国一家美术学院，学习广告设计专业。毕业后，阿梅应聘到了一家广告公司，从事广告设计工作。由于阿梅在广告设计方面的能力出色，她得到了上司以及客户的认可。渐渐地，客户当中开始有一些人找上门来，指名要阿梅做自己公司的广告设计。于是，阿梅建立了一个很可靠的客户群。开始的一段时间，阿梅很满足于现在的状况，可是渐渐地感觉到吃不消了。因为作为公司的一分子，阿梅不仅要完成公司的日常业务，还要额外接一些客户的订单。有一天，阿梅意外地在网络上看到了个人工作室的经营介绍，她灵机一动，毅然决定辞职，也办起了一家个人工作室。阿梅利用网络为平台，依靠她在广告公司积累的客户源，凭借自己在广告设计方面的能力，很快打开了市场。现在阿梅有了自己的个人工作室，不仅不用每天忍受办公室的束缚，而且自己创业也让她有了更大的动力。

网络改变了人们的就业方式。当网络普及以前，做一个自由职业者自己在家里工作，似乎是一件很乌托邦的事情，但随着网络成为一种普及的工具，在家工作、为自己工作的SOHO（Small Office Home Office）生活状态就成为很多创业者的选择。个人工作室就是随着SOHO族的产生而产生的。这一类的创业者创业的出发点，大多是想创业或是想有自由的工作时间与创意空间，他们依靠发达的外包网络创业。主要涉及的行业有平面及三维设计、计算机软件设计、文案及媒体企划等。

下面提供一份个人工作室创业计划书内容范本，供你参考：②

1）个人工作室的宗旨和目标　写下个人工作室成立的目的（想创业或想有自由的工作时间与创意空间），以及未来发展的目标（成为专业工作室，或成长为一家公司）。

2）市场概况与机会　审慎评估市场环境，分析市场中还有哪些发展空间，自己究竟有几成的把握。

---

① 参考：新浪财经. 新浪财经人物——马化腾 [EB/OL]. 2004. http://www.sina.com.cn；QQ 专稿. QQ 之父——马化腾 [EB/OL]. QQ 专稿, 2003. http://www.qq.com.

② 张志诚. 个人工作室的创业计划书 [J]. career, 2005 (12): 65.

3）竞争优势分析　写下自己与竞争对手的产品与服务，分析自己的优缺点，并找出自己的独特性与差异性。

4）人力资源规划　确定工作室是个人独立经营，或是需要找人合伙。另外，是否已有合作密切的伙伴或上下游协力厂商，如果还没有，设法找到合适的人组成一支虚拟团队。

5）核心能力　分析这个行业的核心技术以及进入障碍的高低，找出自己尚欠缺的技术能力，设法加以补强。

6）财务规划及资金运用　预估工作室所需设备及购置成本，另外还要编列半年的周转金，确认自己的创业资金是否足够，或还缺多少，如何补足资金缺口。

相比创办一个企业，个人工作室对硬件设备和人员管理的要求较低。由于进入的门槛低，这种创业模式被很多创业者看好。

3. 网上店铺

西安体育学院大四学生许XX香薰精油店最初在淘宝网上注册时，还是东拼西凑借得1500多元钱。经过短短两年的经营，她在网络上已经拥有了3家连锁店，总资产达到8万元。

网络店铺是很多年轻人创业的首选。网上开一个小店不需要店面承租费用、管理费，且可以有很多自己的闲暇时间来做别的事情。

开网店也要注意以下几点：

（1）确定卖什么

这个时候，创意就要发挥作用了。首先就是要仔细地调查市场和网络小店的经营。然后发挥自己的想象力，最好找到一个与众不同的市场切入口。这样竞争对手少，成功的概率就大一些。即使找不到新的卖点，也要把自己的特色亮出来，这样才能吸引更多的目光。

（2）货源

确定好了卖什么之后，货源是非常重要的。由于网上小店的销售需要邮递部门的帮助，所以对货源的质量和价格一定要把好关。不仅是对买家负责，也可以为自己带来更多利润。

（3）关注市场

一定要密切留意市场动向，根据市场的变动调整自己的战略。比如：当市场已经不再流行高跟鞋的时候，一定要及时把自己库存的这类商品低价转让出去，不然会造成更大的损失。这里要注意的是：关注市场，不仅要留意市场现在的动向，还要看到未来的趋势。比如：如果你预测到未来会流行蓝色的长裙，就一定要提前把这类商品摆上"货架"。

(4) 服务

虽然是在虚拟的世界中进行交易，也一定要遵守道德和法律。并且，"微笑服务"是很重要的。即使看不见对方的面部表情，也一定要用语言让客户感觉到你的诚恳。服务还要注重细节。比如在给客户发出的货品中放上一张小卡片，感谢他购买你的商品。这些虽然是很小的事情，但是却能让客户感觉到你真诚的服务。不要因为一点儿小利，丢失了更重要的东西。

4. 小本创业经营

小惠来自一个偏远的山区，高中毕业后很幸运地考上了大学。可是大学毕业后，她开始面临就业的压力，一直没有找到合适的工作。一天，她百无聊赖之时走到了学校附近的小饰品店，看到几个女大学生正在寻购一种秸秆编织的工艺品，不时地还流露出非常喜欢的神情。小惠一脸的不屑，因为在她的家乡，很多人家都在做这种小工艺品，然后拿到山外面销售，这种小工艺品在当地并不是什么稀罕物品。正在小惠要转身离开的时候，她忽然有一个想法：既然这种小饰品在她家乡有货源，那何不在学校附近开一个秸秆饰品店呢？于是，小惠先回到小山村拿了一些样品来"探路"。她开始只是在要好的几个朋友中推销，发现大家都非常喜欢这种小饰品，还有不少人是慕名前来求"货"。

尝到甜头后，小惠就在学校附近租了一个小小的门面房，开了一家秸秆饰品专卖店，并联系了家乡的亲人朋友保证她的货源。大学里每年都会换一批新的学生，这样小惠不仅有了货源的优势，而且有了客源的优势。小惠的商品由于是直接从原材料产地进货，没有经过第二手代理商，所以不仅物美，而且价廉。这样她的小店吸引了很多的顾客。不久以后，小惠又在同一个城市的另一所大学附近开了一家分店，不仅进来了山里的秸秆饰品，而且还开发了不少别的小商品，如具有民族风情的服饰等。

在我们的日常生活当中，其实隐藏着很多的商机。只是有的时候我们没有发现而已。像小惠一样在生活中发现商机的创业者还有很多。他们的创业成功得益于他们对生活细致入微的观察，他们的创业类型属于小本创业。小本创业进入门槛不高，需要的资金少，只要能找到合适的市场切入点，创业的成功率也会相对较高。

适合小本创业的行业主要有：餐饮业、国际饰品、独特服装、流行玩具、儿童用品、中介服务、技术服务（美甲、大头贴、艺术文身）等。选择小本创业的人一般是财力比较的薄弱的人群，所以在资金的投入上一定要慎重。

5. 企业内创业

刘菲是1993年毕业于北京某大学计算机专业的硕士研究生。带着美好的梦想，她曾去海南尝试做"凤凰"的感觉。毕竟因为实力太弱，又没有人赏识她，她在海南想闯电脑事业并不成功。"识时务者为俊杰",经过深思,刘菲决定"走为上策",回本市搞电脑事业,从头做起。1994年2月,刘菲离开海南。

回到本市,刘菲很容易就进了一家电脑公司做软件处理工作,当然这家公司也仅有一般的基础设备。由于公司人员有限,经理什么事都和她商量,采纳她的意见。当她分析国内市场的电脑行情与人们对电脑知识的需求后,向公司经理建议,在公司内部办电脑培训基地,对外招收学生。经理考虑到这个办法的可行性后采纳了。很快,电脑培训开始,刘菲担任主要的辅导工作。半年后,公司的电脑培训人员已达几百。刘菲又捕捉到中国软件经营新商机,吃掉了附近几个县的电脑业务,并把她原来电脑培训基地的人员派往各县。这时,公司的规模已一天天大起来,刘菲也已经出任公司副经理。现在,她的电脑女强人的名声在本市大振,积蓄和实力已远不是几年前初出茅庐时可比,但她仍觉得应该在这个公司把基础打得再牢固些。她决定,明年再下海南。相信再次踏上海南闯电脑事业的她,不仅有自信与勇气,更有实力,这次她一定会赢的。①

这是一种在企业内部进行的创业。这一类创业者的创业过程一般是在企业内部注入了新的机制和活力,实现了企业的变革,同时也带来了自身的满足。企业内的创业者与独立的创业者不同的是,他们往往具有优秀的领导能力、管理能力和实干精神;相对于独立创业者,他们也具有比较强的风险隐藏意识,且直接行动多于授权,具备脚踏实地的实干精神。

6. 加盟特许经营

小峰一直有创业的想法,可是却一直没有发现合适的机会。一天,他走在大街上,看见一家连锁饮品的特许者正在招商,心里一下子有了加盟的想法。在他看来,加盟特许经营店风险小,不用考虑货源,并且好的特许经营商还具有品牌效应。小峰说干就干,立即申请加入,并缴纳了相关的费用。没多久,小峰的加盟店就开业了。一年后,小峰加盟店的生意已经红红火火。

加盟特许经营的创业方式是一些创业者的首选。

特许经营是特许人和受许人之间建立合同关系,对受许人经营中的若干领域、经营诀窍和培训,特许人有义务提供或保持持续的兴趣;受许人的经营是在由特许人所有和控制下的一个共同标记、经营模式和(或)过程之下进行的,并且受许人从自己的资源中对其业务进行投资。②

---

① 邓泽功. 大学生创新创业指导教程 [M]. 北京:人民交通出版社,2004:136.
② 赵涛. 特许经营管理 [M]. 北京:北京工业大学出版社,2002:5.

(1) 加盟特许经营创业方式的优势[1]

1）受许人可以得到系统的管理培训和指导；

2）受许人可以集中进货，降低成本，保证货源；

3）受许人可以使用总部知名的商标或服务；

4）受许人可以减少广告宣传费用，降低成本；

5）受许人较易获得加盟总部或银行的财政支持；

6）受许人可以获得加盟总部在经销区的保护和更广泛的信息来源。

另外，在加盟特许经营之后，创业者还可以借鉴特许经营的一些运营管理方式，自己变为特许人。

(2) 加盟步骤快易通[2]

1）分析自我个性与财力

2）掌握创业加盟最新趋势

3）详细收集所选加盟业种的相关资讯

4）要求加盟总部提供相关的讯息

5）比较各加盟总部之优劣势、加盟条件、技术辅导与教育训练

6）评估商圈集客力，寻找开店地点

7）理清加盟合约书的各项条款

8）签订合约书，招募员工，正式开店营业

7. 其他方式

以上所讲的只是创业的几种典型案例。当然，创业方式是多种多样的。例如：

1）利用新观念的产生创业　比如：互联网+、大健康产业等。

2）兼职创业　这一类的创业者以在校大学生和上班族居多。他们的创业是从兼职开始的。这一类的创业者都有过兼职的经历，并在兼职过程中积累了经验或发现了兴趣，之后便开始创业。

3）技术型创业者　技术型的创业者具有专门的技能，甚至拥有一些发明专利，他们依靠这些专门的技术或发明专利创业。

本节内容图表解说

见图9-20。

---

[1] 赵涛.特许经营管理 [M].北京：北京工业大学出版社，2002：70-73.
[2] 李晓婷、臧声远.加盟步骤快易通 [J].Career，2001（9）：35.

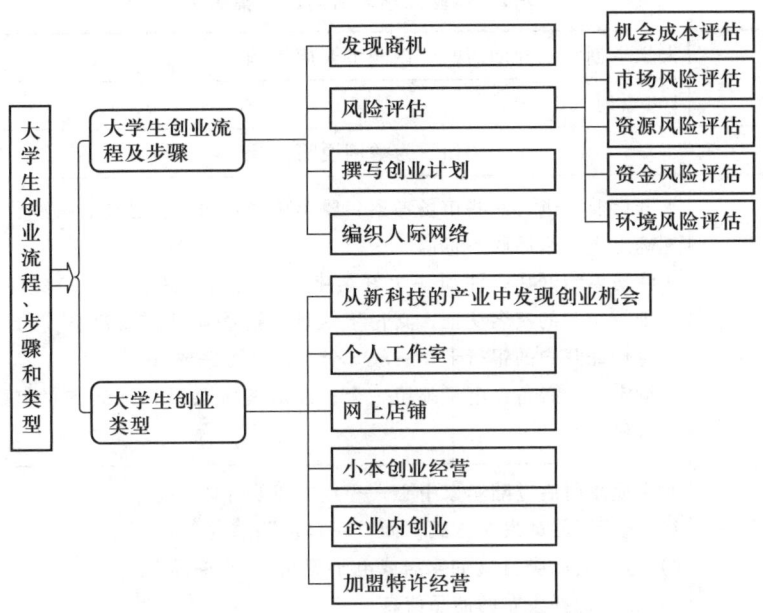

图 9-2　第九章第二节内容图表解说

动动脑

- 除了书中提到的创业类型，请你再举至少两个其他的创业类型和案例。
- 现在有很多创业方面的信息，你了解中国有哪些对于创业的政策吗？请搜集这方面的资料并写出来。

体验活动

创业计划书

根据你对本节内容的学习，请撰写一份"创业计划书"，并与同学老师一起探讨，以使其更完善。

第三节　体验式学习——创业生涯与活动设计案例

说明：

创业生涯与活动设计案例（表 9-1、表 9-2）仅作为参考，教师、学生完全可自由自主地发展出完全不一样的体验式学习模块。

每个体验由多个体验活动组成，总学时不得少于规定完成的各体验学时。

表 9-1　体验式学习活动设计案例 1

活动主题	大学生创业：开网店——以淘宝开店为例
活动学时	168 学时（21 天）
如下为举例说明	
活动前期准备	• 开店前，进行一些市场考察，要卖哪些东西、自己适合哪些、擅长哪些等； • 确定卖什么后联系货源； • 注册申请开店，注册一个好名字，一般淘宝网会员名一经注册就不能更改；进行相关的实名认证，支付宝认证，这些认证需要准备身份证扫描件和以此身份证开户的银行卡，一般 3 个工作日可完成 • 淘宝开店必备：电子邮箱一个；注册淘宝会员；开通支付宝账号；银行卡和身份证。
活动过程要求	• 完成注册后登陆卖家中心——点击我要开店①； 1）选择商品的发布方式，如"一口价"； 2）选择商品类目（如家居或电子等），发布商品； 3）正确选择发布的商品信息； 4）发布商品； 5）用相同方法发布 10 件不同商品后，可以申请开店； 　支付宝账号一般为邮箱格式，建议先注册网易邮箱，再用此邮箱地址作为支付宝账户，然后用银行认证方式进行实名认证，即可以免费在淘宝网上开设网店。一般一个支付宝账号用一个银行账户进行认证，认证成功后可进行收款和付款操作，相当于银行账户，需要注意保护安全。 • 发布更多的同类商品，让客户有更多的选择，促成更高的成交额； • 在卖家服务市场装修自己的店面； • 在卖家培训中心自行根据需要进行选课学习。
活动预期效果	• 资金缺乏、经验不足是自主创业的最大难题，而网上开店能在一定程度上"扬长避短"； • 将电子商务作为大学生创业的起步，以低成本换来创业的第一桶金； • 增强大学生创业的信心，积极影响大学生人生观、价值观，提升大学生职业素养和综合能力等； • 对于大学生网上开店来说，从进货到营销，再到成本核算、完成交易，每个步骤都能使学生们把书本上的理论用于实践，以后无论是否继续在网上开店，都积累了不少工作和社会经验。如果在校期间，大学生把网店经营得很好，毕业后就可以全职经营网店，将网上开店作为自己的全部工作，这样一来，网上创业就缓解了学生们的就业压力。所以说大学生在网络上创业具有很大的发展前景②。

---

① 参考：http://jingyan.baidu.com/article/d169e1868a1f08436711d86b.html

② 参考 http://wenku.baidu.com/link?url＝oLF89uHi84GbXtIDSN782G8sBx4N＿LZ8NGcS9qwaEwyjEPwXXP4PE9J7YsV＿ZUQuNcLDeuj1xxvNQQRd9nZNVM＿zkXMSOYxY4L--d0JA7N3

表9-1（续）

活动中的感悟是什么？	• 开网店是一种趋势，有好也有坏，但不失为一种好的就业方式，可暂缓大学生就业的压力； • 不能眼高手低，开网店需要耐心和毅力，不能半途而废。
活动中的成长是什么？	• 大学生有较高的文化水平，对事物的领悟能力强，易于接受新事物；学习电子商务的大学生熟悉电子商务流程，能够熟练使用电脑，对新事物接受快，思维也较灵活； • 任何事情，尤其自主创业，自己要有责任心、自信心、恒心，才能将创业进行到底，获得成功。
活动中可能存在的问题	• 过于乐观，当在网上开店创业受到打击时，缺乏有效的指导； • 没有耐心地好好学习，网上开店是一个创业的过程，更是一个学习如何创业的过程。

表9-2 体验式学习活动设计案例2

活动主题	大学生创业：校园摆地摊
活动学时	24学时
如下为举例说明	
活动前期准备	• 做前期的市场考察，虽然地点已经定在大学城校园内，但要找到哪个地段人多？卖什么好？摆地摊需要准备的设备有哪些？； • 到位创业资金；确定摆摊商品；寻找进货渠道、寻找货源，并进货；确定摊位。 • 摆正心态，放下面子。摆地摊是一个被多数人轻视的行业，可能摆摊时会有被轻视的感觉。 • 了解相关信息，如"大学生地摊联盟"、"中国地摊网-大学生地摊族"等等。
活动过程要求	• 抱着热情的态度，主动、自愿地招呼顾客； • 摆摊时没有生意时不能轻言放弃，思考自己的方式、方法，调整方向。
活动预期效果	• 大学生创业的一大障碍就是资金不足、经验不够，通过摆摊可学到与顾客打交道的方法等，可以作为创业的敲门砖； • 通过摆地摊，接触生意的基本流程：进货、卖货、市场调研、成本核算等等。
活动中的感悟是什么？	• 通过自己的努力，来了生意赚到第一笔钱时会有很大的成就感，这不关赚钱多少； • 可以摆卖自己喜欢的东西，从兴趣着手； • 摊儿虽小，却包含了做生意的点点滴滴，不可小觑。

表9-2(续)

活动中的成长是什么？	• 近距离地接触社会，投入少、风险低、收益不高，但可以学到许多校园里学不到的社会经验； • 摆地摊很辛苦，收入微薄，但对想创业的大学生来说，经历才是最宝贵的，通过摆地摊，提升自身能力，增加经验，还可补贴生活费，走出独立的第一步。

第十章 事业生涯

本章纲要
- 事业概述
- 事业生涯组成要素
- 如何制定个人事业生涯目标
- 体验式学习——事业生涯与活动设计案例

你觉得经营事业和从事职业有什么样的不同呢？

也许你已经经历了人生的职业阶段，也许你的职业并不符合你的兴趣，且在这份职业上你看不到希望。这样，你是不是想要拥有一份自己感兴趣而又有希望的工作呢？在这一节里，我们要告诉你，开创一份事业不是要拥有多么大的企业，也不是要坐上多么高的权位。我们要告诉你的是：事业＝职业＋兴趣＋希望。我们希望你的事业是你所喜欢的，并在事业中得到了快乐。

第一节 事业概述

要了解事业，就需要知道什么是成长经验和成长经验的影响。

一、什么是成长经验

成长经验是一个人在成长过程中所经历的心理体验，包括各种感受、印象、记忆、情感、知识等。成长经验特别是童年经验对一个人的影响非常大。

二、成长经验特别是童年经验对人生的重要意义

心理学认为，在个人成长中，童年是人生中一个重要的发展阶段。因为人的知识积累中有很大一部分是来自童年，并且童年经验是人的心理发展中一个不可逾越的中间过程，它对一个人的性格、思想、价值观、思维方式等的形成和发展起着极其重要的作用。一个人的童年经验常常为他的整个人生定下了基调，规范了他以后的发展方向，包括兴趣、职业、价值观等。所以，虽然人的一生都在做着各种各样的选择，但却摆脱不了童年经验的影响。

童年经验之所以对人生有着重大意义,是因为它是一种与其他经验不同的经验。童年体验保持了人对世界最天然、最纯真、最直观的把握,超越了现实世界的束缚和干扰,最接近人的本性与本真,因而也最具有普遍的人生意义。

不仅是快乐的童年经验对人生有着重大的意义,痛苦的童年经验甚至会有更大的影响。痛苦的童年经验通过人的心理,折射和过滤出一生的体验。即使这种影响我们没有直接看到,也常常会作为一种内在的因素渗透在人的生涯和抉择中。

三、成长经验对事业的重要意义

我们说事业是在职业阶段之后,是对安全、爱与隶属和自尊需求的满足。那么我们成长经验(比如:父母朋友的爱、关怀,或者是冷漠和疏忽)都会对我们日后的事业选择产生影响。

例如一个学生在财务管理方面产生了兴趣,如果他掌握了这种知识,并得到了一些满足,比如被尊重、被认为很重要等等,父母可能赞美他,朋友也会觉得他很了不起。

安妮·罗(Anne Roe)[①]在研究成长经验对事业的影响上,就着重在亲子的互动关系上。她将父母的管教态度分为3类[②]:

(1) 关心子女——温暖或冷淡

亲子的互动经验有两种:过度保护和过度要求。前者的父母过分保护孩子,使孩子养成了依赖性,而缺乏好奇心和探索行为;后者的父母要求孩子过分完美,并且对孩子制定了相当高度的标准。如果不能做到,就有可能会处罚孩子。

(2) 逃避——冷淡

这种互动方式有两种:拒绝和忽略。被拒绝的孩子,会经常得到处罚和批评;而被忽视的孩子可能会较早学会独立生活,但是却不愿意与人沟通。

(3) 接纳——温暖

这是一种温暖的互动,包括爱的接受和偶然的接受。偶然的接受是一种消极的接受,对孩子的发展采取一种低调的态度;爱的接受则可以使孩子达到生理上及心理上的满足。

本节内容图表解说

见图10-1。

[①] 美国哈佛大学心理学教授.
[②] 洪凤仪. 一生的职业规划 [M]. 广州:南方日报出版社,2002:41-42.

第十章　事业生涯

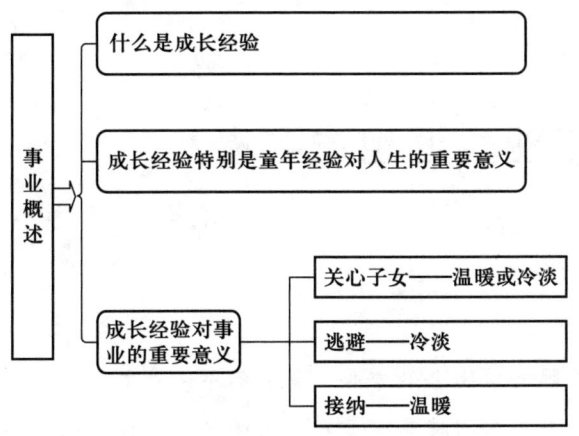

图 10-1　第十章第一节内容图表解说

动动脑

● 成年经验对我们的工作选择有着什么样的影响？举例说明。

体验活动

事业讨论

天明是一家企业的总经理，他的企业拥有几百万的资产，天明的生活非常富足，家庭也非常和睦。别人都很羡慕天明的生活。可是他却总是不快乐，总是觉得现在这样的生活不是自己想要的。一次，天明和一位大学时的同学一同去看望一位老师。三个人交谈得非常愉快。回到家里，天明躺在床上久久不能入睡。他想到自己小的时候，曾经十分渴望做一名优秀的老师，他强烈地感觉到这才是自己想要的生活。于是，几经周折，天明终于成了家乡的一所中专院校的管理学老师。

结合案例，利用结合事业与职业的相关知识，请讨论：

1）天明为什么不快乐？你认为他的什么需求没有得到满足？
2）天明的事业是什么？
3）请走访一下你周围参加工作的人，他们的职业、事业分别是什么呢？

第二节　事业生涯组成要素

一、事业兴趣

丽珍毕业于一所名牌大学的金融专业。高考那年，她本来打算报考自己喜欢的中文专业。可是当时父母说金融专业的就业前景好，丽珍也没有太多的反对，就听从了父母的意见，填报了金融专业。毕业后，丽珍到了一家金融机构工作。可是她每天工作的都很不开心。她发现，自己一点儿都不喜欢现在的工作。每天都像是在"熬日子"。心情很低落的时候，丽珍又重新拾起了自己的爱好——文学。开始的时候，她只是自己写一些心情日记之类的小文章。渐渐地，丽珍尝试着投稿给一些杂志社和报社。功夫不负有心人，丽珍的文章也慢慢地在报纸和杂志上出现。两年以后，丽珍辞去了在金融机构那份令别人羡慕的工作，转行到了一家报社。5年后，丽珍成了一名出色的专栏作家。现在的丽珍，虽然工作也很辛苦，但是她每天都生活得快乐而充实。

看了以上的小故事，你有什么样的想法呢？你了解丽珍在金融机构工作时不快乐的原因吗？

1. 兴趣对事业的影响

兴趣对事业的影响有很多方面，我们主要介绍以下4个方面：

（1）兴趣的差异对事业的影响

由于社会生活的复杂性和丰富性，人的兴趣也是多种多样的。有些人对文学感兴趣，有些人对数学感兴趣，有些人对机械感兴趣。所以，每一个有理想者的事业也就不同。

（2）兴趣的宽度对事业的影响

有些人的兴趣广泛，对很多事物都愿意探索；有些人兴趣范围狭小，不愿意进行更多的探索。这就影响到，有些人对事业也愿意积极探索，寻找到自己感兴趣的事业；而有些人相对喜欢稳定的工作。

（3）兴趣的合理性对事业的影响

当我们对一件事物或工作产生了兴趣，但并不是说任何兴趣都是可取的。比如：如果一个人对盗窃产生了兴趣，这是不符合法律和道德的。这样的兴趣就是不合理的，也不能把它和事业结合在一起。

（4）兴趣的效果对事业的影响

兴趣也要转化成实际的行动力才能成就事业。如果只是对一种工作产生了兴趣，却没有想要去做的想法，也是不能把兴趣结合到事业中去的。即使有想要去做的想法，并且制定了详细的计划，却没有行动，那么此兴趣即为无效果。

2. 事业兴趣

（1）什么是事业兴趣

当我们明白了兴趣对事业的影响之后，就要来探讨什么是事业兴趣。在本篇的开头，我们简单介绍了马斯洛的需求层次理论在工作生涯中的意义。从需求层次上看，事业就是达到了自尊的需求。事业兴趣强调的是你对一项工作的最高投入，是在工作中获得的持续、舒适、被尊重的接触。

（2）事业兴趣与嗜好

事业兴趣是不同于"嗜好"的。嗜好可以理解为一种可有可无的或来去很快的"灵感"。嗜好不一定持久，且不一定要转化为行动力。例如：你喜欢听音乐，却不一定要成为音乐家；你喜欢打网球，也不一定要成为网球运动员。音乐和网球就只是嗜好，而不是事业兴趣。

虽然嗜好不能作为事业兴趣，但却同样有益于我们的工作生涯。比如：你的嗜好是旅行，事业兴趣是写作。那么，旅行中获得的见闻和知识也可以为你的写作增加灵感。

（3）事业兴趣与天赋

所谓天赋是一个人与生俱来的能力和资质。我们每个人都有天赋，只是每个人具备天赋的方面是不一样的。在某一方面有天赋固然可以作为选择事业的参考标准，但是天赋不能决定事业的方向。天赋固然可贵，但如果不经过后天的强化，也会慢慢消失。中国唐代的文学家王安石有一篇文章《伤仲永》，就是讲了一个叫仲永的孩子，很有天赋，可是没有注重后天的学习，最后才能完全消失了。

人类大脑具有很大的潜力和学习能力，后天的训练和学习可以弥补天赋的不足。

3. 事业兴趣是事业选择的第一步

当你发现自己对某一方面的知识，或某一领域的技能产生了兴趣，且对现在的工作产生了厌倦感和疲惫感的时候，这也许就意味着你应该去选择自己的事业了。事业兴趣是事业选择的第一步，然后就是实现事业与事业兴趣的匹配。

要实现事业与事业兴趣的匹配，首先要了解自己的事业兴趣。

为了更明确自己的事业兴趣和事业定位，请你拿出一张纸，把你对以下问题的答案记录下来。

1）你渴望成为什么样的人？渴望学到什么样的知识？

2）你理想中的事业是什么类型的？

3）你从事的第一份工作是什么？你从中得到了什么？

4）你对第一份工作感兴趣吗？

5）你认为自己最成功和最失败的经历是什么？

其实，从根本上来说，事业兴趣的决定，大部分也是来自需求被满足的程度。举例说明，有一个人希望可以满足自己对财务管理方面的知识需求，恰好他在朋友那里或是图书馆里借到了相关的书籍，那么就有可能激发了这个人在财务管理方面的兴趣。如果说这个人的这种兴趣没有持续下去，或是在遇到了看不懂的内容时有所减退的话，那么他的兴趣就不能发展成为事业兴趣。相反，当他的需求越来越强烈，并一直持续下去，且没有因为任何困难而消失，他就会越来越渴望在这方面的事业上取得成功。这时候，才有了事业兴趣。

事业是职业的更高阶段，要选择好自己的事业就一定要确定自己的事业兴趣。事业兴趣是事业选择的第一步。

4. 事业兴趣是事业选择的关键

我们说事业兴趣是事业选择的第一步，是因为事业兴趣是事业选择的基础。同时，事业兴趣是事业选择的关键，对事业的选择有着至关重要的作用。

（1）事业兴趣是事业的动力

如果你所选择的工作能够配合自己的兴趣，那么从你的内心将产生源源不断的动力。这种动力可以促使你全身心地投入到喜欢的事情中去。并且，当你遇到了困难和挫折，你会感觉到：我是在做自己喜欢的事情，我要为我的事业兴趣付出努力。有了这样的想法，你才能产生决心和勇气。更重要的是，你有了自己工作的乐趣，在工作过程中的愉悦情绪还可以激发你的内在潜能，使你更有竞争力。

（2）事业兴趣是快乐的源泉

在你的工作生涯的初期阶段，可能你还困扰在衣食住行的问题当中。这时候，你还处于我们刚才所讲的"职业"阶段当中，你所关心的还是薪水的高低、衣食住行等因素。当你为了这些因素放弃了自己的兴趣的时候，内心也许还没有感觉到特别的惋惜。但是慢慢地你会发现，如果长期做着一件自己不喜欢的事情，会经常产生疲惫感。这种疲惫感也许不只是生理上，还有心理上的疲惫。它在损耗着你的生命和对生活的热情，并且磨灭了你对工作的感情。你要明白，在满足了生存需要之后，事业对你的意义绝不仅仅是柴米油盐，它是实现理想的途径和生活快乐的源泉。

（3）事业兴趣是适应的基础

在未来的社会里，要拥有自己的事业，需要适应变化。比如：时代的变化、科技的变化、观念的变化、工作环境的变化等。这些变化都会融入你的事业兴趣当中。当你专注于事业兴趣的时候，就会在不知不觉中察觉到了这些变化，并调整自己去适应。同时，也愿意克服因工作和环境变化带来的不适应的感觉。

总而言之，事业兴趣是精神和物质一个平衡点，只有找到这个平衡点才能让你找到自己的事业。基于以上几点，我们建议：在满足了基本需求之后，当你的工作和事业兴趣产生了冲突，请选择自己感兴趣的工作。

二、希望与事业

在了解了事业选择与童年经验的关系之后，我们再来说明什么是我们在事业中提到的希望。在人们一般的理念中，希望就是心里想着达到某种目的或出现某种情况，或者说希望就是愿望。而在事业当中，希望是一种被压抑的向往，是童年经验里被压抑的需求在你的潜意识中的重现。事业的希望归根结底也是个体需求的一种满足，只有不断地去追求曾经没有获得的满足感，才有希望。从这个意义上理解，事业的希望就不再是一个静态的概念，它不是"目的"，而是一个追求的过程。如果把事业比作登山，山顶不是事业的希望，攀登到山顶的过程才是事业的希望。

1. 希望的"原点"

想要知道自己的事业希望，首先要知道你希望的"原点"在哪里。

拿一张纸，写下这些问题和你对这些问题的答案：

1）我是谁？ 这个问题让你明白自己在生涯中的角色。这个时候，你要面对真实的自己，列出自己曾经扮演过的或现在正在扮演的角色。要注意，你在这里绝不仅仅是一个角色。

2）我曾经或现在想做的事是什么？ 这就要和你的童年经验相关了。把思路拉回到你有记忆的时候开始，想一想自己的经验和愿望，把自己曾经或现在想做的事都一一列出来；并把那些你认为已经不再保持兴趣或不再有需求的删除掉。

3）我重视的需求是什么？为什么？ 在马斯洛的需求层次中找到你最重视的需求。想一下，你为什么重视这些需求，联想这些需求与你的童年经验有什么样的关系。

4）我目前满足了那些需求？ 结合你目前的状况思考未来。事业是建立在职业的基础之上，所以必须要满足了最基本的生理需求，更高层次的需求才能满足。

找到自己的希望，就是要找到你工作的"原点"。发展自己的事业，"知道自己想要什么"比"做什么"更重要。当你从事一份有事业兴趣且有希望的事业时，你会充满了激情和创意。反之，当你不知道自己想要什么，就会对工作的感觉越来越不好，对自己的职业生涯越来越失去信心。

2. 追求希望

中国清代的文学家王国维在他的作品《人间词话》中说："古今之成大事业、大学问者，罔不经过三种之境界：'昨夜西风凋碧树，独上高楼，望尽天涯路。'此第一境界也。'衣带渐宽终不悔，为伊消得人憔悴。'此第二境界也。'众里寻他千百度，蓦然回首，那人正在灯火阑珊处。'此第三境界也。"

这三种境界就是以中国的方式来诠释了追求的过程。但是这个过程并不是一个开始然后结束的过程，而是不断循环的。只要你肯追求，它绝不会停留在一个点上。当你产生了事业兴趣，并有了满足需求的希望的时候，你会从事业当中不断地发现问题，不断地解决新问题的欲望，这样你才有源于自我的事业驱策力。

(1) 寻求

我们一直在忙碌地追求，追求着什么呢？金钱、物质不应该成为事业追求的重心。当你在自认为忙碌地追求事业的时候，别忘了停下来问问自己，忙碌的意义是什么。机械式的忙碌不仅造成了生理上的疲惫，还造成了心理上的疲惫。当你仅仅是为了一份薪水而工作的时候，在经历了最初的金钱刺激之后，会慢慢变得麻木而消极。这个时候你不会想到再去提升自己，从而丧失了竞争力。当你不能再胜任你的职业的时候，就会被淘汰，最终连生理需求也不能得到满足。所以，寻求一个你愿意为之奋斗终生的希望，可以让你不断地追求。

(2) 执着

当你已经很明确知道自己想要什么，就要肯定自己的目标，对自己的目标抱有一种执着的信念。你要随时准备迎接困难，还要随时充实自己、调整自己适应变化。这种执着已经不再是一种被动的执着，而是为了满足自己的需求源源不断地从内心涌出的动力。这样的动力促使你不断地追求，不断地探索。

(3) 顿悟

如果说前两个阶段是一个"渐悟"的阶段，那么最后会进入"顿悟"。你会忽然发现：原来我想要的是这个，原来我需要的不是那个，原来我应该这样做，原来我要去追求更高的目标，原来这就是我想要的生活。

(4) 以终为始

在顿悟之后，我们加入了这个"以终为始"的阶段。当你完成了顿悟，并不代表就结束了追求的过程。你还会有另外一个"点"。追求的过程也是一个变化的过程，会遇到新的问题，会发现新的高度。你会不断地适应，不断地想要有新的超越。这个不断循环的过程让你快乐、满足并充满了热情。

从这个发展的过程可以看出，追求的过程也是一个曲折的过程，虽然会有失望，但是只要不绝望，事业的动力就源源不断，事业才能够发展。

三、企业家精神的追求

1. 企业家和企业家精神

(1) 企业家

在讲企业家精神之前，先要了解企业家的定义。

法国经济学家萨伊（J. B. Say）曾给"企业家"下过这样的定义：将经济资源从生产力和产出较低的领域转移到较高的领域。

企业家的英文拼写是"entrepreneur"，它是不同于"businessman"的。后者可以译为商人，泛指一般从事商业活动的工作者。21世纪著名经济学家约瑟夫·熊彼特（Joseph Schumpeter）对于企业家的定义是：企业家是通过引进新产品和服务、创造新的企业组织类型或是开发新原料等方式，而将现有的经济秩序摧毁的人。①

而威廉·柏格瑞（William. D. Bygrave）对企业家的定义是：企业家是那些能洞悉机会的存在，并成立一个组织以不断追求机会、把握机会的人；而且整个创业过程中所涉及的任务、功能、行动以及工作，都与成立组织、追求机会息息相关②。

要注意的是，企业家不只是存在于经济社会中，也存在于政治社会中。其实，政治家与企业家有相通的地方。即无论谁，只要他从事的工作是组织合作，是把社会上一些不同的人放在一起，形成一个小群体或社会，从事人类合作的秩序创新，或者是人类合作的专业工作的人，就叫企业家。

作为一个真正的企业家，他不仅能够通过创新来为自己的企业创造财富和价值，从而扮演一个成功的经济角色；更重要的是他能够通过与非营利机构，如慈善机构、教育机构以及文化机构之间建立积极的互动关系来扮演一个成功的道德化的企业家。成功的道德化的企业家不但能使企业家得到社会的最终认可，而且有利于一个良好的企业形象的树立。这个时候，企业家才真正地从一个个人企业家转变为一个社会企业家。

我们这里所讲的社会企业家，并不仅仅是非营利组织的领导者。而是强调企业家和它代表的企业作为一个团体对社会的作用。社会企业家的目标是双重的，一个是追求利润最大化，还有一个就是"极大地影响社会"。

归根结底，企业家就是要把资本的社会价值体现出来。企业家不是要把社会的价值一点点的搬运过来，而是在原有的基础上创造增值。

（2）企业家精神

企业家精神实际上是一种无形资产，是企业家创立企业或管理企业的才能表现方式。

我们已经进入到一个革新的世界中，越来越多的工作机会、新的技术、新的产品，都是由新的产业所创造的。而企业家精神正是新的产业和新的技术产品产生的根本。

2. 塑造企业家精神的因素

（1）个人因素

不是所有的人都能够成为企业家。作为一个企业家，一般都对成就有较高的需求，这种需求造就了他们对事业发展的不断追求。同时，他们也愿意为自己的事业承担一定的风险，但并不是激进的冒险者。威廉·柏格瑞认为，一个企业家要具备10个"D"③。

1）梦想（Dream） 企业家对他们的未来和事业有一个远景规划，更重要的是，他

---

① 林信义. 导读：谁适合当企业家 [M]. 台北：商业周刊出版有限公司，1999：14.
② 威廉·柏格瑞著，刘世平译. 企业家精神 [M]. 台北：商业周刊出版有限公司，1999：7.
③ William D. Bygrave. Entrepreneurship [M]. U.S.A：John Wiley & Sons, Inc, 1997：6.

们有能力去完成他们的梦想。

2）果断（Decisiveness）　他们从来不拖拖拉拉，会很快地做出决定。而他们的迅速是他们成功的关键。

3）行动者（Doers）　一旦他们决定了行动的方案，他们会尽可能快地去执行。

4）决心（Determination）　他们会全心投入到他们的事业当中，甚至当他们面对一些看似不能克服的障碍时也很少放弃。

5）执着（Dedication）　他们全力专注于他们的事业，甚至牺牲了与家人、朋友的关系。他们不知疲倦地工作，一天工作12个小时、一周工作7天，都是很正常的。

6）奉献（Devotion）　企业家热爱他们所做的工作，而且这种热爱是他们陷入困境时的一大支柱。这种对产品和服务的热爱，使他们创造了更好的销售效果。

7）细节（Details）　有一句话说"细节会使人着魔"，这句话用在创立企业并使企业发展上是再合适不过了。企业家必须掌握所有关键性的细节。

8）命运（Destiny）　企业家要自己掌握自己的命运，而不是依赖雇主。

9）资金（Dollars）　变得富有并不是企业家的主要驱动力，金钱只是衡量他们成功的一个标准。企业家们认为，只要他们成功，就会获得报酬。

10）分享（Distribute）　企业家乐于与那些能帮助企业、且能使企业成功的重要员工分享事业的所有权。

我们经常可以在心理测试的一些题目中看到有关"企业家精神"的测试题目，但那些对于我们并没有太多的用处。事实上，以上的10D就是对企业家所具有的个人素质最好的描述。

（2）环境因素

企业家还受外在环境的影响。没有了环境，内在的因素就没有依托的现实基础。

威廉·柏格瑞认为，高科技领域是最具有企业家精神的地方，例如电子业。因为我们了解到企业家通常是能够引进新产品和新的服务，所以在那些创新意识比较强的领域中，便最具有企业家精神。

当然，这些典范并不仅仅限于高科技领域。随着越来越多新的产业和服务的出现，企业家精神也越来越多地体现在销售、养殖等行业当中。并且现在的企业家已经不是集中在高学历、高知识的"精英"人才中。

总之，外部环境就是塑造企业家精神的环境，能使企业家充分施展其才能。

（3）其他社会学上的因素

除了以上两种因素以外，还有另外一些社会学上的因素会影响企业家精神的塑造。威廉·柏格瑞举出了"家庭责任"的例子。当一个人还没有成家，创立一个企业就只是一个简单的决定，不需要考虑到太多的责任；而对一个已经拥有家庭和子女的中年人来讲，要做这样的创业决定就比较困难，它们需要面对着较高的风险。

还有人际关系的影响，开创事业的过程并不是单打独斗就能够完成的，企业家也需要建立许多人际关系，大家来协作完成。

从以上几点我们可以看出，批量的方法去"生产"企业家是不科学的。因为以上的各种因素都不是固定的，就像文学院不一定能培养出作家一样，企业家精神也不是能从课本中学到的。

3. 寻找企业家精神

在一个经济社会里，企业是社会的主体，企业家精神就是驱动这个主体运动的驱动力。关注一个企业成长的过程，就是一个寻找企业家精神的过程。而一个企业的成长也离不开企业家精神。

（1）创新

不管是"洞悉机会存在、把握机会"还是"引进新的产品和服务"，强调的都是"创新"。

创新并不意味着有什么惊天动地的大发明。创新可以是产品的创新，可以是硬件的创新，可以是软件的创新，可以是技术和服务的创新，可以是观念的创新，也可以是知识的创新。所以说，企业家是创新者，但却不一定是一个发明者。他们只是创新精神的实践者。

企业家就是这样的一种人：他们能够最大限度地发挥自己和员工的创新精神，并把创新精神运用到经济生活中去，使之转化为强大的企业推动力。所以企业家的创新是一种有目的、有系统的创新。

（2）合作

合作是一种开放的姿态，是善于吸收外部经验，是一种宽容精神。

竞争是手段，合作才是目的。现代的经济社会虽然存在着激烈的竞争，但也强烈地要求分工合作。生产加工需要销售的合作，经商需要政府的合作，服务需要产品的合作。没有同他人的合作是不可想象的，任何一个企业都不可能独立地存在于世上。所以，在学会竞争之前，我们首先需要学会合作。

合作就是把各家的优点和长处综合起来，把力量集中起来，以达到优化资源配置和提高生产率的目的。合作是以平等互利为基础，以信誉为保证的。

在合作精神里最重要的一条就是尊重竞争对手。在下棋时，我们经常会更愿意找比自己棋艺高的人下棋。因为如果我们胜利了，会有较高的成就感；即使失败了，也能从中学到一些下棋的技巧。好的对手，其实就是一个好的老师，你从他身上学到的，往往是已经经受了实践考验的经验。一个好的朋友也许很容易找到，可是一个好的对手却不是那么容易遇到。

在企业内部也要具有合作精神。如果承认企业是一个团队的话，合作精神就是团队精神中的精华。企业内部就像一个小小的"社会"。也存在着不同的分工和合作，企业家的职能就是使员工具有相同的目标,并在合理分工的基础上保持合作。这样,企业的生产效率才会大大提高,并且使人人都感到心情舒畅。要实现这样的企业职能,首先需要企业家身体力行,树立合作的楷模,员工才会纷纷效仿,都具有合作精神。

创新和合作是企业家精神中最重要、最核心的要义。企业家精神已经被视为是竞争与经济增长的引擎。一种经济能够创造出越多的企业家精神,那么该经济在本国以及全世界的市场上保有竞争力的机会就越高。

本节内容图表解说

见图 10-2。

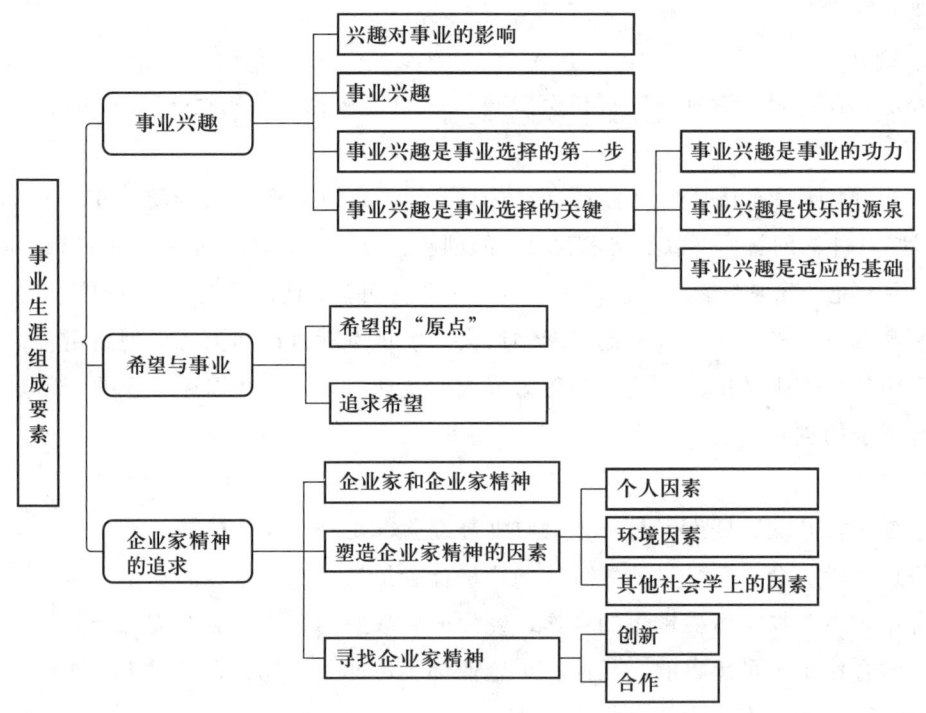

图 10-2　第十章第二节内容图表解说

动动脑

- 什么是事业兴趣?事业兴趣与嗜好有什么不同?
- 什么是事业的希望?
- 什么是企业家和企业家精神?企业家精神的核心是什么?

体验活动

寻找企业家精神:请从书籍、网络或采访不同的人,以寻找企业家精神为题做出调研报告，包括有人虽然不是企业家，但有经营企业的企业家精神。

第三节　体验式学习——事业生涯与活动设计案例

说明：

事业生涯与活动设计案例（表 10-1、表 10-2）仅作为参考，教师、学生完全可自由自主地发展出完全不一样的体验式学习模块。

每个体验由多个体验活动组成，总学时不得少于规定完成的各体验学时。

表 10-1　体验式学习活动设计案例 1

活动主题	当兴趣成为事业：聆听事业成功者的访谈录
活动学时	36 学时
	如下为举例说明
活动前期准备	• 寻找将兴趣做成事业的成功者以及这些成功者的访谈录，至少 3 人； • 熟悉自己找到的 3 位成功者，了解其具体情况，使其成为自己熟悉的陌生人； • 拟定一份访谈方案，假设自己是与成功者访谈的主持人，希望问哪些问题，进行一一罗列。
活动过程要求	• 找到自己的事业兴趣； • 在听取访谈录时，对自己罗列的问题与兴趣事业成功者的经历、经验结合。
活动预期效果	• 从兴趣挖掘自己的事业方向； • 借鉴他人的成功经验，作为自己今后实践事业的导航灯； • 不小看兴趣，要有实践兴趣、做成事业的信心； • 了解事业兴趣与嗜好的区别。
活动中的感悟是什么？	• 兴趣到事业之间还有距离，并不是做的是兴趣就肯定能成功； • 能把兴趣发展成为事业是一件幸福的事。
活动中的成长是什么？	• 毕业后不一定马上就有能力开创自己的事业，可以选择在相近行业就职积累经验与财富； • 想把自己的兴趣和事业进行融合，前提是开创事业之前要学习并有意识地积累相关经验； • 当兴趣成为一份事业，更是一份责任。
活动中可能存在的问题	• 发现自己可以获取的经验并计划要如何来应用。

表 10-2　体验式学习活动设计案例 2

活动主题	找到自己喜欢的工作①
活动学时	36 学时
如下为举例说明	
活动前期准备	• 通过专业测试来发现自己的性格优势，寻找自己的天赋所在，以及那些让自己时常备受鼓舞的个人特质。这样，就可以找到自己最突出的优势，从而找寻自己所喜爱的工作。
活动过程要求	• 找一份自己"一见钟情"的工作； • 通过实践体验，验证是否找到了自己喜欢的工作，比如你认为公务员很好，但实际在单位体验后发现不是自己喜欢的； • 尝试不同类型的工作，找到自己喜欢做的那份工作。
活动预期效果	• 没找到喜欢的工作前决不气馁。如果你找到的工作比现在的工作好一点，那也强过你没找； • 找一份快乐的工作，思考自己喜欢做什么，什么让自己满意并觉得舒坦。如果找到自己喜欢的工作，千万别将它丢弃，真诚地把自己融入这份工作中，做到专心致志； • 什么是最有意义的事情？对你来说什么是最重要的？你的梦想是什么？有什么事情是你毕生想要完成的？这里面可能有些东西颇具挑战或超出你可理解的范围，但请不要畏缩，要把梦想与现实结合起来考虑问题。
活动中的感悟是什么？	• 当一个人不喜欢做某件事，就算他才华横溢，也无法发挥；当一个人喜欢上了某件事，他发挥出来的能力会让你大吃一惊。 • 面对一份喜欢的工作，你将会如鱼得水，事半功倍。
活动中的成长是什么？	• 多接触新鲜的领域，尝试新的业余爱好，多交新朋友，读不同博客、杂志或是书籍里的文章，这样灵感可能在你意想不到的情况下出现； • 找到自己喜欢的工作，其实是需要一个过程的，需要不断寻找，其实也是一个不断认识自己的过程。
活动中可能存在的问题	• 如何找到自己喜欢的工作； • 太疼惜自己，没有给自己足够的压力去寻找自己喜欢的工作。

---

① 参考 http://jingyan.baidu.com/article/a65957f4a4bb9a24e67f9bca.html

第十一章　志业生涯

本章纲要
- 志业概述
- 志业生涯组成要素
- 志业生涯的目标
- 体验式学习——志业生涯与活动设计案例

台湾心理学家、前台湾大学心理学系系主任杨国枢教授曾在《职业与志业》这篇文章中写道：

"志业"和"职业"究竟有什么不同呢？我可以告诉各位，中间的差异可大了。基本上"职业"是一种工作，就好像上班一样，有一份职业，朝九晚五一份薪水养家糊口。但是"志业"并不是这样。一个以志业为主的人，他根本不会考虑"就业"的问题，他就是喜欢做这种工作或这类事情，根本不会去考虑工作时间的长短，只要有时间就去做。而且是不计成本的，有时候不但不赚钱反而还要赔钱，他也甘之如饴。他好像完全没有上班、下班的观念，即使是整晚熬夜工作，不知"东方之既白"，哪怕身体搞坏，他也照样去做，整个人的身心都投入到里面。因为他觉得这份工作，可以让生命更有价值，生活更有意义，可以感觉到自己在其中找到安身立命的基础，这就是"志业"。

第一节　志业概述

也许你是第一次听到"志业"这个词，那么"志业"是一种什么样的工作形态呢？

一、志业

德蕾莎（Blessed Teresa）修女（1910-1997）

德蕾莎修女出生在奥斯曼帝国科索沃省的斯科普里（前南斯拉夫联邦马其顿共和国的首都），是阿尔巴尼亚裔人，18岁成为一名修女。1931年，她到了印度的加尔各答，并在1937年成为终身修女。在印度，她强烈地感受到自己要为别人服务的心。

1947年东巴基斯坦脱离印度独立，加尔各答涌入了数以万计的难民，大多数都是怕被回教徒迫害的印度教徒。传染病，如霍乱和麻风病，在街头巷尾爆发开来，于是加尔各答的街头、学校的高墙外到处弥漫着恐怖的气氛。1948年，德蕾莎修女得到许可，以自由修女身份行善。并申请到了一个社区和居住所，可以用来帮助有需要的穷人。1950年10月，德蕾莎修女与其他12位修女成立了仁爱修女会（又称博济会），并将教会的修女服改为印度妇女传统的沙龙，以白布镶上朴素的蓝边，成为博济会修女的制服。1952年，一所"垂死之家"终于正式成立。当时在入口处挂着一块牌子，上面使用孟加拉语表示的"清心之家"。7年后，德蕾莎修女的"仁爱传教会"分别又在印度另外两座城市设立了两所这样的"垂死之家"。

1979年，德蕾莎修女获得诺贝尔和平奖。

看了德蕾莎修女的故事，你有什么感想？志业与我们之前讲的职业、事业及创业有什么不同呢？

按照马斯洛需求层次，志业是不只达到了"自我实现"的需求，而且实现了"自我超越"，是"牺牲享受，享受牺牲"。志业是一种对自我价值的肯定，是一种超越了名和利、不受外物影响的工作。志业是人生的最高境界。如果你已经进入了志业的阶段，那么你的人生将是快乐的、不负重的、洒脱的、幸福的。

那么，何谓志业？正如有人这样阐述：

> 所谓的志业，就是你奉命要做之事。奉谁或什么之命呢？就是你自己，这个命令发自你心灵深处。你的无上喜乐就是你的志业。任何一种工作在本质上都不是志业；也没有任何一种工作在本质上不能变成志业。
>
> 举个例子，多明尼克对他的工作万分热爱，这是他的志业。他的志业是什么呢？扑灭害虫啊！捕捉大老鼠也许对你来说不算是无上喜乐，但对多明尼克却是如此。大老鼠令他着迷，此外还有小老鼠、负鼠、蟑螂、蚂蚁等。他曾经经营过一家大型驱虫公司，但管理工作使他无暇进行他最爱的田野研究。于是，多明尼克组成了一个两人公司，专门协助大公司捕灭害虫。这些工作让他有机会"深入害虫之心"（这是他们的说法），找出特殊的捕灭方式。
>
> 若问多明尼克为何如此深爱他的工作，他会回答："我一直在学习。"只要给他一丁点机会，他就会对你介绍他最近对鼬鼠、绿头苍蝇或地毯里甲虫的习惯、栖息地、交配习性和饮食的惊人发现。当你听他陈述如何绞尽脑汁与昆虫的本能拼斗时，你会和他一样相信，驱虫是人类最有创意的志业。

> 志业和事业的基本差异不在工作真正的本质，而在于工作的动机。志业最重要、最先决的条件是，做这件事情时，你能够展现发自内心深处的热情。①

这位作者同时谈道："错了，你也有志业，只是还没有发现罢了；也或许你已经体认出来，却鼓不起勇气去追寻它。每个人都有志业。你也不例外。它就在眼前等着你。"②

二、志业的特点③

1) 志业会带来无上喜乐。

2) 志业是一种对内心深处召唤的反映。

3) 志业吸引的是你整个人、身体和灵魂，你的性格、价值、热情与技能都会投入其中，奉献给你生命中最有意义的事物。

4) 工作若是你的志业，它就是在表现你的真髓，也就是整体的你。有时候，你可以说自己"被吸入"一件事物。此时，你的自我、身为独立个体的意识似乎都已消失，整个人完全投入在当时的活动中。你往往会震惊地发现，时光转眼即逝，心中充满宁静感。"被吸入"这个词正是志业的精髓，它完美地捕捉了一个观念——人和工作之间不再有区隔，而是一个整体。什么样的人，就做什么样的事。

5) 追随志业，必会使你进入自我发现之旅。随着每一刻钟的发现，你供给自身各部分养分。

6) 自我发现带来更新。志业会带着你不断前进，你会不断地将自己的新发现运用在新领域。在这个过程中，你又会对自己有新的发现，明天的你与今天的你不一样。

7) 奉行志业时，沉重的工作负担只会使你快乐。每一件工作设计的是你的核心本质，也会给你另一次自我发现与自我表达的机会。

8) 追随志业表示你过着一种事与本性融合的生活。由于这种一致性，你天然的精力会泉涌不绝，工作变为精力的来源。

9) 如果自我能获得充分展现、不断成长和更新，而且被自己做的事情所吸引，并获得能量，你会有什么感觉？我们可以用两个字来形容，就是"活跃"！

10) 追随志业意指你肯定驻守在心底那种绝妙、神秘的天赋，并愿意循着天性去开发和运用它，这就代表"活出自己"！

11) 要寻求和追随志业是困难的。你必须离开安全和熟悉的传统环境，自创一条路，

---

① 约翰·克拉克（John Clark）.张慧倩译.爱工作，更爱人生.台北：天下远见出版股份有限公司.1999：22-23.
② 约翰·克拉克（John Clark）.张慧倩译.爱工作，更爱人生.台北：天下远见出版股份有限公司.1999：21.
③ 改编自：约翰·克拉克（John Clark）.张慧倩译.爱工作，更爱人生.台北：天下远见出版股份有限公司.1999：25-32.

克服本身的畏惧、自我怀疑和他人的批评。这也许是个漫长、严酷的旅程。

本节内容图表解说

见图 11-1。

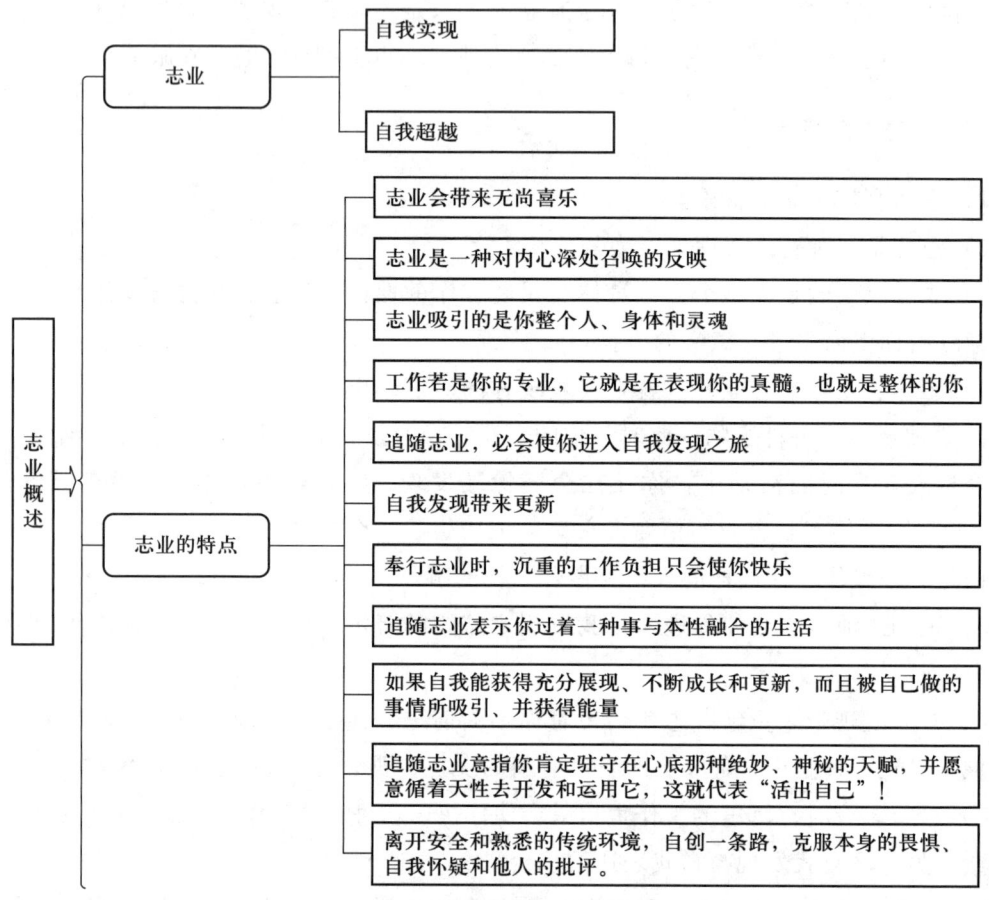

图 11-1　第十章第一节内容图表解说

动动脑

- 你是如何理解志业的？
- 你有志业吗？是什么？为什么？

体验活动

请从你所接触的信息资源中，用事实举例说明具有志业的人的案例。

第二节　志业生涯组成要素

一、价值

有一个生长在孤儿院的小男孩，悲观地问院长："像我这样没人要的孩子，活着究竟有什么意思呢？"院长笑着摸了摸他的头，却不回答。第二天，院长交给男孩一块石头，说："明天早上，你拿这块石头到市场上去卖，但不是'真卖'，记住，无论别人出多少钱，绝对不能卖。"第二天，男孩拿着石头蹲在市场的角落，有不少好奇的人对他的石头感兴趣，而且价格越出越高。回到院内，男孩兴奋地向院长报告，院长笑笑，要他明天拿到黄金市场去卖。在黄金市场上，有人出比昨天高 10 倍的价格来买这块石头。最后，院长叫孩子把石头拿到宝石市场上去卖，结果，石头的身价又涨了 10 倍。更因为男孩怎么都不肯卖，竟被大家传为"稀世珍宝"。男孩兴冲冲地捧着石头回到孤儿院，把这一切讲给院长听，并问为什么会这样。院长没有笑，望着孩子慢慢说道："生命的价值就像这块石头一样，在不同的环境下就有不同的意义。一块不起眼的石头，由于你的珍惜而大大提高了它的价值，竟被传为稀世珍宝。你不也像一块石头吗？只要自己看重自己、自我珍惜，生命就有价值。"

生命虽然会消失，可是生命的价值却不会。生命的价值有的是来源于家族、金钱、时运，但是有的是靠自己的奋斗、辛苦。我们生命的价值不因我们身份的高低而改变，也不仰仗我们结交的人物，而是取决于我们自身。

生命的价值就看你自己怎样去发挥，怎样去表现。志业的实现就是体现了我们生命的价值。命运掌握在我们自己手中，要敢于梦想，生命的价值也是由我们自己来选择。

二、利他利我

> 人生在世，能够在自己能力所及的时候，对社会有所贡献，同时为无助的人寻求及建立较好的生活，我会感到很有意义，并视此为终生不渝的职志。
> ——李嘉诚[1]

---

[1] 根据中国中央电视台 2005 年 11 月 19 日《面对面——专访李嘉诚》节目整理.

志业是最高的人生价值的实现。一个人走入志业的阶段，必然是已经满足了生存的需求。如果一个人连自己的温饱问题都解决不了，他还怎么能去帮助别人呢？

所谓"志业"，就是对自我价值的实现。根据马斯洛的需求层次理论，是在实现了其他的需求之后，才能寻求的最大满足。就像李嘉诚先生所说的"你让家里人饿着，去做这个事，这也是不近人情。但是你明明有多余10倍、100倍都不止的财富时，为什么不做这件事情？"

利他利我，就是中国古代哲人墨子说的"兼相爱、交相利"。人们通过工作或经营为别人提供服务是付出，是利他行为的表现；从工作或经营中获取工资或利润是取得回报，是利我行为的表现。人人为我，我为人人，把自己的幸福建立在别人的幸福基础之上，就可实现利他与利我的完美结合。享有权利，履行责任；履行责任，享有权利，这种商业社会的平等思想正是由人的利人利己行为演绎而来的。而"舍得"是利他利我的一种集中体现。

我们经常说"舍得舍得"，那么，就是有"舍"才有"得"。舍其实就是一种给予，但在给予之后，往往是更多的获得。

有些人出于责任意识而投身现实世界，相信自己负有使命来为大众做事，这种精神风范永远值得我们尊敬景仰，也许他会因此而付出很大的代价。但你应该相信，他的内心充满着助人的喜悦与服务的快乐。因为付出，不求回报，所以快乐。因为他满足了自己实现自我的需求，所以快乐。

其实，快乐如同香水一般，只要你将馨香拂向他人，即使自己未曾沾抹，那香气依然会沁入你的心脾。就像那句话所说"予人玫瑰的手上，留有余香"。而志业不仅仅是一脉余香，志业者得到的也是一朵玫瑰。所以，志业是"舍"，也是"得"；是"助人"，也是"自助"；是"利他"，也是"利我"。

三、幸福

1. 什么是幸福

常常会有人问，什么是幸福。那么到底什么是幸福呢？做自己喜欢的事情，和自己喜欢的人在一起应该是幸福的。愿望实现了，应该是幸福的。幸福是一种感觉，它不取决于人的生活状态，而取决于人的心态。幸福缘于内心。一个人在田里劳动，满头大汗，可是他觉得很享受，他就是幸福的；另一个人在花园里散步，可是他觉得自己很不快乐，他就是不幸福的。

证严大师说："只要克尽做人的本分，在工作中得到快乐和喜悦，就是最踏实、最幸福的人生。"

幸福感并不随外在事物起舞，反而受内在因素的影响较大。

2. 志业的根本

志业者是幸福的，他们不仅爱与自己有关的，还爱着与别人有关的。他们心中有大爱、他们的心灵是轻松的、自在的。

有很多人以为，委屈了自己、成全了别人就是志业，就会幸福。试想一下：一个连自己都无法照顾好的人，怎么能有资格去照顾世界上的其他人呢？一个不在乎自己的人，又怎么会在乎别人呢？你自己都不快乐，怎么能让别人快乐？你自己都不爱自己，怎么能爱别人？你自己的都不幸福，怎么能让别人幸福？

幸福是缘于自己的内心，因此只有善待自己才能感到幸福。

善待自己，就是珍惜自己、爱护自己；善待自己，就是认识自己、尊重自己；善待自己，才是志业的根本、幸福的本源。

本节内容图表解说

见图 11-2。

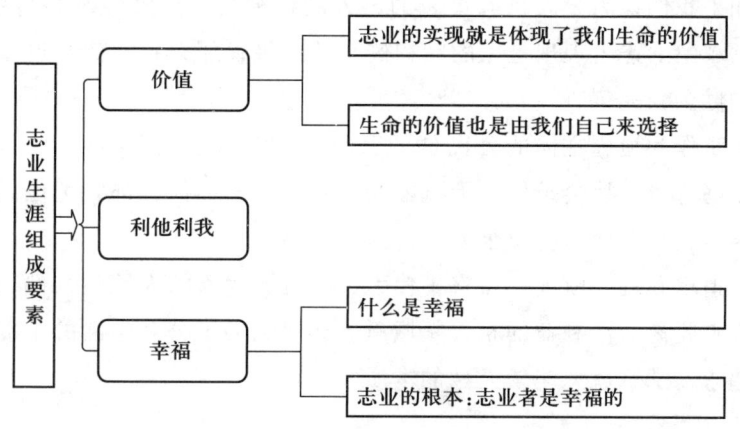

图 11-2　第十一章第二节内容图表解说

动动脑

- 除了文中提到的志业生涯的组成要素，你觉得还有哪些要素？
- 你理解的幸福是什么？对于你来讲，影响幸福的主要因素是什么？

体验活动

请采访你周围的人，请问他们的志业是什么？如果他们不了解什么是志业，请你先解释给他们大概的意思。然后归类整理出志业的类型。

第三节 志业生涯的目标

一、影响志业的价值观念

由于当前职业的功利化和价值扭曲，导致社会上出现缺乏人性关怀、人文精神和教育精神的现象。具体来说，这些不正确的价值观念主要表现在以下几方面[①]：

其一，忘记了人是一个有灵魂、有精神的存在，忽略了灵魂内在的独特性与完整性，忽略了灵魂与世界、与他人灵魂的完整而复杂的联系，忽略了人性精神健全对于人类共同生活的价值。如果我们认为，人是有灵魂的，人的精神具有完整性和独特性，人在思想、情感、行动等领域中的杰出表现是人的精神健全的结果；那么我们就会追求灵魂的善与高尚，追求精神的健全与完整。

其二，忘记了作为道德主体的公民是平等的人，因而不能平等地对待每个人。但是，不论一个人的家庭背景、社会条件、天赋才能、身体状况如何，都要把他们作为具有平等价值的人进行培养，平等地对待每个人。

其三，过于追求私利。就人性而言，伟大、高贵、优秀的人性从来都表现在公共生活中，而不是表现在脱离共同利益的私人领域里。如果失去了公共生活的维度，仅仅关注个人生活的利益追求，那么就忽略了人性的本质。

二、志业生涯目标

志业目标有3点具体要求如下[②]：

第一，要养成自我激励、自我鞭策的能力。很多人工作、学习和生活都需要外在的鼓励、奖励和赞赏，这个当然是有帮助的。但是更重要的是要自己鼓励自己，今年跟去年比一比，明年希望比今年更好。这就是自我鞭策。

第二，淡泊名利，生活简单。所谓"生活简单"，对一个人来说，就是不去干预其不太相干的事，但生活简单不等于单调、乏味。淡泊名利，对于年轻人来讲，好名好利不是坏事，可能是一种动力。但是到了相当程度以后，应该有一个自觉度，不可去刻意追求盛名。如何可以做到淡泊名利？古人说"内重则外轻"，如果你内在慢慢丰富了，精神世界也慢慢丰富了，人内在方面有了分量，对外在的物质需求自然就淡了，也不注重虚名了。

第三，不怕孤立，不怕寂寞。做事业经常是非常寂寞的。有时候你取得一点成就，可

---

① 节选改编自：叶增.《中国教师》[J]. 北京：中国教师编辑部. 2008. 42
② 节选改编自：金生鈜，《中国教育学刊》[J]. 北京：2011，01

能被别人排斥、诽谤，在社会上被孤立起来，你需要挺得住。遭遇这种命运的时候，最好的办法就是拼命努力地工作，不要被别人打倒。不怕寂寞、不怕孤立，我们在自觉了以后，就可以养成了。

本节内容图表解说

见图 11-3。

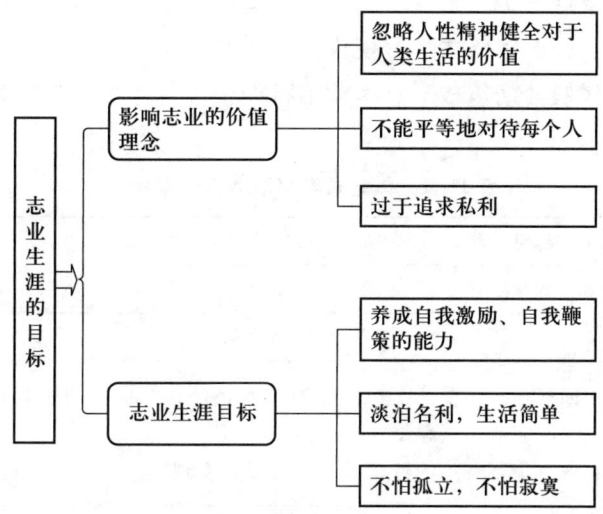

图 11-3　第十一章第三节内容图表解说

动动脑

- 你觉得除了文中所提的志业生涯目标外，其他的志业生涯目标还有什么？
- 你觉得自己需要志业吗？为什么？

体验活动

志业畅想

学了本节内容，对志业有了基本的了解，那么你内心是否有对志业的向往呢？可能现在基于"需求"，处于较低层次而无法实现，那么就请先在这里写下来吧，并让老师和同学一起见证你的志业畅想，并可在若干年后一起重温和比较，看看你离自己的志业又近了多少？

第四节 体验式学习——志业生涯与活动设计案例

说明：

志业生涯与活动设计案例（表 11-1、表 11-2）仅作为参考，教师、学生完全可自由自主地发展出完全不一样的体验式学习模块。

每个体验由多个体验活动组成，总学时不得少于规定完成的各体验学时。

表 11-1 体验式学习活动设计案例 1

活动主题	志业畅想：将来我要做我想做的事
活动学时	36 学时
如下为举例说明	
活动前期准备	• 回答自己热爱什么？自己的兴趣是什么？自己的职业方向是什么？如何将自己的职业与兴趣结合？； • 做一个不等待的行动派，全力以赴实现梦想。
活动过程要求	• 明确自己做的事情是否是自己想做的事，勾画未来蓝图，即使有困难也决不放弃； • 为实现目标去改变自己，如感恩之心、积极思考、知己解彼、善于交际等。
活动预期效果	• 经历过后，感悟自己应该用什么样的心态和行动去对待自己的生活和工作； • 在将来工作的过程中，找到自己热爱的工作。
活动中的感悟是什么？	• 当自己有能力后，可以帮助需要帮助的人，可以帮助值得帮助的人； • 有梦想不去追求，这辈子就不可能实现梦想，所以重要的是现在就行动。
活动中的成长是什么？	• 获得成功和快乐其实很简单：做你想做的事！唯有如此，才能获得成功的事业和精致的生活。
活动中可能存在的问题	• 不能很好地应对人生道路上遇到的困难和挫折。

表 11-2　体验式学习活动设计案例 2

活动主题	志业生涯：敬老院义工服务
活动学时	168 学时（21 天）
如下为举例说明	
活动前期准备	• 联系敬老院，签署义工服务合同； • 确定服务对象，并进行前期沟通； • 确定养老院中的工作人员作为学生的指导和负责老师，并对其工作进行考核和评价。 • 对老人有一定的接触和了解； • 普及一些医学知识，学习一些护理的技能。
活动过程要求	• 与老人建立起友好的相互信任的关系； • 对老人的身体状况、生活习惯、脾性有较深入的了解，为老人进行日常的医务护理； • 照顾老人的饮食、起居； • 与老人聊天、散步，对老人的人生遭遇有一定的了解，学会关心别人的心理，与别人分享自己感受； • 与老人一起分享人生的感悟，聆听老人的经验之谈； • 了解老人当下的想法和愿望。
活动预期效果	• 学会换位思考，去理解别人，体谅别人； • 培养社会服务意识、勇于付出的精神； • 了解老年人的身体状况； • 对人的生理机能和保养有一定的了解； • 学会珍惜青春和生命，督促养成良好的习惯； • 培养勇于挑战自我和独立思考、执行的能力； • 对人生价值意义的思考。
活动中的感悟是什么？	• 付出和关心他人不仅会给别人带来快乐，对自己也是一件很快乐的事情； • 每个人都会老去，每个人都有需要别人帮助的时候，每个人都应该去关心别人，勇于付出； • 老年人是弱势群体，他们的身体的病痛更需要我们的体贴和照顾； • 要珍惜生命，爱护身体，不论你有多年轻； • 体会到老年人内心的孤独、失落和无助； • 体会到老年人对幸福的渴望，对亲情的渴望，对社会关爱的渴望； • 老年人不仅仅需要身体上的照顾和物质上的供给，更需要精神上的关爱。 ……

表11-2(续)

活动中的成长是什么？	• 在为别人的服务中，提升了自己的生活能力； • 提升了自己对生命历程中"老"的认识；提升自己勇于付出的人生境界； • 给自己的家人、朋友，尤其是老年人更多的关爱； • 逐渐改变了自己的不良习惯，开始爱护身体了。 • 学会了关爱他人，体贴他人，原谅他人； • 学会理解别人，尊重别人。
活动中可能存在的问题	• 不能遵守敬老院的日常管理； • 对病理知识的匮乏，缺少专门的医护训练，所以需要负责的教师更多关注； • 沟通问题。

第四篇　生涯体验之六体篇

> 六体：亲情与感恩体验、合作体验、非营利组织体验、营利组织体验、国际事务体验、创新与创业体验。

- 我听，我忘记；
- 我看，我记得；
- 我做，我学到；
- 我教，我掌握。

- I hear and I forget;
- I see and I remember;
- I do and I understand;
- I teach and I have mastery.

"纸上得来终觉浅，绝知此事要躬行"，
老子说："自知曰明，自胜曰强。"
隋代思想家王通说："自知者英，自胜者雄。"
所以我们要让知识活起来，
要让心动变成行动，
要走我们自己的"路"，
开始我们投入、参与、实际体验的征程吧！
让我们在这趟征程中，真正"学有所用"！

人类正是在不断实践中发现自己的弱点、缺点，从而在不断战胜自我、超越自我的过程中得以进步的！

第十二章　亲情与感恩体验

本章纲要
- 亲情与感恩体验概述
- 如何进行亲情与感恩体验
- 体验式学习——亲情与感恩体验与活动设计案例

成功的第一步就是先存有一颗感激之心，时时对自己的现状心存感激，同时也要对别人为你所做的一切怀有敬意和感激之情。

——安东尼（Anthony）

每天都无数次地提醒自己，我的内心和外在的生活，都是建立在其他活着的和死去的人的劳动的基础上。我必须竭尽全力，像我曾经得到的和正在得到的那样，做出同样的贡献。

——爱因斯坦（Albert Einstein）

第一节　亲情与感恩体验概述

一、亲情与感恩体验的概念

"亲"从《辞源》理解本意是对有血缘关系或血统关系最接近的；"情"即为感情，即一种内心体验和心理反应。据此延伸来解释，"亲情"意指对有血缘关系或血缘关系最接近的人的一种情感内心体验和心理反应。因此，当一个人见到自己的父母时和见到陌生人时的情感体验和心理反映是截然不同的；那么，用"亲情"的内心体验和心理反应去为别人利益或为某种事业而工作的动力和结果也一定会截然不同的。[①] 亲情体验的定义是指，有血缘关系成员通过以情感的方式进行爱心沟通的交流方式。

亲情是家庭成员间感情的总称，包括父母子女情、兄弟姊妹情等，其中父母子女情是主要的自然基础亲情。父母与子女相亲相爱，是家庭幸福生活的主要内容，是家庭幸福的

---

① 辞源（全两册）纪念版. 广东、广西、湖南、河南辞源修订组，商务印书馆编辑部编. 商务印书馆，2009.

源泉。无论是从伦理道义还是情感的需要,"父慈、子孝"是一种和谐共度的亲情。亲情,小而言之,使长辈精神得以愉悦,心理得以慰藉;子女心有所属,个性得以健康成长。大而言之,使整个社会的人际关系相亲相爱,和谐有序。可以说,这一份对亲情的体验不仅是维系家庭的纽带,也是社会人际交往的基础。

对亲情的体验式学习,是个人通过与家人日常沟通,在专业人员的指导下,参与家庭、学校和社会组织的各种形式的与亲情体验的活动与实践,再经过反省、思索和评估、应用阶段,从而体会亲情,了解亲情、处理好亲子关系,并在亲情体验中培养一种感恩、惜福、分享的良好生活心态。

感恩一词源于拉丁词根 gratia,意为优美、高尚、感谢。衍生出来的意思就是带着善良的心、慷慨的心做事,感受给予和获得之美。心理学家埃蒙斯(Robert Emmons)等人认为,感恩是基于对外界正向刺激有意感知的基础上的。这个所谓的外界正向刺激可以是别人给予我们的一件礼物,也可以是我们对上帝、命运的感知,或者感受到的自然界的美丽或伟大。

但是,仅有外部正向刺激并不能使人自动产生感恩,还要有主观上积极的感受和体验。另一个心理学家维纳(Bernard Weiner)认为,作为一种情感,感恩需要两个条件:①对获得的积极刺激的感知;②对积极刺激来源的认可。

总结起来,感恩就是对外界(超自然、自然界、人)的积极刺激进行感知后,产生的持久、稳定的感谢状态,并诱发了积极的关系,而且这种状态和关系具有泛化的性质。[①]

二、高校中开展亲情与感恩体验

1. 分析大学生亲情淡漠与缺失的原因

亲情中自有的那一份纯朴和自然,不用刻意的雕琢,常常让我们在拥有之时习以为常,在享受时无动于衷,从而轻视和忽视了这一份与我们联系最为紧密的情感。就拿现在的高校来说,许多大学生由于是独生子女,凡事喜欢以自我为中心,很少设身处地地为他人着想,对父母的亲情越来越淡漠;许多人不知道父母的年龄、生日,有些学生把与父母的关系只维系在金钱上,把家里当成了自动取款机,不用的时候就置之不理。这些现象已经不是一些极个别的现象,应当引起全社会的重视,思考造成这种现象的缘由,这也是我们要在高校的生涯规划课程中开展亲情体验教育的最直接原因。当然,造成大学生亲情淡漠的原因是复杂的,有个人原因也有家庭学校和社会的责任,现作简要分析如下。

(1)内部原因分析[②]

学者赵建岭在《关于加强大学生亲情教育的思考》一文中将造成大学生亲情缺失的主

[①] 摘自:刘翔平主编.当代积极心理学.中国轻工业出版社,第十二章 感恩:188-189.
[②] 赵建岭.关于加强大学生亲情教育的思考[J].山西农业大学学报(社会科学版),2007;(2).

要原因归为几个方面：

1）盲目乐观型　进入新世纪之后，社会生活发生变化的一个非常突出的特点就是社会服务的职业化、专业化，原来零散无序的家庭服务被现在正规的家政公司所取代。它所带来的影响之一是原本属于年轻人理所应当的养老问题、家务问题、子女教育辅导问题等，可以托付给家政公司、养老院或者家庭教师承担，自己可以"一身轻松"地追求事业成功了。这种大的发展趋势，使得一些学生盲目地产生了"赡养父母社会有责"，或者"等我挣够了足够的钱，请保姆给我的父母洗脚，伺候父母"的想法。家庭责任的社会转移，使得传统的家庭亲情更加淡漠，家庭关系更加疏远。

2）观念错误型　对"自立、自强"、"成大事者，不拘小节，就得忘掉七情六欲"等观念的错误认识，导致部分大学生远离父母，淡化了亲情。近几年，部分高等学校或者大中城市的群团组织不断开展类似于庆祝"成人"的仪式活动，号召青年学生要自主、自立、自强，发展个性，倡导创新，并且强调将来走向社会还要自主择业、自主创业等，使得部分大学生认为自己已经成人了，个人选择决定自己喜欢的生活方式、生活行为的意识以及独立的利益意识明显增强，个人对来自家庭传统的权威约束的容忍度大大降低。

3）攀比、虚荣　在大学校园里，有的学生为了追求流行、时尚、前卫，只要别人有的，自己不甘心落伍。因此怪罪父母小气、抠门；埋怨父母没有足够的钱供自己消费；要么抱怨父母没有文化、"土气"，根本无法进行交流沟通；要么鄙视父母没有勇气和能耐，没有在事业上开创一片天地，等等。与父母仅有的几次交谈，也是在很不情愿中的挖苦、讽刺，根本无视父母的情感，无视父母给自己无私的爱，故意疏远关系，遗忘亲情。

4）"移情别恋"型　有的大学生进入学校不久，就谈了恋爱，甚至是网上虚拟的"恋爱"。从此就在关注恋人的感受方面一发不可收，恋人的喜怒爱好、穿戴打扮样样心中有数，生日蛋糕、节日玫瑰有求必应，陶醉了自己，劳累了父母，谄媚了恋人，忘掉了亲人。不仅平日没有书信电话问候，而且连节假日也揣着父母的血汗到处挥洒去了。

5）报复型　学生对父母的亲情是从小形成的。在孩子们小的时候，他们有时因为好奇会主动向父母询问自己不懂的问题，有时甚至是一些敏感的话题，但很多父母却没有或者不愿意正确面对他们的提问，甚至拒绝回答。孩子们在没有得到满意的答案或者遭到多次拒绝后，慢慢地淡化了和家长的沟通交流，以至于长大后有心里话宁愿和同学、朋友或者网友交流。有的学生在遭到委屈、错怪，想得到心灵的抚慰时，家长却因为种种原因没有给予及时的慰藉，导致他们在不知不觉中变得淡漠、冷酷、偏激和愤怒。他们有时会故意不理父母，想让父母也体验一下自己的感受。有的甚至采用极端的方式来报复父母。

6）"唯我独尊"型　现在的大学生绝大多数是独生子女，从出生到高中毕业，一直生活在父母为自己编制的褓襁之中，从祖辈到父辈对自己是"众星捧月"。他们都对自己溺爱有余，以至于出现了子女的角色错位。部分学生从小就不能正确地自我评价，在观念上认为自己是家庭（或者几个家庭）中的"皇帝"，父母为自己服务是理所当然的，把亲人的疼爱视作习惯,稍有"伺候不周"的地方,就会大声呵斥。没有也不会从"习以为常"和"司空见惯"的小事中感悟到亲人的关爱,于是就养成了"以我为中心、人人为我"的自私自利现象,不知道关心他人,包括自己的父母,造成亲情观念弱化。

(2) 外部原因分析

1) 学校对亲情教育的忽视 长期以来,中国的教育偏重于应试教育。虽然近年来,国家教育主管部门以及很多的教育工作者在不断努力把中国的教育模式从应试教育往素质教育方向转变,也取得了一些效果,但是要想真正驱散应试教育的阴魂还任重而道远。学校乃至社会都还是将目光集中在学生的学习成绩上,而对德育工作有所忽视。这就造成大学生在接受现代科学知识的同时,却缺失了很多传统的人文美德,这里面就包括传统孝悌道德。一些学校虽然注意到了亲情教育的重要性,并已经开展了一些增进大学生亲情观念的主题教育活动,但是大部分是自发组织开展,缺乏系统性,缺乏一种长效机制和常态化的管理,没有长期坚持下去。有的活动重视表面形式,忽视了过程分析和效果评估,导致热热闹闹开局、冷冷清清收场局面。

2) 家长和老师的片面观念 现在部分学生家长认为,大学生学习好就是对父母最大的孝敬。只要能有好的成绩,父母愿意包办一切,这样就极大地压缩了父母与孩子之间沟通交流的时间;家长也不让孩子做力所能及的家务,认为这些都是浪费时间,不如把时间多花点在学习和增长科学知识上。这在一定程度上,也造成了大学生亲情体验教育的缺失。

3) 社会对大学生亲情状况估计的偏差 社会上普遍的认为,现在的大学生已经年满18周岁,身心发展基本成熟,在法律上具有了完全民事行为能力,已经是成年人,相信他们能够正确处理和亲人的关系,能够和亲人之间进行正常的亲情沟通。但实际上,大学生的亲情缺失状况是令人担忧的。这种社会观念上的过高估计,盲目乐观也导致了对亲情教育的忽视。

2. 培养学生一种感恩、惜福、分享的良好心态

在高校中开展亲情体验教育的直接原因是大学生的亲情缺失和淡漠;另一方面,我们也希望通过亲情体验,培养学生一种感恩、惜福、分享对待生活的态度。

(1) 感恩

感恩作为一种具有持久性的积极情感,可以使人们在获得幸福感的同时,消除消极的情感,更可以使感恩的对象和感恩的行为泛化,从而使整个生活充满了感恩的味道。①

感恩是一种文明,是一种品德;更是一种责任,一种美好的情感,是人性高贵处所在。感恩来自对人、对事的宽容和理解;来自于一种回报他人和社会的良好心态。感恩能促进相互信任、相互理解、相互尊重,有利于良好人际关系的建立。通过亲情体验的各种

---

① 摘自:刘翔平主编. 当代积极心理学. 中国轻工业出版社,第十二章 感恩:192.

活动，培养学生一颗感恩的心，更加珍爱他的父母，更加孝顺他们的父母，真正认识是父母给了他们生命，使他们能够在人世间经风雨、见世面、建功立业，这一切都是父母所赐。《诗经》云："哀哀父母，生我劬劳。""父兮生我，母兮鞠我。……欲报之德，昊天罔极。"。拥有感恩的心，就会懂得何时应该回报父母。拥有感恩的心，就会感谢善良的人们给予自己的每一份善意，无论相识不相识。拥有感恩的心，亦会感激自己的敌人乃至所处的逆境。正是这些激发了自己的潜能，可以免于久处安逸的平庸。拥有感恩的心，才会更加热爱这个世界，更加热爱生活。拥有感恩的心，才会懂得，唯有懂得报恩的人生，才是有价值、有意义的人生。

（2）惜福

亲情感恩体验教育，是通过各种形式、方法和途径，让学生体会到亲情的温暖、亲情感恩的重要性，体会到父母长辈的辛劳与不易，珍惜这份天下最真挚、最无私的情感，进而培养他们一种惜福的生活心态。

人生在世，贵在一个"惜"字，惜福、惜人、惜事、惜物，实乃珍惜幸福。现在有些大学生动不动就发出哀叹和抱怨之声，抱怨父母没有给自己足够的钱去消费，哀叹工作越来越难找，前途渺茫，抱怨人际关系的紧张等等。当你对事事都感到不满时，你的生活也将永远有所欠缺；而你越是拒绝在现状中去寻找能够令你满意的事，你的不满情绪也就会持续得越久。

惜福对于每个人来说，都是应该具备的一种良好的心态。当你珍惜了每一秒的生命，生命才会长久；当你珍惜了家人、朋友的情感，你便能获得更多的快乐和幸福感。所以我们不要过多地抱怨过去的种种不如意，也不要预支明天的烦恼，把"活在当下，行在今日"视为一种生活态度，用平常心对待每一天，用感恩、惜福的心去对待当下的生活，把日日当成好时光，把深似海的亲情时刻记在心间。这样，我们才能让每一天的生命更有意义和价值，才不会留下终身的遗憾。

（3）分享

现在一些大学生亲情缺失的原因是由于观念方面的差异，与亲人相处时间的短暂，导致缺乏沟通。学生的将自己的心灵向父母、长辈封闭起来，形成了所谓的代沟。亲情体验教育就是要通过体验亲情，增加家人之间的团聚和互动的时间，让双方都能够敞开自己的心扉，用同理心站在对方的立场上思考问题，聆听对方的心声，消除彼此之间的隔膜，产生共鸣；同时分享自己的喜怒哀乐，让学生和家人一起成长。

分享是一种毫无保留的倾情付出，它不求回报，但往往会得到来自四面八方的真情回馈。分享是一种快乐，它是心与心之间的真诚沟通与互联。分享是大爱的表现，可以帮助需要帮助的人，帮助值得帮助的人，把大爱洒向全世界。有了分享的心态，我们就不会孤独，因为我们彼此之间敞开了心扉，架起了沟通的桥梁；有了分享的心，我们也不会抱怨得到的太少，因为每一个人分享的信息和快乐，汇聚起来将会让大家都感到特别的富足。

本节内容图表解说

见图 12-1。

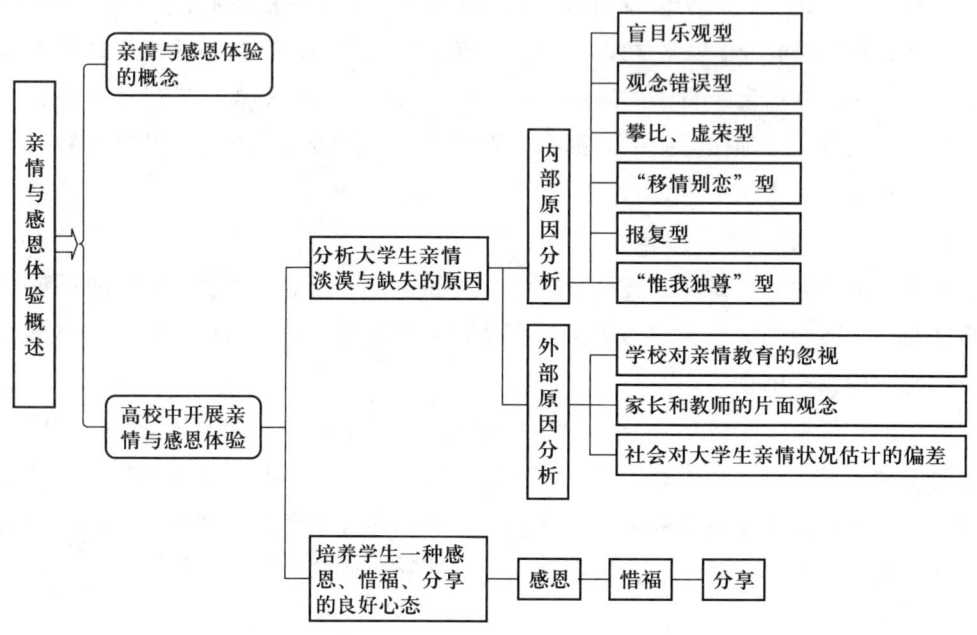

图 12-1　第十二章第一节内容图表解说

动动脑

- 你是如何理解亲情与感恩体验的？
- 文中提到高校开展亲情与感恩体验的原因和培养因素，你同意吗？为什么？

第二节　如何进行亲情与感恩体验

通过以上论述，我们明白了在高校中开展亲情与感恩体验的必要性和重要性。那么如何进行亲情与感恩体验呢？这是我们下一步需要关心的问题。大学生亲情与感恩教育要切合学生实际，坚持家庭体验、学校教育和社会教育相结合的方式，做到系统性、长期性。

一、亲情与感恩体验需要先知恩

在感恩教育中，最重要的一点是要让学生们如何去发现恩情、感受别人对我们的帮助。只有我们感知到别人对我们的恩情，才会触发我们的感恩。因此，教师要帮助学生去细心观察，用心感受生活中点点滴滴的恩惠，感受这种恩惠背后的情感力量，让学生们真正了解到这种恩情的价值。尤其是对于现代社会中的大学生，那些认为"一切所得都是天经地义的、都是他们应该得到的"人群更应如此。做好了这一点，无疑会促进学生对感恩意义的理解。通过表演话剧、进行辩论、小组讨论等方式，也都可以帮助学生们明白什么是恩惠、为什么要感恩以及如何感恩才能让对方明白。[①]

二、亲情与感恩需要"身教"影响

著名心理学家班杜拉（Albert Bandura）的社会学习理论指出，人们是通过观察别人的行为及行为带来的结果来学习的。个人的人格特质是在社会环境中向别人习得的，所以学习的主要途径就是模仿。即便个人没有完全表现出与那个人一样的行为，但是在潜意识中也会受其影响，从而影响今后的行为倾向。孔子说："其身正，不令而行。"所以，我们应该通过对"身教"的学习使自己的身正起来。[①]

有这样一个故事：一位妈妈在给小儿子洗完脚之后，又给自己的母亲洗脚；小儿子偷偷看到了，感受到了这种感恩母爱的感情和行为，也打了洗脚水给自己的母亲洗脚。这就是"身教"。

三、亲情与感恩需要知行合一

陶行知曾经说过："教育要通过生活才能发出力量，而成为真正的教育。"在亲情与感恩教育中，多实践才是真理，我们的感恩会因为别人的感知和反馈而得到强化。当有很多的理论来支持我们应该感恩的同时，我们应该去实际体会如何去感恩，体会感恩给我们带来的积极体验，这种体验往往会产生意想不到的效果。我们可以在体验中进行适当的讨论，可以在做中学，加深对感恩过程的理解。[②]

1. 亲情与感恩体验在家庭生活中的实施

英国著名的《曼彻斯特调查报告》指出："教育成功的至要因素在于家庭环境内，家庭因素的重要性几乎两倍于社区与学校两项因素之和。"学校和社区的一些体验的布置和要求最后也需要落实到家庭中来实施，父母等亲人也是亲情体验的见证者。学生家长对待子女、父母的态度，与亲朋好友交往的做法等，都会对学生产生潜移默化的影响。因此家庭是亲情与感恩体验最理想的场所，朝夕相处的父母是亲情与感恩体验最好的指导教师。亲情与感恩就是渗透在家庭生活的点点滴滴之中，家庭中的亲情与感恩体验也最为真切，可能对学生的触动也越大，体验教育的效果也会比较良好。

（1）加强对父母家庭亲情与感恩教育的指导

良好的家庭环境会促进大学生学会如何关心、帮助他人，加快大学生亲情品质的培

[①] 《当代积极心理学》；刘翔平 主编；中国轻工业出版社；第十二章 感恩，P196.
[②] 《当代积极心理学》；刘翔平 主编；中国轻工业出版社；第十二章 感恩，P197.

养。此外，大学生的亲情缺失有一方面原因是父母观念的问题，学生家长也应内省自己的做法有没有欠妥的地方。因此学校与家庭一方面应该主动建立协调的教育体系，积极沟通、反馈学生体验情况；另一方面也要对家长的亲情教育进行指导，例如可以给学生家长寄去一些亲情与感恩体验教育的宣传资料，向家长进行介绍；可以开通网上家长学校，通过视频、文字、图片等多媒体手段宣传；学校还可请一些心理辅导专家，在线具体指导学生家长如何在家庭中开展亲情体验教育，以及在亲情体验教育过程中遇到的问题应该如何予以合理化解。

（2）开展丰富多彩的家庭活动

家庭活动是一种很好的寓教于乐的方式，它既避免了说教的僵硬、呆板、容易激起孩子的逆反心理、效果不佳的缺点，又能起到增进家庭成员之间的感情与沟通的目的。让学生与家长在活动的互动中，互相激励、帮助，体验那一份血浓于水的亲情。比如：可利用假期组织家庭厨艺比赛；还可以举办家庭才艺展示活动。现在国家调整了休假制度，增加了清明、端午、中秋等3个小长假，可在扫墓、祭奠先人的时候，让孩子体会到"子欲养而亲不待"的遗憾，从而加倍珍惜身边的亲人；还可以全家人去户外郊游，在朝夕相处、互扶互助中，加深彼此之间的感情。

2. 亲情与感恩体验在学校生活中的实施

（1）营造良好的亲情体验教育的校园环境。

要在学校的校园内形成一种亲情与感恩教育的浓厚氛围，树立起人人将孝敬、处处有爱心的良好的校园环境，让学生在耳濡目染中体验亲情。如开辟亲情与感恩教育宣传长廊，让校园的每一堵墙都成为亲情与感恩教育学习的阵地；可以以黑板报、展板等形式，将反映亲情与感恩的文章和图片张贴在上面，供学生浏览；学校还应充分利用校园网、广播、校园电视台等媒体，宣传和报道发生在我们身边的亲情故事；开设"亲情"周，组织开展母亲节、父亲节活动等。

（2）亲情与感恩问卷调查，让学生进行自我评价。

这是课堂亲情与感恩体验的前期准备工作，通过问卷调查的形式，一方面让教师知道了现在大学生对亲情与感恩的认识，以及现实的亲情与感恩状况；另一方面，也可以提醒学生内省、反思，对自己有一个正确的自我评估。

（3）亲情与感恩体验在课堂中的实施

1）主题班会　可以以亲情与感恩体验为主题举行主题班会，让学生自己组织文章、节目，在浓浓的亲情与感恩情境中，了解、感悟、理解，学会感恩、惜福和分享。

2）个案学习　个案学习就是以"亲情与感恩"案例为基础，以问题为导向进行讨论，使学生得到领悟和启发。

（4）模拟情境体验

情境教学论者，将学生在学习中的心理过程分解为4个环节：一是自我感知，即让学生调动起自己的经验,调动起自己的感官,对认识对象进行亲身的实践性感知;二是心领神会,是领会知识、分析知识、形成规律性认识的阶段,更多地伴随着学生对自身经验的调动和加工,对于感知信息的分析、加工、反馈和呈现,这就是一个感性到理性的过程;三是激情畅游,指学习主体在对教学内容和情境感知的基础上,情感和想象的渗透和契合;四是精神超越,是引导学生走向精神自由发展的过程。[①]

情境体验教学过程四阶段:阶段一是"创设情境"与"发现";阶段二是"情感促进"与"感悟";阶段三是"价值实践"与"生成";阶段四是"精神审美"与"升华"。

亲情与感恩体验教育可以采用情境教学的方式,创设情境,调动学生的感官与经验,参与其中,反思自身。通过体会、理解,最终让亲情与感恩观念深深植入学生的脑海中,并学会感恩与回报社会。可采用的情境体验方式,比如:创设母亲怀孕的情境,让每一个学生肚子上捆五公斤的沙袋,模拟妈妈怀孕时的体态,来回走动;角色扮演,让学生分别扮演父母的角色,模拟家庭中出现的各种场景,应对各种家庭琐事;可以在学生的双腿上各捆上一个沙袋,并让他们带上老花眼镜,用棉花塞住耳朵,然后上下楼梯,体会老年人的身体状态,从而能从心底里更加体谅和善待老年人。

(5) 亲情与感恩体验在学生事务和课外活动中实施

在学生事务和课外活动中,亲情与感恩体验有更广阔的空间。这就意味着有无数体验学习的机会。

以下有几条亲情与感恩体验教育的建议:

1) 亲情与感恩歌曲大赛 音乐是人类共通的语言,一曲好的音乐具有非常强的艺术感染力。一首好的亲情歌曲,歌词与旋律传达出的意境,同样可以起到震撼人心、发人深省的作用。如1999年在春晚走红的《常回家看看》,歌名的立意就十分明显,意在劝诫忙碌奔波的人们不要忘记操劳一生的父母。

2) 亲情与感恩电影、电视剧展映 学校可以每一周在校园的多功能厅或礼堂放映一部描写亲情与感恩的电影。在播放电影之前或者间隙,可以请一些电影爱好者或者学校影视编导专业的教师来给学生做一些影片的介绍、分析、讲解,以让学生看得更明白;对电影传达出的亲情与感恩主题把握得更透彻,体会更深入。此外还可以在影片放映完毕后,布置学生写观后感,然后可以请一些同学将自己心得体会当场与大家分享,并展开讨论。

3) 组织学生去社区服务、献爱心 从广义的社会层面来看,我们每一个人都是社会这个大家庭中的一员,我们应该是相亲相爱的一家人。我们不仅要关爱自己的家人,也应该关心和爱护社会上一切需要关心的人,将亲情与感恩的温暖演变成一种人间关怀延伸向社会的各个角落。学校可以在课外定期组织到社区的敬老院以及儿童福利院、社会救助站奉献自己的爱心。让我们的学生在这一系列的公益事业中,体味亲情的重要,以一颗感

---

① 李秀伟. 呼唤情感——情境体验教学研究 [M]. 济南:山东教育出版社,2007. 153-163.

恩、惜福、分享之心来面对周遭世界。

这里需要注意的是，这种亲情与感恩体验不要形式化，不要停留在表面，不是一两次的短效行为，也不是我们扛着送温暖的旗帜、带着相机、走马观花式到社区旅游一下、合几张影就行了。学生在参加了体验之后，要有所感悟，有所内省，写一些感悟和心得。明确告诉自己，从这些活动行为中感受到了什么，准备以后怎么做。同学之间也可以交流，教师要给予点评。

这种亲情与感恩体验活动需要持之以恒地开展下去，争取做到常态化。希望通过学校的教育以及学生的体验，懂得感恩父母、回报社会，并让这些行为成为一种他们发自内心的自觉行为，并一直贯穿到他们今后的人生旅途当中。

3. 亲情与感恩体验在社会生活中的实施

亲情与感恩体验教育应该是家庭、学校、社会三者共同承担起的责任，只有三者之间加强沟通和反馈，积极强化和宣传亲情观念，亲情与感恩体验教育才能真正落到实处，才能在社会上掀起人人重亲情与感恩、处处有亲情与感恩的良好风气。

现在社会生活中的亲情体验形式大概有以下几种。

（1）家庭亲情与感恩活动的社会化、群体化

前文介绍的一些家庭活动，如家庭厨艺比赛、家庭才艺展示等等，还是局限在单个家庭内部，属于一种自发行为。而通过社会力量（街道、社区、社会团体、政府机构）的参与和组织，可以将这些单个家庭活动扩展成为更大范围的群体性的亲情与感恩体验活动。同时，比赛的形式从家庭内部成员之间的竞争变成了家庭与家庭之间的比拼，要想获胜，靠一个人的单打独斗是不行的，家庭成员之间必须要相互配合，形成默契。强大的家庭荣誉感，会让每一个成员紧紧拧成一股绳，心往一处想，力往一处使。这会让学生感到家庭团结的力量。家庭中每一个成员都是不可或缺的，都是自己最亲的人。

（2）亲子拓展训练营

亲子拓展训练是社会上一些体验式培训机构的常设课程，这种训练营要求家长与孩子一起参加，以模拟生活中多种复杂情境进行体验式训练。在专业教练的引导下，通过角色扮演、情感训练、专题讲座、游戏等多种互动交流形式，使家长和孩子一起经历一场身心和亲子关系上的情感体验之旅。这种亲子拓展训练可以说是一种短期的集中强化的体验活动，会在几天的时间内通过各种体验形式，打破和消除横亘在家长与孩子之间的障碍和隔膜，让孩子在角色互换的扮演中，在游戏互动中，感受到彼此之间的关爱，从而强化亲情观念。

（3）亲子拓展旅游

现在一些旅行社和拓展培训机构合作开发了亲子拓展游的项目。亲子拓展游不仅仅是为了寻求快乐而进行一种活动，它既可以锻炼孩子的体魄，又可促进孩子心智的发展。亲子拓展旅游一般是多个家庭组团前往，让孩子们突破了家庭和小团体的局限，体验社会交

往关系，为孩子和孩子之间、孩子和家长之间搭建了交往平台。通过活动，可以建立更和谐的家庭关系，孩子可以从另一个角度学习知识，家长也可以从不同的方面更多地发现孩子身上的优点，这对于家长和孩子来说，都是一种难得的锻炼机会。在户外特定的环境中，家长可以给孩子树立一个榜样，让孩子知道如何团结和互助，怎样勇敢尝试。

4. 系统、有效的学习评价机制

要想让学生通过亲情与感恩体验，产生一种发自内心的觉悟，除了自我观念上的认知改变之外，外在的一套系统、有效的学习评价机制将会起到至关重要的作用。

行为主义认为，学习者常常会努力完成那些能够带来奖赏的学习任务，而对那些不能带来奖励或带来惩罚的任务则不努力。学习者的内在动机固然重要，但是通过激发学习者的外在动机也可以使他们更加努力和积极。所以我们在开展亲情与感恩体验教育过程中，要为学生提供良好的学习动机。如设立亲情与感恩奖学金，给那些在亲情与感恩体验学习中表现优秀的学生，予以适当的物质和精神上的奖励。强烈的个人荣誉感会激发起学生参与的积极性，从而有助于推动亲情与感恩体验教育实施与发展。

每一次的体验实践活动结束后，要即刻组织开展反省、思考和评估活动。这是不可或缺的，因为正是在这里，学习者的注意力才会指向预定的亲情与感恩体验的目的；正是在这里，外部概念的灌输以及自己的经历与经验才能内化为心中的使命自觉。反思是人类对自身活动进行思考的过程，包括了检查错误和总结经验，它是人类成长的原动力；而评价是对修正个人观点、纠正偏见和接受正确思想的过程。如果说体验阶段是感性和主观成分占多数，那么在评价和评估阶段则是趋于理性和客观的。

评估的方式可以分为自评、他评两种。

自我评价可以在个人经历了体验活动，在进行了反思过程之后，在体验报告中对自己在这次体验活动中的表现进行自我剖析式中肯的评价，可采用SWOC分析法这一常用的评估工具。所谓的SWOC分析法，是将与研究对象密切相关的各种主要内部优势因素（Strength）、弱点因素（Weakness）、机会因素（Opportunity）和挑战因素（Challenge），通过调查罗列出来，并依照一般的次序按矩阵形式排列起来，然后运用系统分析的思想，把各种因素相互匹配起来加以分析，从中得出一系列相应的结论（对策）。运用在亲情与感恩体验中，就要求学生分析自己与亲人的感情基础如何，在这次体验中有什么样的积极表现，收获了哪些处理人际关系的知识，自己的表现还有什么不足之处，下一步应该怎么做以进一步改善与家人之间的关系等等。让学生对自己的现状能有一个较为准确的自我认知，同时产生有效的自我激励的作用。

他评的形式是多样的，可以是其他家庭成员的评价，也可以是参与合作体验学习的其他学生的评价，当然也少不了专业的指导教师的评价。这种他人的及时回馈，会有助于"盲目我"的减少（因为有些时候，我们的一些做法自己不知道有什么不妥，而别人却会看得很清楚）。也从另一个角度认识了自己。

本节内容图表解说

见图 12-2。

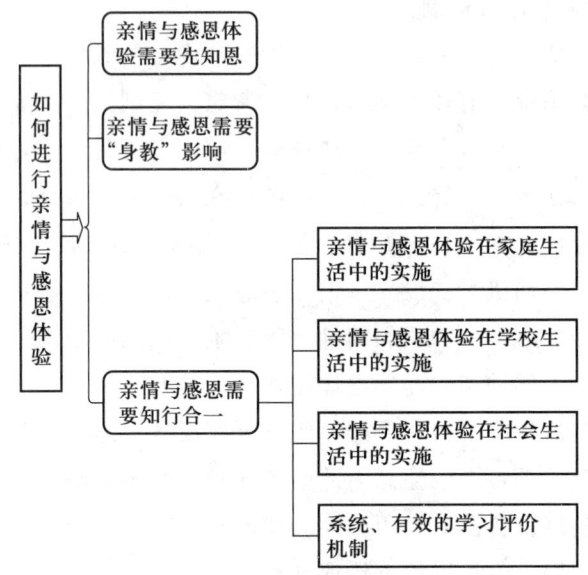

图 12-2　第十二章第二节内容图表解说

动动脑

- 对于亲情与感恩体验的实施，你的看法是什么？
- 你觉得可以在企业中实施亲情与感恩体验吗？为什么？如何进行？

第三节　体验式学习——亲情与感恩体验与活动设计案例

说明：

亲情与感恩体验与活动设计案例（表 12-1、表 12-2）仅作为参考，教师、学生完全可自由自主地发展出完全不一样的体验式学习模块。

每个体验由多个体验活动组成，总学时不得少于规定完成的各体验学时。

表 12-1 体验式学习活动设计案例 1

活动主题	亲情与感恩体验：今天我当家
活动学时	24 学时
如下为举例说明	
活动前期准备	• 了解家人一天当中需要做的事情，并列出"当家"计划； • 制定一天三餐的菜谱，并列出需采购的食物； • 制定一天的生活预算。
活动过程要求	• 根据列出的事项，一项项执行，例如买菜、做三餐、打扫卫生等； • 根据预算采购食物及生活用品； • 客人来了，接待客人。
活动预期效果	• 通过角色替换，体验"当家"的感觉，了解爸爸妈妈平时当家的辛苦以及为了这个家庭付出的劳动，增进家人、子女间的感情交流，能以实际行动报答家人的辛劳，为家庭分忧，激发学生关爱家人、体谅家人的情感； • 通过让学生独立设计菜谱、独立购买，学习正确合理消费，节约用钱，养成勤俭的好习惯。
活动中的感悟是什么？	• 家人养家不容易，除了每天的做饭、打扫，还要解决家里的大小诸事； • 家人也会累，要多分担家事，减轻家人的负担。
活动中的成长是什么？	• 通过体验，学会分享家长的苦与乐； • 通过体验，学会预算，比质比价，正确消费。
活动中可能存在的问题	• 有些家长太珍爱子女或者担心子女做不好，总想帮忙做一些，需要耐心说服家人，指导可以，但是"当家这一天"则由子女做主； • 从没当过家的同学对一天的日常生活很无序，需要向家长请教、学习。

表 12-2 体验式学习活动设计案例 2

活动主题	亲情与感恩体验：为家人洗脚
活动学时	12 学时
如下为举例说明	
活动前期准备	• 准备洗脚盆，有木质盆最好，没有用其他材质的也可； • 准备洗脚用的热水，40 度左右； • 准备洗完脚用的毛巾； • 准备其他物品，如磨脚石、指甲剪、护肤霜等。

表12-2(续)

活动过程要求	• 仔细为家人洗脚，观察家人的脚。 • 洗脚时可以与家人聊聊天，聊学校的事、小时候的事； • 准备磨脚石，为父母磨平脚底的厚茧； • 洗完后帮忙修剪指甲，抹上护肤霜，并按摩脚底； • 如果条件允许，可以考虑用电热洗脚盆，以便父母长期泡脚养生。
活动预期效果	• 通过为家人洗脚，增进家人间的感情交流，用实际行动报答家人的辛劳，激发学生关爱家人的情感； • 这份情感的交流是语言无法表述的，家长和孩子在活动中被这份真情感动着。
活动中的感悟是什么？	• 以前都是父母长辈给子女洗脚，这次给父母长辈洗脚，才知道父母长辈多么辛苦，父母长辈也老了； • 从小到大，妈妈给我洗过多少次脚，为我付出过多少心血，而我只为妈妈洗这一次脚，妈妈就这么感动了，感受母爱。
活动中的成长是什么？	• 学生通过给家人洗脚，明白要及时行孝，要以实际行动来孝顺家人； • 通过"洗脚"体会到父母工作的辛苦。
活动中可能存在的问题	• 学生不好意思给家人洗脚或者家人不好意思让子女来为自己洗脚，学生要抛开羞涩，家人不让时要坚持，说服家人； • 学生没有切实执行。

第十三章　团队合作体验

本章纲要
- 团队合作体验概述
- 如何进行团队合作体验
- 体验式学习——团队合作体验与活动设计案例

三只老鼠同去一个很深的油缸偷油喝，够不到油喝的它们想了一个办法，就是一只老鼠咬着另一只老鼠的尾巴，吊下缸底去喝油，大家轮流喝，有福同享。

第一只老鼠最先吊下去喝油，它想："油就这么多，大家轮流喝一点儿也不过瘾，今天算我运气好，干脆自己跳下去喝个饱。"夹在中间的老鼠想："下面的油没多少，万一让第一只老鼠喝光了，那我怎么办？我看还是把它放了，自己跳下去喝个痛快！"第三只老鼠也暗自嘀咕："油那么少，等它们两个吃饱喝足，哪里还有我的份儿？倒不如趁这个时候把它们放了，自己跳到缸底饱喝一顿。"

于是，第二只老鼠狠心地放开第一只老鼠的尾巴，第三只老鼠也迅速放开第三只老鼠的尾巴，它们争先恐后地跳到缸里去了。最后，三只老鼠都淹死在油缸里。

独行侠的时代早已过去了。在今天，无论你从事什么工作、处于什么环境，都无法脱离其他人对你的支持而一个人完成所有的事情，不能因个人私利而置他人利益不顾，团队成员之间只有真诚合作，才能顺利实现团队目标。随着竞争日益激烈，团队概念已经越来越为社会和个人所重视，这是一个重视团队的时代。

第一节　团队合作体验概述

一、团队合作的概念

1994年，组织行为学权威、美国圣迭戈大学的管理学教授斯蒂芬·罗宾斯（Stephen Robbins）首次提出了"团队"的概念：为了实现某一目标而由相互协作的个体所组成的正式群体。[①] 在随后的几十年里，关于"团队合作"的理念风靡全球。团队合作是一种为达到既定目标所显现出来的自愿合作和协同努力的精神。它可以调动团队成员的所有资源和才智，并且会自动地驱除所有不和谐和不公正现象，同时会给予那些诚心、大公无私的奉献者适当的回报。如果团队合作是出于自觉自愿时，它必将会产生一股强大而且持久的力量。

通过团队合作可以做到个人或者局部力量无法完成的事情。通过多次的相互间帮助——团队合作，可以增强相互间信任，从而打造一个有较强凝聚力的工作队伍。

经过长时间的团队合作，团队成员就会发现彼此间的优点和不足，可以为团队成员提供一个较好的学习平台。

对于组织运营来说，意见和观点的不合，不管发生在哪个层面上都是很不和谐的；相反，在团队合作中，可以采取各种措施避免冲突，因为团队中的任何一员都会切实考虑他人的感受，时间长了就可以营造一个相对和谐的工作环境。

在团队合作中，大家长期地相互交流，能够帮助对方在工作中快速找准定位，理清思路，快速进入工作状态。大家互帮互助、发扬团队合作的精神，愉快地工作，个人的积极性充分发挥，个人价值也在团队中成功地体现出来，这样也就有效地提高了工作效率。

二、团队合作的特征

1）共同的价值观　团队成员拥有共同的价值观。共同的价值观就像电脑的操作系统一样，为不同的团队成员提供共同的、可兼容的统一的平台。

2）归属感　归属感也就是凝聚力。成员喜欢他们的团队，愿意属于这个团队，具有一种自豪感。在具有归属感的团队中，成员之间可以分享成就，分担失败带来的忧虑和不能按时完成工作的焦急。团队成员之间愿意帮助别人克服困难，或是自觉自愿地多做工作。

3）有效授权　团队领导使成员有渠道获得必要的技能和资源，团队政策和做法能够支持团队的工作目标，在团队中能够做到人人有职有权。

4）明确的团队目标　团队中的每个成员都能够描述出团队的共同工作目标，并且自觉地献身于具有挑战性的目标。

5）共享　能够共享团队中其他人具有的智慧；能够共享团队的各种资源；能够共享团队成员带来的各种信息；团队成员共享团队的工作责任。

6）良好的沟通　团队成员之间肯于公开并且诚实地表达自己的想法。团队成员之间互相主动沟通，并且尽量了解和接受别人，积极主动地聆听别人的意见。团队成员中间不同的意见和观点能够受到重视。

7）角色分工并合作　一个团队中能具备不同的团队角色：实干者、协调者、推进者、

[①] 郭庆. 关于团队合作的几点思考. 中国高新技术企业，2009（3）.

创新者、信息者、监督者、凝聚者、完善者。成员之间分工并合作。

三、团队合作的组成要素

1. 团队执行力

对于一个优秀的集体，不是某个或某些领导具有执行力，也不是某个或某些工作人员具有执行力，而是整个团队的人都具有执行力，这才保证了单位所制定的目标和制度被不折不扣地执行下去，才会有高绩效的经济效益和社会效益。到底什么是执行呢？执行就是制定简单明晰的目标和不折不扣地去做。如果没有人将执行任务当一回事，那么再清晰、再简单的目标也完成不了。①

2. 团队协作力

团队协作能力首先是指团队中的每一位成员都要有团队意识，同时要求团队中的每一位成员要有与其他成员进行合作共事的能力，包括遇到分歧时互相协调能力，遇到困难时互相帮助能力等等。简单地讲，就是一个队伍中大家怎样合作来完成任务。②

本节内容图表解说

见图13-1。

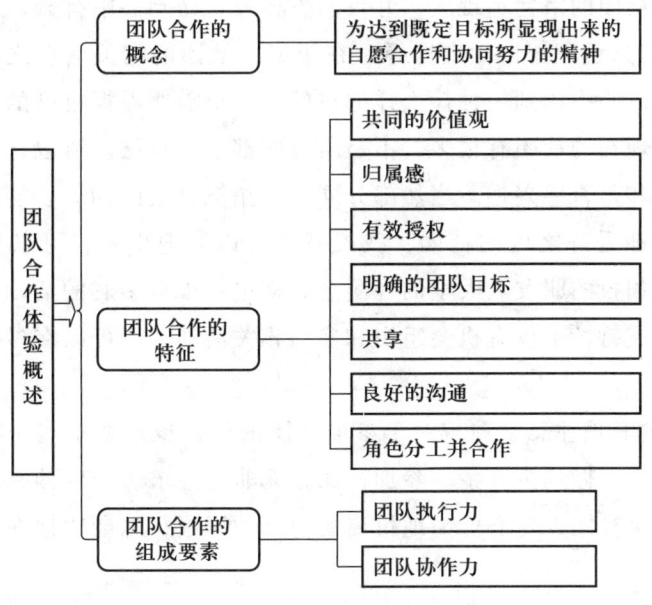

图13-1 第十三章第一节内容图表解说

---

① 李庆霞. 论思想政治理论课教学团队建设的必要性及其原则［J］. 黑龙江高教研究，2009年第11期（187）：99-101.

② 张宗胜. 四川省教育厅研究课题"大学生团队意识及协作能力状况调查与对策研究". 课题编号：C07J-058.

动动脑

● 一个好的团队，会让人铭记，会让人不舍，会让人心甘情愿用自己的一切守卫它。请你回想一下，你曾经历过这样的团队吗？是哪种团队？

● 有人说"团结就是力量"，你认同吗？为什么？

第二节 如何进行团队合作体验

团队合作体验可以从学校内外的社团体验进行，也可以通过参加团队拓展训练体验进行。

一、如何进行社团体验

1. 如何选择和参加社团

1）首先了解社团的相关信息 在你做出决定和选择之前，一定要首先了解学校目前有哪些社团，各个社团的宗旨和现况，并且多方比较，做到心中有数。

2）根据自己的兴趣理智地做出选择 在了解了社团的相关信息之后，还要认真思考一下，希望从社团体验中达到一种什么样的目的。这里需要根据自己的兴趣和爱好理性地做出自己的选择。现在的社团有很多，不是所有的都适合自己。所以选择社团时，首先要考虑自己擅长什么和是否感兴趣。当然部分同学想拓宽自己的知识、能力，也可以有意识地参加不在自己兴趣爱好之内的社团，找找感觉。以兴趣出发，可以选择自己喜欢的社团，结交一群志趣相投的朋友。大学的社团会定期组织丰富多彩的活动、一般活动的举办都会有社团基金的支持，不仅有机会组织和参与相关活动，还可以在参加活动的同时实现自我的价值。

3）参加社团的其他注意事项 对于参加社团的数量也需要根据个人精力和时间的安排，控制在一到两个，做到少而精。参加社团，无非是寻求一个延伸兴趣、展示自我的平台，只要选择一两个社团，专心努力地付出所得到的回报，总会比你在多个社团里顾此失彼要强得多。

大学生毕竟是学生，要以学业为重，在积极投入社团工作的同时，还要抓紧功课的学习，在时间和精力上做好合理分配与安排。切忌喧宾夺主，注意协调好社团工作和学习的关系。

2. 如何在社团中锻炼自己

（1）作为社团一般成员的体验

参加社团活动的最终目的,是为了锻炼并提高自身的能力,从而达成阶段目标。因此,当你加入某一社团成为其中的一员,最重要的就是要积极规划自己在该社团中的活动。所以,要以积极的态度去参加社团组织的各项活动;同时要善于倾听别人的声音;再有就是不要功利心太强;最后要及时进行总结。这样才能真正在社团体验中有所收获。

(2)作为社团的组织者和日常管理者的体验

在社团活动中,除了加入已有社团之外,还可以自己组建社团、运作和管理社团,从学生社团申请和筹建、社团组织机构与职能安排的设立,到日常的运作与管理协调、干部的任用与选拔、社团活动的组织与实施等,这些过程的体验将会锻炼和培养一个人的领导力、执行力、与人沟通合作的能力,从而为日后的创业和职场生涯积累经验。

二、如何进行团队拓展体验

1. 团队拓展体验的缘起

拓展训练的诞生与欧美盛行的外展训练(Outward Bound)教育模式有直接关联,而有"外展训练之父"之称的库尔特·哈恩(Kurt Hahn,1886-1974)是这种教育模式的创始者。他通过自己的经历和一些研究,创立了阿德伯威海上训练学校。这所学校通过各种海上模拟训练方法,旨在培养人们坚强的意志力和无畏的勇气,来面对生活中和自然界中所充斥的各种各样的困难,从而也拉开了体验式培训的序幕。

后来,伴随着社会竞争愈加激烈,很多管理者和企业家因为心理素质不够良好,无法承受来自生活和工作的挑战,从而导致了行为的错位和变异。此时以海上训练为主的拓展训练也不断地适应时代的变化,逐渐发展了各种形式多样的户外训练方法,同时更加注重培养人们的心理素质、团队精神和管理技能,使得参训个体通过拓展训练能更好地适应社会的发展,所以训练对象也由最初的海员扩大到军人、学生、工商业人员等各类群体。1995年,这种训练方法也经由台湾、香港等地传入到我国的大陆地区,紧接着,1996年在北京正式成立了第一家拓展训练学校。

2. 如何进行团队拓展体验

在团队拓展训练中,受训者会经历这样的过程:

1)组建团队(包括:整队,规范队列、站姿,整理着装,清点人数,高呼口号,欢迎词,拓展训练简介);

2)团队展示(各队设计队名、队徽、队训、队歌等并展示);

3)提高项目游戏:如急速90秒、过电网、地雷阵、卖水果(每轮游戏后由教练带队分享交流);

4)升华项目游戏:卓越圈;

5)闭营仪式(团队汇报表演、教练和学员总结、分享心得)。

在拓展训练中,常用的游戏项目有破冰起航、穿越雷阵、生死电网、珠行万里、急速

90秒、孤岛生存、卓越圈等（表13-1）。如在破冰起航的游戏中，小组的主要活动是：完成团队组建，起队名，选队长，设计队徽、队歌与队训。穿越雷阵要求全组成员在规定的时间内通过一个地雷区。生死电网要求所有队员在规定时间内穿过用绳布的"电网"成功翻越到对面。珠行万里要求队员利用PVC管将球从A点运送到B点。急速90秒要求队员在规定的90秒内，到指定区域按照从小到大的顺序拿到30张卡片，并将其按照要求交给教练。孤岛生存模拟真实场景将队员分为"正常人"、"聋人"、"哑人"3组共同完成任务。卓越圈要求所有队员用最短时间通过一个身体大小的绳圈，用时最短的队获胜。这些项目都在一定程度上要求队员要做到分析信息、有序计划统筹、打破思维定式、沟通合作、承担责任、领导组织等，而其中有些积极主动的行为恰恰是学生未来求职中需要展示的素质。

表13-1 团队拓展训练体系

项目名称	意义	就业胜任力维度	胜任特征
破冰起航	打破阻碍，建立沟通	自我提升能力 关系管理能力	信息开放、意见接纳、团队认同
穿越雷阵	团队合作，勇于尝试，不断创新	职业能力 个性特质	压力应对、职业领悟、冒险性
生死电网	计划性，信任与合作	职业能力 关系管理能力	任务执行、工作规划、人际圆融
珠行万里	目标设定，沟通与协作	自我提升能力 职业能力	经验总结、职业领悟、团队协作
急速90秒	锻炼分析能力，增进团队交流协作，提高时间管理效能	自我提升能力 职业能力	信息开放、工作规划、团队协作
孤岛生存	各阶层沟通，基层执行力，高层领导力	自我提升能力 职业能力	信息开放、学习他人、任务执行
卓越圈	领导能力，冷静处理问题的思维能力，领导的勇担责任意识	自我提升能力 职业能力 职业情意	经验总结、工作规划、成就动机

本节内容图表解说

见图13-2。

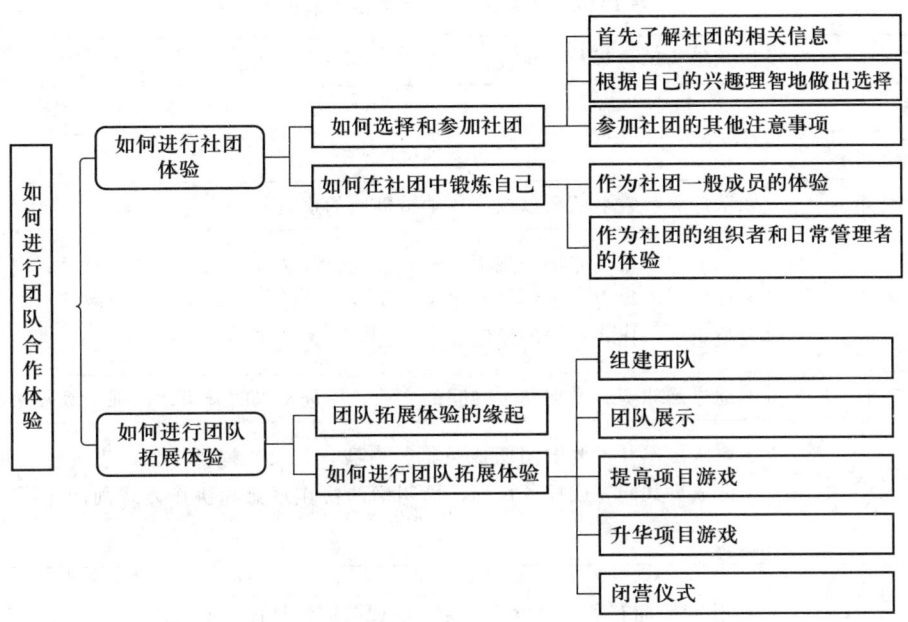

图 13-2　第十三章第二节内容图表解说

动动脑

● 除了书中提到的社团体验和拓展训练外，请你列举其他团队合作体验的方式，并请简单介绍说明。

● 有人在谈中国的体育时曾说：中国单个人的表现总是成绩优秀，比如跳水、体操等；但是一有团队合作项目就不行，比如足球、篮球等。你是如何看待的呢？

第三节　体验式学习——团队合作体验与活动设计案例

说明：

团队合作体验与活动设计案例（表 13-2、表 13-3）仅作为参考，教师、学生完全可自由自主化发展出完全不一样的体验式学习模块。

每个体验由多个体验活动组成，总学时不得少于规定完成的各体验学时。

表 13-2　体验式学习活动设计案例 1

活动内容	以班级为单位举行一场友谊足球赛
活动学时	16 学时
如下为举例说明	
活动前期准备	团队球服、啦啦队服以及一些呐喊助威的道具。
活动过程要求	• 比赛中严格遵守比赛规程，尊重裁判，服从裁判判决，尊重对手； • 比赛中不得有非正规动作出现，角逐中杜绝打架等事故，比赛遵循友谊第一，比赛第二的原则。
活动预期效果	• 通过足球赛，增加同学之间的交流，促进友以的升华，增强班级凝聚力。
活动中的感悟是什么？	• 团队协作并不要求团队成员牺牲自我，相反，挥洒个性、表现特长可保证团队成员共同完成任务目标，而明确的协作意愿和协作方式则产生了真正的内心动力。
活动中的成长是什么？	• 让我们拥有了大局意识，为了完成共同的目标而努力。
活动中可能存在的问题	• 由于天气等原因，比赛时间可能会进行调整； • 比赛过程中可能会有同学受伤； • 比赛过程中可能会起冲突。

表 13-3　体验式学习活动设计案例 2

活动内容	真人版密室逃脱游戏
活动学时	12 学时（2 学时玩一个主题）
如下为举例说明	
活动前期准备	• 找 3~5 个小伙伴一起去玩 • 选择不同的密室逃脱主题体验（不同的主题难度不同）
活动过程要求	• 真人密室逃脱一般会在一个暗室里进行，全组唯一的光源就是手电筒，所以需要花时间照射找到线索； • 每个主题都有剧情，要根据剧情的发展逐一找线索。因为有的信息在没有完成前一个步骤之前是得不到的，这样自然就解不开下一个谜题。
活动预期效果	• 可以在自己喜好的主题场景中扮演理想中的角色，凭借细致的目光、缜密的推理、强健的体魄和齐心的协作，最终在规定时间内完成任务，获取奖励。
活动中的感悟是什么？	• 三个臭皮匠，顶个诸葛亮。

表13-3(续)

活动中的成长是什么?	• 通过团队内部所形成的一种观念的力量、氛围的影响,形成一种目标导向的团队精神。
活动可能存在的问题	• 由于游戏时间有限,没有在规定的时间内成功逃出密室,则宣布游戏失败,工作人员会把大家带出密室。

第十四章　非营利组织体验

本章纲要
- 非营利组织体验概述
- 如何进行非营利组织体验
- 体验式学习——非营利组织体验与活动设计案例

在这章，首先我们需要了解非营利组织的正确定义，了解"非营利事业的本质是改善人类生活和生命品质的一种无形的东西，它使人获得新知，使空虚无主的人获得充实与自在，使天真无邪的儿童成长为有自尊、有自信的青年，使有伤痛的患者获得痊愈。非营利事业是一种使命，其精神是仁爱的、利他的、为公众利益着想的"①。通过参与福利性、公益性事业活动，在与弱势群体的接触过程中，更深刻地懂得感恩生活，感恩生命，更愿意付出爱与温暖来关心其他人。

其次，我们也要认识到，非营利组织并非不赢取利润，只依靠政府和民间资助的机构，它也要像营利组织一样，以获取利润为导向。只是区别在于，利润不是装进了私人的口袋，而是归整个组织所有。改变了旧的观念和定义后，要学会用营利组织的经营管理方式来经营非营利组织。

随着社会经济发展，中国大陆的非营利组织不能再像以前仅依靠政府和民间资助，它也要自谋利润，这样才能不受资金限制，获得长足发展。这将是非营利组织发展的一个趋势。

所以，在进行本单元体验的时候，除了感性体验外，更重要的是将在营利组织的体验中所获得管理经营方式、成本、风险、折旧等观念加以应用在非营利组织的经营中。

第一节　非营利组织体验概述

一、非营利组织的概念

非营利组织是英文 Non-Profit Organization（NPO）的翻译，一般认为现代意义上的非

---

① 彼得·德鲁克. 余佩珊译. 非营利机构的经营之道［M］. 台北：远流出版事业股份有限公司，1994.

营利组织出现于第二次世界大战前后。与非营利组织类似的词汇还有"非政府组织"（Non-Governmental Organization，NGO）、"志愿者组织（Voluntary Organization，VO）"、"公民社会组织"（Civil Society Organization）、"草根组织（Grass Roots Organization，GRO）"、"第三部门"（The Third Sector）等。作为对现代政府失灵和规范市场制度失灵的一种功能性反应，非营利组织为人类解决社会难题提供了一种尝试的渠道。它与政府不同，常常被称作"非政府组织"；与企业不同，它关注的常常是公共事务。

对于什么是非营利组织尚没有统一的定义。这一方面由于非营利组织兴起的历史不长；另一方面则缘于不同国家、地区具有不同的社会文化背景。

较为普遍接受的定义是塞拉蒙（Lester M. Salamon）教授所提出的五特征法，即将具有以下5个特征的组织界定为非营利组织：①组织性　这些机构都有一定的制度和结构；②私有性　这些机构都在制度上与国家相分离；③非营利性　这些机构都不向他们的经营者或"所有者"提供利润；④自治性　这些机构都基本上是独立处理各自的事务；⑤志愿性　这些机构的成员不是法律要求而组成的，这些机构接受一定的时间和资金的自愿捐献[①]。

美国学者沃夫（Wolf）所指出的非营利性组织定义中，5个方面的特质也是比较受到多数人接受的。五特质分别是：①有服务大众的宗旨；②不以营利为目的的组织结构；③有一个不致令任何人利己营私的管理制度；④本身具有合法免税地位；⑤具有可提供捐助人减（免）税的合法地位[②]。

二、非营利组织的基本属性

非营利组织最主要具有的4个基本属性：非营利性、自治性、志愿公益性和合法免税的地位。

（1）非营利性

指的是非营利组织不能将利润（收入）进行分配，只能用于组织所开展的各种社会活动及自身发展。

（2）自治性

指的是每一个非营利组织都有独立自主的判断、决策和行为的机制与能力，都属于独立自主的自治组织。非营利组织通过横向的网络联系与坚实的民众基础动员社会资源，形成自下而上的民间社会组织。

（3）志愿公益性

---

① ［美］莱斯特·M·塞拉蒙等. 贾西津 魏玉等译. 全球公民社会——非营利部门视界 [M]. 北京：社会科学文献出版社，2002：3-4.

② 转引自：邵金荣. 非营利组织与免税——民办教育等社会服务机构的免税问题 [M]. 北京：社会科学文献出版社，2003.

指的是非营利组织的内在驱动力不是利润动机，也不是权利原则，而是以志愿精神为背景的利他主义和互助主义。企业是组织化的资本，政府是组织化的权利，非营利组织是组织化的志愿精神。志愿者和社会捐赠是非营利组织的重要社会资源，而企业主要以资本的形式获取社会资源，政府主要通过税收集中社会资源。非营利组织表现为那些为追求一定的价值观并无偿参加各种社会公益或互益性活动的人们；社会捐赠则是志愿精神的货币化和物质化，表现为人们为各种社会公益或互益性活动无偿提供货币或其他物资。

（4）合法免税的地位

指的是非营利组织经营所得享有免除政府税收上的优惠，并且捐助或赞助者的捐款列入免（减）税的范围。

非营利组织以其使命和价值观来决定其工作方向，并由此确定其活动的领域和所提供的产品与服务。非营利组织通过各种途径所获得收入盈余，只能用于其组织的发展和组织使命的实现，而不能当作红利分配给任何个人。

严格地说，非营利组织中不应包括政府出资成立的各种政府附属性组织或外延性组织，如某些政府机构下设的服务中心、医疗室以及各种形式的特殊法人等（这里强调的是一般而言的非营利组织，中国转型时期的事业单位不在此列）。非营利组织中一般也不包含政党组织和宗教组织，对于这两类组织，在塞拉蒙的研究中使用了"政治性"和"宗教性"的标准，将它们与一般的非营利组织加以区分，即把那些不具有明确的政治性宗旨和宗教性宗旨的组织也作为非营利组织来看待。

三、非营利组织的分类

非营利组织的分类与其定义密切相关。对非营利组织有不同的定义，它的分类就会有不同的标准。

塞拉蒙将非营利组织分为12类：①文化与娱乐（文化、艺术、运动、娱乐、社交等）；②教育与研究（学前、初级、高级、成人等教育及研究）；③健康（医院、康复、护理之家、心理健康与危机预防、其他健康服务）；④社会服务（社会服务提供、紧急事件的援助、经济与生活的支持）；⑤环境方面（环境保护、保护动物等）；⑥发展与供给（经济、社会与社区发展，住宅供给、职业训练）；⑦法律、拥护者与政党（人民拥护的组织、合法的法律服务、政党组织）；⑧慈善家与志愿工作的宣传（基金会）；⑨国际性非营利组织；⑩宗教；⑪行业与专业学会、协会；⑫其他（如同学会、同乡会、联谊性俱乐部等）。

中国有的学术机构将中国非营利组织作了如图14-1所示的分类。

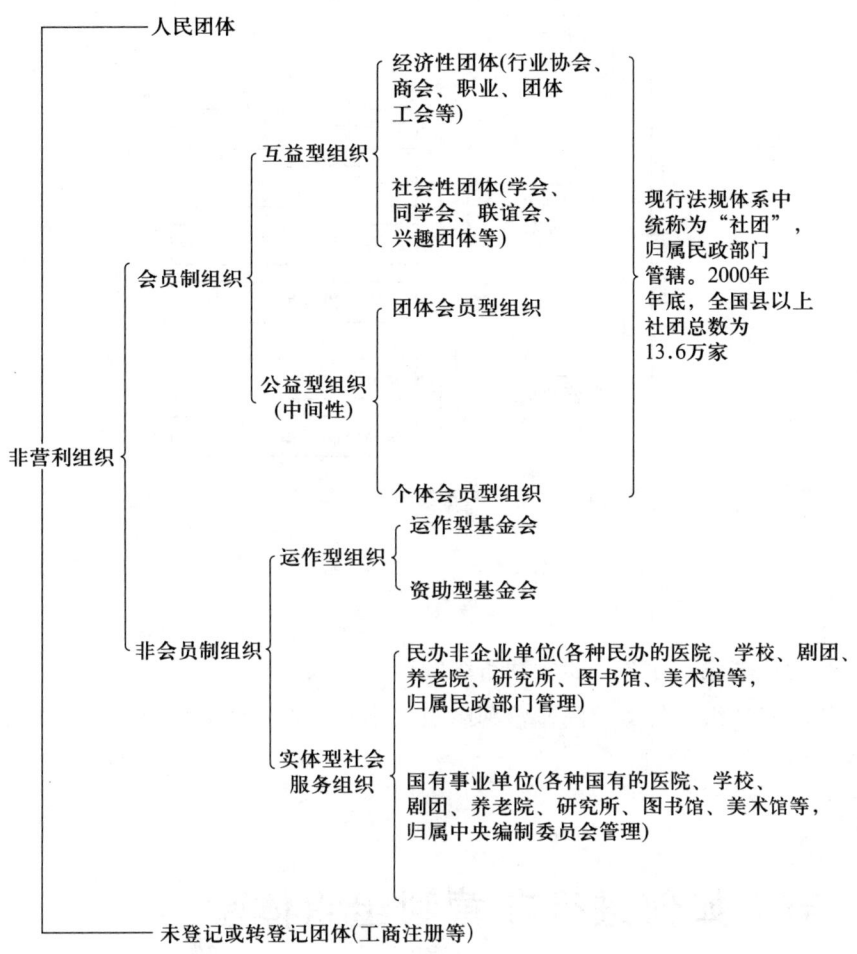

图 14-1　中国非营利组织基本分类①

本节内容图表解说

见图 14-2。

---

① 引自：苗丽静主编. 非营利组织管理学 [M]. 大连：东北财经大学出版社，2006.

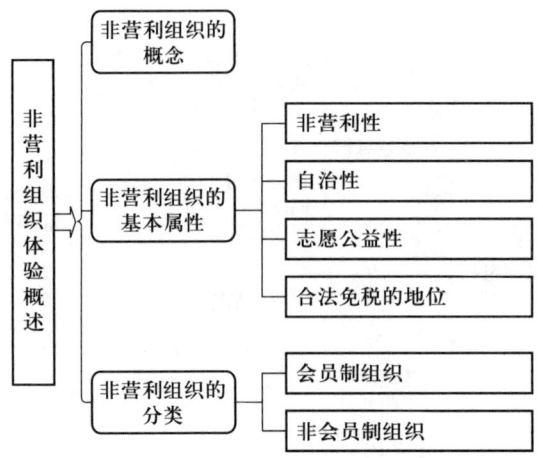

图 14-2　第十四章第一节内容图表解说

动动脑

- 请用一句话来说明什么是非营利组织？
- 中国的非营利组织与美国的非营利组织有哪些区别？请列举至少 3 个方面。

第二节　如何进行非营利组织体验

做志愿者是进入非营利组织体验的重要途径。

非营利组织包括各种基金会、慈善组织、学会、协会、研究会等，其提供的服务包括社会福利、教育培训、医疗保健、救灾赈灾等。

一、非营利组织实例简介

从领域分布上看，非营利组织活动较为集中和活跃的主要领域是以下 5 个方面：①①权益保护方面；②环境保护方面；③社区服务方面；④扶贫发展方面；⑤慈善救济方面。

1. 权益保护方面

弱势群体权益保护组织代表：中国光彩事业促进会、中国扶贫基金会、中国青少年基金会、中国妇女发展基金会（简称中国妇基会）等等。

---

① 《非营利组织的活动领域（1）》，汪铃添，倪海玲，李爱平，安琪，2013-01-16.

实例：中国青少年发展基金会募集到的 19 多亿元善款及其开展的"希望工程"，建立了 8000 多所设施齐全的"希望小学"，使 200 多万失学儿童能够重新走进课堂。

2. 环境保护方面

在中国的环境保护领域里，较为著名的代表：自然之友、北京地球村、绿色家园志愿者、中国小动物保护协会、中华环保基金会、北京环保基金会、中国野生动物保护协会、中国绿化基金会、中国环保产业学会、中国植物学会、中国自然资源学会、中国环境科学学会、污染受害者法律帮助中心等等。

实例："自然之友之绿色希望行动"是自然之友与中国青少年发展基金会合作，由德国米苏尔社会发展基金会及其他基金会资助，志愿者到各地希望小学带领小学生开展体验式、参与式的环境教育课程，培养孩子们对环境的热爱，增强环保意识，参与环保行动。这是一项非营利的、主要依靠志愿者推进的社会公益活动。项目从 2000 年到 2009 年，在这 8 年里项目组共派出近百个志愿者小组，三百余名受过培训的志愿者前往全国 22 个省、市、自治区的二百余所希望小学开展了环境教育工作，参与绿色希望行动的学生数量超过 2 万人，有效地提高了项目涉及地区广大师生的环境保护意识。

3. 社区服务方面

社区服务是指在政府的指导和扶持下，为提高社区居民的生活质量、增进社区的公共福利，以基层社区和社会服务机构为主题，以社区成员的互助资助为基础，利用社区内外的资源，开展的各种具有福利性质的社会服务。

社区服务组织有：各种志愿者协会、业主委员会、社区工作者协会、民办医院、民办养老院等。社区服务主要以社区内的居民为服务对象，尤其是老年人、儿童、残疾人、困难户等。

实例：面向特殊群体提供的服务。如为社区老年人、社区残疾人、社区特困家庭服务等。有利于培养社区良好风气，促进社会的和谐发展，预防犯罪，防止家庭暴力等。

4. 扶贫发展方面

扶贫发展活动主要包括：生存扶贫、技术扶贫、教育扶贫、救助贫困母亲、合作扶贫、文化扶贫、食物扶贫等。组织主要代表：中国扶贫基金会、中国国际 NGO 合作促进会、中国人口福利基金会、中国计划生育协会、中国青少年发展基金会、中华慈善总会、农家女实用技能培训学校、爱德基金会、世界宣明会、香港乐施会、救助儿童会、HPI（国际小母牛项目组织）、四川农村发展组织等等。

实例：香港乐施会 1993 年开始在中国开展项目，1998 年它在中国的项目总开支为 2300 万元人民币；在四川，美国国际小母牛项目组织从 1984 年开展援助项目，目前其年度预算为 438 万元人民币。他们在以发展中国家为中心的贫困地区开展一系列的扶贫开发项目，向处于贫困中的发展中国家提供各种直接援助，同时还支持发展中国家当地非营利组织的建设能力。

5. 慈善救济方面

慈善组织是慈善事业发展的载体，大致有：社区邻里机构、宗教团体、基金会、联合集资与募款组织。美国慈善机构在文化教育、医疗卫生、妇女与儿童权益保护、老年人服务、消除贫困、就业、移民、环保、社区改造、帮助少数族裔等方面都发挥着十分重要的作用。

实例：由中国红十字基金会和中国公益研究院联合发布的《中国儿童大病救助现状与慈善组织参与报告》的数据显示，2012年，70多家慈善组织开展了130多个儿童大病救助项目，覆盖了十多种儿童重大疾病，对数万名患儿实施了救助。

二、非营利组织体验重点

1. 志愿精神

志愿精神（Volunteerism）是非营利组织的精神基础。实质是人们基于一定的公共意识、关怀意识（利他精神以及可能基于某种神圣启示）、责任意识、参与意识、合作意识和奉献精神，当然还有一定的个人偏好（自由、自愿、追求生命的意义和价值）的基础之上的自觉努力。非营利组织的志愿性不仅仅体现在它的主要推动者是志愿的，它的一般参与者和支持者本质上也是志愿的，它在一切资源动员上基本都是志愿的，这正是非营利组织独特的生命力和独特价值所在。所以在进行非营利组织体验时，志愿精神的培养是关键中的关键。

2. 经营方式

正如前文所提，非营利组织不能只依靠政府和民间资助，它也要像营利组织一样，以获取利润为导向，只是利润不能归个人或股东所有，而是归整个组织所有。所以要用经营营利组织的经营管理方式来经营非营利组织，这样非营利组织才能不受资金限制，获得长足发展。

本节内容图表解说

见图14-3。

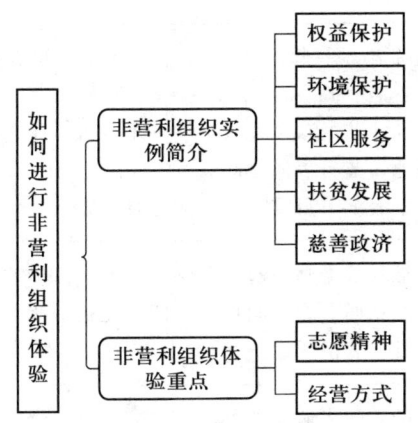

图 14-3　第十四章第二节内容图表解说

动动脑

● 除了文中提到的非营利组织体验的重点外，请查找相关资料，再试着列举至少 2 个。

● 有人将非营利组织体验称为公益组织体验或爱心体验，你同意吗？为什么？

第三节　体验式学习——非营利组织体验与活动设计案例

说明：

非营利组织体验与活动设计案例（表 14-1、表 14-2）仅作为参考，教师、学生完全可自由自主地发展出完全不一样的体验式学习模块。

每个体验由多个体验活动组成，总学时不得少于规定完成的各体验学时。

表 14-1　体验式学习活动设计案例 1

活动主题	非营利组织体验：儿童福利院——节目表演（组织能力）
活动学时	36 学时
如下为举例说明	

表14-1（续）

活动前期准备	• 和福利院老师一起给孩子们排一个集体的节目，并教他们（如舞蹈、唱歌、朗诵、表演…）； • 让有特别才艺的孩子每人准备一个节目，让老师们做指导； • 确定场地、节目表演时间。 • 准备各个表演节目需要用到的道具。
活动过程要求	• 与儿童福利院老师一起布置场地； • 与孩子们见面，相互间自我介绍，互相了解，增进感情； • 确定节目的表演顺序。
活动预期效果	• 激发孩子们的表演能力； • 增加孩子们的生活、学习乐趣； • 在与孩子们交流中加深对这些孩子的了解，更好地帮助他们
活动中的感悟是什么？	• 才艺展示，成长了自己，愉悦了别人，这就是双赢。 • 带给他人快乐很简单，只要我们愿意用心。
活动中的成长是什么？	• 利他大部分也是在利我，学会从对方的角度，思考他们的所需，才能更好地帮助他们。 • 关心福利院的儿童，明白他们的需求是有人能多跟他们交流，多关心他们； • 儿童福利院的管理不仅需要好的经营，更需要认真、有耐心的管理；这样的管理需要投入更多的爱，需要更多财力、人力的投入。
活动中可能存在的问题	• 节目表演中，因准备不足表演不理想。而表演不好的孩子可能会不开心，这时需要多观察、并给予相应的安慰 • 没有足够的相关心理学知识，需要特别照顾孩子们的心理要求 • 碰到个别有心理或语言障碍的孩子，需要耐心地与他们交流。

表 14-2 体验式学习活动设计案例 2

活动内容	去留守儿童或农民工子女小学支教
活动学时	168 学时（21 天）
如下为举例说明	
活动前期准备	• 与小学联系去支教的事情； • 支教的同学； • 授课的内容； • 交通。
活动过程要求	• 分组，一个小组 10 人； • 按学校的安排进行支教；
活动预期效果	• 体会到当教师的辛苦，给孩子们带来不同方式教学的乐趣。

表14-2(续)

活动中的感悟是什么?	• 当教师的不容易, • 农民工子女生活的艰辛, • 贫困小学师资力量教学设备的不足。
活动中的成长是什么?	• 体会到当教师的不容易,体会到应该很满足自己的生活环境。
活动中可能存在的问题	• 安全问题; • 学校方面的沟通。

第十五章　营利组织体验

本章纲要
- 营利组织体验概述
- 如何进行营利组织体验
- 体验式学习——营利组织体验与活动设计案例

年初，公司招了大批应届本科和研究生毕业的人员。经过多次面试后，我亲自招回来一个女孩。有一天，她来找我，她的困惑是，为什么总是让她做琐碎的事情？我问她：什么叫不琐碎的工作呢？她答不上来，想了半天，跟我说：我总觉得，我的能力不仅仅能做这些，我还能做一些更加重要的事情。后来，她来辞职，她直言：本科4年，功课优秀，没想到毕业后找到了工作，却每天处理的都是些琐碎的事情，没有成就感。我问她：你觉得，在你现在所有的工作中，最没有意义的、最浪费你时间、精力的工作是什么？她马上答我：帮你贴发票，然后报销，然后到财务去走流程，然后把现金拿回来给你。

我说：在我担任总经理助理的工作时，其中有一项工作，就是跟你现在做的一样，帮总经理报销他所有的票据。本来这个工作就像你刚才说的，把票据贴好，然后完成财务上的流程就可以了。其实票据是一种数据记录，它记录了和总经理乃至整个公司营运有关的费用情况。看起来是没有意义的一堆数据，其实它们涉及了公司各方面的经营和运作。于是我建立了一个表格，将所有总经理在我这里报销的数据按照时间、数额、消费场所、联系人、电话等等记录下来。通过这样的一份数据统计，渐渐地我发现了一些上级在商务活动中的规律。

当我的上级发现，他布置工作给我的时候，我会处理得很妥帖。有一些信息是他根本没有告诉我的，我也能及时、准确地处理。他问我为什么，我告诉了他我的工作方法和信息来源。

渐渐地，基于这种良性积累，他越来越多地交代给我更加重要的工作。再渐渐地，一种信任和默契就此产生。我升职的时候，他说我是他用过的最好用的助理。

第一节 营利组织体验概述

一、营利组织的概念

1. 营利组织与企业、公司

营利组织指的是以市场为导向、以获取利润为目标、利润所得归个人或者股东所有的企业。所以,营利组织是一种企业。企业,源于英语中的"enterprise",并由日本人将其翻译成汉字而传入中国。enterprise 原意指的是企图冒险从事某项事业,而且具有持续经营的意思,后来引申为"经营组织"或"经营体"[①]。

那么,企业与公司又有何不同呢?我们先来看看公司的概念。公司是依照公司法设立的企业法人。企业与公司概念是不同的。企业不是严格意义上的法律概念,而是一个经济学的范畴,表示一种作为客观事实的社会现象,一种相对独立且持续存在的各生产要素相结合的组织体。于是学者们尝试从经济学角度把握企业的概念,以新古典企业理论,把企业组织视为投入和产出之间的生产转换函数。企业是一个生产单位,设立的目的是为了实现利润的最大化,其功能是把土地、劳动等人力和非人力资本等生产要素进行投入并转化为一定的产出。

2. 营利组织的特征

不同背景的地区对营利组织的理解也不尽相同,但凡营利组织都有 3 个主要特征:其一,从营利组织存在的社会性质和功能角度来看,营利组织是独立从事商品生产经营活动和商业服务的经济组织;其二,从营利组织的生存和发展的目的来看,营利组织以营利为其活动宗旨;其三,从营利组织存在的法律条件来看,营利组织必须依法成立并具备一定的法律形式。[②]

二、营利组织分类

根据中国宪法和有关法律规定,中国目前有国有经济、集体所有制经济、私营经济、联营经济、股份制经济、涉外经济(包括外商投资、中外合资及港、澳、台投资经济)等经济类型,所以,非营利组织即企业就分为:①国有企业;②集体所有制企业;③私营企业;④股份制企业;⑤联营企业;⑥外商投资企业;⑦港、澳、台投资企业;⑧股份合作企业。

[①] 王宝树主编.商事法论集 [M].史际春.企业、公司溯源.北京:法律出版社,1997;第 1 卷.40.
[②] 甘培忠.企业与公司法学 [M].北京:北京大学出版社,1998;3-4.

(1) 国有企业

传统上对中国"国有企业"概念的界定，一直沿用计划经济体制时期所给定的概念，即所谓全民所有制企业。其含义是生产资料归全体人民所有，并通过国家共同占有的一种公有制企业形式。这种界定由于只从所有制角度出发，所以显得有些片面、模糊又过分简单。纯粹的国有企业，在商业目标之外一定承担着非商业目标，肩负着特定时期的某种社会特殊职能；而普通企业（包括具有普通企业性质的国有持股企业）则主要瞄准商业目标，追求企业利润最大化。

"纯粹国有企业"主要分布在以下这些产业：战略性资源产业，如石油、有色金属产业等；战略性高技术产业，如航天航空工业、核工业、基础电子业等；管制性垄断产业，如电信产业；自然垄断产业，如邮政、电网、铁路、港口、机场等；公用事业产业，如城市供水、供电、供热、供气等；非营利行业，如医疗、教育等；意识形态领域产业，如新闻、出版业等；高社会风险产业，如金融业；民间不易经营的特殊行业，如造币、特殊药品的生产和供应等。

"国有持股企业"是指国家持股占多数的企业。这类企业依据公司法运作，政企分开，国有经济和政府参股或控股，具有普通法人地位，建立标准的公司治理结构，主要从事于竞争性行业。

根据中华英才网发布的最新《中国大学生最佳雇主调查报告》显示，有35.9%的在校大学生将国有企业列为最理想的求职单位，国企仍为学生就业首选。

(2) 集体所有制企业

根据学者考证，"集体所有制"概念在其诞生之初即具有特定的内涵，包括：生产资料公有、集体劳动、按劳分配，以及允许拥有少量的家庭副业等。因此，"集体所有制企业"作为一种企业形式，其表述的不仅是对企业财产的权属安排，还有诸多如劳动模式、分配方式等制度构成，是一整套制度体系。

(3) 私营企业

由个人投资、以个人或家庭劳动为主，从事经营活动，依法经核准登记，取得经营资格的经营者为个体工商户；由自然人投资、以雇佣劳动为主，并依法经核准登记的营利性经济组织为私营企业。私营企业分为独资企业、合伙企业和有限责任公司。

(4) 股份制企业

股份制企业是指两个或两个以上的利益主体，以集股经营的方式自愿结合的一种企业组织形式，是适应社会化大生产和市场经济发展需要、实现所有权与经营权相对分离、利于强化企业经营管理职能的一种企业组织形式。

(5) 联营企业

联营企业是指在横向经济联合中，联营各方共同出资设立的从事生产经营活动的企业。联营企业分为法人型、合伙型以及合同型联营企业三种类型。联营企业合作模式主要包括新设立和收购模式。

（6）外商投资企业

外商投资企业是一个总的概念，包括所有含有外资成分的企业。外商投资企业，是指依照中华人民共和国法律的规定，在中国境内设立的、由中国投资者和外国投资者共同投资或者仅由外国投资者投资的企业。

外商投资企业分为4种类型：①合资经营，由中外合营各方共同投资、共同经营，并按照投资比例共担风险、共负盈亏的企业；②合作经营，中外合作各方通过合作企业合同约定各自的权利和义务的企业；③外商独资企业；④外商投资合伙企业。

（7）港、澳、台投资企业

港、澳、台投资企业指的是所有含有港、澳、台地区投资成分的企业。对于港、澳、台投资而言，其对出口的促进作用大于对进口的促进作用；而对于其他外商直接投资而言，情况正好相反，其对出口的促进作用小于对进口的促进作用。

（8）股份合作企业

股份合作企业指以合作制为基础，由企业职工共同出资入股，吸收一定比例的社会资产投资组建，实行自主经营、自负盈亏、共同劳动、民主管理、按劳分配与按股分红相结合的一种集体经济组织。

本节内容图表解说

见图 15-1。

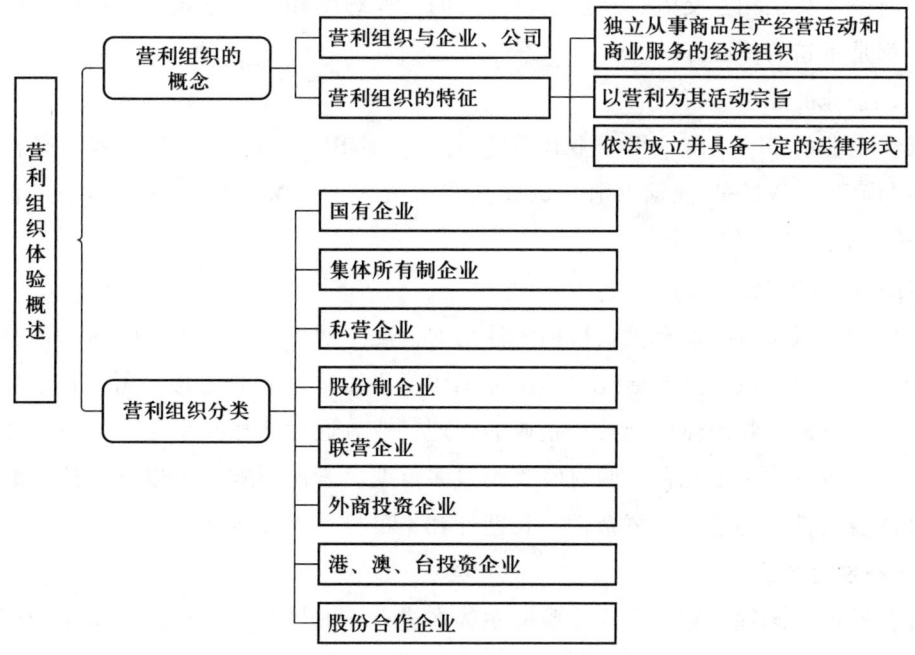

图 15-1　第十五章第一节内容图表解说

动动脑

- 营利组织还有其他的分类方式吗？请查找相关资料列举。
- 在营利组织中任职，你觉得应该注意什么？请列举3个。

第二节 如何进行营利组织体验

一、营利组织体验的内容

企业体验的内容丰富，几乎学习者进行的所有与企业及实际工作有关的活动都可以归为企业体验。

对于企业体验，我们可以根据体验的深入程度及主体的认知、感受程度分为：自发性地认识、了解；接触性地了解；深入体会和实际历练。

当然，不论是哪一种程度的感知与认识，营利组织的体验重点是在：

第一，企业文化。一个好的企业会有十分鲜明的价值观和文化，你可以通过观察该企业的标志、员工的穿着和精神面貌以及对外宣传栏目，认识该企业的文化和价值观。

第二，企业的管理模式。通过亲身参与、认真观察和了解，体验并分析不同企业的管理模式，与企业员工相互交流、观察企业员工的工作态度和工作方式、旁听企业的员工大会等等，都是不错的体验方式。

第三，企业的成本分析。

第四，企业的CIS系统，即企业识别系统。包括BI——行为识别（例如穿着牛仔裤"年轻、时尚"）、VI——视觉识别（例如麦当劳大大的"M"标志。）、MI——心智识别（麦当劳——快餐文化）。

1. 自发性地认识、了解

这种体验是指主体在没有预设目标和计划的情况下通过随意或偶然的活动体验企业的管理、企业的文化，或者直接通过进行实际工作行为体验企业的运营。比如到亲戚朋友的企业帮忙，通过购买物品体验到某些企业的管理，或者通过接触某个企业的员工体验到这个企业的文化等等。由于此种体验时时受到很多可变因素的影响，所以这类体验的特点是具有较强的自发性、随意性、复杂性、长期性和不可控性。

2. 接触性地了解

企业体验的接触性了解阶段，体验的主体在进行企业体验开始前已经有了较明确的目的，会根据自己的目的对企业进行较深入的体验了解。但其体验的内容多停留在企业环境或某些实际工作的外围，体验的深度一般。在这个过程中，可以建立较强的感性认识或简单的整体性的认识，其体验后可能记忆深刻但缺少反思。作为一种能给主体带来旺盛的求知欲的企业体验活动，这种活动对主体拓宽眼界、增长见识、启发思维都是很有帮助的。

3. 深入体会

体验的主体通过较长时间投入企业环境或实际参与工作，接触到企业的很多方面，对企业的环境有一个适应的过程，对实际工作也有较深入的实际作业，这种程度的体验活动就是深入体会。这种体验也因为主体与实际环境或工作接触全面，容易造成主体与体验内容的适应性冲突，可能会造成对主体过强的冲击，所以随着体验活动的深入，引导者要提供更多的疏导。

4. 实际历练

实际历练一般指主体较长的时间进入工作状态，处在大部分工作中的关系中，应对工作中所出现的大部分问题，体验在工作的发展中不断深入。需要在企业实地至少有 30 天。历练是从不适应到慢慢适应的过程，也是主体通过反复处理出现的问题不断提高的过程。正是有适应性的冲突才让主体认知更深入，有适应全新环境的阵痛对克服困难就更渴望。一旦克服了困难，感触也更深。

二、营利组织体验的意义

企业体验内容丰富，包括生活中的我们对某个企业的"情有独钟"的了解以及接触它的"产品"，也包括我们许多学生在企业中做兼职，更重要的是在企业中进行较长时间的实地实践。企业体验的意义包括：

首先，企业体验是生涯发展与规划的一种尝试。生涯发展与规划中涉及的内容包括了解自我，也包括了解周围的环境，生涯发展与规划也必然基于主体对自我和周围环境的认识，把二者结合起来找到合适的交集。企业体验通过实践性的活动，来体验作为社会主要单元的企业及其环境、工作内涵。在这过程中，主体往往要融入环境，了解或参与实际工作，对自我和环境的认识不断提高。

其次，企业体验是进入职业生涯的准备。学生不知道企业需要什么样的人，企业对学生的能力存在一定的偏见，在企业和学生之间缺乏了解和沟通的桥梁。企业体验使两者之间有一种联系，使他们有相互了解的机会，这个桥梁就是实地实践。企业环境是与家庭、学校完全不同的环境，如果我们的学生没有对企业和实际工作的认识，没有经历过锻炼和有关能力的培养，一方面可能不能符合企业的要求，另一方面很难适应企业环境。一些企业这样说："实地实践就像热身，就业是起跑，在起跑前热身会对学生就业大有帮助，而且对企业和个人双方来说是双赢的。"

第三，企业体验是促进学习的有效手段和锻炼能力的方法。很多学生在校学习知识可能并未深刻体会到知识的实际用途，不明白课程开设的目的，也不清楚实际工作中需要哪些知识、技能和素质，所以学习的目标不明确，动力也不足。走进企业、做实际工作往往可以让他们认识到知识、技能的不足，建立自我发展的导向性认识，这就会使学习更具有目的性、更有效率。企业体验需要知识和技能的积累，也会锻炼处理实际事务的能力，把学校学习的理论放在企业的实践中检验，达到实践和理论相结合。

三、如何进行营利组织体验

1. 企业实地实践的准备

到企业进行实地实践要达到较高的目标，就必须做到有计划性，应该有所准备。首先要确定自我发展的目标。实地实践是自我发展的重要活动，所以一定要把企业实地实践与自我的素质、能力、知识、技能的提高联系起来，在实地实践中着重自我培养。其次要有实地实践规划。实地实践规划就是把自己制定的自我发展的目标和实地实践联系在一起，通过实地实践这一有效途径达成目标。

2. 企业实地实践的进行

进行企业实地实践，首先需要找到一个企业，也就是学生实地实践的地点，这个地点可以是自己联系找到，也可以是有亲朋好友主动地介绍，还可以是经由学校联络的企业。企业实践地点的寻找，如果是学生个人联络，无疑是最能锻炼学生的能力的实践方式。

我们把进行企业实地实践分为寻找企业期、实地实践兴奋期、实地实践抵制期、实地实践融合期、实地实践转化期5个阶段。

3. 企业实地实践中的注意事项

1）要牢牢遵守作息时间和工作纪律；
2）要负责任；
3）待人要谦虚；
4）要勤快；
5）要注意尊重人；
6）注意个人仪表；
7）不要轻易张扬个性。

4. 企业实地实践后应做的事情

实地实践是我们从学生时代到成为一名工作者的重要转折点。在实地实践进行完后，我们还是要做很多的事情，要提交体验报告、体验日记、体验总结等一系列的证明文件，同时还要向学校提交体验单位的证明文件，包括体验表现、评语等。

在实地实践中，我们的表现往往就是我们能否留在这家企业中成为正式员工的决定因素，我们在体验中表现出色，就可以申请留下来，成为企业的雇员。

在营利性的组织中的体验是非常重要的，每一位学生在实习后都要进行深刻的总结，看看自己在哪些方面做的还有欠缺，在哪些方面做得很好，要继续发扬。

本节内容图表解说

见图 15-2。

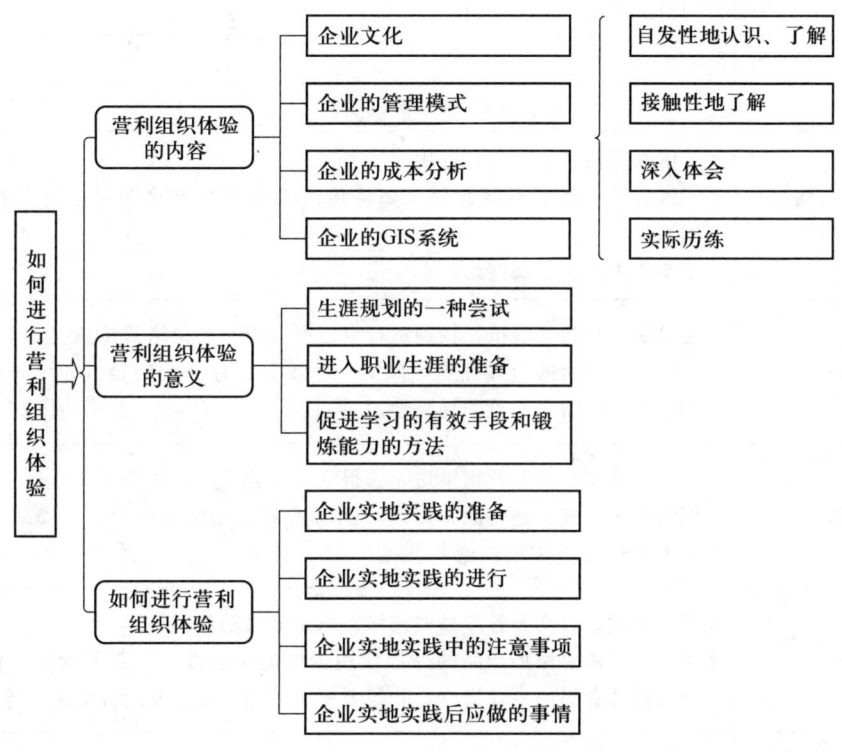

图 15-2　第十五章第二节内容图表解说

动动脑

- 除了书中提到的营利组织体验的内容，你觉得还有哪些需要体验的？
- 为什么营利组织体验后的反思很重要？

第三节　体验式学习——营利组织体验与活动设计案例

说明：

营利组织体验与活动设计案例（表 15-1、表 15-2）仅作为参考，教师、学生完全可自由自主地发展出完全不一样的体验式学习模块。

每个体验由多个体验活动组成,总学时不得少于规定完成的各体验学时。

表 15-1 体验式学习活动设计案例 1

活动主题	营利组织体验:网络营销
活动学时	8 学时×21 天
如下为举例说明	
活动前期准备	• 了解互联网络的普及和应用对所售产品的机会和挑战; • 了解所售产品的网络营销,如将传统业务模式转换为电子商务模式等建立网站; • 了解所售产品网购网站。
活动过程要求	• 通过学习及相关资讯,找到适合自己所售产品的网络营销模式; • 看到网络营销的诸多优点的同时,也要找到存在的问题,如更新慢、没有得到顾客的反馈意见等的局限性。
活动预期效果	• 以网络营销为重要营销渠道,获得竞争优势; • 网络营销的核心是将原本以产品为中心的营销策略改为以消费者为中心,体现出强烈的"4C"理论①。
活动中的感悟是什么?	• 适应时代的改变,各产品的网络营销是必然趋势; • 网络营销需要增加产品的附加使用价值的重要性,如服务营销,在网络营销中为消费者提供专业咨询、购买方便、使用指导、使用价值跟踪等营销行为。
活动中的成长是什么?	• 网络营销也可寓"销"于乐; • 网络时代的消费者具有个性化、主动化、方便化、娱乐性等特点,自主主导其消费观念。

表 15-2 体验式学习活动设计案例 2

活动主题	营利组织体验:在公司中的人际关系处理
活动学时	8 学时×21 天
如下为举例说明	
活动前期准备	• 了解企业内的人际关系是彼此合作的关系; • 了解与同事相处之道,如真诚合作、同甘共苦、公平竞争、宽容待人等; • 了解与上司相处之道,如理解上司的立场、向上司报告工作、提供意见、提供情报、依指示行事等。

---

① "4C"理论::顾客的欲望和需求(Consumer's Wants and Needs)、满足欲望和需求的成本(Cost to Satisfy Want and Needs)、方便购买(Convenience to Buy)以及与消费者的沟通(Communication)

表15-2(续)

活动过程要求	• 反省自己：凡事从自己做起； • 宽容他人：凡事替别人着想； • 感恩惜缘：凡事都有感恩惜缘之心； • 服务他人：帮助需要帮助的人。
活动预期效果	通过参与公司的工作及与上司、同事的相处，学习与人相处，如： • 与人相处的法则：尊重个别差异、了解对方需求、懂得激励别人、积极做人处事、保持参与互动等； • 与人相处之道：了解别人是群我之道、宽容别人是和睦之道、接纳别人是体谅之道、关爱别人是友爱之道。
活动中的感悟是什么？	• 良好的沟通需要清楚的表达，不能偏离主题； • 耐心聆听他人的批评建议，虚心求教； • 如错在自己，则需坦诚道歉； • 心平气和地讨论问题，不能恶言相向； • 工作中的人际是一个人的事业有所成就之钥，深刻理解戴尔·卡内基（Dale Carnegie，1888-1955）的话"专业在一个人成功中的作用只占15%，而其余的85%则取决于人际关系"。
活动中的成长是什么？	• 从沉默寡言到积极参与； • 从无从说起到能有效沟通、讨论； • 从个性张扬到尊敬团队的每一位成员； • 从意气用事到客观评价他人观点。
活动中可能存在的问题	• 初入职场，不会进行换位思考，在与上司、同事的相处中会碰到各种问题； • 没有耐心聆听他人的意见或建议； • 个性张扬、很难融入群体。

第十六章 国际事务体验

本章纲要
- 国际事务体验概述
- 如何进行国际事务体验
- 体验式学习——国际事务体验与活动设计案例

100多年前的中国，当时的清政府闭关锁国，"洋人"带着洋枪洋炮侵略中国，中国割地赔款，中国人饱受战争的欺凌，尊严被践踏，连生命都不能保证……

100多年后的现在，中国已改革开放30多年，"洋人"带着美元、欧元、技术管理方式投资中国，带动中国经济发展，中国国力越来越强，中国人越来越富，连华人华侨都更有底气，都扬眉吐气……

伴随着科技发展，全球化越来越深入，地球村已成为现实。每个国家的发展都不能凭一己之力。求同存异、资源互补、技术共享，才能共同发展。作为个人，更应该在国际趋势、未来发展的境况下，抓住机遇，让自己成长。

当今中国已越来越强，中国也越来越多地参与到国际事务中，所以本章就国际事务体验进行简介。

第一节 国际事务体验概述

一、国际事务的概念

首先，我们先来看国际（International）的概念。国际是一个很常见的政治名词，1789年杰里米·边沁[①]首次使用了"国际"这个词。国际指的是国与国之间关系以及各国及其公民之间的交往。"国际"主要有3个含义：①涉及多个国家或者其公民的事物，比如国际条约；②作为形容词"国际"也常用来表示超出一个国家的国界的事物，比如国际水

[①] 杰里米·边沁（Jeremy Bentham，1748-1832）是英国的法理学家、功利主义哲学家、经济学家和社会改革者，他是一个政治上的激进分子。

域；③国际与超国家这两个词之间的边界不是很清楚。比如欧洲联盟不是一个国际组织，而是一个超国家组织；而北大西洋公约组织则是一个国际组织。

其次，我们来看事务（Affairs）的概念。事务指的是事情或琐碎繁杂的具体工作。

最后，国际事务（International Affairs）的概念即是在国际事务中，对外交往的主体已不仅仅局限于政府或国家代表，同时会有更多的人与组织以不同的形式参与进来，包括企业、一些其他的非政府组织甚至是个人，还有网络。

二、国际事务的范围

国际事务主要包括国际政治、外交、国际关系、经济、文化交流、教育、卫生、法律、安全（网络）等方面的事务。

1. 国际政治

国际政治（International Politics）是指全球性的政治活动，是国家、国际组织及其他政治实体间的互利与合作，与各个国家、国际组织等的政治动态有很大的关系，也是国际社会中各主权国家、国际组织以及各种政治力量相互之间的关系及其矛盾运动过程的综合。国际政治的实质是各种行为体之间的利益关系，核心是国家间的利益关系。国家利益是影响、推动或制止国家在国际关系中行为的基本动因，具有多样性和复杂性。其内容主要包括：安全、经济、政治、科技、文化、社会制度、意识形态以及国际威望和地位等。

2. 外交

外交（Diplomacy）指一个国家在国际关系方面的活动，如参加国际组织和会议、与其他国家互派使节、进行谈判、签订条约和协定等。外交的主体是主权国家。在当今国际社会中，一些由主权国家组成的国际组织日益活跃，也成为外交的重要参与者。如联合国的活动与各国外交密切相关，并影响、协调着各国外交。

外交有多种活动形式，主要有访问、谈判、交涉、缔结条约、发出外交文件、参加国际会议和国际组织等。

3. 国际关系

国际关系（International Relations）是指人们超越国家的界限建立起来的一种特殊的社会关系，它主要包括政治、经济、文化、军事、社会等等关系。国际关系也是政治学的一个分支，研究国际社会之间的外交事务和关系，如国家、政府国际组织、非政府国际组织、跨国公司等。

4. 国际经济

国际经济（International Economics）是指在开放经济条件下，为了实现国家利益最大化和全球利益的均衡化，国家之间的商品、资本以及其他生产要素的流动所形成的经济联系。经济全球化是国际经济发展的重要推手。

随着经济全球化的发展以及中国加入世贸组织，中国经济与世界经济的联系愈加紧密,极大地加快了企业、单位、组织的国际化脚步,刺激了对高素质涉外事务人才需求的增加。

5. 国际文化交流

目前世界上有 200 多个国家和地区、2500 多个民族、6000 多种语言。不同的民族创造了各自独特的文化,不同国家和地区的人民共同创造了丰富多彩的世界文化。国际文化交流(Intercultural Communication)是指世界各国之间开展文化艺术、经济技术、社会科学等领域的交流活动;其目的是加强世界各国、各地区人民的相互了解和友好合作,促进世界经济发展、科学进步、文化繁荣服务和世界和平。

6. 国际教育

国际教育(International Education)是指超越国家之上的全球范围内的教育或可以称为世界教育,是近年来教育国际化和教育问题全球化的一种反映。

7. 世界卫生组织

世界卫生组织(World Health Organization)指各国政府或各国民间之间组成的卫生组织机构,为人类的健康、疾病预防做贡献,帮助解决人们生理、心理健康问题。

8. 国际法

国际法(International Law)指适用主权国家之间以及其他具有国际人格的实体之间的法律规则的总体。国际法的基本原则是:各国主权平等,互相尊重主权和领土完整,互不侵犯,互不干涉内政,平等互利,和平共处,和平解决国际争端,禁止以武力相威胁和使用武力,以及民族自决原则等。

国际事务所涉及的范围请见图 16-1。

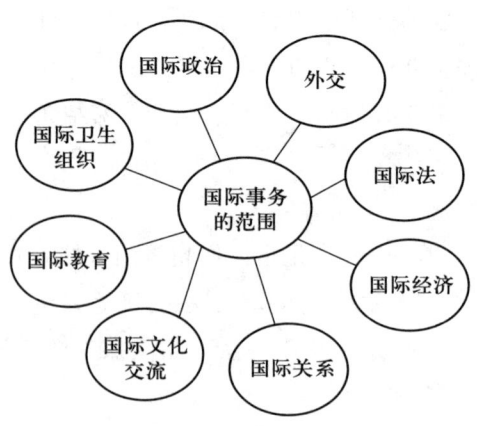

图 16-1 国际事务的范围

三、近期中国主导国际事务案例简介

1. 一带一路

中国领导人于 2013 年首提"一带一路"战略。2015 年 4 月中央电视台新闻频道推出系列报道《一带一路 共建繁荣》,全方位呈现中国与沿线国家为实现互联互通所作的不懈努力。

横贯欧亚大陆的古丝绸之路,留给世界"和平合作、开放包容、互学互鉴、互利共赢"的精神遗产。沟通历史与未来,连接中国与世界,习近平主席准确把握新时期国际秩序深刻调整、经济全球化不断深入的大趋势,高屋建瓴地提出共建"丝绸之路经济带"和"21 世纪海上丝绸之路"的重大倡议,吸引了全世界的目光,得到有关国家积极响应。日前发布的《推动共建丝绸之路经济带和 21 世纪海上丝绸之路的愿景与行动》,标志着"一带一路"步入全面推进阶段。以互联互通为抓手,以金融合作为前导,激发大市场活力,共享发展新成果。[①]

"一带",指的是"丝绸之路经济带",是在陆地。它有三个走向,从中国出发,一是经中亚、俄罗斯到达欧洲;二是经中亚、西亚至波斯湾、地中海;三是中国到东南亚、南亚、印度洋。

"一路",指的是"21 世纪海上丝绸之路",重点方向是两条,一是从中国沿海港口过南海到印度洋,延伸至欧洲;二是从中国沿海港口过南海到南太平洋。

如何把蓝图变成现实?关键在于做好"通"的文章,也就是政策沟通、设施联通、贸易畅通、资金融通和民心相通。其中,政策沟通是重要保障,基础设施互联互通是优先领域。俗话说,"要想富,先修路",当然基础设施不只包括修桥建路,还有油气管道、输电网、跨境光缆建设等。贸易畅通解决投资贸易便利化问题,消除投资和贸易壁垒。资金融通重点在于亚洲货币金融体系建设与金融监管合作;民心相通包括教育、旅游、医疗、科技、文化等多层面的合作。

在项目先行的同时,中国还主动投资 400 亿美元设立丝路基金,目前已经顺利启动;倡导成立 1000 亿美金的亚洲基础设施投资银行,目前超过 50 个国家和地区申请加入,遍及亚洲、欧洲、非洲、南美洲和大洋洲,在全球范围内掀起一股"亚投行热"。

目前,已经有 60 多个国家和国际组织积极响应"一带一路"的倡议,这些国家的总人口约 44 亿,经济总量约 21 万亿美元,分别约占全球的 63% 和 29%。

当然,这些仅仅是一个开始。随着合作深入,"一带一路"将有可能成为世界上跨度最长的经济大走廊。在这条经济走廊上,2014 年中国与沿线国家的货物贸易额达到 1.12 万亿美元,占我国货物贸易总额的四分之一。而未来 10 年,这个数字将翻一番,突破 2.5

[①] 央视网.CCTV 新闻联播.2015 年 4 月 13 日.[OL]. http://news.cntv.cn/2015/04/13/VIDE1428923854189562.shtml

万亿美元。数字翻番,带来的是更大的市场空间、更多的就业机会和更广阔的合作领域。"一带一路"的沿线国家,也将形成更加紧密的利益共同体、命运共同体和责任共同体。

2. 自由贸易区

自由贸易区主要分为两种,一种是中国对外的自由贸易协定;一种是中国国内的自贸区。

根据"中国自由贸易区服务网"①,中国目前在建自贸区 19 个,涉及 32 个国家和地区。其中,已签署对外自由贸易协定 14 个,涉及 22 个国家和地区,分别是中国与东盟、新加坡、巴基斯坦、新西兰、智利、秘鲁、哥斯达黎加、冰岛、瑞士、韩国和澳大利亚等,内地与香港、澳门签署了更紧密的经贸关系协定(CEPA),以及大陆与台湾签署了海峡两岸经济合作框架协议(ECFA)。目前除韩国、澳大利亚自贸协定均已实施,正在谈判的自贸协定有 7 个,涉及 22 个国家,分别是中国与海湾合作委员会(GCC)、斯里兰卡和挪威的自贸协定,以及中日韩自贸协定、《区域全面经济合作伙伴关系》(RCEP)协定和中国-东盟自贸协定("10+1")升级谈判、中国-巴基斯坦自贸协定第二阶段谈判。此外,中国完成了与印度的区域贸易安排(RTA)联合研究;正与哥伦比亚等开展自贸区联合可行性研究;还加入了《亚太贸易协定》。

2015 年 3 月 24 日广东、天津、福建自贸区方案的通过,打响了自贸区"第二季"的发令枪。连同 2013 年 9 月正式挂牌的上海自贸区一起,4 个"各具特色的改革开放高地"正式完成。

从上海自贸区扩展到从南到北的 4 个自贸区,很多人相信,自贸区作为改革开放试验田,其最终目标是要将成熟的经济和金融制度向全中国推广。当年的经济特区,目的是对接港澳台,引进外资和技术,重在开放。而如今的自贸区,形成南北呼应,重在自我转型和升级,意在改革。

一种解释认为,在这个中国改革开放的新版图中,如果把"一带一路"看作是横向铺开的话,那么,4 个自贸区的意义就在于纵向深入。当"一带一路"在开辟对外开放新通道时,作为传统开放起点的沿海,在尝试着把改革开放"掘"得更深。②

3. 大健康产业政策

2013 年 8 月 28 日李克强总理主持召开国务院常务会议,研究部署了促进健康服务产业发展。会议指出,健康服务业包括医疗护理、康复保健、健身养生等众多领域,是现代服务业的重要内容和薄弱环节。随着生活水平提高,广大群众对健康服务的需求持续增

---

① "中国自由贸易区服务网"业务主管部门为商务部国际经贸关系司,技术支持单位为中国国际电子商务中心(CIECC)。作为公众商务信息服务网站,"中国自由贸易区服务网"的主旨和功能是向公众提供我国自贸区建设情况,供国内外企业和消费者了解和查询我国自贸区发展带来的各种贸易、投资优惠和便利,推动社会各界对自贸区谈判的认识和参与,促进有关自贸协定的宣传和实施。

② 中国改革开放新版图. 光明日报. 2015 年 4 月 2 日. [OL] http://news.gmw.cn/2015-04/02/content_15265943.htm

长。会议认为，促进健康服务业发展，重点在增加供给，核心要确保质量，关键靠改革创新。一要多措并举发展健康服务业。放宽市场准入，鼓励社会资本、境外资本依法、依规以多种形式投资健康服务业。二要加快发展健康养老服务。三要丰富商业健康保险产品。四要培育相关支撑产业，加快医疗、药品、器械、中医药等重点产业发展。壮大健康服务人才队伍，鼓励社会资本举办职业院校，规范并加快培养护士、养老护理员、康复治疗师等从业人员。会议要求，要加大价格、财税、用地等方面的政策引导和支持，简化对老年病、儿童、护理等紧缺型医疗机构的审批手续。要切实加强健康服务业市场监管，健全退出机制，提高服务质量和安全水平，努力实现人民群众对健康、长寿、幸福的美好期待。[①]

2015年3月28日，在博鳌亚洲论坛2015年年会中召开了"2015博鳌大健康论坛"。大健康是大家都关心的热点问题，随着广大民众对物质生活水平的不断提高，健康的意识也在显著的增强，对生命高质量、高健康水平的需求也在急剧增长。有两个分论坛："互联网+健康医疗"，"跨界：掘金健康产业"。

2015年意大利米兰世博会期间，米兰当地时间6月7日上午，2015世博会场外活动的重头戏之一——"2015大健康文化与产业发展国际论坛"在米兰隆重举行。包括来自中国、欧美的大健康领域专家、学者以及政府代表、企业家在内的400余名与会者汇聚一堂，广泛交流、分享中西方大健康理念，深入探讨大健康相关领域的国际化融合与合作。本届世博会的主题是：滋养地球、生命之源。这充分体现了当今世界对于"人类与地球和谐发展、共建稳定生态系统"的美好愿望。因此，健康、环保、生态等话题成了本届世博会上最大的热点。尤其是大健康产业，作为未来全球第一大产业，继IT产业之后的第五波经济浪潮，更是成为参加世博会的各国人士广泛关注，深度关切的焦点。

本节内容图表解说

见图16-2。

[①] 李克强主持召开国务院常务会议. 2013年8月28日. 新华网. [OL] http：//news. xinhuanet. com/politics/2013-08/28/c_ 117133752. htm

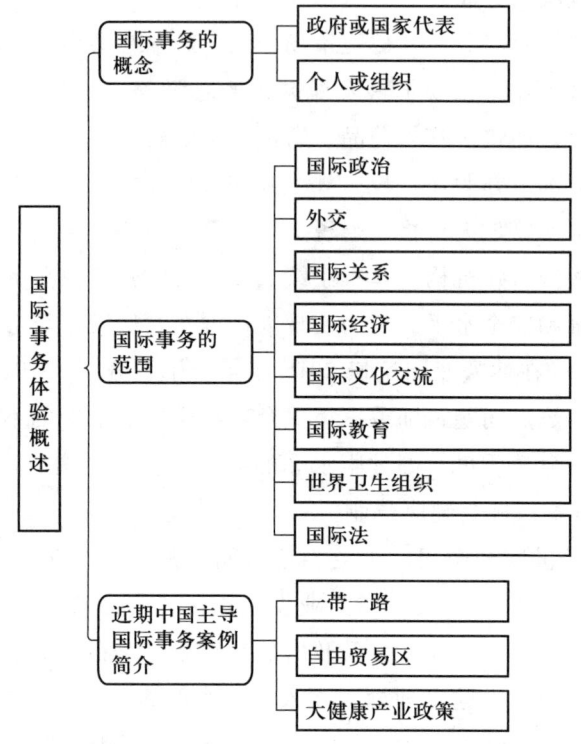

图 16-2　第十六章第一节内容图表解说

动动脑

- 你了解国际事务吗？就你的了解，国际事务最主要的是什么？
- 是不是国际上发生的任何事都是国际事务范畴？为什么？

第二节　如何进行国际事务体验

国际事务体验是指大学生到国际事务相关组织机构进行体验，通过体验增加对其他国家在政治、经济、文化、教育等方面知识的了解，及其与中国在各方面的关系，清楚中国的国际地位及国际形势，培养大学生成为新一代国际事务相关方面的人才。

国际事务组织机构主要分为：国际政府组织与非政府组织，国际营利组织与非营利组织，包括政治、经济、文化、环境、卫生等内容。根据实际情况，大学生可到一些国际事务相关组织机构参与体验，如使领馆、组织协会、基金会、商会、模拟联合国等。

一、中国国内公益组织

1. 爱因斯特（国际大学生实习交流协会）

爱因斯特（IAESTE）全称国际大学生实习交流协会（The International Association for the Exchange of Students for Technical Experience）是1948年成立的致力于国际青年人才实习与交流的国际非营利和非政府组织。爱因斯特国际组织目前拥有全球最大的人才交流网络，提供在90多个国家的跨国带薪实习机会和其他跨文化志愿者项目机会。全球每年约有4000家企业、1300家高校和8000多名学生参与，累积交流总数超过30万人

2. 欧盟中国经济文化委员会

欧盟中国经济文化委员会（Europe-China Culture & Economy Commission）关注欧盟和中国的市场准入情况，为欧盟各成员国的历史和文化在华进行宣传和推广工作，为欧盟和中国企业的市场开拓和招商引资提供法律、政策、商业等有效信息和帮助。同时通过引进欧洲先进教育、产品、技术、人才和资金，向中国地区提供权威、系统的欧盟国家经贸信息及教育文化新动态。组织会员开展与中国和欧盟的官员讨论和交流等活动。

3. 国际环境保护组织协会

国际环境保护组织协会（International Environmental Protection Organization Association，IEPOA）成立于2007年，是一个专业性的环保组织，一个旨在追求全世界环境保护组织大联合、大团结的国际性社团组织。

4. 国际节能环保协会

国际节能环保协会（International Energy Conservation Environmental Protection Association，IEEPA）是一个致力于在经济与环境可持续发展领域，建设成为具有独立性、专业性和非营利的国际组织。

二、中国国外公益组织

1. 联合国志愿者组织

联合国志愿者组织（United Nations Volunteer，UNV）是联合国系统内一个独特的机构，负责管理与国际志愿者事业相关的各类事物。联合国志愿者组织鼓励志愿者为本国和国际的发展和平尽其所能，努力促进国家经济与社会进步并使之得到持续发展。该组织从属于联合国开发计划署（UNDP）。

每年，全球有4000名符合条件且经验丰富的人员自愿加入联合国志愿人员项目，到发展中国家从事志愿服务。在过去的30年里，已有150多个发展中国家和发达国家的2万多名联合国志愿者、人员被派遣到140个发展中国家从事各类项目工作。目前，联合国志愿人员中有70%来自发展中国家，30%来自发达国家。每年国际志愿人才库中的在线候选人员总能保持在5000名左右。

2. 国际志愿者组织

国际志愿者组织（International Volunteer HQ，IVHQ）致力于在发展中国家为国际志愿者提供高质量、灵活、安全而且低价格的国际志愿者项目。除此之外，IVHQ 组织通过发挥志愿者的技能和专业知识，努力提高当地的教育水平并增强当地居民的教育意识；与此同时，也希望国际志愿者能够把在活动中学习和总结的经验带回国，应用到自己的国家建设和文化交流中。

3. 联合星球志愿者组织

联合星球（United Planet，UP）是致力于创建一个所有人互相理解、尊重和支持的世界的非营利性组织。UP 在全球的领导者和志愿者都具有跨文化理解力。该机构的海外教学项目包含了海外志愿者、语言学习、文化活动、游学和特殊的文化奖励，以此给志愿者提供印象深刻的经历以及有价值的支持。

4. WWOOF 志愿者组织

WWOOF（World Wide Opportunities on Organic Farms）组织建立了一座桥梁，连接世界各地期待在有机农场或小农地工作的志愿者和寻求帮助的农场主。该组织一直专注于帮助世界人民分享和体验更多可持续的生活方式。

5. 欧盟委员会

欧盟委员会（European Commission）是世界上最有力的国际组织和世界上第一大经济实体，成员国有 28 个。每年大约有 1400 个这样的实习机会对全世界的申请人开放。

三、世界各国驻华使领馆

大使馆是一国在建交国首都派驻的常设外交代表机关，代表整个国家的利益。大使由国家元首任命，并作为国家元首的代表履行职责。大使馆的职责是代表派遣国，全面促进本国与驻在国之间在政治、经济、文化、教育、科技等方面的关系。大使馆的职责范围遍及驻在国各个地区。

领事馆是一国政府派驻对方国家某个城市并在一定区域执行领事职务的政府代表机关，其职责是领事工作，如：维护本国公民和法人的合法权益，向本国公民颁发或延期护照、向外国公民颁发签证等。

四、外国商会驻中国办事处

商会是城市工商业者组成的民间行业组织，分为单一型行业组织以及综合型跨行业协调组织两种类型。在非营利组织的公益性和互益性两大分类体系中，商会属于后者。20 世纪 80 年代末，随着外国企业数量的增加，外国商会数量日增，至 2012 年有二十余家外国商会在中国民政部登记注册。

五、外国基金会驻中国办事处

基金会（Foundation）是指利用自然人、法人或者其他组织捐赠的财产，以从事公益事业为目的，就其性质而言是一种民间非营利组织。

福特基金会（The Ford Foundation）在中国设有办事处。福特基金会是由美国"汽车大王"福特（Henry Ford，1863-1947）在1936年设立。以研究美国国内外重大问题，如教育、艺术、科技、人权、国际安全等方面课题为宗旨，用出资创办研究机构、颁发奖学金、向国外派遣专家、捐款、捐赠图书仪器等方式，向国内外有关组织、研究单位提供资助，以影响美国社会生活、文化教育事业和政府的内外政策。

美国凯西儿童基金会在北京设有代表处。刚开始的宗旨是以救助孤残儿童为主，后来逐步发展为有关儿童和残疾人福利方面业务。

六、外国行业协会中国办事处（分会）

美国行业协会的成立不是政府授意、推动或资助的结果，多由企业或个人自发成立，会员自愿参加。绝大多数是非营利组织，在官方机构注册后展开活动。行业协会不受政府干预，高度自治，独立性强。协会以服务会员、维护会员合法权益为宗旨，政府一般不予以经济资助。如常驻北京的美国计算机行业协会、美国谷物协会等。

法国最典型的行业协会是分布在全国各地的工商会。它是在社会活动中具有特殊地位的中间机构，是介于政府与企业之间协调、促进经济发展的中介组织。在法律授权下，它具有政府的某些行政职能，同时又是工商企业利益的代表。如法国食品协会驻中国分会（北京、上海和广州）。

德国的行业协会主要是分布在各地的工商会。作为非官方性质的企业议会组织，工商会起着帮助和保护企业的作用，并以企业代言人的身份沟通企业与政府间的联系。如德国物流协会合肥分会。

七、模拟联合国

"模拟联合国"（Model United Nations）简称模联（英文简称MUN），是模仿联合国及相关的国际机构，依据其运作方式和议事原则，围绕国际上的热点问题召开的会议。

1. 模拟联合国活动

"模拟联合国"是世界各国官方和民间团体特意为青年人组织的活动。青年学生们扮演各个国家的外交官，以联合国会议的形式，通过阐述观点、政策辩论、投票表决、做出决议等，亲身经历、熟悉联合国的运作方式，了解世界发生的大事对他们未来的影响，了解自身在未来可以发挥的作用。

模拟联合国活动现在已经风靡全世界，形式多样，规模不一。有国际大会、全国大会，还有地区级和校际间的大会，参与者有大学生到高中生，乃至初中生。同时，模拟联合国活动已经不仅仅是对联合国机构的模拟，它还包括对其他全球或地区性多边组织、政府内阁、国际论坛等组织或者会议的模拟。目前全世界每年有近四百个国际模拟联合国大会在五大洲的50多个国家召开。每年参与大会的师生来自世界100多个国家，总人数超过四百万人。

2. 北京模拟联合国大会

北京模拟联合国大会（BMUN）是中国首屈一指的模拟联合国活动。它为学生提供了一个独特的平台，让学生们能够加深对国际关系的认识和对联合国运作模式的了解。作为将模联活动引入中国的先锋，外交学院有着多年光辉的模联历史。外交学院每年举办的BMUN，标志着中国模拟联合国顶级的学术水平。

3. 北京大学亚洲国际模拟联合国大会

2014年3月，北京大学亚洲模拟联合国大会（Asian International Model United Nations，AIMUN）成功召开。北京大学、人民大学、国防科技大学等70多所内地高校和香港浸会大学、澳门大学以及来自韩国、巴基斯坦、俄罗斯等国的知名高校近500名代表参加。此会议最突出的特点之一就是对于学术的严格要求，给予参会代表全方位的学术支持，促进他们碰撞出更多思维的火花。大会通过8个委员会的交流、辩论，进一步模拟了真实的联合国运作方式。大使计划（Ambassador Program）是为此系统而特别设立。每位"大使"都需要在不同委员会间来回穿梭，以保证其国家的代表们能够在所有委员会中保持一致立场，并解决他们之间可能的争端。

本节内容图表解说

见图16-3。

第十六章 国际事务体验

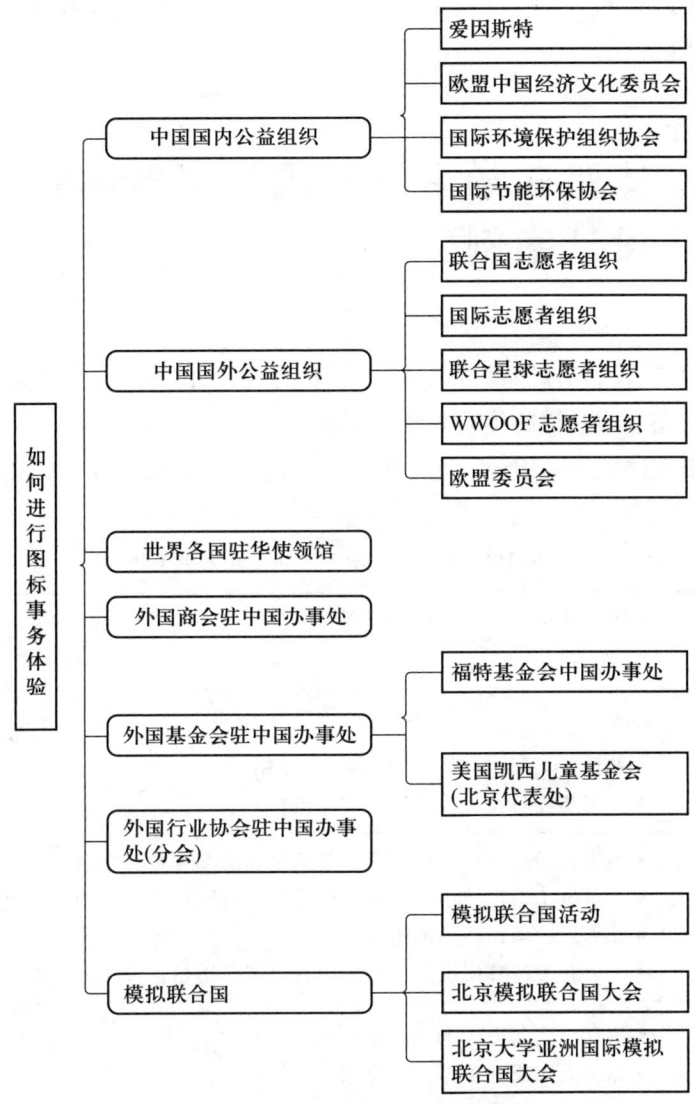

图 16-2　第十六章第二节内容图表解说

动动脑

- 文中列举了这么多国际事务机构和组织，你最倾向于哪个组织？为什么？
- 在进行国际事务体验时，最需要注意什么？请列举 5 个。

体验活动

　　由于历史原因，中国大陆与香港、澳门、台湾地区的发展是不同的。但因为同宗同源以及地域的临近，大陆与港澳台之间千丝万缕的联系，使得两岸三地的发展更为紧密。请你就近期两岸三地的相关动态进行梳理,试着分析并简绘两岸三地的未来发展前景。

第三节 体验式学习——国际事务体验与活动设计案例

说明:

国际事务体验与活动设计案例(表16-1、表16-2)仅作为参考,教师、学生完全可自由自主地发展出完全不一样的体验式学习模块。

每个体验由多个体验活动组成,总学时不得少于规定完成的各体验学时。

表 16-1 体验式学习活动设计案例 1

活动主题	法国兴业银行人力资源部实习
活动学时	36 学时
如下为举例说明	
活动前期准备	• 熟悉 Excel、Outlook(邮箱)的使用; • 英文邮件写作、英语口语交流流畅。
活动过程要求	• 跟进公司员工的培训课程,包括培训前期准备、培训记录整理、课后总结等; • 公司员工培训费用的结算,包括前期合同拟定、后期课程培训费用结算等; • 计划外的培训活动的组织; • 人力有关的数据图表分析,包括公司员工目标设定、绩效评估等。
活动预期效果	• 认真,顺利完成本职工作; • 熟悉人力资源工作,获得相关工作经验; • 组织能力得到加强。
活动中的感悟是什么?	• 实践是检验真理的唯一标准,在实践工作中,不仅加强了对课本理论知识的理解,还能学到专业以外的实用知识; • 工作能锻炼人各方面的发展,而不是只局限在专业或单项技能的考验。
活动中的成长是什么?	• 增强了组织、逻辑、沟通交流能力; • 熟悉、了解了实际中人力资源的工作任务,获得相关工作经验; • 抗压能力增强。
活动中可能存在的问题	• 工作压力大,出现不适应的问题。

表 16-2 体验式学习活动设计案例 2

活动主题	北京美国计算机行业协会实习体验
活动学时	36 学时
如下为举例说明	
活动前期准备	• 学会熟练使用 word、excel、PPT； • 提升英文翻译水平； • 准备好一台笔记本。
活动过程要求	• 负责处理 CompTIA 中国区证书的登记、申请、邮寄等相关工作； • 负责与网站供应商沟通，并更新维护 CompTIA 中文网站和论坛； • 负责更新维护 CompTIA 相关博客、SNS 网站内容； • 拟写 CompTIA 新闻稿、协助相关市场活动； • 翻译相关英文资料； • 协助处理办公室其他日常工作。
活动预期效果	• 了解公司的主要业务，企业文化；对美国 IT 行业有一定的了解； • 将学校专业的理论知识与实际工作很好地结合； • 熟悉并顺利地完成相关工作； • 进一步提升了英语的表达、翻译能力。
活动中的感悟是什么？	• 当学校的理论知识遇到了现实工作，才发现学校学的知识能应用到工作上的不多，工作后需要学习的更多； • 实践能让你记住并更深刻地理解学校里所学的知识。
活动中的成长是什么？	• 对美国 IT 行业及美国的文化生活有了更深的了解； • 不同的文化、不同的思维方式，让我们的视野更广阔； • 英文及工作实践能力得到了很大的提升。
活动中可能存在的问题	• 英文能力及工作实战能力较弱； • 要适应走出学校后社会工作中的生活方式。

第十七章 创新与创业体验

> **本章纲要**
> - 创新与创业体验概述
> - 如何进行创新与创业体验
> - 体验式学习——创新与创业体验与活动设计案例

过去,有一家酒店因业务做得十分红火,安装的电梯不够用,经理打算再增加一部。专家们被请来了,他们经过研究认为,唯一的办法是在每层楼都打个洞,直接安装电梯。

就在专家们坐在酒店大堂里商谈工程细节的时候,他们的谈话恰巧被一位正在扫地的清洁工听到了。清洁工对他们随口说道:"每层楼都打个洞,肯定会弄得尘土飞扬,到处乱七八糟的。"

专家答道:"这是难免的了,谁让酒店当初设计时没有想到多装一部电梯呢?"清洁工想了一会儿,说道:"我要是你们,我就把电梯装在楼的外面。"

专家们听了清洁工的话陷入了沉思,但他们马上为清洁工的这一提议拍案叫绝。从此,建筑史上出现了一个新生事物——室外电梯。[①]

第一节 创新与创业体验概述

一、创新体验的概念

创新[②]是指以现有的思维模式提出有别于常规或常人思路的见解为导向,利用现有的知识和物质,在特定的环境中,本着理想化需要或为满足社会需求而改进或创造新的事物、方法、元素、路径、环境,并能获得一定有益效果的行为。

创新不是发明,不是从零开始。创新是每个人利用周边自己熟悉的人、事物,产生"自由联想",为的是找出"创新"的切入点,以便可以解决问题。

"创新体验"是指学生利用现有的知识和物质,在特定的环境中产生"联想",将不

[①] 缪晨. 300个创新小故事[M]. 上海:学林出版社,2007:P72-73.
[②] 杨远锋. 创新号的发明与应用[A]. 中国思维科学研究论文选2011年专辑[C],2012.

同的事物进行联系，把经验值和新的刺激性创新结合起来，形成一种新的事物和认知的体验。当创新体验应用在营利事业中，就是我们生涯课程中所说的创业。然而创新体验并不仅限于此，我们可以在任何领域进行创新体验。比如艺术创新、文化创意、科技创新等等。

二、创业体验的概念

关于创业的相关介绍已经在第九章详细介绍，在此就不赘述。

创业，可以让我们在激烈的竞争中求得生存和发展，也可以让我们拥有自己的事业。

三、"三创"：创新、创意、创业

根据教育部、财政部（教高函[2010]13号）文件精神，全国大学生电子商务"创新、创意及创业"挑战赛（以下简称三创赛）是激发大学生兴趣与潜能，培养大学生创新意识、创意思维、创业能力以及团队协同实战精神的学科性竞赛。三创赛为高等学校落实教育部、财政部《关于实施高等学校本科教学质量与教学改革工程的意见》、开展创新教育和实践教学改革、加强产学研之间联系起到积极示范作用。教育部高等学校电子商务专业教学指导委员会从2009-2011年连续举办了三届全国大学生电子商务"创新、创意及创业"挑战赛。历届参赛本科院校超过1500所（涵盖国内所有本科及重点大学），覆盖影响大学生人数超过1000万。此挑战赛的举办可进一步促进大学生电子商务三创的能力、促进大学生在电子商务领域的就业和创业，从而促进电子商务学科的发展。

创新，是创意的整合性表现，是创意的成功实施。创新是以新思维、新发明和新描述为特征的一种概念化过程。简单地说，创新是利用已存在的自然资源或社会要素创造新的矛盾共同体的人类行为，或者可以认为是对旧有的一切进行的替代和覆盖。创新不容易，因为创新意味着改变，创新意味着付出，创新意味着风险。创新是一门脑力活，是运用创新思维找到多种解决方案；创新是一门艺术活，是融合创新艺术创造行业新奇迹；创新是一门技术活，是洞察发展趋势开创行业新局面。可以说，人类社会从低级到高级、从简单到复杂、从原始到现代的进化历程，就是一个不断创新的过程。有了创新，我们的生涯体验就有了解决问题的方法。

创意，即创出新意，是新且有用想法的产生，是能使新想法变为现实的过程。创意是享受表现自我想法的快乐。有了创意，我们的生涯体验就有了解决问题的智慧。

创业，是创新的实践性应用。在创业中要渗透创新与创意，以创新与创意带动创业。创业是指某个人发现某种信息、资源、机会或掌握某种技术，利用或借用相应的平台或载体，将其发现的信息、资源、机会或掌握的技术，以一定的方式转化、创造成更多的财富、价值，并实现某种追求或目标的过程。创业与人密切相关。广义的创业，不只是自己创业，包括为自己所在公司、企业、单位、机构等创业，这是面对世界进入"地球村"现实情况的需要，也是实现"共赢、多赢"的一种表现形式。可以说，创业是创造价值的科学与艺术（艺术是创意、激情、直觉与洞察力；科学是分析、规范与系统方法）。有了创业，我们的生涯就有了解决问题的行动。

"三创"是一种精神，是大学生毕业时应具备的一种态度。面对所有工作，都要有"三创"精神，用这种精神走向新的生涯道路。

"三创"的重点是"去做"，而不是重复，更不是像一年又一年"拷贝粘贴"的作业，而是将所有在学校的所学作为实现"三创"精神的知识累积，灵活应用到"三创"里来帮助自己能快快乐乐地学习、快快乐乐地工作、快快乐乐地生活。

知识本身不是力量，知识的运用才会产生真正的力量；创意也不是力量，创意的实践性应用才是真正的力量。满腹经纶而不行动，一切就都只是纸上谈兵而已。关键就是别再说了，行动！行动，现在开始！

四、文化创意产业

1. 文化创意产业的概念

文化创意产业的兴起源于创意产业这一创新理念的发现和发明。创意产业、创意经济（Creative Industry，Creative Economy）或称"创造性产业"，是一种在全球化的消费社会背景中发展起来的，推崇创新、个人创造力，强调文化艺术对经济的支持与推动的新兴的理念、思潮和经济实践。

作为一种国家产业政策和战略，创意产业理念的明确提出者是英国。1997年5月，英国首相布莱尔为振兴英国经济，提议并推动成立了创意产业特别工作小组。这个工作组首次对创意产业进行了定义，将创意产业界定为"源自个人创意、技巧及才华，通过知识产权的开发和运用，具有创造财富和就业潜力的行业"。根据这个定义，英国将广告、建筑、艺术和文物交易、工艺品、设计、时装设计、电影、互动休闲软件、音乐、表演艺术、出版、软件、电视广播等行业确认为创意产业。[①]

英国经济学家霍金斯（John Howkins）在《创意经济》（The Creative Economy）一书中，把创意产业界定为：其产品都在知识产权法的保护范围内的经济部门；把创意产品称为"知识财产"。而由这种知识（智慧）构成的知识产业，又具有"无形产业"的性质，往往面对的是文化、精神等无形的价值。霍金斯将15种行业列为核心创意产业，分别是：广告、建筑、艺术、工艺品、设计、时尚、电影、音乐、表演艺术（戏剧、歌剧、舞蹈、芭蕾）、出版、研发、软件、玩具和游乐器、电视广播、电子游戏。

2006年12月，北京市统计局、国家统计局北京调查总队联合制定发布《北京市文化创意产业分类标准》，将文化创意产业定义为"以创作、创造、创新为根本手段，以文化

---

① 金元浦.当代世界创意产业的概念及其特征［J］.电影艺术，2006年第3期：5.

内容和创意成果为核心价值，以知识产权实现或消费为交易特征，为社会公众提供文化体验的具有内在联系的行业集群"。①

有的学者将文化创意产业看作在全球化的条件下，以消费时代人们的精神、文化、娱乐需求为基础的、以高科技的技术手段为支撑的、以网络等新的传播方式为主导的一种新的产业发展模式。它以文化和经济全面结合为自身的特征，是一种跨国、跨地域、跨行业、跨部门、跨领域重组或者创建的新型产业集群。它是以创意、创新为核心，以知识产权为根本，贯穿生产、流通、消费等产业发展全过程的新型的产业集群，向大众提供满足其文化、娱乐、精神、心理方面的需求的新兴产业形态。②

2. 作为国家政策的文化创意产业

创意经济虽然每年在全球创造 220 亿美元的经济效益，但是它还在以每年 5% 的速度在快速增长，而它的增长速度在美国是 14%，在英国是 12%。创意产业的发展规模和程度与一个国家或地区的综合竞争力高低息息相关，前者是后者的重要衡量标准之一。③

在中国共产党的十七大上，制定了《文化产业振兴规划》，明确提出要积极发展公益性文化事业，加大力度发展文化产业，使全民族的文化创造力得到激发。2012 年在中国政府的工作报告中，将文化建设提升到更重要的位置，文化改革发展不仅被纳入经济社会发展总体规划，还被列入各级政府效能和领导干部考核体系。④

中国国务院总理李克强 2014 年 1 月 22 日主持召开国务院常务会议。会议指出，文化创意和设计服务具有高知识性、高增值性和低消耗、低污染等特征。依靠创新，推进文化创意和设计服务等新型、高端服务业发展，促进与相关产业深度融合，是调整经济结构的重要内容，有利于改善产品和服务品质、满足群众多样化需求，也可以催生新业态、带动就业、推动产业转型升级。

会议提出，突出绿色和节能环保导向，通过完善标准、加大政府采购力度等方式加强引导，推动更多绿色、节能环保的创意设计转化为产品。中国一直在践行节能环保理念，节能环保需要加快节能减排等技术的研发，而这些也都离不开相关的创意设计。将创意设计更多用于节能环保，才能推进环保产业健康发展以及创意设计领域的扩大。此外，还需完善相关扶持政策和金融服务，用好文化产业发展专项资金。中国重新修订过《文化产业发展专项资金管理暂行办法》，进一步规范和加强了文化产业发展专项资金管理，通过提高资金使用效益，有效促进文化创意和设计服务蓬勃发展。⑤

---

① 姚东旭. 文化创意产业的界定及其意义 [J]. 商业时代，2007（8）：95.
② 金元浦. 我国文化创意产业发展的三个阶段与三中模式 [J]. 中国地质大学学报（社会科学版），2010（1）：21.
③ 李亚薇. 上海与北京文化创意产业发展模式比较. [J] 商业时代，2013（3）.
④ 曾文豹. 中国文化创意产业发展模式探究，硕士论文：2014.4.
⑤ 陈燕. 网评：依靠创新推进文化创意产业融合发展. [OL] 中国政府网：http://www.gov.cn/zhuanti/2014-01/23/content_2593878.htm

文化是民族的灵魂，创新是发展的动力。中国提出建设"创新型国家"目标，核心就是要把增强自主创新能力作为发展经济的重要战略基点，而推进文化创意和设计服务等新型服务业的发展，正是符合中国自主创新的发展目标。促进文化创意产业，是中国产业结构转型升级的推动力量，有了新型、高增值性的文化创意产业，就会带动国家的经济发展。推进文化创意和设计服务发展并与相关产业深度融合，既能提升中国文化竞争力，又能促进创意经济的发展。

民间资本投资是推动经济发展的重要选项，可促进更多中小企业的出现。将民间资本投资引导至文化创意、设计服务领域，尤其是创意、设计类中小企业中，设立创意中心、设计中心，这样既符合中国扶持中小企业发展的政策，又推进了文化创意和设计服务领域的发展，将有效推动创意、设计类中小微企业快速成长。

文化创意和设计服务等新型服务业的发展，对经济增长的重要性不断加大。文化创意理念隆重而强有力地推出，对于从制造型向创意型发展的中国来说，具有至关重要的意义。应准确把握发展方向，促进文化创意和设计服务蓬勃发展，有效推动产业转型升级，进一步增强国际竞争的软实力。

3. 文化创意产业园

文化创意产业园，就是具备文化创意的产业集群，在政府规划引导下形成的以文化创意产业为主导产业、公共服务设施完备、创意氛围浓厚、具有鲜明文化形象并对外界产生一定吸引力的集生产、交易、休闲、居住为一体的多功能园区。园区内要形成包括研发、培训、孵化、制作、展示、交易等功能为一体的文化产业链。

文化创意产业园的作用应包括以下几个方面：第一，文化创意产业集聚发展的重要载体和依托，是集文化创意产业与高新科技产业为一体，应创作、研发、设计、制作、展示、交易等多种功能；第二，文化创意产业园应形成完整的产业链，能够将文化界、产业界和消费者有机地结合起来；第三，文化创意产业园作为一个空间载体，应具备一定的规模，有着明确的发展主题和定位，同时兼有完善的公共服务平台。

大学作为技术的发生器，可以不断开发新的科技；同时它又是各类人才的聚集地，不但培养人才，也吸引着各领域最优秀的人才；大学也是一个开放的社区，是一个提供多元文化的场所，因而大学往往成为创意的中心。因此，依托高校建立文化创意产业园区，借助高校的学术、科研资源，将其迅速转化为创意产业资源，正在成为文化创意产业园建设的一种重要的途径。[①] 比如：中国人民大学文化科技园、中国传媒大学文化创意园、南京大学生文化创意产业园等。

2015年12月3日至5日，第二届中国国际文化创意产业园区博览会将在北京举行[②]，其高峰论坛也将于12月2日在新华1949文化创意产业园举办，形成"一展一会"的互动

---

① 周天沛. 关于高校文化创意产业园发展的研究[J]. 科教导刊, 2012年12月（上）: 165.
② 新闻信息来自新华网[OL]: http://news.xinhuanet.com/chanye/2015-06-12/c_1115594233.htm

性信息交流平台。该展会将汇集中国内外优秀文化创意产业园区以及开发商、运营商、服务商,引领文创企业跨界与发展,为产业集群升级搭建全新的交流合作平台。

本节内容图表解说

见图 17-1。

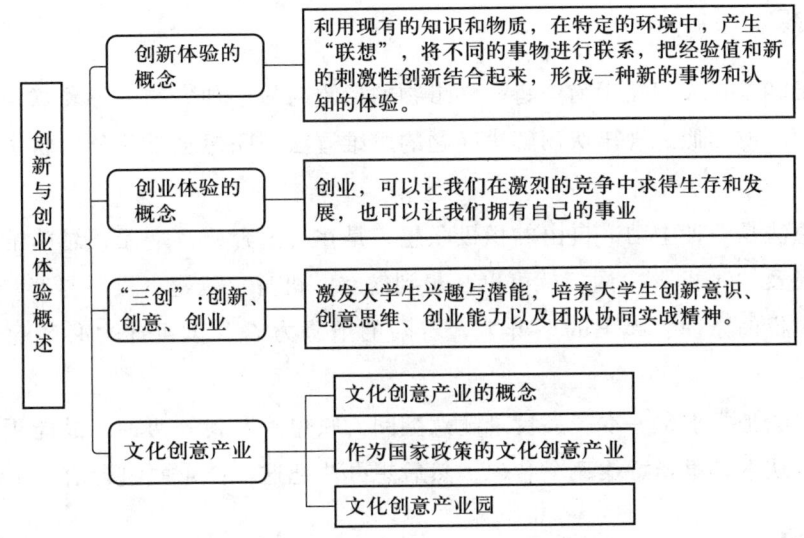

图 17-1　第十七章第一节内容图表解说

动动脑

- 你如何理解创新体验?
- 创新和创业体验有何异同?
- 请从自己的角度简述对"三创"的理解。

体验活动

请调查你的学校所在城市和大学的文化创意产业以及文化创意产业园的情况,并作出调查评估分析报告(SWOC 分析,即优势、劣势、挑战、机遇)。

第二节　如何进行创新与创业体验

一、联想

联想思维就是指人们在头脑中将一种事物的形象与另一种事物的形象联系起来，探索它们之间共同的或类似的规律从而解决问题的思维方法。联想思维又分为自由联想法和强迫联想法。

自由联想法是一种主动、自由的积极联想，是在自由奔放、毫无顾忌的情况下进行联想。例如，提及"飞机"一词，就可以联想到航空、机身、机翅、机尾与着陆装置等，还可以联想到飞机的原理、起飞的上升力、着陆的下降力以及飞机冲力必须超过它的阻力等等。

强迫联想法是要求拿一本产品目录随意翻阅，联想翻看到的两种产品能否构成一种新事物。例如，从字典里随意找三个名词，然后想办法把这三样东西组合成一个新东西。

二、选题

通过联想产生了一个创意，这就是我们创新体验的开始。接下来我们的任务就是将这个创意具体化，即确定创新体验的选题。选题是确定体验任务的首要工作。选题不同，体验的内容、方法、对象和范围也就不同，对参加人员的选择、体验活动的安排也不相同。所以合适的选题、新颖的创意，可以保证体验活动的顺利进行。

三、风险评估

当我们有了一个明确的选题并将付诸行动前，要先对其进行谨慎的风险评估，确定我们的体验活动没有违背道德、违反法律，且不存在较高风险。风险评估主要包括：

1. 机会成本评估

简单地讲，机会成本就是当你做了一件事情而放弃了另外一件事情时，你损失的最大利益。比如，你有一笔钱，如果你用它来投资房地产，你可以赚取 3000 元，而你用它来买了股票，结果你只赚取了 1000 元，那么你所损失的最大利益就是 3000 元，即机会成本是 3000 元。

2. 市场风险评估

市场是一个动态的市场，它处于不断的变化当中。比如：三个月前还在盈利的企业，很可能现在已经濒临破产。我们提供以下几个方面供你参考：①市场价格的波动；②市场需求量和供给量之间的关系；③产品的市场定位；④利率、汇率、股票等对市场的影响。

3. 资源风险评估

资源风险就是体验过程中所需要的生产资料的来源风险。比如：你要创办一家电脑销售公司，就要考虑到电脑及其零部件的进货渠道；你要创办一家餐饮店，就要考虑到原材料和固定资产的来源。

4. 资金风险评估

流动资金的周转是财务管理的一个很重要的方面。如果体验初期就在固定资产和原材料上投入过多，就会造成体验过程中资金周转不灵。而没有了资金，公司就很难运转下去。

5. 环境风险评估

环境主要指的是创业所处的社会环境、政策、法律，以及人们的意识和文化。

四、制定计划

在创新体验时，最重要的就是制定计划，这是对学生企划能力的一种考验。创新体验计划是针对学生在体验活动中所做的完整的安排和部署。创新体验计划要求学生确定目标并制定行动计划，以这些目标和计划作为判断标准来监控自己的表现。更为重要的是，一份完整而翔实的计划书可以为你吸引来投资者的投资。

创新体验不只是要有好点子，还要提出可行的方案；而计划书不只是给贷款银行或创投公司看的，更重要的是帮助自己理清体验活动的每个环节，降低失败的风险。

1）计划书是一个确认学生"方位"、"方向"、"方案"的流程图。"方位"代表学生目前所处的位置，也就是学生现有的各项资产与能力；"方向"则是确认自己的目标；至于"方案"则是将"方位"与"方向"连接在一起，并融合各种策略与手段的计划书。计划书写给自己看可以让自己有一个明确的构想；写给投资者看可以让投资者判断是否值得投资。所以，计划书可以降低创新体验初期的风险。

2）创新体验不能光凭好点子，也要事前进行缜密调查与策略规划。

3）创新策略要立足于稳扎稳打。策略规划遵循3S原则，即Success（成功）、Sustainable（持续）、Scale（规模）。

五、具体实施

按照已经拟定好的"创新体验计划书"，需要一步一步脚踏实地地去进行。每天要做好体验的心得体会。

六、反思总结

反思不是在完成项目后马上进行的。它需要从激情澎湃的体验活动中抽身出来，让自己的大脑冷静下来,将活动中出现的问题和认知进行理性的追思,对自己和别人的观点进行分析和修正,以做出客观的评价。这也是创新体验最根本的目的所在。

本节内容图表解说

见图 17-2。

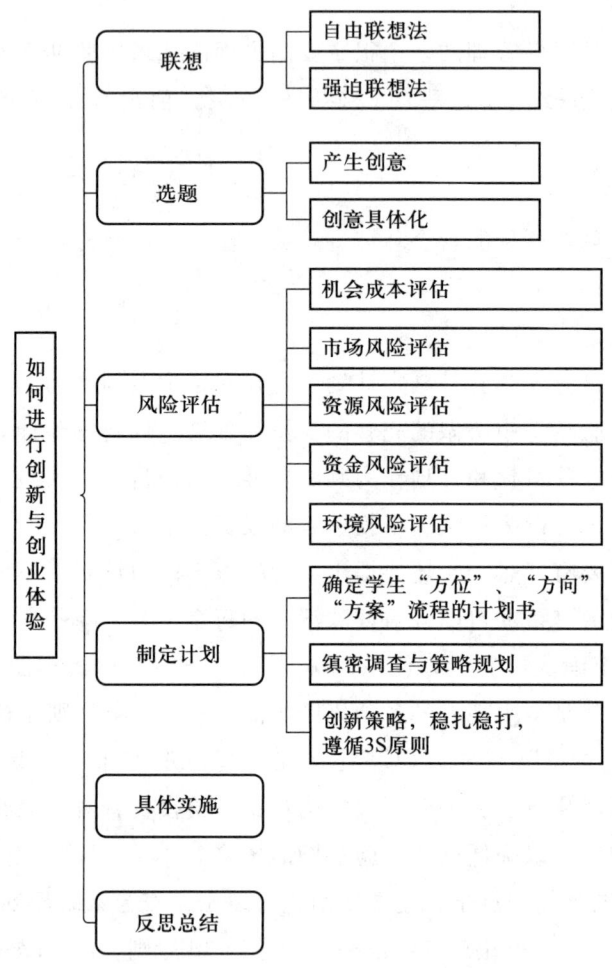

图 17-2 第十七章第二节内容图表解说

动动脑

- 你觉得创新与创业体验需要注意什么?
- 请查找一两个除书中介绍之外的创新创业的案例,并进行 SWOC 分析(S 优势,W 劣势,O 机会,C 风险)。

第三节　体验式学习——创新与创业体验与活动设计案例

说明：

创新与创业体验与活动设计案例（表 17-1、表 17-2）仅作为参考，教师、学生完全可自由自主地发展出完全不一样的体验式学习模块。

每个体验由多个体验活动组成，总学时不得少于规定完成的各体验学时。

表 17-1　体验式学习活动设计案例 1

活动内容	开主题咖啡厅
创新联想	主题式风格+传统咖啡厅=主题咖啡厅
活动学时	168 学时（21 天）
	如下为举例说明
活动前期准备	• 进行风险评估 • 写一份主题咖啡厅计划书； • 创建组织构架，分配人员任务； • 做调查问卷和市场调研； • 店面选址； • 募集启动资金。
活动过程要求	• 进入正常开始营业阶段； • 宣传和推广项目； • 每天写体验经历和心得体会。
活动预期效果	• 培养吃苦耐劳、持之以恒的精神； • 培养学生创新意识和理解能力；提高学生的生活、生存能力； • 培养动手能力；培养协调能力；培养沟通能力。
活动中的感悟是什么？	• 将主题式风格和传统咖啡厅的结合，重新组成具有吸引年轻人眼球和发展空间巨大的主题咖啡厅，体会创新带来的改变和喜悦； • 所有付出的汗水和泪水总有收获的一刻，享受过程，并收获人生最宝贵的经验财富； • 体会赚钱的不易，更能体谅父母的艰辛。

表17-1（续）

活动中的成长是什么？	• 在体验中提升了自己的团队协作精神； • 提升了自己的生存能力； • 提升了自己的应对突发事件的临场反应能力； • 提升了自己勇于尝试，敢于创新的精神； • 提升了自己对未来美满奋斗人生的信心和憧憬。
活动中可能存在的问题	• 学生自己的经验阅历不足，不能顺利完成任务，到处碰壁； • 学生缺乏持之以恒、迎难而上的精神，不能坚持，中途放弃； • 学生不能筹措到足够资金而导致无法继续进行； • 学生因为赚钱了，事先没定好，分配不均，不欢而散。

表17-2　体验式学习活动设计案例2

活动内容	网络外卖送餐平台
创新联想	互联网+传统的外卖送餐=网络外卖送餐平台（"互联网+"模式）
活动学时	36学时
如下为举例说明	
活动前期准备	• 写一份外卖电子商务计划书，举例："中国E餐网"； • 组建团队核心成员，创建组织构架，分配人员任务； • 做调查问卷和市场调研； • 办公地点选址； • 网站开发建设预案； • 找投资人，募集启动资金。
活动过程要求	• 网站进入正常开始营业阶段； • 宣传和推广项目； • 每天写体验经历和心得体会。
活动预期效果	• 培养学生吃苦耐劳、持之以恒的精神； • 培养学生创新意识； • 培养学生电脑专业技能； • 提高学生的生活、生存能力。
活动中的感悟是什么？	• 将互联网与传统的外卖送餐相结合，重新组成具有方便快捷和发展空间巨大的外卖送餐电子商务网站，体会创新带来的改变和喜悦； • 所有付出的汗水和泪水总有收获的一刻，享受过程，并收获人生最宝贵的经验财富； • 体会赚钱的不易，更能体谅父母的艰辛。

表17-2(续)

活动中的成长是什么？	• 在体验中提升了自己的团队协作精神； • 提升了自己的生存能力； • 提升了自己的应对突发事件的临场反应能力； • 提升了自己勇于尝试，敢于创新的精神； • 提升了自己对未来美满奋斗人生的信心和憧憬。
活动中可能存在的问题	• 学生自己的经验阅历不足，不能顺利完成任务，到处碰壁； • 学生对于缺乏持之以恒，迎难而上的精神，不能坚持，中途放弃； • 学生不能筹措到足够资金而导致无法继续进行； • 学生因为赚钱了，事先没定好，分配不均，不欢而散。

郑重声明

高等教育出版社依法对本书享有专有出版权。任何未经许可的复制、销售行为均违反《中华人民共和国著作权法》，其行为人将承担相应的民事责任和行政责任；构成犯罪的，将被依法追究刑事责任。为了维护市场秩序，保护读者的合法权益，避免读者误用盗版书造成不良后果，我社将配合行政执法部门和司法机关对违法犯罪的单位和个人进行严厉打击。社会各界人士如发现上述侵权行为，希望及时举报，我社将奖励举报有功人员。

反盗版举报电话　　（010）58581999　58582371
反盗版举报邮箱　　dd@hep.com.cn
通信地址　　北京市西城区德外大街4号
　　　　　　高等教育出版社法律事务部
邮政编码　　100120

黄天中博士"心理学、生死学、大生涯"系列丛书
从生命开始到生命成长最后阶段的人生生涯发展与规划系列丛书

	\"心理学\"系列丛书			
	幼儿心理学（0—6岁）	台北东华书局	ISBN：957-636-440-X	1973年
	人事心理学（大学用书）	台北三民书局	ISBN：957-140-374-1	1976年
	自由学习	台北五南图书出版有限公司	ISBN：957-11-0576-7	1992年
	心理学（大学用书）	台北桂冠图书股份有限公司	ISBN：957-551-563-3	1992年
	"生死学"系列丛书			
	死亡教育概论 I—死亡态度及临终关怀研究	台北业强出版社	ISBN：957-683-029-X	1988年
	死亡教育概论 II—死亡态度及临终关怀研究	台北业强出版社	ISBN：957-683-030-3	1992年
	临终关怀学—理论与实践	北京中国医药科技出版社	ISBN：7-5067-0398-X/R·0339	1992年
	"大生涯系列丛书"			
幼婴版（0—3岁）	生涯体验—生涯发展与规划（教师家长用书）	待出版		2016年
幼儿版（4—6岁）	生涯规划—体验式学习	北京师范大学出版社	ISBN：978-7-303-11977-6	2011年
	生涯规划—体验式学习（教师家长用书）	北京师范大学出版社	ISBN：978-7-303-12226-4	2011年
小学版	生涯规划—体验式学习	北京师范大学出版社	ISBN：978-7-303-11973-8	2011年
中学版	生涯规划—体验式学习	北京师范大学出版社	ISBN：978-7-303-10859-6	2010年
中职版	体验生涯	高等教育出版社	ISBN：978-7-04-023528-9	2008年
高职版	生涯规划—体验式学习	高等教育出版社	ISBN：978-7-04-029853-6	2010年
大学版	生涯规划—体验式学习	高等教育出版社	ISBN：978-7-04-020019-5	2009年
	Career Management-Experiential Learning	高等教育出版社	ISBN：978-7-04-027592-6	2009年
	生涯体验—生涯发展与规划（第3版）	高等教育出版社	ISBN：978-7-04-043566-5	2015年
在职版	生涯体验—生涯发展与规划	待出版		2016年
老年版	生涯体验—生涯发展与规划	待出版		2016年
	孙子兵法与生涯规划	台北业强出版社	ISBN：957-683-078-8	1992年
	生涯规划概论——生涯与生活篇	台北桂冠图书股份有限公司	ISBN：957-551-912-4	1995年
	生涯规划概论	北京中国财经出版社	ISBN：7-5005-4503-7	2001年
	生涯规划—理论与实践	高等教育出版社	ISBN：978-7-04-020018-8	2007年
	别看我一时	北京大学出版社	ISBN：978-7-301-16453-2	2011年